U0936437

# 新中国
# 非公有制经济论

雷元江　谢鲁江　等著

人民出版社

# 目　录

# 前　言

习近平总书记在党的十九大报告中指出，中国特色社会主义进入了新时代，形成了新时代中国特色社会主义思想。在新的时代，习近平总书记在党的十九大报告中强调："必须坚持和完善我国社会主义基本经济制度和分配制度，毫不动摇巩固和发展公有制经济，毫不动摇鼓励、支持、引导非公有制经济发展"。① 习近平总书记在党的十九大报告中重申"两个毫不动摇"，这是在中国特色社会主义进入了新时代后，党中央对党的基本路线、对社会主义基本经济制度的进一步坚持和发展，必将更好地推动新时代下中国非公有制经济的发展。

## 一、党的十九大关于非公有制经济发展的新思想、新精神

以习近平同志为核心的党中央十分重视非公有制经济的发展，党的十九大召开的前夕，党中央国务院连续颁布了和非公有制经济发展直接相关的三个文件：2016 年 11 月 4 日颁布了《中共中央　国务院关于完善产权保护制度依法保护产权的意见》；2017 年 9 月公布了《国务院办公厅关于进一步激发民间有效投资活力促进经济持续健康发展的指导意见》；2017 年 9 月 8 日颁布了《中共中央　国务院关于营造企业家健康成长环境弘扬优秀企业家精神更好发挥企业家作用的意见》。尤其是第三个文件，可以说在中国共产党的历史上，第一次正式提出了弘扬企业家精神的思想，给广大的民营企业家带来了极大的鼓舞和激励。

① 习近平：《决胜全面建成小康社会　夺取新时代中国特色社会主义伟大胜利——在中国共产党第十九次全国代表大会上的报告》，人民出版社 2017 年版，第 21 页。

党的十九大报告中,更加明确地提出“激励和保护企业家精神,鼓励更多社会主体投身创新创业”①。习近平在2016年的一次讲话中,富有针对性地强调指出:“有一些人说,目前贫富差距是主要矛盾,因此‘分好蛋糕比做大蛋糕更重要’,主张分配优先于发展。这种说法不符合党对社会主义初级阶段和我国社会主要矛盾的判断。党的十八大提出准备进行具有许多新的历史特点的伟大斗争,是为了毫不动摇坚持和发展中国特色社会主义,不是不要发展了,也不是要搞杀富济贫式的再分配。”②由此可见,习近平总书记是把这方面问题上升到党的基本路线、社会主要矛盾的政治高度来看待的,这是我们认识非公有制经济问题的根本指导思想。

党的十九大可以说为非公有制经济发展提供了更加强有力的制度保障和政策保障,提供了更加广阔的发展空间和发展机遇。具体说来,可以从“待遇”和“机遇”两个方面来看。

第一个方面,“待遇”。首先就是社会经济基本制度层面上的坚持,即再次重申“一个坚持”和“两个毫不动摇”:必须坚持和完善我国社会主义基本经济制度和分配制度,毫不动摇巩固和发展公有制经济,毫不动摇鼓励、支持、引导非公有制经济发展。这就再次明确了在新时代,非公有制经济依然是中国特色社会主义的制度基础之一。其次,党的十九大报告大大拓展了对非公有制经济的政策待遇,具体说来至少包括:①激发和保护企业家精神;②鼓励更多社会主体投身创新创业;③完善产权制度,实现产权有效激励;④积极发展混合所有制经济;⑤破除垄断,放宽市场准入;⑥构建“亲”“清”政商关系,保障“两个健康”发展。

第二个方面,“机遇”。新时代是中国经济社会发展在经历了站起来、富起来之后,走向强起来的新时代,是逐步完成决胜全面建成小康社会、基本实现社会主义现代化、建成社会主义现代化强国战略安排的新时代。在这样的新时代,必然会为非公有制经济的发展提供新的空间和新的机遇。按照十九大报告所提出的新时代的基本方略,非公有制经济发展至少可以获得以下的机遇:经济转型机遇,如供给侧结构性改革等;创新驱动机遇,如鼓励更多社会主体投入创新创

① 习近平:《决胜全面建成小康社会 夺取新时代中国特色社会主义伟大胜利——在中国共产党第十九次全国代表大会上的报告》,人民出版社2017年版,第31页。

② 习近平:《在中央财经领导小组第十三次会议上的讲话》(2016年5月16日),载《习近平关于社会主义经济建设论述摘编》,中央文献出版社2017年版,第12页。

业，保护和弘扬企业家精神等；深化改革机遇，如完善产权制度、进一步推动要素自由流动、实现竞争公平有序、发展混合所有制经济、深化金融财政税收改革、深化政府管理体制改革等；发展战略机遇，如创新驱动战略、区域协同战略、乡村振兴战略等；全面开放机遇，如“一带一路”建设、自贸区建设等。可以说，党的十九大为新时代中国特色社会主义所描绘的宏伟发展蓝图、所作出的战略安排和所提出的发展战略，也就是非公有制经济的发展蓝图、发展机遇、发展空间。

## 二、本书的基本主旨

改革开放新时期以来我国非公有制经济的快速发展，是贯彻党在社会主义初级阶段基本路线的成功实践，是改革开放的丰硕成果，是中国特色社会主义的代表性特征之一。党的十八届三中全会强调指出：“公有制为主体、多种所有制经济共同发展的基本经济制度，是中国特色社会主义制度的重要支柱，也是社会主义市场经济体制的根基。公有制经济和非公有制经济都是社会主义市场经济的重要组成部分，都是我国社会经济发展的重要基础。必须毫不动摇巩固和发展公有制经济，坚持公有制主体地位，发挥国有经济主导作用，不断增强国有经济活力、控制力、影响力。必须毫不动摇鼓励、支持、引导非公有制经济发展，激发非公有制经济活力和创造力。”①

正如党的十八届三中全会《决定》所指出的：“非公有制经济在支撑增长、促进创新、扩大就业、增加税收等方面具有重要作用。”②非公有制经济发展到今天，企业数量已达千万，就业从业人员已达数亿，已经成为我国经济、社会发展不可或缺、不可忽视的力量。这一重大的社会实践现象，提出了重大理论和政策研究任务，需要我们给出科学合理的思想认识和制度、政策安排。为此，我们专门组织了课题组，就有关非公有制经济发展的重要思想认识问题进行理论探讨。这本《新中国非公有制经济论》，就是这一理论探讨的初步成果。

对非公有制经济的理论探讨，是在马克思列宁主义、毛泽东思想、邓小平理论、“三个代表”重要思想、科学发展观、习近平新时代中国特色社会主义思想指

① 《中共中央关于全面深化改革若干重大问题的决定》，人民出版社 2013 年版，第 7—8 页。

② 《中共中央关于全面深化改革若干重大问题的决定》，人民出版社 2013 年版，第 11 页。

导下,结合改革开放以来我国非公有制经济发展的实践,贯彻党的理论联系实际、实事求是、与时俱进的学风,积极探索。在探索中,得出了以下几点共识:中国非公有制经济的发展是改革开放的奇迹;中国非公有制经济的发展是社会生产力发展的必需;中国非公有制经济的发展是中国特色社会主义不可或缺的组成部分;中国非公有制经济的发展是中国共产党有力的执政基础;改革开放以来我党推动我国非公有制经济发展的理论和实践,是关于社会主义建设的一个重大创新和贡献,是中国特色社会主义制度自信、道路自信、理论自信、文化自信的有机组成部分。

## 三、《新中国非公有制经济论》基本结构和内容

绪论:非公有制经济是中国特色社会主义的重要基础是本书的立论基础。这一立论的根本出发点,就是我党充分肯定的一个重大理论认识:公有制经济和非公有制经济都是社会主义市场经济的重要组成部分,都是我国经济社会发展的重要基础。发展非公有制经济,既是重大的经济问题、社会问题,也是重大的政治问题。党的十一届三中全会以来,我们党在不断探索和实践基础上逐步形成的中国特色社会主义理论体系,包括邓小平理论、"三个代表"重要思想、科学发展观和"四个全面"等重大战略思想,对非公有制经济的产生、发展和壮大起着至关重要的作用。非公有制经济伴随着中国特色社会主义的形成和发展,经历了从无到有、从小到大、从弱到强的变化。对非公有制经济的理论认识是中国特色社会主义理论的重要组成部分,它在中国特色社会主义理论中的地位也随非公有制经济的不断发展而不断增强。同时,中国特色社会主义理论的丰富和发展为非公有制经济发展带来新机遇,为非公有制经济发展提供了更大空间,也对非公有制经济发展提出了更高要求。

第一章,中国特色社会主义的制度基础是给予非公有制经济的存在和发展应有的制度定位。中国特色社会主义的基本经济制度规定性,就是公有制为主体、多种所有制经济共同发展。这样的制度规定性,为非公有制经济的发展提供了充分的制度依据和制度保障,也为非公有制经济的发展开拓了极为广阔的社会经济空间。党的十一届三中全会以来,党和政府紧紧依靠人民,开拓出一条符合社会主义初级阶段基本国情的改革开放之路。通过不断实践和探索,我国建

立了社会主义市场经济体制，形成了“以公有制为主体、多种所有制经济共同发展”的基本经济制度，使得包括非公有制经济在内的多种经济成分的活力竞相迸发，推动了我国经济社会的全面发展。非公有制经济是我们国家基本经济制度的重要基础，基本经济制度的确立与非公有制经济的发展密不可分。基本经济制度是有效调整社会主义初级阶段生产关系、促进生产力发展的制度基础，是中国特色社会主义制度体系不断发展的物质基础。非公有制经济是中国特色社会主义制度不断发展的重要基础，新时期进一步完善基本经济制度需要我们继续深化对非公有制经济的认识，继续鼓励、支持和引导非公有制经济发展，积极发展混合所有制经济。

第二章，中国特色社会主义的生产力基础，是要说明非公有制经济已经成为当代中国社会生产力发展中不可或缺的基础构成。当代中国非公有制经济的蓬勃发展，是改革开放的重大成就，是改革开放激发社会活力，激发人民群众积极性和创造性，解放和发展社会生产力的突出体现。伴随着改革开放的不断推进，非公有制经济和公有制经济共同发展，成为中国特色社会主义的雄厚而坚实的生产力基础。解放和发展社会生产力，是一个社会生存和发展的根本，也是中国特色社会主义存在和发展的根本物质基础。一个国家的生产力发展，离不开生产力要素的动员、组织、配置。非公有制经济的发展，使得我国在公有制经济之外，拥有了更加多元化的要素动员、组织、配置主体和渠道。非公有制经济的发展，在充分利用我国“人口红利”推动生产力发展，加速我国工业化、城市化步伐，推动和吸纳农村过剩劳动力向非农产业转移，大力激发社会广大人民群众创新创业积极性，塑造社会企业家精神和培育企业家队伍，大力增强我国经济的国际竞争力等方面，都发挥了积极的、不可替代的作用。非公有制经济的发展使得我国社会生产力更加具有内在活力和动力。

第三章，中国特色社会主义的经济基础，注重于对非公有制经济发展所带来的我国社会生产关系的新格局进行分析。社会主义初级阶段的基本国情和生产力发展状况决定了以公有制为主体、多种所有制经济共同发展是中国长期坚持的基本经济制度。非公有制经济是中国社会主义生产关系的有机组成部分，它是解决社会主义主要矛盾、完成社会主义根本任务的重要基础，是保障和改善民生、实现共同富裕的重要力量，对于改进社会主义生产关系、促进社会主义市场的经济完善发挥了重要作用。改革开放以来，非公有制经济的发展与市场经济制度的演进形成一种双向互动和协同演化的格局，非公有制经济在自身蓬勃发展的基础上，也推动了社会主义市场经济各项制度安排的不断改进，成为促进生产关系与生产力发展相互适应的重要力量。在全面深化改革阶段，要通过进一步强化产权保护、优化市场竞争环境、构建和谐劳资关系等改革举措，促进非公有制经济的转型升级与持续健康发展。

第四章，中国特色社会主义的社会基础，旨在阐明非公有制经济人士是我国人民群众的重要组成部分，是中国特色社会主义的重要社会基础。作为一个多元化的社会群体，非公有制经济阶层有着多方面的社会经济特征，以生产要素参与社会分配，保持着内部极大的异质性，具备着全球化的战略眼光，推动着社会技术和制度创新，关乎社会结构的稳定。非公有制经济是中国企业家和企业家精神成长和培育的沃土，同时也为普通劳动者提供了改变自身命运和地位的广阔空间。非公有制经济已经并且还将继续在建设中国特色社会主义的道路上发挥出不可替代的重要作用，为中华民族的伟大复兴贡献自己的力量。

第五章，中国特色社会主义的政治基础，强调非公有制经济的发展，为我们党执政提出了新的执政课题，同时也扩展和丰富了我党的执政基础。发展非公有制经济，促进非公有制经济人士的健康成长，与执政为民理念相契合、相一致，符合民主执政、科学执政、依法执政的内在要求。这可以丰富党的执政资源，优化党的执政环境。非公有制经济的发展，可以有效提升统一战线的资源整合力，丰富统战对象的多样性，促进社会组织的发展，提高我国的国际影响力。与此同时，非公有制经济人士的有序政治参与，也进一步夯实党的执政基础，为新形势下的党建工作提出新的要求，拓展的空间和新的格局。

第六章，新时代、新思想、新发展，强调中国进入中国特色社会主义新时代，在习近平新时代中国特色社会主义思想指引下，非公有制经济必将迎来新的更好的发展。非公有制经济作为中国社会主义基本经济制度和社会主义市场经济的积极而重要的力量，非公有制经济人士作为我国人民的主体组成部分之一，必然与全国人民一道，迈入新时代。非公有制经济和非公有制经济人士既是人民美好生活需要的主体之一，同时也是满足人民美好生活需要的积极而富有创造力的主体之一。在新时代，非公有制经济发展要以习近平新时代中国特色社会主义思想为指引，坚持党的领导，贯彻新发展理念，积极投入供给侧结构性改革，抓住新时代新的发展机遇和发展空间。党和非公有制经济共同努力，相向而行，共同发展和强化中国特色社会主义的经济基础，共同发展和强化中国共产党的执政基础，使非公有制经济始终走在中国特色社会主义的道路上。

随着我国经济社会发展迈进新的历史阶段，在以习近平同志为核心的党中央领导下，在党的十九大精神指引下，我国非公有制经济的发展也必然迈入新阶段，开创新格局。中国特色社会主义的新时代，是我国发展新的历史方位。在我们党所领导的实现新的伟大梦想的伟大斗争、伟大工程、伟大事业中，非公有制经济也必将迎来新的更大的发展。

# 绪 论

# 非公有制经济是中国特色社会主义的重要基础

发展非公有制经济，既是重大的经济问题、社会问题，也是重大的政治问题。党的十一届三中全会以来，我们党在不断探索和实践基础上逐步形成的中国特色社会主义理论体系，包括邓小平理论、"三个代表"重要思想、科学发展观和"四个全面"等重大战略思想，对非公有制经济的产生、发展和壮大起着至关重要的作用。非公有制经济伴随着中国特色社会主义的形成和发展，经历了从无到有、从小到大、从弱到强的变化。对非公有制经济的理论认识是中国特色社会主义理论的重要组成部分，它在中国特色社会主义理论中的地位也随非公有制经济的不断发展而不断增强。同时，中国特色社会主义理论的丰富和发展为非公有制经济发展带来新机遇，为非公有制经济发展提供了更大空间，也对非公有制经济发展提出了更高要求。

## 第一节 "三个有利于"与非公有制经济

### 一、"三个有利于"的内涵

针对"什么是社会主义，怎样建设社会主义"的问题，邓小平同志提出了"三个有利于"标准，即"应该主要看是否有利于发展社会主义社会的生产力，是否有利于增强社会主义国家的综合国力，是否有利于提高人民的生活水平"。改革开放以来，邓小平对"三个有利于"标准先后提过三次：第一次是 1983 年 1 月 12 日在同国家计委、国家经委和农业部门负责人谈话的时候，他说："总之，各项工作都要有助于建设有中国特色的社会主义,都要以是否有助于人民的富裕幸福,是否有助于国家的兴旺发达,作为衡量做得对或不对的标准。"①这其实就是后来"三个有利于"思想的初步表述。第二次是1987年6月,邓小平在会见南斯拉夫共产主义者联盟中央主席团委员科罗舍茨时说:"我们的改革要达到一个什么目的呢?总的目的是要有利于巩固社会主义制度,有利于巩固党的领导,有利于在党的领导和社会主义制度下发展生产力。"②这是从改革的目标谈"三个有利于"思想。第三次就是1992年邓小平在南方谈话中说的:判断我国改革开放得失的标准是"应该主要看是否有利于发展社会主义社会的生产力,是否有利于增强社会主义国家的综合国力,是否有利于提高人民的生活水平"。③ 这个表述后来写入党的十四大报告和党章之中,成为全党的指导思想。

"三个有利于"思想是邓小平理论的重要内容,是邓小平运用马克思主义基本原理思考中国发展实践得出的理论成果,把我国改革开放实践推向了新高度。"三个有利于"强调了我国改革的社会主义方向,我国改革开放是我国社会主义制度的自我完善和自我发展,而不是要走西方资本主义的道路或其他什么道路。改革开放的根本目的是提高人民的生活水平。我国社会主义制度最终要赢得对西方发达国家的优势,让人们相信在这种制度下能实现中华民族的伟大复兴,最终要依靠广大人民对社会主义道路的信心,这就要把提高人民生活水平作为改革的主要目的之一。这既是党的宗旨所决定的,也是我国的发展状况所决定的。在指导我国改革开放的过程中,邓小平一再强调要坚持公有制的主体地位和共同富裕两个根本原则,就是强调使经济发展惠及人民群众,使人民群众共享改革开放的成果。如果改革最终造成贫富分化,就失去了改革的意义。

"三个有利于"思想在要求我们坚持公有制主体地位的同时,也要求我们积极发展非公有制经济,这是符合我国社会主义初级阶段基本国情的战略性选择。非公有制经济是相对于公有制经济而产生的一个概念,是指我国现阶段除了公有制经济形式以外的其他所有制经济形式,主要包括个体经济、私营经济和外资经济。个体经济是由劳动者个人或家庭占有生产资料,从事个体劳动和经营的所有制形式。劳动者以自己的劳动为基础,劳动成果直接归劳动者所有和支配,

---

① 《邓小平文选》第三卷,人民出版社1993年版,第23页。

② 《邓小平文选》第三卷,人民出版社1993年版,第241页。

③ 《邓小平文选》第三卷,人民出版社1993年版,第372页。

主要包括个体建筑业者、个体手工业者和个体工商户等。私营经济是以生产资料私有和雇佣劳动为基础,以取得利润为目的的所有制形式,主要有独资企业、合伙企业和有限责任公司三种组织形式。外资经济是我国发展对外经济关系,吸引外资建立起来的所有制形式,主要包括中外合资经营企业、中外合作经营企业中的境外资本部分,以及外商独资企业。

事实上,当前公有制经济与非公有制经济共同发展的局面并不是一蹴而就,而是经历了一个相当长的发展历程。随着党对非公有制经济的认识不断深入,非公有制经济也随之不断发展壮大。中华人民共和国成立初期党和国家实行利用和监督非公有制经济的方针,只允许非公有制经济在有限的范围内生存和发展。1956 年"三大改造"完成,形成了公有制经济一统天下的局面。党的十一届三中全会以后,党和国家立足我国社会主义初级阶段基本国情,重新探索和调整对非公有制经济的认识。非公有制经济开始由社会主义的敌人转变为公有制经济"必要的和有益的补充",又进一步发展成为"社会主义市场经济的重要组成部分",最终形成了当前我国各种所有制经济平等竞争、相互促进、相互融合的局面。2013 年 11 月 12 日中国共产党第十八届中央委员会第三次全体会议通过的《中共中央关于全面深化改革若干重大问题的决定》进一步明确:公有制为主体、多种所有制经济共同发展的基本经济制度,是中国特色社会主义制度的重要支柱,也是社会主义市场经济体制的根基。公有制经济和非公有制经济都是社会主义市场经济的重要组成部分,都是我国经济社会发展的重要基础。必须毫不动摇巩固和发展公有制经济,坚持公有制主体地位,发挥国有经济主导作用,不断增强国有经济活力、控制力、影响力。必须毫不动摇鼓励、支持、引导非公有制经济发展,激发非公有制经济活力和创造力。

## 二、非公有制经济发展壮大是"三个有利于"形成的现实基础

在党的十一届三中全会前后,真理标准问题的大讨论使人们的思想观念从过去"左"的束缚中解放出来,但对于什么是社会主义、怎样建设社会主义,人们的认识仍然比较模糊。在社会上和党内一部分人中,仍然存在着思想僵化或半僵化状态,阻碍了党的十一届三中全会路线的贯彻。因此,改革开放之初,邓小平一再强调要解放思想、发展生产力、提高人民的生活水平,这既是巩固社会主

义制度的需要，也是体现社会主义制度优越性的关键所在。

党的十一届三中全会以后，我国的改革“首先是从农村做起，农村改革的内容总的说就是搞责任制，抛弃吃大锅饭的做法，调动农民的积极性”。① 这种责任制就是农村家庭联产承包责任制，它是对“包产到户”的完善和发展，同时农村中还出现了以个体企业和联户企业为主体的乡镇企业。对当代中国农民的这两个伟大创造，邓小平同志给予充分肯定：“农村改革经过三年的实践证明是成功的”②，“社会主义经济政策对不对，归根到底要看生产力是否发展，人民收入是否增加，这是压倒一切的标准”。③ 邓小平同志及时总结了农村改革的经验，并以此为基础部署全方位的改革开放，“农村改革取得成功以后，我们就转到城市”④，“我们采取的所有开放、搞活、改革等方面的政策，目的都是为了发展社会主义。我们允许个体经济发展，还允许中外合资经营和外商独营的企业发展”。⑤ 在个体经济发展过程中，不少个体户增加投资、扩大规模，随之出现了雇工较多的私营企业。对于雇工八人以上的大户，经过邓小平同志的倡议，党中央采取了“三不”政策，即“不宜提倡，不要公开宣传，也不要急于取缔”，因势利导，使私营企业逐渐发展起来。

1987 年 10 月，党的十三大根据全国非公有制经济的发展形势和我国当前的发展实际与发展阶段，全面阐述了我国社会主义初级阶段的基本理论和基本路线，指出：“我们已经进行的改革，包括以公有制为主体发展多种所有制经济，以至允许私营经济的存在和发展，都是由社会主义初级阶段生产力的实际状况所决定的”，“对于城乡合作经济、个体经济和私营经济，都要继续鼓励它们发展”。在邓小平同志和党中央的鼓励、支持下，非公有制经济发展迅猛。到 1988 年年末，全国有个体工商户 1454.9 万户，从业人员 2304.9 万人；私营企业发展到 4.1 万户；个体和联户的乡镇企业数达到 1729.17 万户，从业劳动者 4651.53 万人；1989 年年底，已登记注册的外商投资企业有 2.2 万家，协议投资 337 亿美

① 《邓小平文选》第三卷，人民出版社 1993 年版，第 117 页。

② 《邓小平文选》第三卷，人民出版社 1993 年版，第 117 页。

③ 《邓小平文选》第二卷，人民出版社 1994 年版，第 314 页。

④ 《邓小平文选》第三卷，人民出版社 1993 年版，第 117 页。

⑤ 《邓小平文选》第三卷，人民出版社 1993 年版，第 110 页。

元,实际投入154亿美元。①

经济领域的变革使人们的思想观念发生了变化,面对非公有制经济如火如荼的发展形势,人们开始担心社会主义是否会变色的问题。特别是苏东剧变和1989年政治风波以后,人们的思想观念又趋于保守,不少人对我国的改革开放事业开始产生怀疑和动摇。一个直接的后果就是对改革畏首畏尾,恐怕步苏东各国的后尘,在任何改革的举措上都要问问"姓资""姓社"的问题,社会上"左"右之争不断激化,严重影响我国改革的进一步深化,使我国的改革一时陷入了僵局。邓小平敏锐地观察到了社会的这种情况,他一再说,一些人在改革过程中畏首畏尾、争来争去,就是怕资本主义的东西多了,怕我国走了资本主义道路。邓小平在1987年4月指出:"几十年的'左'的思想纠正过来不容易,我们主要是反'左','左'已经形成了一种习惯势力。现在中国反对改革的人不多,但在制定和实行具体政策的时候,总容易出现有一点留恋过去的情况,习惯的东西就起作用,就冒出来了。"②

针对这种情况,邓小平在南方谈话中发表了判断改革得失成败的"三个有利于"标准,强调发展生产力和提高人民生活水平对于我们建设社会主义的重要性。1992年年初,年近九旬的邓小平同志仍忧国忧民,到改革开放的前沿深圳、珠海等地视察,发表了著名的南方谈话:"改革开放迈不开步子、不敢闯,说来说去就是怕资本主义的东西多了,走了资本主义道路。要害是姓'资'还是姓'社'的问题。判断的标准,应该主要看是否有利于发展社会主义社会的生产力,是否有利于增强社会主义国家的综合国力,是否有利于提高人民的生活水平。"③这就是著名的"三个有利于"标准。它的提出,有力地促进了人们解放思想,在拒绝右的方向的同时,排除"左"的干扰和障碍,保证非公有制经济沿着正确的轨道发展。

可以说,非公有制经济的迅速发展及其经济社会发展过程中发挥的重要作用使得邓小平决心大力发展非公有制经济,也为"三个有利于"的提出提供了现实基础。改革开放为非公有制经济的发展提供了广阔的舞台,非公有制经济的

---

① 张永凯:《"三个有利于"标准是新时期经济领域统战政策的理论依据》,《中央社会主义学院学报》2005年第6期。

② 《邓小平文选》第三卷,人民出版社1993年版,第228页。

③ 《邓小平文选》第三卷,人民出版社1993年版,第372页。

迅猛发展改变了中国长期以来发展缓慢、生产力水平低下的局面。对于非公有制经济在中国特色社会主义初级阶段发展过程中不可替代的作用，邓小平同志看在眼里，记在心里。随着我国改革的深入，人们的利益诉求和价值追求开始多样化，各种矛盾暴露得越来越充分，不仅存在着发展问题，而且还存在着我国改革向何处去的问题。邓小平清醒认识到深化改革的复杂性、艰巨性。然而，我国只有通过改革才能革除那些阻碍社会发展的各个环节和障碍。没有勇气改革，我国就不可能改变经济发展落后的面貌，人民的生活水平就不可能提高。而改革如果没有一个科学的标准和正确的方向，也可能会步苏联解体、苏共垮台的后尘，因此，在 20 世纪 90 年代初，世界社会主义处于低潮之时，邓小平提出了“三个有利于”标准，对于鼓起勇气冲破一切阻碍我国发展的障碍、不断深化改革无疑是有力的助推剂。邓小平提出判断改革成败的“三个有利于”标准，以这个标准来看待非公有制经济，作出了非公有制经济也可以服务于社会主义建设的判断，把市场经济这个传统观念认为是资本主义特有的机制与社会主义制度结合在一起，建设中国特色社会主义市场经济成为我国经济体制改革的目标，开阔了改革的事业，开辟了马克思主义的新境界，也推动我国改革迈上了一个新的台阶。

## 三、发展非公有制经济必须坚持社会主义方向

我国 40 年改革开放的实践表明，发展非公有制经济必须坚持社会主义方向。任何时候，坚持改革的社会主义方向都不能动摇，这是我国改革取得成功的根本保障。在中国共产党的领导下走社会主义道路，是近代以来中国人民经过无数次的奋斗和挫折得出的结论。中国的改革是社会主义制度的自我完善和自我发展，要想赢得广大人民群众的信任和支持，只有始终坚持社会主义道路不动摇。“三个有利于”思想的每一条都强调社会主义方向，一以贯之的主要思想是坚持社会主义，通过发展生产力来巩固社会主义制度。与资本主义国家的改革目的不同，我国经济改革的目的既是要促进生产力和人民群众生活水平的提高，又是要巩固社会主义各项制度，而不是巩固为资产阶级利益服务的资本主义制度。与资本主义国家发展生产力不同，我国发展生产力完全是为广大人民的利益服务的，要最大限度地提升人民的人均生活水平，并保障城乡各阶层和各地区

生活水平的合理差距,而不是主要维护垄断资产阶级的利益。邓小平说得好:“不坚持社会主义,不改革开放,不发展经济,不改善人民生活,只能是死路一条。”①邓小平的“四个不”思想与“三个有利于”思想是一致的。如果只说改革开放,而撇开坚持社会主义等原则,那就具有片面性和迷惑性,因为“某些人所谓的改革,应该换个名字,叫作自由化,即资本主义化”。②

全面理解和贯彻“三个有利于”思想,要求我们始终坚持党的基本路线。党在社会主义初级阶段的基本路线,概括起来就是“以经济建设为中心,坚持四项基本原则,坚持改革开放”。要真正贯彻好“三个有利于”,客观上就要把改革开放同四项基本原则统一起来。邓小平一再强调改革开放中坚持社会主义制度的重要性,他指出:“要搞现代化建设使中国兴旺发达起来,第一,必须实行改革开放政策;第二,必须坚持四项基本原则,主要是坚持党的领导,坚持社会主义道路,反对资产阶级自由化,反对走资本主义道路。”③四项基本原则的核心,就是社会主义制度和党的领导,这是我们立国和团结全国人民奋斗的根本。“三个有利于”强调改革开放的目的是巩固社会主义制度,与四项基本原则的基本要求是一致的,同时也为非公有制经济的发展指明了方向,划清了底线。

## 四、发展非公有制经济必须符合“三个有利于”标准

“三个有利于”思想为非公有制经济的存在和发展提供了客观标准,在如何对待生产关系形式问题上,邓小平曾经就明确指出过:“生产关系究竟以什么形式为最好,恐怕要采取这样一种态度,就是哪种形式在哪个地方能够比较容易比较快地恢复和发展农业生产,就采取哪种形式,群众愿意采取哪种形式,就应该采取哪种形式,不合法的使它合法起来。”④1992 年春的南方谈话中,他将这一“生产力标准”进一步发展成“三个有利于”标准。将“是否有利于发展社会主义社会的生产力,是否有利于增强社会主义国家的综合国力,是否有利于提高人民

---

① 《邓小平文选》第三卷,人民出版社 1993 年版,第 370 页。
② 《邓小平文选》第三卷,人民出版社 1993 年版,第 297 页。
③ 《邓小平文选》第三卷,人民出版社 1993 年版,第 248 页。
④ 《邓小平文选》第一卷,人民出版社 1989 年版,第 323 页。

的生活水平"①作为评判一切工作成败得失的标准。这就是说,我们不管采用哪种的所有制形式,都一定要促进生产力快速发展和人民生活水平的显著提高,只要是符合"三个有利于"的标准,发展非公有制经济也是绝对支持的。

发展非公有制经济首先要符合生产力标准,如同毛泽东所说,中国一切政党的政策及其实践在中国人民中所表现的作用的好坏、大小,归根到底,看它对于中国人民的生产力的发展是否有帮助及其帮助之大小,看它是束缚生产力的还是解放生产力的。生产力标准,就是一个民族的最基本行为标准,亦即以人民为评判主体的价值标准,一切政党、一切团体、一切个人的行为都应受此检验。正如邓小平一再指出的:对实现四个现代化是有利还是有害,应该成为衡量一切工作的最根本的是非标准。"各项工作都要有助于建设有中国特色的社会主义,都要以是否有助于人民的富裕幸福,是否有助于国家的兴旺发达,作为衡量做得对或不对的标准。"②否则,我们很难对一切是非作出正确的判断。

除了生产力标准外,作为邓小平思想特色,也作为马克思主义核心的,是更强调思想、行为的人民幸福标准。邓小平在强调生产力标准的同时,始终把人民幸福标准放在重要地位,"在社会主义国家,一个真正的马克思主义政党在执政以后,一定要致力于发展生产力,并在这个基础上逐步提高人民的生活水平"。③我国社会主义制度最终要赢得对西方发达国家的优势,让人们相信在这种制度下能实现中华民族的伟大复兴,最终要依靠广大人民对社会主义道路的信心,这就要把提高人民生活水平作为改革的主要目的之一。这既是党的宗旨所决定的,也是我国的发展状况所决定的。"如果在一个很长的历史时期内,社会主义国家生产力发展的速度比资本主义国家慢,还谈什么优越性?我们要想一想,我们给人民究竟做了多少事情呢?我们一定要根据现在的有利条件加速发展生产力,使人民的物质生活好一些,使人民的文化生活、精神面貌好一些。"④在推进改革开放的过程中,邓小平一再强调要坚持公有制的主体地位和共同富裕两个根本原则,同时坚持生产力、综合国力和人民幸福三个标准,为进一步发展非公有制经济奠定了基础,指明了方向,也提出了要求。

---

① 《邓小平文选》第三卷,人民出版社 1993 年版,第 372 页。

② 《邓小平文选》第三卷,人民出版社 1993 年版,第 23 页。

③ 《邓小平文选》第三卷,人民出版社 1993 年版,第 28 页。

④ 《邓小平文选》第二卷,人民出版社 1994 年版,第 128 页。

## 第二节　“三个代表”与非公有制经济

### 一、“三个代表”的内涵

针对“建设一个什么样的党，怎样建设党”的问题，江泽民同志提出了“三个代表”重要思想，即“我们党始终要代表中国先进生产力的发展要求，我们党要始终代表中国先进文化的前进方向，我们党要始终代表中国最广大人民的根本利益”。“三个代表”重要思想是加强和改进党的建设、推进我国社会主义自我完善和发展的强大理论武器，是全党集体智慧的结晶。2000 年 2 月 25 日，江泽民在广东考察工作时指出：“总结我们党七十多年的历史，可以得出一个重要结论，这就是：我们党所以赢得人民的拥护，是因为我们党在革命、建设、改革的各个历史时期，总是代表着中国先进生产力的发展要求，代表着中国先进文化的前进方向，代表着中国最广大人民的根本利益，并通过制定正确的路线方针政策，为实现国家和人民的根本利益而不懈奋斗。”①这是江泽民第一次完整地提出“三个代表”重要思想，是针对我们党和国家在新形势下如何加强自身建设的理论思考，并对“三个代表”重要思想的具体内涵加以了阐述。

2001 年 7 月 1 日，江泽民在庆祝中国共产党成立 80 周年大会上的讲话，把“三个代表”重要思想作为一个理论体系，全面阐述了“三个代表”重要思想的科学内涵和精神实质。江泽民指出，中国共产党始终代表中国先进生产力的发展要求、代表中国先进文化的前进方向、代表中国最广大人民的根本利益，就是党的理论、路线、纲领、方针、政策和各项工作，必须体现“三个代表”重要思想的要求，明确“三个代表”重要思想的丰富内涵，指出“三个代表”重要思想涵盖了政治、经济、文化和党的建设各个领域，是一个完整的理论体系，是一个相互联系、相互促进的辩证统一的整体。他说：“代表中国先进生产力的发展要求，代表中国先进文化的前进方向，代表中国最广大人民的根本利益，是统一的整体，相互联系，相互促进。发展先进的生产力，是发展先进文化，实现最广大人民根本利益

---

① 《江泽民文选》第三卷，人民出版社 2006 年版，第 2 页。

的基础条件。人民群众是先进生产力和先进文化的创造主体,也是实现自身利益的根本力量。不断发展先进生产力和先进文化,归根到底都是为了满足人民群众日益增长的物质文化生活需要,不断实现最广大人民的根本利益。”“三个代表”重要思想不仅是对中国共产党的要求,更是对全国人民的要求,它是全国人民在新世纪新阶段继续奋斗的思想基础和实现全面建设小康社会宏伟目标的根本指针,对于实现全体人民共同富裕,提高党的社会影响力具有重大和深远的意义。

## 二、代表中国先进生产力的发展要求与非公有制经济发展相统一

生产力是社会发展的最终决定性因素,“三个代表”中首要的是做先进生产力发展要求的代表。我们党的一切奋斗,归根到底都是为了解放和发展生产力,这也是我们鼓励和引导非公有制经济发展的思想基础。当前,我们还处于社会主义初级阶段,生产力水平较低,生产力分布不均衡,为了适应生产力的解放和发展的需要,必须完善以公有制为主体、多种所有制经济共同发展的基本经济制度。非公有制经济是与当今中国社会生产力水平相适应的经济形式,满足了生产力结构不平衡的特点。发展个体、私营和外资等非公有制经济极大地解放了生产力,增强了经济活力,有力地促进了中国经济建设事业的飞速发展,综合国力显著增强,政治安定团结,人民安居乐业,社会主义制度的优越性得到切实体现。同时鼓励、支持和引导非公有制经济发展就是充分调动和利用其有利于发展社会生产力的优势,改善人民生活。

非公有制经济是“我要发展、我要创造、我要自我革新”的经济,符合先进生产力发展的方向。我国改革开放实践证明,非公有制经济投入少、效益大、增长快、利税高,正逐渐成为国民经济中的一支重要力量。非公有制经济可以将大量潜在的资金、技术、土地和劳动力等生产要素进行整合,形成新的现实生产力,为社会创造财富,促进国民经济发展。同时,非公有制经济可以将科技成果迅速转化为生产力,成为科技产业化的带头力量。我国一大批非公有制科技企业具有科技人员比例高、科研投入多、开发能力强、产品技术含量高、运行机制灵活等优势,他们用较低的资本投入和较高的智力投入迅速将知识、科研成果转化为产品。此外,非公有制经济的大力发展,可以引进国外资金、先进的技术设备和管理经验、人才,克服我国资金短缺、技术落后、管理知识不足等困难。通过参加国

际经济、科学、技术、人才和信息的交换，非公有制经济可以充分利用国外资源，大力开拓国际市场，互通有无、取长补短、趋利避害，广泛吸收世界文明成果，促进我国经济发展。

非公有制经济产权明晰，机制灵活，管理严格，效益显著，成为经济体制改革的重要推动力量。首先，促进了市场竞争环境的形成。非公有制经济以商品生产和交换为目的，是自主经营、自负盈亏的独立经济利益主体。它的存在和发展以市场为前提条件并扩大和拓展着市场经济活动的领域，打破了传统计划经济一统天下的局面，形成多种经济成分共同参与市场竞争的新格局。非公有制企业灵活的经营机制和一些适于市场经济发展的管理方法，对公有制企业改革起了示范作用，为一部分中小型国有企业联合、兼并、租赁、出卖、参股提供了现成的对象和有效途径，为国有企业发展创造了更好的内外部环境，加快了市场经济体制的完善。同时，非公有制经济的出现也推动了政府职能的转变，即由直接管理企业转向主要以经济手段、法律手段辅之以行政手段的间接、宏观调控。

生产力发展反过来为非公有制经济发展营造良好的环境。非公有制经济推动生产力发展，反过来生产力的发展也促进资源向有效益的经济成分聚集，进而促进其进一步发展。一方面，政府因其促进生产力发展，满足人们日益增长的物质文化需要，给予非公有制经济发展相关的政策、税收等扶持，降低其生产成本，降低甚至取消各类门槛，提振非公有制经济人士信心，为其创业创新创造良好的环境。另一方面，市场经济因其信息传递快、激发人们的积极性等优势，让资源能得到更好配置。因此，在市场经济规律作用下，只要能较快促进生产力发展的市场主体就能更快获得各种资源，非公有制经济能较快促进生产力的发展，各种资源自然向其汇聚，从而得到较快的发展。生产力发展为非公有制经济提供更大发展空间，使其如鱼得水，得到更多资源的青睐和更好更大的发展。始终代表中国先进生产力的发展要求，决定了我们党必须按照经济发展的客观规律，高度重视非公有制经济的战略地位和作用，同时我国非公有制经济已经并且必将继续凸显其在推动生产力发展中的重要战略地位。

## 三、代表中国先进文化的前进方向与非公有制经济发展相统一

文化是一个国家的精神旗帜，体现着一个民族最深层的精神积淀，凝结着全

民族共同的价值追求。作为上层建筑的社会意识形态,文化总是对一定经济基础的反映,而先进文化则是反映出适应和促进社会生产力发展的基本精神特征。推进文化创新发展,要继承弘扬本国优秀传统文化,使之不断发扬光大。非公有制经济不仅为推动我国生产力发展、提高综合国力作出了贡献,同时也为我国物质文明和精神文明协调发展,在促进先进文化中发挥了积极作用。

非公有制经济闪耀"跟带帮"的富民文化。非公有制经济是民本经济,邓小平指出,"允许一部分人、一部分地区先富起来,然后实现共同富裕"。一是先富者必然给社会创造相应的财富或者提供相应的服务。先富者先富的本身就意味着社会财富的逐步积累,是"富起来"好的开端。二是先富者投资兴业,安排大量就业,这些从业人员在先富的典型作用带动下,学技术、学管理,逐渐成长甚至自立门户创业,就是带动后富。比如由于非公有制经济人士的成功,影响并带动周边的亲朋好友等,这些身边的人"跟"着他们也逐渐走上致富之路。在非公有制经济人士的"带"动下,这个群体越来越大,就是先富带动后富,是我们追求的目标。三是国家通过税收、转移支付和福利政策补贴贫困人群,通过国家政策调节,均匀社会财富,促进社会公平,本质就是先富"帮"后富。在非公有制经济人士身上诠释着"跟带帮"的富民文化。

非公有制经济饱含"达则兼济天下"的儒家文化。中华民族自古就有乐善好施、扶危济困的优良传统,非公有制经济人士积极开展扶贫救困正是这种优良传统在现代的继承和弘扬,也是社会主义道德的实践和体现。非公有制经济人士有着回馈社会的担当精神。他们致富思源、扶持亲友、扶危济困、义利兼顾、建桥修路、赈灾救荒、回馈社会,在诸多社会公益事业中,非公有制经济人士总是慷慨解囊。非公有制经济人士热心社会公益事业的行动正不断地完善着这一群体的形象,受到社会各界的认可和赞扬。与此同时,他们还用市场经济的方式,投资扶贫的行为,把非公有制经济的资金、技术、人才和管理等优势同贫困地区的资源、劳动力等优势结合起来,优势互补,共同发展。这些德行并重、义利兼顾的扶贫举措产生了良好的社会效益,体现了中华民族扶贫济困的传统美德和非公有制经济发展的内在统一。

非公有制经济蕴含着"拼搏进取"的创业文化。非公有制经济以人数众多、积极活跃、不避艰险、渗透力强著称,极具草根色彩和强烈的创业精神。大部分非公有制经济自筹资金、自找门路、自我经营、自负盈亏、自我约束、自我发展。

他们通过艰苦创业，苦尽甘来，才得以积累一定的财富。当前，非公有制经济人士积极响应“大众创业、万众创新”的号召，一方面他们把投资放在创新创业和发展高科技产业上，另一方面他们培养了大量的创新人才，为“双创”提供了基础。这些都显示了他们勤于钻研、善于拼搏、敢于创造、敢为天下先的创业精神，形成了在任何环境下都能保持旺盛的斗志、乐观的情绪、坚定的信念、顽强的意志、宽容的精神之创业文化。非公有制经济的创业文化极大地催生了人们的创业精神和致富欲望，给千百万民众自主创业带来了空前的自由，为勤于奋斗、敢于冒险的人提供了实现理想的舞台，为民间资本自主投资打开了无限的空间。

非公有制经济承载着“兼容并蓄”的多元文化。面对我国加入 WTO 的机遇和挑战，非公有制经济人士没有故步自封，闭门造车，而是不断审视自己，克服“小富即安”的保守思想，在全球化的浪潮中奋勇搏击。非公有制企业从诸多方面提升自身管理水平，学习吸取世界先进技术，现代管理思想，企业文化理念，将现代经营管理技巧与传统文化精髓融会贯通，寻找企业现代化的民族底蕴。非公有制经济不但传承了传统的儒家文化、富民文化、创业文化，还在新时代中不断推动、丰富和创新了社会主义优秀文化。非公有制经济充分体现了自立意识、竞争观念、效率意识、开拓创新精神。这些意识、观念和精神正是现阶段我们建设社会主义市场经济最缺乏，但又是最必需的思想价值。我国非公有制经济迅猛发展的过程，始终伴随着我们对社会主义本质认识不断深化的过程，伴随着我们党对先进文化前进方向的不断探索的过程。

## 四、代表中国最广大人民群众的根本利益与非公有制经济发展相统一

代表最广大人民的根本利益，将最大多数人的利益作为最紧要和最具决定性的因素，这是我们党始终坚持人民的利益高于一切，尊重人民群众的历史主体地位的根本要求，体现出立党为公、执政为民的时代特征，是“三个代表”思想的出发点和落脚点，也是非公有制经济发展的出发点和落脚点。改革开放以来，非公有制经济之所以能得到迅速的发展，一个重要原因是非公有制经济在满足人民多样化、增加就业、促进国民经济发展中发挥了重要作用。发展经济的根本目的是为了提高全国人民的生活水平和质量。要在 21 世纪头 20 年全面建成惠及

十几亿人口的小康社会,在全社会范围比较充分地实现就业,通过就业保障人民群众的生存与发展权益,这是代表最广大人民根本利益的集中体现和基本要求。没有广大人民群众的充分就业,增加城乡居民收入,提升生活质量,全面实现小康都将是一句空话。

非公有制经济在为最广大人民服务、实现人民根本利益和共同富裕中发挥了重要作用。非公有制经济已成为我国就业和再就业的主渠道。我国新增就业机会主要来自于非公有制经济,国有企业下岗人员主要也是通过非公有制经济实现再就业。在过去十几年里,我国国有经济和集体经济的就业人数持续减少,正是非公有制经济每年创造了数百万个就业机会,不但吸收了新增的就业人员,也吸收了从国有、集体企业分流出来的人员,成为吸纳和安置城镇失业人员、农村富余劳动力、大中专毕业生、部队转业军人的主要场所。很显然,非公有制经济创造了最为广阔的就业机会,已成为扩大就业的主渠道,对缓解就业和再就业的压力作出了并将继续作出重要贡献。

非公有制经济不仅有利于繁荣城乡经济,增加财政收入,扩大社会就业,改善人民生活;而且还有利于优化经济结构促进经济增长,推动我国城镇化和工业化进程。大力发展非公有制经济,有利于充分调动人民群众的创业积极性。人民是推动历史前进的动力,是创造社会财富的主体,有需求致富的热情和追求美好生活的强烈愿望。顺应群众的要求就是顺应历史的潮流,把握人民的愿望就把握了社会主义现代化建设的本质。要把人民群众的热情和愿望转化成经济发展的强大动力,就要放手发展非公有制经济,按照市场经济规律的要求,通过市场化的制度安排和资源配置方式来提高经济发展的效率。改革与开放的实践证明,非公有制经济的发展过程,就是人民群众依靠自己的力量创造幸福生活的过程,是人民群众以主人的姿态不断创造社会财富的过程,大力发展非公有制经济,能够使更多的社会资金转变为创业资本,使更多的人力资源转变为创业主体,使一切生产者、劳动者、建设者在创造财富中获得财富,在创造价值中实现价值。通过人民群众生产积极性和创业主动性的充分发挥,使一切生产要素的活力竞相迸发,一切创造财富的源泉充分涌流,人民群众的生活就必然会迅速地富裕起来。

2001 年江泽民在九届人大四次会议和政协九届四次会议期间,对非公有制经济人士提出了“两个必须坚持”和“三个结合”。所谓“两个必须坚持”:即必须坚持以公有制为主体，必须坚持发展多种所有制经济；所谓“三个结合”，即要把自身企业的发展与国家的发展结合起来，把个人富裕与全体人民共同富裕结合起来，把遵循市场法则与发扬社会主义道德结合起来。这是根据我国经济发展和社会进步的实际，为不断增强党的阶级基础和扩大党的群众基础，为鼓励新的社会阶层人士，为发展社会主义社会生产力和在其他事业上作出贡献提出的，是“三个代表”重要思想在非公有制经济领域的具体体现。积极鼓励引导非公有制经济健康发展，是增强我国经济实力，推动先进生产力发展，促进先进文化前进的需要，是实现广大人民群众根本利益和共同富裕的重要条件，也是我们党在21世纪里坚持与时俱进的马克思主义理论品质的又一伟大实践。

## 第三节　科学发展观与非公有制经济

### 一、科学发展观的内涵

针对我国“实现什么样的发展，怎样发展的问题”，胡锦涛在党的十七大上提出了科学发展观，他指出：“科学发展观，第一要义是发展，核心是以人为本，基本要求是全面协调可持续，根本方法是统筹兼顾。”①以人为本是科学发展观的本质；“全面、协调、可持续发展”是科学发展观的三个基本点；统筹城乡发展、统筹区域发展、统筹经济社会发展、统筹人与自然和谐发展、统筹国内发展与对外开放，是科学发展观的五个基本要求。深入贯彻落实科学发展观，要求我们始终坚持“一个中心、两个基本点”，要求我们积极构建社会主义和谐社会，要求我们继续深化改革开放，要求我们切实加强和改进党的建设，要求全党同志要全面把握科学发展观的科学内涵和精神实质，增强贯彻落实科学发展观的自觉性和坚定性，着力转变不适应不符合科学发展观的思想观念，着力解决影响和制约科学发展的突出问题，把全社会的发展积极性引导到科学发展上来，把科学发展观贯彻落实到经济社会发展的各个方面。

---

① 《高举中国特色社会主义伟大旗帜，为夺取全面建设小康社会新胜利而奋斗——在中国共产党第十七次全国代表大会上的报告》，《人民日报》2007年10月25日。

改革开放以后是非公有制经济实现腾飞的黄金时期,进入21世纪以来,非公有制经济站在了新的发展起点上,下一步的关键是如何做到全面协调可持续的科学发展。特别是我国经济进入发展新常态以来,如何认识、适应和引领新常态,是摆在我们面前的根本问题。非公有制经济是经济发展的强劲引擎,在经济转型过程中扮演着重要角色,对于适应和引领经济新常态至关重要。科学发展观为非公有制经济发展指明了方向,贡献了智慧,提出了要求。非公有制经济发展要充分利用我国经济韧性强、潜力足、回旋余地大的优势,深入贯彻和落实科学发展观,坚持以人为本,坚持全面协调可持续发展,坚持统筹兼顾,不断提升自身综合素质,发挥企业家才能,增强企业内在活力和创造力,推动非公有制经济不断取得更好更快发展。

## 二、非公有制经济发展必须坚持以人为本

坚持以人为本是科学发展观的核心。企业首先是经济组织,同时也是社会器官。因此,企业不能把利润最大化作为发展的唯一目标,而是要把经济利润和社会责任的统一发展作为发展的根本追求。企业参与社会公益慈善活动是小善,办好企业、增加社会财富、促进人的全面发展是大善。企业既要讲小善,更要讲大善,以大善体现小善,以小善促进大善,而大善与小善的统一点就是树立以人为本的发展理念。以人为本,要求非公企业牢固树立与内部员工共建共享的观念,通过建设全体员工认同、富有个性、能够促进企业发展的企业文化来增强企业发展的凝聚力,通过建立有效激励机制来培养、吸引、留住科技人才和管理人才,通过实施有关劳动法律、注重员工培训、落实社会保障等方面来提高劳动者素质、维护广大员工合法权益,最终通过促进企业发展、建立工资增长正常机制,努力改善员工生产生活条件,切实关爱员工。

以人为本要求非公企业充分考虑广大人民群众的利益,变功利文化为责任文化,进一步强化诚信立企、诚信兴企观念,既与客户讲诚信、与商家讲诚信,又与员工讲诚信、与消费者讲诚信,在生产中杜绝偷工减料、添加有害物、生产假冒伪劣产品,防止危害人民群众身心健康的现象发生。以人为本要求非公企业家树立家国情怀,社会主义信念和为人民服务的意识,同时要不断提高自身素质。企业家不是一种职务,而是一种素质,一种责任,一种信仰。要做企业先做好人,

具备健全的人格、良好的人品和宽广的胸怀,有德有才的人才能真正拥有财富,企业经营者唯有具备良好的道德修养和较高的经营管理水平,才能发挥企业领军人物的作用。

## 三、非公有制经济必须坚持全面协调可持续发展

非公有制经济在改革开放中解决了发展问题,下一个阶段的主要目标是如何解决实现全面协调可持续发展的问题。当前非公有制经济发展面临一系列新的挑战,包括成本上升,技术落后,人才短缺,环境污染,利润下降等。另外,非公有制经济一般起步于家族式企业,许多企业的现代企业制度还没有真正的建立,股权结构没有完善,法人治理结构不够规范。这些发展的困惑和成长的烦恼是经济发展规律的体现,一个国家经济总量达到一定的规模,发展到一定阶段的时候,必然产生资源紧缺,生产成本上升,环境保护限制,科技附加值少的低端产品被淘汰的现象。党中央提出科学发展观战略思想,是针对当前我国经济发展阶段性问题的正确决策,非公有制经济发展要与国家发展统一起来,以世界性、全局性、战略性的眼光来认识科学发展观的科学内涵,着力的转变不符合科学发展观的观念,着力解决制约科学发展观的挑战和机遇,更加自觉地走科学发展观的道路。

坚持发展不动摇是科学发展观的根本要义。我国非公有制经济的发展历程表明非公有制经济是社会主义市场经济的重要力量,发展社会主义市场经济必须发展非公有制经济,发展非公有制经济就是发展社会主义市场经济。非公有制经济要坚持全面协调可持续发展,不仅要追求经济规模的扩张,更要追求企业内涵的发展。第一,必须加大科技投入,提高产品的科技含量,提升产业结构。作为我国经济重要主体的非公有制经济应当改变产品低附加值、低技术含量的局面,努力加大研发投入,提高企业产品的技术含量,培育自身的核心竞争力。在兼顾企业现有产品市场份额的同时,必须从企业发展战略的高度重新调整企业在整个价值链中的定位,通过自主研发、资本运作、战略联盟等方式努力向价值链高端延伸,为企业争取更大的利润空间。

第二,必须建立规范的现代管理制度。非公企业在发展初期大部分都采用了家族式管理模式,这种模式在创业的最初阶段具有强大的凝聚力和战斗力,但

家族式企业存在天生的历史局限性，例如家族成员特别是其中能干的成员毕竟有限，科学的管理往往受亲情的羁绊。发展到后来则易出现内部摩擦，甚至由于内讧而使企业分裂。因此，家族式企业的企业制度必须及时提升，建立规范的法人治理结构，使内部管理不断走向规范化和制度化。非公企业必须进一步构建吸引人才的环境。企业要获得长远发展，人才起着关键的作用，创造国际品牌和提升产业结构都需要高质量的人才。建立有效的吸引人才的机制，应成为非公企业发展壮大的重要战略规划。非公企业要树立双赢才是多赢，多赢才是久赢的观念，懂得合作，学会让利。不能简单地把客户的关系是买卖的关系，应当积极探索员工持股、多方入股等新的企业组织形式，通过体制机制创新，将各方面结成为以企业为核心的利益共同体。

第三，非公企业必须树立商业道德观，构建企业信用体系，打造国际知名品牌，着眼于长远发展。非公企业在急剧扩展的时期，一定程度上存在着模仿、粗制滥造的问题，对品牌、商誉等问题注意不够，这是情有可原的，甚至可以说带有某种必然性。然而一旦经济发展到无形资产比有形资产更为重要的阶段时，构建企业信用体系，塑造自己的品牌和商誉，提高产品的国际竞争力，对于具有一定规模的非公企业就成为当务之急。同时非公有制经济企业家必须不断提高自身素质和能力，培养企业家精神。一个国家的强大与否靠的就是有没有很多强大的企业支撑，而一个企业是否强大则靠的是有没有一个值得尊敬的企业家，企业家的发明与创新是长期经济周期背后的驱动力。

第四，非公企业在发展过程中要坚持“统筹兼顾”。统筹兼顾是科学发展观的根本方法。随着市场的变化、科技的进步和社会的发展，企业必须转变顾此失彼的单向发展方式，深刻把握统筹兼顾的科学方法。要统筹协调企业发展和产业发展，敏锐把握产业集群化的发展趋势，主动选择加入龙头企业为核心、产业集群规模大、专业化协作水平高、功能配套完善的核心区块内，成为相关产业链条中的一环，以此降低生产经营成本，实现品牌效应、市场信息、公共服务、基础设施能够共享的纵向集群化发展。要统筹考虑当前发展和长远发展，既要立足于当前又不能目光短浅，既要有战略思维又不能脱离实际，根据企业的条件和比较优势，充分考虑市场现实变化情况，准确捕捉产业未来发展趋势，科学制定并适时调整企业发展规划，通过发展战略创新来迎接各种挑战。要统筹把握不同区域发展，“一带一路”建设、京津冀协同发展、长江经济带发展三大战略带来了许多难得的重大机遇,非公有制经济企业完全可以深度参与其中,推动装备、技术、标准、服务的联合重组,实现产业优化升级。促进人才和资本等资源要素在整体范围内充分流动,实现区域间优势互补和要素的优化配置,进而可以缩小区域发展差距,提升国家整体发展效率和经济实力。

## 第四节 “四个全面”与非公有制经济

### 一、“四个全面”的内涵

针对“为什么要坚持中国特色社会主义,如何发展中国特色社会主义”这一主题,党的十八大以来,以习近平同志为核心的党中央领导集体,在深刻把握新时期新阶段国内经济社会发展大局和国际经济政治格局的基础上,作出了初步系统的理论回答。“四个全面”即“全面建成小康社会、全面深化改革、全面依法治国、全面从严治党”,是这一回答的重要理论成果,它深刻阐述了坚持和发展中国特色社会主义的总目标和总要求,是坚持和发展中国特色社会主义的重大战略布局,开辟了坚持和发展中国特色社会主义的新境界。

2015 年 2 月初,习近平在省部级主要领导干部学习贯彻十八届四中全会精神全面推进依法治国专题研讨班开班式上,首次把这“四个全面”定位于党中央的战略布局。习近平指出:“党的十八大以来,党中央从坚持和发展中国特色社会主义全局出发,提出并形成了全面建成小康社会、全面深化改革、全面依法治国、全面从严治党的战略布局。这个战略布局,既有战略目标,也有战略举措,每一个‘全面’都具有重大战略意义。全面建成小康社会是我们的战略目标,全面深化改革、全面依法治国、全面从严治党是三大战略举措。”①

“四个全面”中的每一个“全面”都有其独特的科学内涵。全面建成小康社会是我们党在刚刚进入新世纪新阶段提出的一个管长远管全局的重大战略目标。全面深化改革是实现全面建成小康社会战略目标的直接动力和重要战略举

---

① 《领导干部要做尊法学法守法用法的模范,带动全党全国共同全面推进依法治国》,《人民日报》2015 年 2 月 3 日。

措。全面依法治国是全面建成小康社会和全面深化改革的重要保障,是着眼于实现中华民族伟大复兴中国梦的长远战略举措。全面从严治党是全面推进党的建设新的伟大工程的总体思路和战略部署,是实现全面建成小康社会战略目标的重要战略举措。"四个全面"内涵十分丰富,既有目标又有举措,既有全局又有重点。四者不是简单并列关系,而是有机联系、相互贯通的整体。"四个全面"战略布局是马克思主义中国化的最新成果,丰富了中国特色社会主义的理论内涵,回应了人民群众新期待新要求,体现了我党全心全意为人民服务的根本宗旨,体现我党立党为公、执政为民的政治品格,为继续开拓中国特色社会主义新局面明确了总纲领总方针。

## 二、全面建成小康社会与非公有制经济

全面建成小康社会与非公有制经济发展目标具有高度一致性。1979 年邓小平在会见日本首相大平正芳时,第一次使用"小康"概念,用以描述"中国式的四个现代化。"他说:"我们要实现的四个现代化,是中国式的四个现代化。我们的四个现代化的概念,不是像你们那样的现代化的概念,而是'小康之家'。"① 1982 年党的十二大报告指出"从一九八一年到本世纪末的二十年,我国经济建设总的奋斗目标是,…… 人民的物质文化生活可以达到小康水平。"②这是"小康"概念首次作为党的奋斗目标的公开亮相,经济效益提升、生产总值翻番、人民生活提升是"小康"的重要内涵和特征,也是这一时期中国力所能及的高度。1987 年党的十三大,在"三步走"的经济建设发展战略中,规定"第二步,从 1991 年到 20 世纪末国民生产总值再增长一倍,人民生活达到小康水平"③。"小康"起到了从初级发展阶段到中等发达国家、从温饱到富裕的承前启后的作用。

2002 年党的十六大正式提出了囊括经济、政治、文化、社会在内的全面小康社会,会议指出:"我们要在本世纪头二十年,集中力量,全面建设惠及十几亿人口的更高水平的小康社会,使经济更加发展、民主更加健全、科教更加进步、文化

① 《邓小平文选》第二卷,人民出版社 1994 年版,第 237 页。
② 《十二大以来重要文献选编》上,人民出版社 1986 年版,第 14 页。
③ 《习近平总书记系列重要讲话精神学习读本》,中国方正出版社 2014 年版,第 5 页。

更加繁荣、社会更加和谐、人民生活更加殷实。"①全面建成小康社会是一个涵盖社会整体化建设和经济、政治、文化和社会方方面面内容的多元复合概念。既不是经济决定论也不是经济唯一论,而是以经济发展为根基的全方位推进的发展过程。2012 年党的十八大综观国内外发展局势,主动出击,提出"确保到 2020 年实现全面建成小康社会宏伟目标"。在这一总目标的统摄下,确定了经济、政治、文化、社会和生态等"五位一体"的内涵。要求我们转变经济发展方式,实现经济持续健康发展,缩小收入差距和扩大基本公共服务范围,加速人民生活水平全面提高,减少生产能耗和加强资源能源的循环利用,加快建设资源节约型、环境友好型社会。

全面建成小康社会的内涵重在"全面"上。从"小康社会"的提出过程可以看出,随着经济社会的发展,它的内涵逐渐由侧重经济发展方面到以经济发展为主,兼顾其他各个方面的全面系统,这种全面是指包括经济、政治、文化、社会和生态五大系统的"全面",也指"全体小康"和"共同小康"。所谓"全体小康"是指涵盖社会各个阶层的小康,不仅包括富有者、社会精英、普通工人和其他一般社会成员,还主要包括居于偏远落后地区的贫困人口,协助集中连片贫困地区和人口反贫困和最终脱贫是"全体"的重要之义。"共同小康"是指不仅包括东部发达地区,而且包括中部和西部地区尤其是西部欠发达地区,促进三大区域的平衡协调发展是"共同"的必然要义。其次,全面建成小康社会的概念重在"建成"上。建成不同于建设,建设是起步阶段,而建成是收官阶段;建设是过程,建成是冲刺;建设中的小康可能是低水平、不均衡和不全面的,而已建成的小康一定是高水平、均衡的和全面的;建设重在宏观规划,建成强调实质性进展,建成为全面小康社会设定了进度推进的时间表,催逼在指定时间达到重大的进展和阶段性成果。

全面建成小康社会中的"全面"与"建成"与非公有制经济的发展目标紧密交织在一起。目前,全面建成小康社会遇到了资源环境、社会环境和经济环境等一系列因素的制约,破解全面建成小康社会的制约因素,寻求全面建成小康社会的现实路径,需要发挥非公有制经济的增长引擎作用,实现非公有制经济转型升级。非公有制经济必须由生产经营向创新创业转变,由获取劳动力红利向获取

① 《十六大以来重要文献选编》上,中央文献出版社 2005 年版,第 14 页。

人才智力红利转变，集中精力搞创新，着力转变经济发展方式，努力从传统非公有制经济企业向智慧非公有制经济企业转变，促进整个国家的经济转型升级。非公有制经济必须从本土发展向全球化发展转变。国家“一带一路”倡议的提出和建设的实施，给非公有制经济企业跨境发展带来了极好机遇。非公有制经济可以充分利用国外资源，大力开拓国际市场，克服我国资金短缺、技术落后、管理知识不足等困难，广泛吸收世界文明成果，促进我国经济发展。全面建成小康社会是非公有制经济发展的思想目标和未来指向，非公有制经济的发展也需要全面建成小康社会的目标牵引和保障。全面建成小康社会中经济、政治、文化、社会、生态全面推进与非公有制经济发展所揭示的改革驱动、速度换挡、结构调整、转型升级和提质增效的新常态和新要求是有机统一的，改善小康社会建设的低水平、不平衡和不全面与实现非公有制经济转型升级也是有机统一的，两者相互促进、共同发展。

## 三、全面深化改革与非公有制经济

改革是中国特色社会主义道路、制度和理论的最大特色和最本质特征，是推动中国社会主义整体化建设的根本动力和保障，是决定当代中国命运和取得发展决定性成果的关键抉择。“全面深化改革”与非公有制经济发展之间有着共同的原则和遵循，即中国特色社会主义方向、道路、理论和制度。“方向决定道路，道路决定命运。我国改革开放之所以能取得巨大成功，关键是我们把党的基本路线作为党和国家的生命线，始终坚持把以经济建设为中心同四项基本原则、改革开放这两个基本点统一于中国特色社会主义伟大实践，既不走封闭僵化的老路，也不走改旗易帜的邪路。”①对于改革和非公有制经济发展而言，社会主义点明了方向、道路和性质，是改革和发展非公有制经济的本质规定性。无论过去、现在还是未来，都是社会主义的改革和社会主义的非公有制经济，社会主义为中国改革和非公有制经济发展制定了根本原则、基本框架和政治底线。“那就是不论怎么改革、怎么开放，我们都始终要坚持中国特色社会主义道路、中国特色社会主义理论体系、中国特色社会主义制度，坚持党的十八大提出的夺取中

① 人民日报社评论部编著:《“四个全面”学习读本》,人民出版社 2015 年版,第 133 页。

国特色社会主义新胜利的基本要求。”①

全面深化改革的总目标是“完善和发展中国特色社会主义制度、推进国家治理体系和治理能力现代化。”②党的十八届三中全会开启了总体化和全面化的改革，“并在总目标统领下明确了经济体制、政治体制、文化体制、社会体制、生态文明体制和党的建设制度深化改革的分目标。这是改革进程本身向前拓展提出的客观要求，体现了我们党对改革认识的深化和系统化”。③ 在经济新常态和“三期叠加”的特殊时刻，全面深化改革还能够破除阻碍经济社会发展的深层次的体制机制障碍，为非公有制经济打造良好的发展环境。全面深化改革就是围绕市场决定性作用的重心，深化经济体制改革，解决经济资源的优化配置和整体效益；深化政治体制改革，解决公共权力的掌握和正确运用；深化文化体制改革，解决先进文化的构建和文化素养的提升；深化社会体制改革，解决社会合作的达成和共治的完善改进；深化生态体制改革，解决自然资源和环境的保护和利用；深化党的建设制度改革，解决民主集中的先进性和制度保障。以此形成现代化的国家治理体系和治理能力，在民主、科学、法治和效益的价值指导下，构建政党、政府、社会、市场、个人等多元主体边界清晰，权能明确，主动参与的共治格局，实现治理能力的现代化、制度化、规范化和法治化。只有深化改革，才能解决发展中不平衡、不协调、不可持续问题，才能推进中国特色社会主义事业和非公有制经济向前发展。

改革为非公有制经济发展扫清了外部障碍，同时非公有制经济也应该加强自身改革来呼应“全面深化改革”。在这一过程中，非公有制经济企业应当在借鉴吸收现代企业制度的同时，不断消化创新，形成“现代企业制度+企业党建+社会责任”的中国特色非公有制经济企业制度，避免了西方现代企业制度在对待国家利益、公众利益上存在的明显缺陷。这一模式中，非公有制经济“现代企业制度”是基础，通过健全法人治理结构，协调所有者、经营者、劳动者的关系，规范企业行为，激发内在动力；“党的建设”是灵魂，通过党建工作形成非公有制经济企业独特竞争优势，推动非公有制经济企业利益与国家、社会利益高度统一；

① 人民日报社评论部编著：《“四个全面”学习读本》，人民出版社 2015 年版，第 139 页。

② 人民日报社评论部编著：《“四个全面”学习读本》，人民出版社 2015 年版，第 144 页。

③ 人民日报社评论部编著：《“四个全面”学习读本》，人民出版社 2015 年版，第 145 页。

“社会责任”是使命,通过加强和创新社会管理,优化发展环境,促进稳定和谐。把党的建设嵌入现代企业制度,是中国特色非公有制经济现代企业制度的关键。把社会责任融入现代企业制度,体现了社会主义属性和共同富裕观。这种三位一体的制度模式较好地协调了非公有制经济企业内外部利益关系,实现了效率与公平的双赢,在非公有制经济企业微观层面呼应了“社会主义”与“市场经济”的有机融合,是更适合中国国情、比西方人创造的现代企业制度更优越、更持续的中国特色现代企业制度。

## 四、全面依法治国与非公有制经济

法,国之重器也,有善法方有善治,法作为治国理政的“总抓手”,是世界上任何一个国家现代化过程中都倍加重视的问题。继提出全面建成小康社会总的奋斗目标和全面深化改革的重大举措之后,全面依法治国作为“四个全面”的重要组成部分被称为贯穿其他三方面的重要“红线”和实现全面建成小康社会总目标的“轮翼”被提到了前所未有的高度,全面建成小康社会、全面深化改革和全面从严治党都离不开全面依法治国的理念培育和技术支撑。今天的中国,在全面建成小康社会的决胜时期,在改革的攻坚期和深水区,需要将国家经济社会生活的方方面面纳入到法治范围和法治化轨道,为经济社会转型成功保驾护航。

全面依法治国为非公有制经济发展提供了一个长期稳定的制度环境和法律保障。全面依法治国要求形成以宪法为统帅,普通法为基础的中国特色社会主义法律体系,将国家各项事业和经济社会的各个方面纳入到法制化轨道和制度化进程。立法要确定宪法最高的法律权威和治国理政的总章程地位,要根据实践的发展不断补充和完善,做好改革和法治的融贯和衔接,做到“重大改革于法有据”①,避免出现法治的盲点和空白区。中华人民共和国成立以来,规定非公有制经济宪法地位的条款经历了多次修改,成为宪法规范体系中变化最多的条款,宪法的不断完善为非公有制经济发展提供了制度保障。1999 年宪法修正案明确规定个体经济、私营经济等非公有制经济,是社会主义市场经济的重要组成

① 中共中央文献研究室编:《习近平关于全面依法治国论述摘编》,中央文献出版社 2014 年版,第 45 页。

部分。从而，通过宪法郑重确认、规定了非公有制经济与公有制经济平等的法律地位，具有极其重大现实意义、历史意义和法律意义。非公有制经济通过宪法实现了自身科学定位，又取得了"身份证"和"公民权"，使得此前一系列相关促进非公有制经济发展的政策措施的法治化再无障碍，已有的限制、影响非公有制经济发展的法律废止、修改、完善有了根本法上的依据。同时给予非公有制经济以平等的、无差别的法律保护，为其发展提供了一个长期稳定的制度环境、政策框架和法律保障。

全面依法治国为非公有制经济发展营造了一个稳定的法治环境和社会环境。建设法治政府是全面依法治国的重要内容，依法行政为政府履职设定了"法定职责必须为、法无授权不可为"①的制度化框架。在此框架规约下，建立起权力清单和监督制度，将政府权力置于阳光之下，通过"完善的监督管理机制、有效的权力制衡机制、严肃的责任追究机制，加强对执法司法权的监督制约，最大限度减少权力出轨、个人寻租的机会"②，有助于建设"职能科学、权责法定、执法严明、公开公正、廉洁高效、守法诚信的法治政府"。③ 同时，全面依法治国可以划分和匡正社会利益主体边界，捍卫和保证宪法法律权威，营造法律面前人人平等的法治环境，激活和释放经济社会发展正能量。全面依法治国最终落脚点是"使全体人民都成为社会主义法治的忠实崇尚者、自觉遵守者、坚定捍卫者，使尊法、信法、守法、用法、护法成为全体人民的共同追求"④。这样一种各归其位、各司其事、互不干扰、相互补缺的法治为非公有制经济发展提供了清晰的界限和稳定的社会环境。

依法治国方略为非公有制经济发展提供了稳定的法制环境、制度环境和社会环境，在此基础上，非公有制经济应当坚持以"依法治企"对接"依法治国"，发挥非公有制经济人士在依法治国中的典范作用。从事非公有制经济的人民群众

---

① 习近平：《在庆祝全国人民代表大会成立 60 周年大会上的讲话》，人民出版社 2014 年版，第 10 页。

② 中共中央文献研究室编：《习近平关于全面依法治国论述摘编》，中央文献出版社 2014 年版，第 76 页。

③ 中共中央文献研究室编：《习近平关于全面依法治国论述摘编》，中央文献出版社 2014 年版，第 60 页。

④ 中共中央文献研究室编：《习近平关于全面依法治国论述摘编》，中央文献出版社 2014 年版，第 90 页。

已达2.8亿人,这样一个大的群体又掌握了大量的财富,他们的尊法守法对依法治国更显张力,对社会风气有非常强的示范作用。非公有制经济合法经营是依法治国的重要组成部分。市场经济就是法治经济,非公有制经济以诚信立本、以守法为先,为依法治国营造良好的法治环境。对非公有制经济人士而言,就是要洁身自好、走正道,做到遵纪守法办企业、光明正大搞经营。非公有制经济通过合法经营,用合法的市场竞争手段来获取政府的政策支持和办事服务,而不是用行贿等非法手段,通过拉拢政府官员来获取不正当的收益,这样不但在非公有制经济内部形成了学法用法守法的小环境,也为国家的依法治国营造了很好的大环境。正如习总书记指出,“守法经营,这是任何企业都必须遵守的一个大原则。公有制企业也好,非公有制企业也好,各类企业都要把守法诚信作为安身立命之本,依法经营、依法治企、依法维权。法律底线不能破,偷税漏税、走私贩私、制假贩假等违法的事情坚决不做,偷工减料、缺斤短两、质次价高的亏心事坚决不做。”①

非公有制经济要努力营造“亲”和“清”的新型政商关系。对于非公企业家而言,“亲”就是积极主动同各级党委和政府及部门多沟通多交流,讲真话,说实情,建诤言,满腔热情支持地方发展。“清”就是要洁身自好、走正道,做到遵纪守法办企业、光明正大搞经营。企业经营遇到困难和问题时,要通过正常渠道反映和解决,如果遇到政府工作人员故意刁难和不作为,可以向有关部门举报,运用法律武器维护自身合法权益。② 在此过程中,政府要依法维护非公有制经济的权益,打造公平的政策环境,必须一视同仁,不能厚此薄彼。同时要营造公正的执法环境,杜绝“暗箱操作”,坚决遏制“寻租空间”,让各类法律法规在阳光下运行。依法治国方略将给非公有制经济发展带来更多公平公正的机会,非公有制经济的法治环境也将进一步得到改善。在全面深化改革的重要时期,以“依法治企”对接“依法治国”,将有力地推动我国社会主义市场经济体制进一步发展和完善,有利于进一步激发市场活力,有利于促进非公人士的健康成长和非公有制经济的健康发展。

---

① 《毫不动摇坚持我国基本经济制度　推动各种所有制经济健康发展》,《人民日报》2016年3月5日。

② 《毫不动摇坚持我国基本经济制度　推动各种所有制经济健康发展》,《人民日报》2016年3月5日。

## 五、全面从严治党与非公有制经济

坚持党的领导,发挥党总揽全局、协调各方的领导核心作用是中国社会主义市场经济体制最显著的特征。改革开放以来,市场经济体制力排众议的建立,市场经济的蓬勃发展以及人民生活水平的显著改善,都离不开党的领导。党的核心领导、各级党组织的倾力相助和所有党员的共同努力,构成了党领导建设和改革的最大政治优势,保持和扩大这种政治优势,就能推动中国社会主义市场经济体制的不断完善和非公有制经济不断发展。中国共产党的领导地位是在长期与最广大人民群众共同奋斗过程中获得的,中国共产党从革命、建设和改革一路走来,始终代表先进生产力的前进方向和中华民族的核心利益,党的领导已经成为中国特色社会主义本质鲜明的特征。

党的领导地位并不是一劳永逸,要始终保持"赶考"的心态。中国共产党已经成为长期执政的党,并取得了全面的成就,但也不能忽视面前存在的风险与考验。当前,我们党面临的"执政考验、改革开放考验、市场经济考验、外部环境考验是长期的、复杂的、严峻的,精神懈怠危险、能力不足危险、脱离群众危险、消极腐败危险更加尖锐地摆在全党面前。"①我国发展已经进入到整体化和全面化的新阶段,经济、政治、文化、社会、生态等的科学发展不是靠单一的要素驱动所能解决的,各方面的发展和改革往往牵一发而动全身。因此,必须将全面从严治党提高到"四个全面"战略布局的高度,这是由党的地位作用和历史使命决定的,也是新时期的问题和考验要求的。

党的领导是全面建成小康社会、全面深化改革和全面从严治党的核心和关键。在全面建成小康社会中,党肩负着带领全国人民推进社会主义现代化,实现全面建成小康社会和中华民族伟大复兴的历史重任。在推进全面深化改革中,关键在党和人,"关键在党,就要确保党在发展中国特色社会主义历史进程中始终成为坚强领导核心。关键在人,就要建设一支宏大的高素质干部队伍。"②要冲破利益固化的藩篱,调动一切积极因素,为全面深化改革提供组织和人才保

① 习近平:《在党的群众路线教育实践活动总结大会上的讲话》,人民出版社 2014 年版,第 12 页。

② 人民日报社评论部编著:《"四个全面"学习读本》,人民出版社 2015 年版,第 244 页。

障。在全面依法治国中,“党的领导和社会主义法治是一致的,社会主义法治必须坚持党的领导,党的领导必须依靠社会主义法治。”①

将全面从严治党提高到“四个全面”战略布局的高度是对马克思主义党建理论的创新和发展,非公有制经济应当以“四抓四看”落实“从严治党”。一是非公有制经济企业从严治党的核心,是要抓好党组织建设和管好党员干部队伍,看党员带头示范、先锋作用好不好。非公有制经济党员是非公有制经济发展的掌舵者和领航人,党员干部等“关键少数”处于核心地位,他们垂直表率将产生巨大的波浪影响和联动效应。二是非公有制经济企业从严治党的关键,是要抓好坚持“反四风”和“走正道”,看反腐倡廉、惩治力度大不大。广大非公有制经济人士要加强自我学习、自我教育、自我要求、自我提升,防腐反腐,坚守法律底线。三是非公有制经济企业从严治党的重点,是要抓好党员树立理想信念和担当精神,看服务发展、转型升级快不快。让广大非公有制经济党员树立崇高的理想信念、勇敢的担当精神,才能使党员的先进性得到发挥,解决企业的发展动力源。广大非公有制经济党员应始终热爱祖国、热爱人民、热爱中国共产党,积极践行社会主义核心价值观,伟大复兴中国梦的实践中谱写人生事业的华彩篇章。四是非公有制经济企业从严治党的基础,是要抓好建立党建制度和长效机制,看制度治党、依法治企严不严。管理的最好模式就是严格管理、人本管理和科学管理的集合体。全面从严治党将管党治党思想发展为思想建设、组织建设、作风建设、反腐倡廉建设和制度建设“五位一体”新格局,将从严治党科学化、制度化、长效化。同时将思想建设和制度建设结合起来,实现了软硬兼施和刚柔并济,是全面从严治党的新突破。

## 第五节　改革开放奇迹与非公有制经济

改革开放以来,我国非公有制经济得到了迅猛发展,除国有及国有控股经济以外的非公有制经济已经占 GDP 的 65%左右,中国经济发展的增量部分有

① 人民日报社评论部编著:《“四个全面”学习读本》,人民出版社 2015 年版,第 247 页。

70%—80%来源于民营企业。[①] 可以看出，非公有制经济在我国改革开放中的地位和作用日益突出，非公有制经济已成为我国经济增长的主要推动力量，是社会主义市场经济名副其实的“重要组成部分”，既为我国经济体制改革和对外开放的深入推进提供了强劲的动力，又为我国改革开放提供了一个稳定的社会环境，充分地体现出中国共产党的非公有制经济理论和政策的实践意义。

非公有制经济大发展促进了我国经济体制改革的深化，有力地推动了传统计划经济体制向现代市场经济体制的深刻变革。中华人民共和国成立后的前30年，我国政府一直推行计划经济体制，由国家专门机构“计划委员会”来规划和制定经济发展各个领域的目标。党的十一届三中全会以后，我国开启了改革开放的新时代，非公有制经济伴随着中国特色社会主义的形成和发展，经历了从无到有、从小到大、从弱到强的变化。非公有制经济从起着对公有制经济“拾遗补缺的作用”，到“是社会主义公有制经济的有益补充”，再到“是我国社会主义市场经济的重要组成部分”，最后“实行公有制为主体、多种所有制经济共同发展”被确立为国家基本经济制度。从以上历史过程可以看出，非公有制经济的存在和发展，改变了计划经济体制下市场主体单一化的局面，推进了所有制结构的调整，不断地推动着我国社会主义市场经济体制的逐步完善。

非公有制经济大发展加速了我国对外开放的进程。1979年7月中共中央和国务院决定对广东、福建两省实行特殊政策和优惠措施，兴办深圳、珠海、汕头、厦门经济特区，采用合资、合作经营以及外商独资经营等多种形式来吸收外资，这是我国对外开放早期的主要方式。1984年10月，党的十二届三中全会《决定》指出，“利用外资，吸引外商来我国举办合资经营企业、合作经营企业和独资企业，也是对我国社会主义经济必要的有益的补充”[②]，加快了我国对外开放的前进步伐。非公有制经济在发展过程中引进国外资金、先进的技术设备和管理经验、人才，大力开拓国际市场，广泛吸收世界文明成果，已经成为我国生产力的一个新增长点。近几年我国技术创新的70%、国内发明专利的65%和新产

① 单忠东：《民营经济三十年——思考与展望》，经济科学出版社2009年版，第6页。

② 《十二大以来重要文献选编》中，人民出版社1986年版，第581页。

品的80%来自于中小企业,而中小企业的95%以上为民营企业。我国民营科技企业目前已有约15万家,在53个国家级高新技术开发区中民营科技企业占70%以上。① 在对外贸易和对外投资方面,非公有制经济已成为主力军。2014年,民营企业进出口额达1.57万亿美元,增长5.2%,高出外贸总体增速1.8个百分点,占进出口总额的36.5%。② 在我国对外非金融类直接投资7450.2亿美元存量中,民营企业非金融类对外直接投资存量3345.1亿美元,占比为44.9%。改革开放以来,民营企业走出去主体数量不断扩张,步伐不断加快。截至2014年年末,在1.85万家对外直接投资者中,民营企业占比87%。③

非公有制经济大发展为我国改革开放创造了稳定的社会环境。非公有制经济已成为就业和再就业的主渠道,为维护社会稳定作出了重要贡献。截至2014年年底,全国个体私营经济从业人员实有2.5亿人,同比增长14.16%。其中,私营企业从业人员1.44亿人,同比增长15.2%;个体工商户从业人员1.06亿人,同比增长13.38%。④ 在税收方面,非公有制经济已成为国家税收的一个重要来源。2014年,民营经济(包括私营企业和个体经营)税收收入19133.62亿元,比上年增加964.72亿元,同比增长5.3%,占全国税收收入的14.7%。⑤ 民营经济税收在税收运行中的作用越来越重要,日益成为税收运行中不可或缺的重要部分。在增加居民财富、改善人民生活方面,非公有制经济也起到了十分重要的作用。截至2014年年底,全国实有私营企业1546.37万户(含分支机构),比上年年底增加292.15万户,增长23.33%;注册资本59.21万亿元,比2013年年底增加19.9万亿元,增长50.62%。从户均资本规模来看,私营企业户均资本由2010年年末的227.14万元增长为382.87万元,年均增速13.94%。截至2014年年底,全国实有个体工商户4984.06万户,比2013年同期增加547.77万户,增长

① 单忠东:《民营经济三十年——思考与展望》,经济科学出版社2009年版,第6页。

② 王钦敏主编:《中国民营经济发展报告(2014—2015)》,中华工商联合出版社2016年版,第149页。

③ 王钦敏主编:《中国民营经济发展报告(2014—2015)》,中华工商联合出版社2016年版,第175页。

④ 王钦敏主编:《中国民营经济发展报告(2014—2015)》,中华工商联合出版社2016年版,第142页。

⑤ 王钦敏主编:《中国民营经济发展报告(2014—2015)》,中华工商联合出版社2016年版,第197页。

12.53%,资金数额为2.93万亿元,比上年同期增长20.58%。①

此外,非公有制经济是社会公益活动和社会公共事务的重要参与者和支持者。他们有强烈的社会参与欲望,积极参加公益性捐赠,希望能够对社会作出自己的贡献,实现自身价值。非公有制经济是中国特色社会主义的重要基础,为中国改革开放伟大奇迹作出了巨大贡献。中国梦和"两个一百年"奋斗目标的号角已经吹响,面对新时期、新机遇和新挑战,非公有制经济必须牢固团结在以习近平同志为核心的党中央周围,继续开拓进取,披荆斩棘,为实现中华民族伟大复兴的中国梦贡献力量。

---

① 王钦敏主编:《中国民营经济发展报告(2014—2015)》,中华工商联合出版社2016年版,第145页。

# 第一章

# 中国特色社会主义的制度基础

党的十一届三中全会以来,党和政府紧紧依靠人民,开拓出一条符合社会主义初级阶段基本国情的改革开放之路。通过不断实践和探索,我国建立了社会主义市场经济体制,形成了“以公有制为主体、多种所有制经济共同发展”的基本经济制度,使得包括非公有制经济在内的多种经济成分的活力竞相迸发,推动了我国经济社会的全面发展。非公有制经济是我们国家基本经济制度的重要基础,基本经济制度的确立与非公有制经济的发展密不可分,新时期进一步完善基本经济制度需要我们继续深化对非公有制经济的认识,继续鼓励、支持和引导非公有制经济发展。

## 第一节 非公有制经济宪法地位变迁

### 一、1954 年宪法承认与限制非公有制经济

中华人民共和国成立以来,规定非公有制经济宪法地位的条款经历了多次修改,成为宪法规范体系中变化最多的条款。透过非公有制经济宪法规范的变化过程,我们可以了解国家对非公有制经济的理念与政策的变化,可以分析社会变革中宪法与社会经济结构之间的内在关系。中华人民共和国成立之初,个体和私营等非公有制经济成分构成了国民经济的主体,国营经济在社会经济中所占的比重相对较小。因而,如何正确对待为数众多的非公有制经济,继续发挥它

们在经济建设中的积极作用,便成了恢复和发展国民经济的关键所在。1949 年 9 月 29 日,党和政府通过了《中国人民政治协商会议共同纲领》(以下简称《共同纲领》),明确规定了我国存在的五种经济成分——国营经济、合作社经济、农民和手工业者的个体经济、私人资本主义经济和国家资本主义经济。其中国营经济是社会主义性质的经济,在整个国民经济中处于基础地位和领导地位;合作社经济是半社会主义性质的经济,国家对其的政策是扶助和优待;农民和手工业私营经济是专指民族资产阶级拥有的资本主义企业及经济组织,国家对其的政策是鼓励并扶助;国家资本主义经济是国家资本与私人资本合作的经济。

此外,《共同纲领》第 3 条规定:保护国家的公共财产和合作社的财产,保护工人、农民、小资产阶级和民族资产阶级的经济利益及其私有财产。明确提出公有制经济和私有制经济都能在国营经济领导下,得到照顾和调剂,分工合作,各得其所,以促进整个社会经济的发展。第 28 条规定:“凡属有关国家经济命脉和足以操纵国民生计的事业,均应由国家统一经营。”该条通过规定国营经济的范围,限制了民族资本主义的活动范围,即民族私人资本不得进入“凡属有关国家经济命脉和足以操纵国民生计的事业”。第 30 条规定:凡有利于国计民生的私营经济事业,人民政府应鼓励其经营的积极性,并扶助其发展。该条虽然主要体现了对民族资本主义的利用,但也体现了对它的限制。因为“鼓励”和“扶助”的对象仅限于“有利于国计民生的私营经济事业”,而对于其他私营经济事业则不在鼓励之列。作为临时宪法,《共同纲领》的规定是与当时的经济发展水平基本相适应的,对私营经济的保护程度也是比较高的,在当时具有重要的历史意义。

1954 年 9 月 20 日,第一届全国人民代表大会通过的《中华人民共和国宪法》,是中华人民共和国的第一部正式宪法,也是我国第一部社会主义性质的宪法。1954 年前后虽然我国国民经济基本恢复,但整体生产力水平还相对较低,具有社会主义性质的公有制经济在整个国民经济中所占比重却并不大。其中,国营经济占 19.1%,集体经济占 1.5%,公私合营经济占 0.7%,私人资本主义经济占 6.9%,个体经济(主要是小农经济)占 71.8%。① 这就要求“五四”宪法既要保证完成社会主义改造以确立公有制,又要保护多种所有权以促进生产力迅速发展。“五四”宪法规定了过渡时期我国的基本经济制度及生产资料所有制

① 李芳:《新中国宪法保障非公有制经济的历史变迁》,《经济问题探索》2009 年第 4 期。

的四种形式:(1)国家所有制,即全民所有制。(2)合作社所有制,即劳动群众集体所有制。(3)个体劳动者所有制。宪法规定,国家依法保护个体劳动者的生产资料所有权,指导和帮助他们改善经营,并鼓励他们根据自愿原则向合作社经济过渡。(4)资本家所有制。

同时,"五四"宪法明确国家依照法律保护手工业者和其他非农业的个体劳动者的生产资料所有权;国家指导和帮助个体手工业者和其他非农业的个体劳动者改善经营,并且鼓励他们根据自愿的原则组织生产合作和供销合作;保护农民土地所有权和其他生产资料所有权;保护资本家生产资料所有权和其他资本所有权;保护公民的合法收入、储蓄、房屋和各种生活资料。可以看出,宪法对于私有财产权的保护是原则的、有限的,但也是十分明确的。非公有制经济在宪法中占有一席之地,获得宪法承认、尊重与保护,前提是"鼓励"他们"自愿"向合作社经济和全民所有制经济"过渡"。1956 年,我国通过各种手段和方法实现了对生产资料私有制的社会主义改造,完成了由新民主主义社会向社会主义社会的转变,从此中国社会迈入社会主义革命和社会主义建设新阶段,这种转变也深深地影响了非公有制经济的发展。

## 二、1975 年和 1978 年宪法彻底否定非公有制经济

随着社会主义改造的完成,国民经济结构发生了根本性变化。在国民收入中,全民所有制经济占 32.2%,集体所有制经济占 53.4%,公私合营经济占 7.3%,个体经济占 7.1%,资本主义经济已经被消灭。社会主义和半社会主义性质的经济在国民收入的比重中已由 1952 年的 21.3% 上升为 1956 年年底的 92.9%,①这标志着我国已经从多种经济成分并存的新民主主义经济制度转变为公有制经济占绝对优势的社会主义经济制度。1962 年 9 月,党的八届十中全会在北京召开。这次会议对当时的国际、国内形势特别是阶级斗争形势作出了过于严重的估计,并指出阶级斗争不可避免,强调阶级斗争要"年年讲,月月讲,天天讲"。以中共八届十中全会为转折点,党的非公有制经济政策发生了根本性的变化。特别是 1966 年"文化大革命"以后,在"左"倾错误的冲击下,我国走

① 李芳:《新中国宪法保障非公有制经济的历史变迁》,《经济问题探索》2009 年第 4 期。

上了更加彻底排斥非公有制经济的道路，彻底否定私人利益，否定私营经济。城乡个体、私营经济和集市贸易都被当作“资本主义尾巴”来割掉，将我国所有制结构单一化的不合理性推向极端，社会主义公有制成为我国唯一的经济基础，多种所有制经济成分并存和同时发展的局面荡然无存，党的政策和制度都不容许任何形式非公有制经济的存在。

“七五”宪法和“七八”宪法作为两部诞生于“文化大革命”时期的宪法，其必然具有较为浓厚的无产阶级“文化大革命”极“左”的色彩。两部宪法对我国经济制度作出了规定，“现阶段的生产资料所有制主要是社会主义全民所有制和社会主义劳动群众集体所有制。同时允许非农业合法的个体劳动者存在。国营经济是国民经济的领导力量。农村人民公社的集体所有制经济，一般实行三级所有、队为基础。在分配制度上规定，国家实行‘不劳动者不得食’和‘各尽所能，按劳分配’的社会主义原则”。“七五”和“七八”宪法将私营和外资经济视为社会主义基本经济制度的对立物和异己力量给予排斥和消灭，同时对个体经济进行了种种限制，只能“从事在法律许可的范围内、不剥削他人的个体劳动”，并且要“引导他们逐步走上社会主义集体化的道路”。随着全民所有制和集体所有制两种公有制的经济格局的形成，私营经济被消灭殆尽，个体经济极度萎缩，形成了“一大二公三纯”为鲜明特点的社会主义模式，对我国经济发展起到了阻碍和破坏的作用。

## 三、1982 年宪法承认、保护和发展非公有制经济

1982 年 12 月 4 日五届全国人大第五次会议通过的中华人民共和国成立以后的第四部宪法，这部宪法继承和发展了“五四”宪法的基本原则，克服了“七五”宪法和“七八”宪法的缺陷，总结了 30 多年来我国社会主义发展的丰富经验，为新时期改革开放向前推进奠定了基础，打开了局面。“八二”宪法第 11 条规定：“在法律规定范围内的城乡劳动者个体经济，是社会主义公有制经济的补充。国家保护个体经济的合法权利和利益。国家通过行政管理，指导、帮助和监督个体经济。”①这是中华人民共和国成立后我国宪法上第一次出现的个体经济

① 胡锦光、韩大元：《中国宪法》，法律出版社 2004 年版，第 55 页。

合法性的表述,确立了新的历史时期个体经济的宪法地位及与社会主义公有制经济的宪法关系,使长期以来飘摇不定的个体经济获得了宪法地位。

此外,“八二”宪法第 18 条规定:“中华人民共和国允许外国的企业和其他经济组织或者个人依照中华人民共和国法律规定在中国投资,同中国企业或者其他经济组织进行各种形式的经济合作。在中国境内的外国企业和其他外国经济组织以及中外合资经营的企业都必须遵守中华人民共和国的法律。它们的合法权利和利益受中华人民共和国法律的保护。”这一规定确认了非公有制经济中的外资经济的宪法地位,是开放政策的具体体现,为外国资本的进入和发展提供了宪法保障,意义重大而深远。至此,个体经济和外资经济第一次被写入国家宪法,并取得了宪法保护的合法地位。尽管 1982 年前后亦有少量私营企业存在,但由于没有很大的发展,实践上还不成熟。同时对私营经济的性质还存在争论,所以 1982 年宪法没有对私营经济作任何规定,作为非公有制经济重要组成部分的私营经济的法律地位是不明确的。

“八二”宪法颁布后,非公有制经济飞速发展,个体经济、私营经济和外资经济在国民经济中的比重不断上升。然而,个体经济和外资经济在“八二”宪法中都有规定,唯独私营经济没有提及,使得私营经济处于违宪而又被实践证明有效有益的尴尬境地。总结私营经济存在与发展的实践,1988 年 4 月 12 日,第七届全国人民代表大会第一次会议通过宪法修正案第一条规定:“宪法第十一条增加规定:国家允许私营经济在法律规定的范围内存在和发展。私营经济是社会主义公有制经济的补充。国家保护私营经济的合法权利和利益。对私营经济实行引导、监督和管理。”与个体经济“一路绿灯”很快取得合法地位不同,私营经济走入宪法的过程可以说是困难重重。1988 年宪法修正案的颁布表明中国共产党已基本摆脱了“左”的思想束缚,我国非公有制经济也真正进入合法发展阶段。1993 年 3 月 29 日第八届全国人民代表大会第一次会议通过了第二个宪法修正案,确定了我国正处于社会主义初级阶段和国家实行社会主义市场经济。社会主义市场经济坚持以社会主义公有制为基础,但是不排斥非公有制经济的存在,是一种不排斥非公有制经济存在的经济制度,自此市场经济正式进入了中国宪法。

随着党和国家改革开放政策的深入实施,包括私营经济、个体经济和外资经济在内的非公有制经济在取得宪法地位后开始大踏步发展,在国民经济中的比重不断攀升。1999年3月15日,第九届全国人民代表大会第二次会议通过第三个宪法修正案,将宪法第11条:“在法律规定范围内的城乡劳动者个体经济,是社会主义公有制经济的补充。国家保护个体经济的合法的权利和利益。国家通过行政管理,指导、帮助和监督个体经济。国家允许私营经济在法律规定的范围内存在和发展。私营经济是社会主义公有制经济的补充。国家保护私营经济的合法的权利和利益,对私营经济实行引导、监督和管理。”修改为:“在法律规定范围内的个体经济、私营经济等非公有制经济,是社会主义市场经济的重要组成部分。国家保护个体经济、私营经济的合法的权利和利益。国家对个体经济、私营经济实行引导、监督和管理。”把非公有制经济由“社会主义公有制经济的补充”提升为“社会主义市场经济的重要组成部分”,是认识上的一次飞跃,使得非公有制经济作为我国“社会主义市场经济的重要组成部分”的宪法地位,最终得以根本确立。

随着非公有制经济地位的进一步提高,2004年3月14日,第十届全国人民代表大会第二次会议通过《中华人民共和国宪法修正案》,对宪法第11条进行了第三次修改,进一步明确国家对发展非公有制经济的方针。国家在社会主义初级阶段,坚持和完善公有制为主体、多种所有制经济共同发展的基本经济制度。宪法修正案将宪法第11条第2款“国家保护个体经济、私营经济的合法的权利和利益。国家对个体经济、私营经济实行引导、监督和管理。”修改为:“国家保护个体经济、私营经济等非公有制经济的合法的权利和利益。国家鼓励、支持和引导非公有制经济的发展,并对非公有制经济依法实行监督和管理。”这样修改,全面、准确地体现了党的十六大关于对非公有制经济既鼓励、支持、引导,又依法监督、管理,以促进非公有制经济健康发展的精神,反映了我国社会主义初级阶段基本经济制度的实际情况,符合生产力发展的客观要求。

从1988年现行宪法首次修正开始,至今前后共四个修正案,有三个是针对宪法同一条款第11条作出的重要修正。通过对同一条款的三次修改,非公有制经济的宪法地位最终得到了比较完整的确认,并为其他法律、法规进一步把非公有制经济宪法地位具体化提供了统一的基础。三次修正,一次比一次更明确、更放开、更带有根本性。三次重要修正,特别是后两次修正的背景,是在党和国家改革开放政策指引下,非公有制经济迅速发展,其实际作用和贡献,在某些方面早已超出仅是公有制经济的“补充”的范围;实行社会主义市场经济,非公有制经济作为重要经济主体之一,其性质的宪法定位也与仅为公有制经济的“补充”的定性明显不符。1999 年的宪法修正案明确规定个体和私营等非公有制经济是社会主义市场经济的重要组成部分。从而,通过宪法郑重确认、规定了非公有制经济与公有制经济平等的法律地位,具有极其重大现实意义、历史意义和法律意义。这就使得在国民经济中占有重要战略地位的非公有制经济不仅取得了“出生证”,而且因为长大,又取得了“身份证”和“公民权”,可以平等地与公有制经济展开竞争,共同发展。同时也使得我国能够毫不犹豫地沿着正确的中国特色社会主义道路,集中力量进行社会主义现代化建设,不再为“姓社”还是“姓资”的问题争论不休。非公有制经济通过宪法实现了自身科学定位,使得此前一系列相关促进非公有制经济发展的政策措施的法制化再无障碍,已有的限制和影响非公有制经济发展的法律废止、修改和完善有了根本法上的依据。同时也给予非公有制经济以平等的、无差别的法律保护,为其发展提供了一个长期稳定的制度环境、政策框架和法律保障。

## 第二节　党和国家关于非公有制经济的政策演变

### 一、十一届三中全会以前党和国家关于非公有制经济的政策

#### (一) 中华人民共和国成立初期利用和监督非公有制经济发展

从中华人民共和国成立初期我国的社会经济结构来看,个体、私营等非公有制经济成分构成了国民经济的主体,国营经济在社会经济中所占的比重相对较小。因而,如何正确对待为数众多的非公有制经济,继续发挥它们在经济建设中的积极作用,便成了恢复和发展国民经济的关键所在。为此,中国共产党在中华人民共和国成立前夕通过了《中国人民政治协商会议共同纲领》,确立了党对私营、外资、个体等非公有制经济的基本政策。即充分利用和发挥以私人资本为主的非公有制经济对国计民生的积极作用,以推动国民经济整体的恢复和发展。同时,对其不利于国计民生的一面加以限制,把非公有制经济纳入正确的发展轨道,使各种社会经济成分在国营经济领导之下,分工合作,各得其所,最终达到发展生产、繁荣经济的目的。

中华人民共和国成立初期，国内经济状况落后，国内外形势十分严峻，迫切需要发展近代工商业来恢复饱受战争破坏的国民经济。在这一进程中，私营工商业占有举足轻重的地位，因而，人民政府对非公有制经济的扶持和利用主要侧重于私营工商业，尤其是私营工业。当时，党和政府明确表示，“对于那些有可能维持、又于国计民生有益、但是发生困难的私人生产事业，人民政府应该给予帮助，这些企业的主人和工人群众也必须各尽所能，共同协力，以便把这些企业维持下来”①。

在利用非公有制经济进行社会主义建设的过程中，党和政府也积极地对非公有制经济进行限制和监督。1952 年 1 月 26 日，中共中央发出了《关于在城市中限期展开大规模的坚决彻底的“五反”斗争的指示》，决定在全国大、中城市，对违法的资本家开展一场大规模的反对行贿、反对偷税漏税、反对盗骗国家财产、反对偷工减料和反对盗窃经济情报的斗争。经过“五反”运动，党和政府加强了对私营企业生产和经营的监督管理，并建立了一套有效的监督机制，同时将私营经济纳入新民主主义经济的轨道。中华人民共和国成立初期党和政府对私营工商业采取的利用和限制政策，不仅有力地促进了我国民族资本主义的发展，而且使私营工商业发生了深刻变化。从 1949 年到 1952 年，私人资本主义工业厂家由 12. 3 万户增加到 14. 96 万户，增长 21. 6%，职工人数由 164. 38 万人增加到 205. 66 万人，增长 25. 1%。工业总产值由 68. 28 亿元增加到 105. 26 亿元，增长 44. 2%。②

### （二）对非公有制经济的社会主义改造

1952 年下半年，随着人民政权的巩固和国民经济的恢复，以及国内外形势的变化，党和国家主要领导人根据中华人民共和国成立初期经济建设的实践经验，对社会主义道路有了新认识。1953 年 6 月 15 日，毛泽东正式提出了党在过渡时期的总路线。1953 年 12 月，他在审阅修改中共中央宣传部编写的关于过渡时期总路线的学习和宣传提纲时，对过渡时期总路线作了完整的表述。即：“从中华人民共和国成立，到社会主义改造基本完成，这是一个过渡时期。党在这个过渡时期的总路线和总任务，是要在一个相当长的时期内，逐步实现国家的

---

①　《刘少奇选集》（下卷），人民出版社 1985 年版，第 19 页。

②　王炳林：《中国共产党与私人资本主义》，北京师范大学出版社 1995 年版，第 319 页。

社会主义工业化,并逐步实现国家对农业、对手工业和对资本主义工商业的社会主义改造。这条总路线是照耀我们各项工作的灯塔,各项工作离开它,就要犯右倾或‘左’倾的错误”①,“党在过渡时期的总路线的实质,就是使生产资料的社会主义所有制成为我国国家和社会的唯一的经济基础”②。随着社会主义改造的推进,毛泽东又进一步提出,农业合作化使我们消灭资产阶级,让封建主义绝种,资本主义绝种,小生产也绝种。

社会主义改造后,特别是在1956年下半年和1957年上半年,由于市场上商品供应比较紧张,加上政府在短期内又无法完全解决社会上多余劳动力的就业问题,于是许多地方又自发地出现了一些小型的私营工厂、个体手工业和小商小贩,其中从事私营工业和个体手工业的大约有七十万人,小商小贩大约有六七十万人。这些个体私营经济生产经营的方式灵活,同广大群众的生产和生活有着密切关系,对国营经济和集体经济起到了一定的补充作用。面对我国社会主义改造完成之后出现的新问题,毛泽东在中共八大前后进行了积极探索,“现在我国的自由市场,基本性质仍是资本主义的,虽然已经没有资本家。它与国家市场成双成对。……只要社会需要,地下工厂还可以增加。可以开私营大厂,订个协议,十年、二十年不没收。华侨投资的,二十年、一百年不要没收。可以开投资公司,还本付息。可以搞国营,也可以搞私营。可以消灭了资本主义,又搞资本主义。”③1956年年底,毛泽东在同工商界人士的一次谈话中指出,资产阶级作为一个阶级是要消灭的,但是,“工商业者不是国家的负担,而是一笔财富,他们过去和现在都起了积极作用”④。

然而八大前后的积极探索并没有坚持下去,1962年下半年,我国国民经济的调整已经取得了初步成效,随着经济的逐步恢复,“左”的思想又开始在党内抬头。1962年9月,党的八届十中全会在北京召开,这次会议对当时的国际、国内形势特别是阶级斗争形势作出了过于严重的估计,并重新强调阶级斗争。全会指出:在无产阶级革命和无产阶级专政的整个历史时期“存在着无产阶级和资产阶级之间的阶级斗争,存在着社会主义和资本主义这两条道路的斗争”,因

① 《毛泽东文集》第六卷,人民出版社1999年版,第316页。
② 《毛泽东文集》第六卷,人民出版社1999年版,第316页。
③ 《毛泽东文集》第七卷,人民出版社1999年版,第170—171页。
④ 《毛泽东文集》第七卷,人民出版社1999年版,第176—177页。

为被推翻的反动统治阶级不甘心于灭亡，总是企图复辟。同时社会上还存在着资产阶级的影响和旧社会的习惯势力，存在着一部分小生产者的自发的资本主义倾向。

以党的八届十中全会为转折点，党的非公有制经济政策发生了根本性的变化，在以阶级斗争为纲的政治氛围中，不仅私营经济被视为社会主义的异己势力而予以消灭，残存的个体经济也被作为资本主义的自发势力予以取缔。1963 年 3 月 3 日，中共中央、国务院作出《关于严格管理大城市集市贸易和坚决打击投机倒把的指示》，决定对大中城市的集市贸易采取"加强管理、缩小范围、逐步代替、区别对待、因地制宜的方针"。要求各地坚决取缔私商的长途贩运，严厉打击投机倒把活动，并强调这是一场尖锐的阶级斗争。1964 年 4 月 13 日，中共中央、国务院发出《进一步开展代替私商工作的指示》，提出代替私商工作，是一场经济斗争，也是一场阶级斗争，必须打好这一仗。此后随着农村社会主义教育运动的发展，个体经济进一步萎缩，后来在"文化大革命"时期发展到"割资本主义尾巴"，致使个体经济逐年下降，就连农村的自留地、家庭副业等也被当作"资本主义尾巴"割掉。

这样几经折腾之后，到党的十一届三中全会以前，个体经济已经被消灭殆尽，所剩无几，纯而又纯的单一公有制经济成为我国唯一的所有制形式。据统计，我国城镇个体劳动者，建国初期是九百万人，一九六六年仍有近二百万人，一九七八年年底只剩下十五万人。① 然而，中国社会主义建设的实践证明，在经济发展水平相对落后的中国，由于生产力发展的落后性、不平衡性和多层次性，这种单一的所有制形式无法满足经济社会发展的多层次需求。由于它超越了我国社会生产力发展的实际水平，不仅没有极大地促进经济社会的发展，反而适得其反。正如《中共中央关于建国以来党的若干历史问题的决议》(以下简称《决议》)指出："在一九五五年夏季以后，农业合作化以及对手工业和个体商业的改造要求过急，工作过粗，改变过快，形式也过于简单划一，以致在长期间遗留了一些问题"。而以公有制为主体、多种所有制经济共同发展的所有制结构更适合我国的现实国情，这一点已为党的十一届三中全会以来我国改革开放的实践所

① 《中共中央办公厅关于召开全国劳动就业工作会议问题的通知》(1980 年 7 月 2 日)，中办发[1980]42 号。

证明。非公有制经济因为有与我国现有的经济发展水平相适应的一面，虽然几经浩劫，却依然保持着旺盛的生命力，在改革开放之后如泉涌般喷薄而出。

## 二、十一届三中全会以后党和国家关于非公有制经济的政策

### （一）非公有制经济是“必要的和有益的补充”

“文化大革命”结束以后，经过两年的徘徊，我党终于冲破了“左”倾思想的桎梏，恢复了解放思想、实事求是的思想路线。1978 年 12 月召开的党的十一届三中全会，成为中华人民共和国成立以来党的历史上具有深远意义的伟大转折。这次会议对我国现阶段的阶级状况作出了客观分析，在指导思想上最终放弃了“以阶级斗争为纲”的错误方针，决定将党和国家的工作重点转移到社会主义现代化建设上来。这次会议还明确提出，要“正确地改革同生产力迅速发展不相适应的生产关系和上层建筑”①，改变一切不适应的管理方式、活动方式和思想方式。正是在这一背景下，党的十一届三中全会以后，我国确立了改革开放的方针，经济建设和社会发展也逐步走上了正常轨道。

党的十一届三中全会以后，党和政府逐步放宽了对非公有制经济的诸多限制，允许其存在和发展，在所有制问题上初步摆脱了传统社会主义观念的束缚，这种突破首先是从恢复和发展个体经济开始的。20 世纪 70 年代末，为了缓解就业压力，促进经济繁荣，中央作出了恢复和发展个体经济（包括个体商业、个体服务业及个体手工业）的决定。从 1978 年年底开始，个体经济先后在农村和城镇得以恢复。1978 年 12 月，党的十一届三中全会通过的《中共中央关于农业发展若干问题的决定（草案）》中明确指出，“社队的多种经营是社会主义经济，社员自留地、自留畜、家庭副业和农村集市贸易是社会主义经济的附属和补充；决不允许把它们当作资本主义经济来批判和取缔。……社员自留地、自留畜、家庭副业和农村集市贸易，是社会主义经济的附属和补充，不能当作所谓资本主义尾巴去批判。相反的，在保证巩固和发展集体经济的同时，应当鼓励和扶持农民经营家庭副业，增加个人收入，活跃农村经济”②。由于农民

---

① 《邓小平文选》第二卷，人民出版社 1994 年版，第 141 页。

② 《三中全会以来重要文献选编》上，人民出版社 1982 年版，第 181、185 页。

的家庭副业是农村个体经济的一种重要形式，这就在事实上为农村个体经济的恢复开了绿灯。

1981 年 6 月，经过长达一年多的讨论，《决议》第一次作出了“我们的社会主义制度还是处于初级阶段”的判断，并指出，“社会主义生产关系的变革和完善必须适应于生产力的状况，有利于生产的发展。国营经济和集体经济是我国基本的经济形式，一定范围的劳动者个体经济是公有制经济的必要补充。”《决议》还明确指出，“社会主义生产关系的发展并不存在一套固定的模式，我们的任务是要根据我国生产力发展的要求，在每一个阶段上创造出与之相适应和便于继续前进的生产关系的具体形式”①。可以说，《决议》在对社会主义非公有制经济的认识上迈出了重要的一步。

1982 年 9 月，党的十二大正确分析了我国经济文化落后的现实国情，冲破过去长期存在的超阶段发展理论和认识误区，对我国经济社会所处的发展阶段作出了科学判断。“我国的社会主义社会现在还处在初级发展阶段，由于我国生产力发展水平总的来说还比较低，又很不平衡，在很长时期内需要多种经济形式的同时并存。”同时，这次会议提出要在坚持国营经济主导地位的前提下发展多种经济形式。“在农村和城市，都要鼓励劳动者个体经济在国家规定的范围内和工商行政管理下适当发展，作为公有制经济的必要的有益的补充，只有多种经济形式的合理配置和发展，才能繁荣城乡经济，方便人民生活”②。1984 年 10 月 20 日，中共十二届三中全会通过《中共中央关于经济体制改革的决定》（以下简称《决定》），特别强调了个体经济的作用。“我国现在的个体经济是和社会主义公有制相联系的，不同于和资本主义私有制相联系的个体经济，它对于发展社会生产，方便人民生活，扩大劳动就业，具有不可替代的作用，是社会主义经济必要的有益的补充，是从属于社会主义的”。《决定》要求为个体经济的发展扫除障碍，创造条件，并给予法律保护，“特别是在以劳务为主和适宜分散经营的经

---

① 中共中央文献研究室编：《三中全会以来重要文献选编》下，人民出版社 1982 年版，第 841 页。

② 中共中央文献研究室编：《十二大以来重要文献选编》上，人民出版社 1986 年版，第 20—21 页。

济活动中,个体经济应该大力发展”。①

1987年10月召开的党的十三大,在新时期我国非公有制经济发展史上具有重大意义。这次会议依据对中国国情的客观分析,明确指出,中国目前正处于并将长期处于社会主义初级阶段,社会主义初级阶段理论为新时期我国私营经济政策的形成提供了重要的理论依据。目前中国人口多,底子薄,经济社会发展水平较为落后,而且呈现出多层次性和不平衡性的特点。生产力的落后,决定了在生产关系方面,我国发展社会主义公有制所必需的生产社会化程度还很低,商品经济和国内市场很不发达,自然经济和半自然经济仍占相当比重,社会主义经济制度还不成熟不完善。党的十三大报告以我国还处在社会主义初级阶段为立论的基础,从这个最基本的国情出发,论述了社会主义初级阶段的根本任务是解放和发展社会生产力。强调指出,“我们已经进行的改革,包括以公有制为主体发展多种所有制经济,以至允许私营经济的存在和发展,都是由社会主义初级阶段生产力的实际状况所决定的。只有这样做,才能促进生产力的发展”②。

党的十三大报告还分析了发展私营、外资等非公有制经济对于解放和发展社会生产力的意义,明确承认了私营经济的合法存在,并阐述了私营经济的地位、性质和积极作用,提出党对私营经济的基本政策是鼓励、保护、引导、监督和管理。1988年6月25日,国务院颁布了《中华人民共和国私营企业暂行条例》、《中华人民共和国私营企业所得税暂行条例》和《国务院关于征收私营企业投资者个人收入调节税的规定》等三项法规,具体规定了私营企业的标准、特点、作用、种类、开办条件、登记内容、权利义务,以及国家对其监督管理的基本内容,从而把私营企业的发展和管理纳入了法制的轨道。

从1978年至1988年,伴随着我国非公有制经济的发展,党和政府对非公有制经济形式的认识经历了一个逐步深化的过程。随着对我国社会主义初级阶段基本国情认识的加深,随着思想解放和在实践基础上的逐步探索,初步形成了新时期我国非公有制经济的基本政策——鼓励、保护、引导、监督和管理非公有制经济。1982年和1988年的两次宪法修订,确认了非公有制经济的法律地位,使

---

① 中共中央文献研究室编:《十二大以来重要文献选编》中,人民出版社1986年版,第580页。

② 《十三大以来重要文献选编》,人民出版社1991年版,第25—26页。

得非公有制经济终于由社会主义的“异己力量”变为我国公有制经济的“必要的和有益的补充”。非公有制经济地位的提升极大地促进了非公有制经济的发展，1978 年，全国个体工商户只有 14 万人。截至 1992 年，全国已有私营企业 14 万户，投资者 30 万人，注册资金 221 亿元，从业人员 232 万人；个体工商户 1543 万户，注册资金 601 亿元，从业人员 2468 万人。①

### （二）非公有制经济是社会主义市场经济的重要组成部分

伴随着非公有制经济的迅猛发展，关于姓“社”姓“资”的争论铺天盖地，困扰着人们的思想，也阻碍了经济的进一步发展。1992 年春，邓小平视察南方，发表了重要讲话，冲破了姓“社”姓“资”的藩篱，并以此为契机掀起了思想解放的新高潮，从而为党和政府进一步探索和完善非公有制经济政策开辟了更为广阔的空间。在总结改革开放的实践经验和对社会主义认识日渐深化的基础上，邓小平提出了社会主义本质论思想和“三个有利于”标准。邓小平曾经多次强调：“社会主义阶段的最根本任务就是发展生产力，社会主义的优越性归根到底要体现在它的生产力比资本主义发展得更快一些、更高一些，并且在发展生产力的基础上不断改善人民的物质文化生活”②。在南方谈话中，邓小平又进一步提出了“三个有利于”标准，不仅极大地解放了人们的思想，深化了对社会主义本质的认识，而且为大力发展非公有制经济提供了重要依据。以“三个有利于”标准作为衡量一种经济成分是否适合我国生产力发展状况的主要依据，实际上是对改革放开以来我国发展非公有制经济政策的肯定和认同，论证了发展非公有制经济的必要性与合理性，对党和政府制定进一步发展个体私营经济和外资经济的政策无疑极具理论指导意义。

邓小平南方谈话极大地解放了人们的思想，为非公有制经济的发展扫除了思想障碍，推动了我国新一轮改革开放的高潮，以此为起点，我国的改革开放事业开始向纵深发展。1992 年 3 月 9 日至 10 日，中共中央政治局召开会议，讨论我国改革和发展的重大问题。这次会议决定以邓小平南方谈话精神为指导，进一步解放思想，抓住有利时机，加快改革开放的步伐。会议强调，改革开放胆子要大一些，勇于创新，敢于试验，“我们不仅要在社会主义条件下发展生产力，而

① 单忠东：《民营经济三十年——思考与展望》，经济科学出版社 2009 年版，第 4 页。
② 《邓小平文选》第三卷，人民出版社 1993 年版，第 63—64 页。

且要通过改革解放生产力”①。同年6月，江泽民在一次讲话中强调，在学习和利用资本主义国家一切有用的东西时，“思想要更解放一些，胆子要更大一些，步子要更快一些，办法要更多一些，而不要被‘姓社还是姓资’问题的抽象争论束缚住自己的思想和手脚，迈不开前进的步子。”他指出，“任何社会都不是纯而又纯的，在社会主义初级阶段，有一点资本主义因素存在，也没有什么可怕的”②。与此同时，江泽民还初步阐明了社会主义市场经济体制的基本特征：一是在所有制结构上，坚持以公有制经济为主体，个体经济、私营经济和其他经济成分为补充，多种经济成分共同发展；二是在分配制度上，坚持以按劳分配为主体，其他分配方式为补充，允许和鼓励一部分地区、一部分人先富起来，逐步实现共同富裕，防止两极分化；三是在经济运行机制上，把市场经济和计划经济的长处有机结合起来，充分发挥各自的优势作用，促进资源优化配置，合理调节社会分配。③ 由此可见，随着改革开放的深入，构建社会主义市场经济体制的任务已经逐步提上了议事日程。在邓小平南方谈话推动下，我国发展非公有制经济的政治环境和经济环境得到了前所未有的改善，宽松的环境为个体、私营和外资经济的发展创造了十分有利的条件。

1992年10月，党的十四大确立了建立社会主义市场经济体制的改革目标模式，在所有制理论方面特别是非公有制经济问题上，取得了重大的理论突破。党的十四大报告明确提出，我国“经济体制改革的目标，是在坚持公有制和按劳分配为主体、其他经济成分和分配方式为补充的基础上，建立和完善社会主义市场经济体制”④。报告充分肯定了非公有制经济的地位和作用，提出了多种经济成分长期发展的方针。江泽民在党的十四大报告中指出：“社会主义市场经济体制是同社会主义基本制度结合在一起的。在所有制结构上，以公有制包括全民所有制和集体所有制经济为主体，个体经济、私营经济、外资经济为补充，多种经济成分长期共同发展，不同经济成分还可以自愿实行多种形式的联合经营。国有企业、集体企业和其他企业都进入市场，通过平等竞争发挥国有企业的主导

---

① 《十三大以来重要文献选编》下，人民出版社1993年版，第1971页。

② 《十三大以来重要文献选编》下，人民出版社1993年版，第2067—2068页。

③ 《江泽民文选》第一卷，人民出版社2006年版，第203页。

④ 《中国共产党第十四次全国代表大会文件汇编》，人民出版社1992年版，第13页。

作用”①。

十四大报告还强调指出，为加快我国经济的发展，必须进一步解放思想，加快改革开放的步伐，不要被一些姓“社”姓“资”的抽象争论束缚自己的思想和手脚。“国外的资金、资源、技术、人才以及作为有益补充的私营经济，都应当而且能够为社会主义所利用。政权在人民手中，又有强大的公有制经济，这样做不会损害社会主义，只会有利于社会主义的发展”②。1993 年 11 月 14 日，党的十四届三中全会通过的《中共中央关于建立社会主义市场经济体制若干问题的决定》（以下简称《决定》）指出：“坚持以公有制为主体、多种经济成份共同发展的方针。在积极促进国有经济和集体经济发展的同时，鼓励个体、私营、外资经济的发展，并依法加强管理。随着产权的流动和重组，财产混合所有的经济单位越来越多，将会形成新的财产所有结构。就全国来说，公有制在国民经济中应占主体地位，有的地方、有的产业可以有所差别”③。

《决定》除了重申“坚持以公有制为主体、多种经济成分共同发展”的方针之外，还第一次明确提出：“一般小型国有企业，有的可以实行承包经营、租赁经营，有的可以改组为股份合作制，也可以出售给集体或个人”④。1995 年 9 月，江泽民在《正确处理社会主义现代化建设中的若干重大关系》一文中，进一步论述了公有制经济和其他经济成分的关系。明确指出，“以公有制经济为主体、多种经济成分共同发展，是我们必须长期坚持的方针。它是由我国社会主义制度和现阶段生产力发展水平决定的”，“国家对各类企业一视同仁，为各种所有制经济平等参与市场竞争创造良好的环境和条件”⑤。总的来看，随着我国经济体制由计划经济向市场经济的转轨，非公有制经济的地位和作用更为明显地凸显出来，市场经济运行所必需的多元竞争机制注定了非公有制经济地位的提升。在市场经济条件下，个体、私营、外资等非公有制经济成分已不再仅仅局限于公有制经济的必要“补充”，而是开始向市场经济的“重要组成部分”转化。

1997 年 9 月，党的十五大在全面总结 20 年来我党在所有制问题上的经验教

① 《十四大以来重要文献选编》上，人民出版社 1996 年版，第 19 页。

② 《十四大以来重要文献选编》上，人民出版社 1996 年版，第 17 页。

③ 《十四大以来重要文献选编》上，人民出版社 1996 年版，第 526 页。

④ 《十四大以来重要文献选编》中，人民出版社 1996 年版，第 1513 页。

⑤ 《十四大以来重要文献选编》中，人民出版社 1996 年版，第 1469—1470 页。

训的基础上，提出了调整和完善所有制结构的战略性任务。十五大在所有制理论方面提出了一系列的新观点，在对非公有制经济的政策上又取得了新突破。十五大报告明确指出："公有制为主体、多种所有制经济共同发展，是我国社会主义初级阶段的一项基本经济制度"①。"非公有制是我国社会主义市场经济的重要组成部分。对个体、私营等非公有制经济要继续鼓励、引导，使之健康发展。这对满足人们多样化的需要，增加就业，促进国民经济的发展有重要作用"②。这是对十一届三中全会以来关于非公有制经济是公有制经济"必要补充"理论的一个突破性发展，也是对马克思主义所有制理论的新建树。

党的十五大明确将非公有制经济的地位由社会主义公有制经济的"补充"，提高到"社会主义市场经济的重要组成部分"，将非公有制经济由"制度"外纳入"制度"内，这就在党的报告中第一次给非公有制经济一个客观的科学的定位。党的十五大在非公有制经济政策上的重大突破，意味着非公有制经济不再是可有可无、无关紧要的经济成分，而是不可缺少、无法替代、关系全局的经济成分。从非公有制经济的地位上来讲，它与公有制经济不再是"主"、"补"关系，而应一视同仁，实行"国民待遇"。以往在价格、税收、信贷和市场准入等方面遭受的"所有制歧视"将不复存在，由此以来，非公有制经济所参与的领域将大大扩展，它所发展的时间和空间也将大大延伸，一个多种经济成分平等竞争的政策环境将会形成。党和国家对非公有制经济认识上的突破，为非公有制经济的发展提供了理论和制度保证，注入了强劲动力。从1992—2002年，非公有制经济逐步成为国民经济增长中的新亮点。私营企业从近14万户增加到243.5万户，增长了17倍，年均增长33%；注册资金由221亿元增加到24756亿元，增长了112倍，年均增长60%；从业人员从232万人增至2409万人，增长了近15倍；税收从4.5亿元增加到945.6亿元，增长了208倍，年均增长70%。从1992—2002年，全国个体工商户户数由1543万户发展到2378万户，资金数额由601亿元增加到3782亿元，从业人员由2468万人增加到4743万人。③

### （三）各种所有制经济平等竞争、相互促进、相互融合

2002年11月，中国共产党第十六次全国代表大会正式召开。十六大报告

① 《十五大以来重要文献选编》上，人民出版社2000年版，第20页。

② 《十五大以来重要文献选编》上，人民出版社2000年版，第22页。

③ 单忠东：《民营经济三十年——思考与展望》，经济科学出版社2009年版，第5页。

作为中国共产党面向21世纪的政治宣言和行动纲领,在非公有制经济理论方面再次大胆创新,取得了新的重大突破。

第一,把发展非公有制经济同我国发展阶段和全面建设小康社会的现实目标联系起来。江泽民同志在党的十六大报告中强调,"社会主义制度的发展和完善是一个长期的历史过程",而"我国正处于并将长期处于社会主义初级阶段。这是在经济文化落后的中国建设社会主义现代化不可逾越的历史阶段,需要上百年的时间。"由于我国现在正处于并将长期处于社会主义初级阶段,生产力发展水平相对滞后,注定了现阶段我国经济发展水平的多层次性,成为多种所有制形式的存在和发展的基础。不仅如此,党的十六大还提出了全面建设小康社会的目标,而要实现这一目标,就必须进一步完善非公有制经济政策,为个体、私营等非公有制经济的健康发展营造一个良好的政策环境。因为社会主义市场经济的建立需要多元竞争主体,所有制形式和分配形式的多样性以及健全的竞争机制是市场经济有序运行的基本保证。这就在客观上要求我们保持非公有制经济政策的连续性,以促进其健康发展。党的十六大明确提出,必须"根据解放和发展生产力的要求,坚持和完善公有制为主体、多种所有制经济共同发展的基本经济制度。必须毫不动摇地鼓励、支持和引导非公有制经济发展"①。这样一来,就把发展非公有制经济作为我国一项长期的基本国策,予以充分肯定,坚持和维护了改革开放以来党的非公有制经济政策的连续性与稳定性。

第二,把坚持公有制的主体地位和促进非公有制经济发展统一于社会主义现代化建设的进程中,各种所有制形式相互促进,共同发展。江泽民同志在十六大报告中,批评了那种把坚持公有制的主体地位和促进非公有制经济发展对立起来的错误观念,提出了两个"必须毫不动摇"和一个"统一",即要求全党必须毫不动摇地巩固和发展公有制经济,必须毫不动摇地鼓励、支持和引导非公有制经济发展。同时,一定要把"坚持公有制为主体,促进非公有制经济发展,统一于社会主义现代化建设的进程中,不能把这两者对立起来。各种所有制经济完全可以在市场竞争中发挥各自优势,相互促进,共同发展"②。非公有制经济的发展不仅不会危及公有制经济的主体地位,反而有利于推动国有企业的改革。

---

① 《中国共产党第十六次全国代表大会文件汇编》,人民出版社2002年版,第24—25页。

② 《中国共产党第十六次全国代表大会文件汇编》,人民出版社2002年版,第25页。

所以绝不能将公有制与非公有制经济对立起来，而应使它们发挥各自的优势，共同推动社会主义现代化建设。

第三，保护私人财产及一切合法的劳动收入和非劳动收入，在政治上和经济上为非公有制经济的发展提供制度保证。在“七一”讲话中，江泽民同志分析了新的历史时期我国社会阶层构成的新变化，第一次提出了有中国特色的“社会主义现代化建设者”的命题。在党的十六大报告中，他再次明确指出，在社会变革中出现的民营科技企业的创业人员和技术人员、受聘于外资企业的管理技术人员、个体户、私营企业主、中介组织的从业人员、自由职业人员等社会阶层，都是中国特色社会主义事业的建设者。一切为我国社会主义现代化建设作出贡献的劳动，都是光荣的，都应该得到承认和尊重，海内外各类投资者在我国建设中的创业活动都应该受到鼓励。一切合法的劳动收入和合法的非劳动收入，都应该得到保护。必须坚持和完善按劳分配为主体、多种分配方式并存的分配制度，理顺收入分配关系，完善保护私人财产的法律制度。这无疑是对新型社会阶层经济地位的确认，对今后非公有制经济的健康发展无疑会产生重大影响。

与此同时，党的十六还强调指出，“不能简单地把有没有财产、有多少财产当作判断人们政治上先进和落后的标准”①，而主要应该看他们的思想政治状况和现实表现，看他们以自己的劳动对中国特色社会主义事业所作的贡献。对为祖国富强贡献力量的社会各阶层人们都要团结，对他们的合法权益都要保护。这既是在新的历史条件下扩大党的执政基础的现实需要，同时也是对新型社会阶层社会政治地位的认同，有利于在全社会为非公有制经济的进一步发展营造良好的政策环境。这样一来，就使有关发展非公有制经济的政策法规逐步系统化、规范化，从而为其健康发展在政治上和经济上提供了可靠的制度保证。同时，党的十六大报告指出要吸收新的社会阶层中的先进分子入党，要把承认党的纲领和章程、自觉为党的路线和纲领而奋斗、经过长期考验、符合党员条件的其他社会阶层的先进分子吸收到党内来，增强党在全社会的影响力和凝聚力。

2003 年 10 月，党的十六届三中全会通过了《中共中央关于完善社会主义市场经济体制若干问题的决定》（以下简称《决定》），在非公有制经济理论和政策上又有了新的突破。第一，充分肯定了非公有制经济在我国现阶段经济建设中

---

① 《中国共产党第十六次全国代表大会文件汇编》，人民出版社 2002 年版，第 15 页。

的重要作用，在进一步发展非公有制经济的指导思想上有了重大突破。《决定》明确指出，“个体、私营等非公有制经济是促进我国社会生产力发展的重要力量”①。肯定了它对加快生产力发展的重要作用，并明确提出要“大力发展”非公有制经济，“支持非公有制中小企业的发展，鼓励有条件的企业做强做大”②。

第二，明确提出要在法律上为非公有制经济扫除体制性障碍，在建立健全现代产权制度中要有利于保护私有财产权，促进非公有制经济发展。党的十六届三中全会提出了清理和修订限制非公有制经济发展的法律法规和政策的要求，在完善私有财产法律制度方面加大了力度，从体制上彻底消除限制非公有制经济发展的障碍。与此同时，《决定》还提出要改进政府对非公有制企业的服务和监管，切实把政府的经济管理职能转到主要为市场主体服务和创造良好的经营环境上来。

第三，放宽了对非公有资本市场准入的限制，在市场主体地位上突出了地位平等。《决定》提出，放宽市场准入限制，允许非公有资本进入法律法规未禁止的基础设施、公用事业及其他行业和领域。这是在经济领域全面对外开放的基础上，全面实行对内开放。同时，《决定》指出，非公有制企业在投融资、税收、土地使用和对外贸易等方面，与其他企业享受同等待遇。各类企业的市场主体地位实现平等，是生产要素的资源配置真正实现市场机制配置的前提和条件。随着这一政策的落实，我国的市场化程度无疑会进一步加快，从而会加速社会主义市场经济体制的完善。

第四，在完善基本经济制度方面有了重大突破。《决定》提出，要“大力发展国有资本、集体资本和非公有资本等参股的混合所有制经济，实现投资主体多元化，使股份制成为公有制的主要实现形式”③。这一重要论断的里程碑意义在于，它解决了公有制经济与非公有制经济如何在社会主义现代化进程中实现统一的问题，是对社会主义初级阶段基本经济制度的重大发展，也为非公有制经济

① 《中共中央关于完善社会主义市场经济体制若干问题的决定》，人民出版社 2003 年版，第 14 页。

② 《中共中央关于完善社会主义市场经济体制若干问题的决定》，人民出版社 2003 年版，第 14—15 页。

③ 《中共中央关于完善社会主义市场经济体制若干问题的决定》，人民出版社 2003 年版，第 14 页。

健康发展指明了前进方向。为了进一步贯彻落实党的十六大关于必须毫不动摇地发展非公有制经济的决策，认真解决长期以来非公有制经济在市场准入方面受到过多限制的问题，2005 年 2 月，《国务院关于鼓励支持和引导个体私营等非公经济发展的若干意见》（以下简称“非公经济 36 条”）正式出台，这是我们国家关于发展非公有制经济的一份非常及时和重要的纲领性文件，它为非公有制经济提供了更为广阔的发展空间。“非公经济 36 条”的出台，标志着垄断的坚冰已经打破，“限制”变成了“允许”，为非公有制经济进入垄断性行业正式打开了大门。

2007 年 10 月召开的具有重大历史意义的党的十七大，再次把发展非公有制经济提到了一个新的高度。胡锦涛在党的十七大报告中指出，要毫不动摇地巩固和发展公有制经济，毫不动摇地鼓励、支持、引导非公有制经济发展，坚持平等保护物权，形成各种所有制经济平等竞争、相互促进新格局。同时还指出，要推进公平准入，改善融资条件，破除体制障碍，促进个体、私营和中小企业发展。法律上的“平等”保护和经济上的“平等”竞争这“两个平等”是党的十七大在非公有制理论上的重大亮点。

“两个平等”蕴含了三个方面的深刻内容：第一，对物权必须坚持平等保护。从保护财产收入，到保护合法权利和利益，再到平等保护物权，这是认识上的一次次深化和飞跃。物权是个体、私营企业等非公有制经济发展的物质基础，只有坚持平等保护物权，它们才能真正走上持续发展之路。第二，各种所有制经济必须平等竞争。由于历史的原因，长期以来各种所有制经济的竞争处于不平等状态下，特别是个体、私营经济，在“非公经济 36 条”出台前，允许外资进入的，个体、私营经济不一定能进入，垄断性行业和领域个体、私营经济更不得进入。因此，要解决准入上的不平等，创造各类市场主体平等使用生产要素的环境，打破一切限制非公有制经济发展的“玻璃门”现象。第三，必须解决个体、私营经济的发展瓶颈问题。党的十七大强调要“推进公平准入，改善融资条件，破除体制障碍，促进个体、私营经济和中小企业发展。”①要求革除一切影响非公有制经济发展的体制弊端，解决价格、税收、融资方面的差别待遇，改变一切束缚非公有制经济发展的做法和规定，清除舆论环境上的歧视，冲破一切妨碍非公有制经济发

① 《十七大报告辅导读本》，人民出版社 2007 年版，第 25 页。

展的思想观念。

党的十七大明确公有制经济与非公有制经济同为市场主体，一样拥有在市场上公平竞争的平等地位，进一步拓宽了党的十六大提出的二者“统一于社会主义现代化建设的进程中”的“统一”路径，实践意义重大。党的十七大紧紧抓住了影响个体、私营经济发展的三个要害问题，提出了“推进”、“改善”和“破除”的不同要求，反映了党和国家毫不动摇地发展个体、私营等非公有制经济的信心和决心，使个体、私营等非公有制经济真正步入了又好又快发展的轨迹。

2012 年 11 月 8 日，党的十八大在北京召开。会议指出，深化改革是加快转变经济发展方式的关键，“经济体制改革的核心问题是处理好政府和市场的关系，必须更加尊重市场规律”。① 大会进一步提出：“保证各种所有制经济依法平等使用生产要素、公平参与市场竞争、同等受到法律保护。”②为了使市场在资源配置中起决定作用，为了激发社会活力，党的十八届三中全会通过的《中共中央关于全面深化改革若干重大问题的决定》，对社会主义初级阶段基本经济制度进行了新突破。不仅重申了“两个毫不动摇”，而且首次提出“两个都是”，即明确公有制经济和非公有制经济都是社会主义市场经济的重要组成部分，都是我国经济社会发展的重要基础。③ 还强调“三个公平”，即公有制经济和非公有制经济权利公平、机会公平、规则公平，创造非公有制经济发展的公平竞争环境。同时，提出“两个不可侵犯”，即公有制经济财产权不可侵犯、非公有制经济财产权同样不可侵犯。④ 这些新的突破和发展从制度和环境方面支持了非公有制经济的发展，必将推进基本经济制度的深化和完善，为全面深化改革提供新的制度动力。

“两个都是”是党在新时期对非公有制经济地位认识的新高度。党的十八届三中全会强调公有制与非公有制经济“都是我国经济社会发展的重要基础”，其中的“重要基础”，这是第一次写进报告，这意味着非公有制经济并不是我国经济社会之外的力量，并不是社会主义市场经济体制的异己力量，而是与公有制一样，是基础，而且是重要基础。评价经济制度的优越与否关键是看它在特定时期对经济社会发展的推动作用，三中全会指出：“非公有制经济在支撑增长、促

① 《十八大报告辅导读本》，人民出版社 2012 年版，第 21 页。

② 《十八大报告辅导读本》，人民出版社 2012 年版，第 21 页。

③ 《中共中央关于全面深化改革若干重大问题的决定》，人民出版社 2013 年版，第 8 页。

④ 《中共中央关于全面深化改革若干重大问题的决定》，人民出版社 2013 年版，第 8 页。

进创新、扩大就业、增加税收等方面具有重要作用”。① 三中全会对于非公有制经济地位的判断和评价深刻体现了马克思历史唯物主义思想。

“三个公平”要求为社会主义市场经济创造多元市场主体互相竞争、充满活力的制度环境。党的十八届三中全会《决定》提出,要消除各种隐性壁垒,实行统一的市场准入制度。在制定负面清单基础上,各类市场主体可依法平等进入清单之外领域,实施“非禁即入”“法无禁止皆可为”,消除非公有制经济发展的制度障碍,并且落实到实际操作层面。根据“打破垄断、促进竞争、重塑监管”的垄断行业改革原则,鼓励民营资本进入垄断行业。鼓励国有企业和民营企业之间,根据产业和资本的关联性进行股权置换和交叉持股,拓展非公有制经济发展的空间,增强非公有制经济的生机与活力。完善非公有制经济发展的财产权制度,改善非公企业发展制度环境,降低市场准入门槛,扩大市场准入空间,为非公有制经济的发展营造一个相对公平和稳定的社会环境。

“两个不可侵犯”在新时期为非公有制经济发展吃了一颗“定心丸”。三中全会《决定》明确指出:“国家保护各种所有制经济产权和合法利益,保证各种所有制经济依法平等使用生产要素、公开公平公正参与市场竞争、同等受到法律保护”。② 财产权是所有制的核心,是个体、私营等非公有制经济发展的物质基础,只有完善财产权保护制度,才能促使非公有制经济真正走上持续发展之路。这是第一次从产权保护的角度写入中央决定,从政策和法律角度清晰界定了非公有制经济对于财产所有权给予合理的保护和承认,有利于增强非公企业创新创业的动力。增强非公有制经济创新能力,推动民营经济转型升级。

## 第三节　基本经济制度与非公有制经济

### 一、非公有制经济是基本经济制度的重要组成部分

生产力决定生产关系的客观规律,决定了我国社会主义初级阶段实行的基

① 《中共中央关于全面深化改革若干重大问题的决定》,人民出版社 2013 年版,第 11 页。

② 《中共中央关于全面深化改革若干重大问题的决定》,人民出版社 2013 年版,第 8 页。

本经济制度。非公有制经济迅速发展绝不是偶然的，是我们党把马克思主义经典理论同中国基本国情相结合的产物。我国将长期处于社会主义初级阶段，一方面我国已经是社会主义社会，在经济上必须以社会主义公有制经济为基础；另一方面我国的社会主义是不发达的社会主义。这种不发达状态表现在经济上是生产力总体水平较低，生产社会化程度不高，生产力和生产社会化呈现多层次性和不平衡性。在这种情况下，我们只能实行以社会主义公有制为主体的、多种所有制共同发展的基本经济制度。这既是现阶段我国生产力发展的客观要求，也是党立足中国国情反复实践探索的经验总结。非公有制经济是社会主义初级阶段促进生产力发展的重要构成力量，是我国基本经济制度的重要基础。

鼓励、支持和引导非公有制经济发展是坚持和完善基本经济制度的重要内容，基本经济制度是在非公有制经济的产生发展中、在实践中不断深化对非公有制经济的认识中确立的，同时基本经济制度也需要在非公有制经济的发展中和继续深化对非公有制经济的认识中不断充实内涵、不断完善。中国渐进式改革的历史，是中国非公有制经济不断从小到大、由弱变强、从内到外的不断发展壮大的历史。非公有制经济发展的历程，就是中国特色社会主义基本经济制度不断发展的历程，非公有制经济对我国经济制度的建立和完善具有极其重要的意义。非公有制经济作为我国社会主义市场经济的重要组成部分，对于充分调动社会各方面的积极性、加快生产力的发展具有重要作用。非公有制经济是市场经济的天然基础，市场经济的微观基础就是私有经济，民营企业自筹资金、自找门路、自我经营、自负盈亏、自我约束、自我发展，具有高度的经营决策自主权、高度的资产支配权、高度的用人选择权、高度的内部分配权，能够有效实现市场经济配置资源的功能。非公有制经济营造了强大的动力机制，极大地催生了人们的创业精神和致富欲望，给千百万民众自主创业带来了空前的自由，为民间资本自主投资打开了无限的空间。非公有制经济完善社会资金的动员机制，发展个体私营经济，改变了投资单纯依赖国家的资金动员机制，民间资本把各种要素联合起来、组合起来，使之由潜在的生产力变成现实的生产力。非公有制经济提供了一种人才形成机制，为勤于奋斗、敢于冒险的人提供了实现理想的舞台，在原有体制里被束缚了手脚的优秀人才，在非公有制经济发展中得到了施展才华、激发潜能的机会，他们中的佼佼者成了“先富起来”的社会精英。

同时，非公有制经济形成了多元竞争的企业生态，改变了公有制一统天下、国民经济缺少活力的困境,激活了市场的竞争机制,促使公有制企业为适应市场需求,转变经营机制。非公企业快速、高效、灵活,成为从计划经济向市场经济转轨的强有力的推动者,打破了公有制企业老大自居的垄断局面。非公有制经济和公有制经济形成一种互补性的分工协作关系,为国有企业和集体企业的改革创造了条件,减少了公有制企业改革引发社会震荡的可能性。多种所有制结构,有助于各类市场主体的强点和弱点互补,并使各自的强点强化,弱点弱化,使社会主义经济得以更顺利的发展。2016 年 3 月 4 日,习近平总书记在全国政协、民建、工商联界委员联组会议时的重要讲话中,系统阐明了我国基本经济制度的理论与实践原则,澄清了有关基本经济制度,特别是有关非公有制经济的模糊认识,指出“公有制经济、非公有制经济应该相辅相成、相得益彰,而不是相互排斥、相互抵消”。①

## 二、公有制经济和非公有制经济的关系

所有制在马克思主义政治经济学中居于核心地位,也是中国特色社会主义政治经济学的核心理论问题。改革开放以来,我国所有制理论取得了一系列重大突破,核心是对公有制经济、非公有制经济以及二者相互关系的认识不断深化和科学化,并对中国改革开放进程产生了深远影响。公有制经济和非公有制经济在性质上的差异,并不意味着二者是完全对立的关系,二者应当共生共存、相辅相成、相互融合、共同发展。在我国社会主义条件下,占主体地位的公有制是其经济制度的基础。没有公有制就没有社会主义,公有制为主体是社会主义的基本特征和主要方面。要坚持社会主义就必须坚持公有制为主体,且在初级阶段条件下,要充分利用其“普照之光”发挥对非公有制经济的监督和引导作用。从经济关系看,以个体、私营经济为主要内容的非公有制经济是在改革开放过程中,在公有制主体的制约和支持下发展起来的,必然受公有制经济的影响,其经济活动自觉不自觉地服从国民经济发展的需要和市场经济规律,成为国民经济的有机组成部分。从社会环境看,国家通过法律政策、经济手段,可以对非公有

---

① 习近平:《毫不动摇坚持我国基本经济制度　推动各种所有制经济健康发展》,《人民日报》2016 年 3 月 9 日。

制经济进行监督管理,规范其经营活动和和社会行为,限制其在发展中可能带来的消极作用,引导它们纳入社会主义市场经济的轨道。

## (一)公有制经济与非公有制经济根本利益相互统一

公有制与非公有制是两类不同性质的所有制形式,前者反映的是对生产资料的"共同占有",它本身反对生产资料的私有化,而强调社会成员的共同利益或公众利益;后者反映的是对生产资料的个人占有,它本身注重社会成员的个体利益,而反对私有财产的公有化。因此,公有制和非公有制有着本质的区别与对立。但是,社会主义初级阶段的公有制与非公有制又并非相互对抗的关系,两者在根本利益上相互统一,统一于社会主义市场经济和现代化建设的进程中。

公有制是社会主义经济制度的基础,是国家引导、推动经济和社会发展的基本力量,以增强我国的综合国力、提高人民的生活水平和实现全社会共同富裕为根本目的。公有制经济代表全体人民或部分人民的利益,其主体是全体人民或部分人民的集合。个体、私营等其他所有制经济是社会主义市场经济的重要组成部分,对于创造国民收入、增加就业机会、增强市场竞争意识、推动经济快速增长发挥着十分重要的作用和影响。非公有制经济虽然由私人或者法人所控制,代表的是人民中个别人的利益,但是其本人和职工也都是社会主义事业的建设者和劳动者,公有制和非公有制经济的主体利益虽然有差别,但是不存在根本上的对立。公有制和非公有制经济发展的最终目的都是为了发展我国的生产力,增强我国的综合国力,提高人民的生活水平。

## (二)公有制经济与非公有制经济相互促进

公有制经济和非公有制经济可以在社会主义市场经济条件下发挥各自的优势,相互借鉴,相互作用,共同促进国民经济的发展。一方面,公有制经济发挥对非公有制经济的支持和引导作用。公有制经济是体现社会主义性质的经济成分,必然要体现公正、平等等社会主义价值理念,对非公企业的发展有着引导和示范作用,有助于非公企业在生产管理和收入分配等方面克服自身缺陷。所以,公有制经济要在提供公共产品的领域发挥主要作用,为全社会包括非公有制经济发展提供必需的公共产品或公共服务。公有制经济在高新技术产业领域占有优势地位,可以为非公有制经济的发展提供技术装备,引领技术进步,提升国民经济的现代化水平。公有制经济控制一些关键性的行业,可以保障这些关系国计民生的行业不被少数私有资本或外国资本所垄断。公有制经济不仅要追求经济目标,还要追求社会目标,要有社会责任感,在这方面公有制经济可以为非公有制经济作出表率。

另一方面,非公有制经济可以促进公有制经济的发展。非公有制经济由于自身属性的原因,在市场经济中有着强烈的竞争意识、风险意识和忧患意识,为了不在激烈的市场竞争中被淘汰,非公有制经济会积极捕捉市场信息,适应市场变化,是市场经济充满活力的主要原因。公有制企业要学习非公企业的这些特点,努力适应市场经济的要求,把自己改造成为合格的市场经济主体,不断增强自身发展的动力和活力。不同所有制形式之间还存在着经济技术上的分工协作和优势互补,一般的国有企业都是以大中型企业为主,而民营企业一般以中小企业为主,非公有制经济经过长时间的发展,已经在国民经济中占有很大的比例,没有非公有制经济的支持和促进,公有制经济也难以进一步发展和壮大。

公有制经济和非公有制经济之间不单单是一种合作促进关系,同时还是一种竞争关系,可以进一步促使公有制经济在竞争中迅速提高效率,快速增强经济实力。国有经济在竞争性领域要跟非公有制经济竞争发展,也就是说,在一般竞争性领域,各种所有制的比重大小,不是政府干预的结果,而是公平竞争的结果。两种所有制的比重的均衡点是由市场竞争决定的。政府的着眼点不是直接干预企业的投资和发展,而是要建立一个公平的竞争环境,使公有制经济和非公有制经济平等竞争,在竞争的基础上实现有序进退。但是必须建立严格的退出机制,设立严密的法律程序,在这个过程中,既要防止国有资本的流失,也要防止对民有资本的侵蚀。当然,虽然两者是一种竞争的关系,但是并不意味着两者的对立,只要在同等的市场规则下平等竞争,一定能够实现互利共赢。

### (三)公有制经济与非公有制经济相互融合

社会主义初级阶段的各种所有制共存于一个既相互渗透又可相互转化的动态所有制结构之中。市场经济中的不同市场主体为了生存和发展,会相互持股、相互渗透,这是市场经济的普遍现象和客观要求。因此,非公有制经济和公有制经济通过各种形式形成股份制经济或混合所有制经济,这将成为二者融合渗透的主要形式和发展方向。在市场经济条件下的资本运营中,公有制与非公有制并非一成不变的,只要符合市场发展的规律,只要不影响国家经济制度的根本性质,它们又是可以相互渗透并相互转化的,其转化的依据是“三个有利于”。

两种所有制之间的相互融合和相互转化是双向的。一方面,公有制资产可以转变为非公有制资产,而这并不意味着公有资产的减少。公有资产变现后,可投向更适合其发展的产业部门,形成新的公有资产,培养新的经济增长点,还可收缴国库,来解决经济发展中的其他资金缺口,也可以投放到证券市场,在证券市场上集国有资本优势,绝对控制某些关系国计民生的行业和企业。另一方面,非公有制经济也可以转化为公有制经济。比如,国家根据经济发展的需要,通过资本运作将私人控股的非公有制企业变成国家或集体控股的公有制企业;再如,一些非公有制企业为了在市场竞争中求生存和谋发展而走上了合伙、股份制、股份合作制等各种形式的联合之路,从而使非公有制经济形式逐步向公有制经济形式转化。

正确处理公有制经济和非公有制经济之间的关系,解决两者之间由于客观差异造成的矛盾,必须坚持和完善基本经济制度。坚持公有制经济为主体,是大力发展非公有制经济的前提,没有公有制经济发展作为基础的非公有制经济,就不是社会主义的非公有制经济。巩固和发展公有制经济,坚持公有制的主体地位,又必须要通过大力发展非公有制经济来推进。在我国现阶段,公有制经济和非公有制经济都能够适应部分生产力发展的要求。所以,"两个毫不动摇"的思想是处理公有制经济和非公有制经济关系总的原则,也是我们完善基本经济制度的指导思想。只有这样,才能正确认识基本经济制度的内涵,避免实际工作中出现的各种偏差,防止单一公有制和全面私有化的错误倾向。

## 第四节 积极发展混合所有制经济

### 一、我国混合所有制经济发展历程

改革开放以来,我们党一直在努力寻找公有制和基本经济制度有效的实现形式。1993 年,党的十四届三中全会决定提出:"随着产权的流动和重组,财产混合所有的经济单位越来越多,将会形成新的财产所有结构。"1997 年,党的十五大报告提出:"公有制实现形式可以而且应当多样化。要努力寻找能够极大促进生产力发展的公有制实现形式。股份制是现代企业的一种资本组织形式,有利于所有权和经营权的分离,有利于提高企业和资本的运作效率,资本主义可以用,社会主义也可以用。"1999年,党的十五届四中全会决定指出:"国有大中型企业尤其是优势企业,宜于实行股份制的,要通过规范上市、中外合资和企业相互参股等,改为股份制企业,发展混合所有制经济。"

2002年,党的十六大报告提出:"除极少数必须由国家独资经营的企业外,积极推行股份制,发展混合所有制经济。"2003年,党的十六届三中全会提出:"要适应经济市场化不断发展的趋势,进一步增强公有制经济的活力,大力发展国有资本、集体资本和非公有资本等参股的混合所有制经济,实现投资主体多元化,使股份制成为公有制的主要实现形式。"这次《决定》对发展混合所有制经济作用和意义的论断,是我们党以往有关论断的继承和发展,是我国改革发展实践和认识进一步深化的成果。2013年,党的十八届三中全会提出:"鼓励非公有制企业参与国有企业改革,鼓励发展非公有资本控股的混合所有制企业。"

大力发展混合所有制经济,是我国发展社会主义市场经济中所特有的。西方市场经济国家,有很多合伙制企业和股份制企业,但一般都是建立在私有制基础上的私人合伙和私人入股,而不是不同所有制资本的结合。我国出现和发展混合所有制经济,主要源于国有企业改革,源于寻找国有制同市场经济相结合的形式和途径,源于现阶段实行的适合中国国情的公有制为主体、多种所有制经济共同发展的基本经济制度。国有企业改革的方向是建立现代企业制度,即现代公司制,而规范的现代公司制是股权多元化的,除了原有的国有资本外,还要吸收其他非国有资本作为战略投资者,公司公开上市还会有大量的民营企业和股民持有公司股票。我国经济改革的实践证明,国有企业进行公司制股份制改革,可以实现国有制同市场经济的有机结合,使国有制找到了能有效促进生产力发展的实现形式。我国经济改革的实践还表明,在对原有公有制特别是国有制进行改革的同时,允许体制外非公有制经济发展,是一项非常成功的增量改革。

## 二、建立和发展混合所有制经济的途径

"混合所有制"是初级阶段基本经济制度的重要实现形式。发展混合所有制经济,就是要强调公有制经济、非公有制经济"两条腿"走路,这样才能走远、走好。当然,我国混合所有制经济是以公有制为主体的混合所有制经济,国有经济主导作用是社会主义混合所有制经济的特质。党的十八届三中全会把混合所

有制经济作为我国基本经济制度的重要实现形式，这表明对建立和发展混合所有制经济极为重视。建立和发展混合所有制经济的途径很多，但基本上可以归纳为以下四个途径。

### （一）完善现代产权制度

建立和发展混合所有制经济需要完善现代产权制度，保护各种所有权主体权益不受侵害。我国三十多年的国企改革实际上正是围绕着国有企业的产权问题展开的。混合所有制的提出正是为了解决国有企业产权约束不强的弊端。当前我国混合所有制企业中国有股一股独大现象较为严重，产权主体多元化的实质构建仍没有实现。大股东的行为难以受到制约，非公有制经济股东处于明显弱势地位，中小股东的合法权益难以得到保障，这样建立起来的混合所有制企业难以真正融合公有制和非公有制经济。另外，国有资产的产权代表不明确，产权交易市场不发达，相关制度建设滞后，混合所有制企业中的产权主体通过股票市场进行产权交易的渠道仍不畅通。

完善现代产权制度是发展混合所有制经济的制度基础。要着力构建新型的现代产权制度框架。完善产权保护的相关制度规定，清理和规范产权保护的相关法律法规。切实保护各类市场主体资产、收益等财产权及其他合法权益，按照党的十八届三中全会提出的“公有制经济财产权不可侵犯，非公有制经济财产权同样不可侵犯”的原则，对各类所有制市场主体一视同仁，同等保护产权主体的财产权，取消对非公有制产权的歧视和限制。严格依法行政，打击非法占有或损害市场主体合法权益的行为。防止国有资产侵吞民营资产，打击民营资本进入混合所有制企业的积极性，也要防止民营资产侵吞国有资产，造成国有资产的大量流失。发展混合所有制经济，产权的流转交易必须顺畅，这样才能使各类所有权主体自由流动，实现资源的优化配置，所以必须建立规范的市场交易平台，进一步完善公开公正、规范有序的产权交易市场，为混合所有制经济的健康发展创造良好的市场环境。

### （二）深化国有企业改革

深化国有企业改革要鼓励现有的国有企业走向混合所有制，包括容许非国有资本参股国有企业，使国有企业由全资国有转为多种所有制合营。党的十八届三中全会《决定》提出“三个允许”，即允许更多国有经济和其他所有制经济发展成为混合所有制经济；允许非国有资本参股国有资本投资项目；允许混合所有制经济实行企业员工持股，形成资本所有者和劳动者利益共同体。国有资本、集体资本、非公有资本等交叉持股、相互融合的混合所有制经济，是基本经济制度的重要实现形式。通过引入多种经济成分，由多元股东依法、市场化治理公司，推动国有企业成为真正的市场主体。

改革国有资产管理模式，实行彻底的政企分开。一般来说，资产是指企业过去生产经营所形成的可以由企业占有、控制及使用的经济资源。而资本概念更多强调能够为企业未来带来价值增值的可投入生产要素。与之相对应的，国有资产就是指国家对企业各种形式的出资所形成的权益。国有资本是指国家对企业的各种形式的出资，可以是资金，也可以是其他能够转换为资金的价值形式。国有资产监督管理委员会是受政府委托统一管理国有资产的特殊法定机构，代表政府专门履行国有资产出资人职责，同时负有监管国有资产的职能。随着国有经济的发展，国有资本相比国有资产更能代表国有经济，国有资产的资本化趋势越来越明显，因此，要按照党的十八届三中全会提出的“完善国有资产管理体制，以管资本为主加强国有资产监管”①的要求，实现国有资产监督管理体制由管资产向管资本的转变。国有资产管理机构要适应国有资产资本化的趋势，只扮演出资人的角色，在公司法的范围内运作，不得以国有资产的监管主体的身份为由干扰混合所有制企业的正常运转。

要按照国企分类指导的原则进行国有经济布局的调整。要按照国企的性质对国有企业进行分类改革。国有企业可以按照功能分为公益性企业、垄断性企业和竞争性企业，要按照类型的不同采取不同的政策。公益性企业一般包括涉及国家安全的企业、具有自然垄断性的企业（具有网络系统性特征的环节，如电网、通信网、民航网、铁路网、邮政网等也包括在内）、提供公共产品的企业等。公益性企业的宗旨是提高社会公共福利，营利性较差或者不要求盈利，对于这类企业无需进行混合所有制改造。对于垄断性企业，可以引入民间资本。垄断性企业一般是指凭借政府的保护而形成的行政垄断，由于这类国有企业垄断地位的存在，能够获取超额垄断利润，企业虽然盈利能力良好，但是由于缺乏竞争，公司治理还存在许多不合理的地方。通过引入多元化投资主体，可以完善公司治理结构，提高企业效益。而且私人资本也愿意进入这类企业以获取一定的利润。

① 《十八大以来重要文献选编》上，中央文献出版社2014年版，第501页。

对于竞争性企业，要大胆引入民间资本，推行混合所有制改造。竞争性国有企业与民营企业平等竞争，引入民间资本可以更大程度地激发企业活力，营造公平的市场秩序，民营资本进入这类国有企业也比较容易，也更容易获得话语权，这将是发展混合所有制经济的重点所在。

### （三）鼓励非公有制经济参与国有企业改革

党的十八届三中全会提出了“两个鼓励”：“鼓励非公有制企业参与国有企业改革，鼓励发展非公有资本控股的混合所有制企业”①。随着非公有制经济参与国有企业改革的制度条件不断完善，非公有制经济已经成为推动国有企业改革的重要力量，要鼓励非公有制企业通过并购、控股、参股国有企业和集体企业，形成混合所有制经济发展的态势。在新的混合所有制企业中，国有与民营资本不仅可以齐头并进，并且你中有我，我中有你。混合所有制应当有针对性地采取多种方式。一方面，混合所有制可以以国有企业为主体，在国有企业母公司层面与民营企业结合为混合所有制；另一方面，也可以以民营企业和外资企业等非公有制经济为主体，参与国有企业改制重组，组成混合所有制企业。这是在社会主义市场经济体制下的不同所有制混合“共生、共荣、共赢”的新型模式。

鼓励发展非公有资本控股或参股的混合所有制企业应采取自愿原则，即民营企业或民间资本是否参股于国有企业，是否愿意同国有资本共建一个混合所有制企业，完全听其自愿，不采取硬性规定，不摊派，不强制。同时要采取多种措施，引导民间资本进入国有企业。首先，消除制约非公有制经济进入垄断行业和国有企业的制度性障碍，放宽市场准入标准，降低企业进入门槛，完善产权保护制度，鼓励民间资本参与国有企业的股份制改造和资产重组。其次，制定发展混合所有制企业的详细规则。党的十八届三中全会已经对发展混合所有制作出了原则性规定，下一步要出台具体的改革方案，进行详尽的制度设计，在扩大企业试点的基础上，推动混合所有制经济的发展。最后，加强政策的宣传和解读，打消民营企业家和民间投资者的疑虑，让他们意识到混合所有制是国有企业改革的方向，国有资本和民间资本的融合将会使双方获益。

### （四）适时推进员工持股

党的十八届三中全会《决定》指出：“允许混合所有制经济实行企业员工持

---

① 《十八大以来重要文献选编》上，中央文献出版社2014年版，第502页。

股,形成资本所有者和劳动者利益共同体。"①继续推进混合所有制改革,实行员工持股是一条重要的途径。企业员工持股后,企业的股权结构发生了变化,劳动者持有了股份就使劳动者同时也是资本所有者。劳动者的这一双重身份部分改变了劳动者与企业原来的关系,劳动者也可以以资本所有者的身份从企业利润中得到一部分利益。从这一点来说,企业的利益、资本的利益、劳动者的利益具有了一定程度上的一致性,从而形成了利益共同体。通过员工持股极大地调动了企业员工的积极性,可以形成多元化的投资主体,使原有国有企业所有权虚置的弊端得到根除。持股员工作为企业的股东可以参与企业的管理、监督企业的运行,使企业的法人治理结构更加完善。同时,无论是国有企业还是民营企业,如果愿意实行员工持股制,要加强员工持股的规范化、透明化运作,注意防范国有资产的流失,保护普通员工的利益,谨防私有化倾向的出现。

## 三、建立和发展混合所有制经济的意义

### (一)有助于国有企业建立和完善现代企业制度

发展混合所有制经济有助于国有企业建立和完善现代企业制度。党的十八届三中全会《决定》明确提出,推动国有企业完善现代企业制度;鼓励有条件的私有企业建立现代企业制度。建立健全现代企业制度一直是国有企业改革的重要目标。自从在党的十四大提出建立现代企业制度后,对完善现代企业制度的探索就没有停止过。但是,国有企业健全现代企业制度的目标至今仍没有完成。国有企业股份制改造取得了明显成效,但央企母公司层面的股份制改革进展缓慢,名义上的股东大会、董事会、监事会和经理层等公司内部治理结构已经构建完成,但是往往有名无实,从实际运行效果来看,跟真正的现代企业制度还存在着不小的差距。国有股一股独大的现象还很普遍,董事会组成人员单一化还很严重,非国有股东很少或没有发言权,监事会形同虚设,制衡机制缺失,内部人控制严重,没有建立职业经理人制度,市场化选人用人和激励约束机制难以形成。与其他所有制相比,混合所有制更加有助于现代企业制度的建立。混合所有制经济的主要特征是产权主体的多元化。国家、集体和个人都可以成为企业的投

① 《十八大以来重要文献选编》上,中央文献出版社 2014 年版,第 515 页。

资主体,不同性质的产权主体组成的股权结构更容易形成相互监督、相互制衡的公司治理结构,有助于打破原有企业内部利益格局,防止国有企业内部人控制现象的出现,从而形成真正的现代企业制度。

### （二）有助于国有资本放大功能

发展混合所有制经济有利于国有资本放大功能,更好地体现公有制经济的主体地位。在党的十五大报告中已经指出,股份制有利于扩大公有资本的支配范围,增强公有制的主体作用。混合所有制的提出,通过吸收不同性质的所有制资本进入企业,进一步扩大了国有企业融资的范围。尽管非国有资本参股会导致国有企业资本结构发生变化,但这种变化不会改变国有资本的控股地位,国有资本依然起着主导作用,非国有资本处于参股地位,在企业中更多地依附于起主导作用的国有资本来共同发挥作用,这实际上是放大了国有资本的功能。通过发挥国有资本的放大功能,增强国有资本的控制力。通过国有资本的合理配置、有效配置,资源配置效率将大大提高,有利于经济的持续增长。非国有资本参股,目的也在于能够更好地实现保值增值,也关心企业的竞争力,也会为搞好企业作出自己的贡献。这就有利于提高企业的竞争力,有利于实现国有资本的保值增值。

### （三）有利于各种所有制资本取长补短、相互促进、共同发展

混合所有制有利于各种所有制资本取长补短、相互促进、共同发展。在市场经济条件下,国有企业和民营企业各有自己的优势和劣势。国有企业一般来说企业规模较大,管理制度相对健全,技术、信息、金融等资源较为雄厚,但也存在着效率相对低下、企业委托代理链条较长等问题。民企的优势主要表现在产权界定清晰、机制较为灵活、企业创新能力较强、市场反应敏锐等优势,但也存在企业规模较小、治理结构不完善、管理制度不规范、金融资源获取较难等弊端。采用混合所有制可以通过取长补短,实现优势互补。混合所有制企业通过引入民间投资者,实现股权多元化,解决了国有企业委托代理关系中所有者缺位的问题。非公有制经济的所有权主体明确,更加关注企业的效率和长远发展,民间投资者通过参与企业的决策,可以有效制约国有企业管理者的短期行为,提高企业的决策质量和水平,促进企业经营效率的提高。发展混合所有制经济有利于各种所有制取长补短,发挥各种所有制机制的长处,参与市场竞争,企业的活力将增加。同时也有利于各种所有制资本取长补短、相互促进、共同发展。

### （四）有利于完善社会主义市场经济

混合所有制有助于找到符合市场经济要求的公有制实现形式，培育真正能够自主经营、自负盈亏、具有发展活力的市场主体。这一直是市场经济体制改革的重点所在，也是完善基本经济制度的必然要求。国有企业改革多年，内部的管理体制和经营机制发生了重大变化，企业盈利能力大为增强，但是一些制约企业发展的深层次问题仍没有解决。单一的国有股权难以形成多元化的股权结构，即使国有股是由不同的企业主体控制，由于所有权都是国家所有，仍然是单一性质的股权结构。而要成为合格的市场经济主体，就必须建立现代企业制度，建立有效的公司治理结构。通过引入非国有资本等战略投资者，形成多元化的股权结构，可以使国有企业克服产权主体虚置、委托代理关系不明的弊端，最终使国有企业成为合格的市场主体。

发展混合所有制经济还可以减少政府对企业微观事务的行政干预，有利于正确处理政府与市场的关系。政府往往借助于对国有企业的控制，干预企业的微观经济活动。通过对国有企业的混合所有制改革，可以切断政府和国有企业的联系，政府可以专注于对国家宏观经济事务的管理与调节，微观经济活动可以放手给市场来调节。企业也摆脱了政府的影响，按照市场需求来组织企业的生产经营活动，实现企业效益的最大化。混合所有制经济还能够实现资源在市场的自由流动。社会主义市场经济是市场在资源配置中起决定性作用的经济形式。为了实现这样的目的，必须借助于混合所有制经济，实现资源与资本的自由流动和自由组合。混合所有制经济有助于打破各种所有制形式的身份界限，消除各种所有制形式之间孤立并存、相互封闭、区别对待等不合理体制机制和政策导向，使资源配置和竞争环境更加公平合理，终结了不同所有制差别性的经济政策和管理体制。特别是党的十八届三中全会提出要使市场在资源配置中发挥决定性的作用，市场的作用得到进一步的强化。混合所有制经济的发展适应了这种新的时代要求。所以说，发展混合所有制是社会主义市场经济体制的必然要求。

# 第二章

# 中国特色社会主义的生产力基础

习近平总书记指出:“改革开放是当代中国发展进步的活力之源,是我们党和人民大踏步赶上时代前进步伐的重要法宝,是坚持和发展中国特色社会主义的必由之路。”①当代中国非公有制经济的蓬勃发展,是改革开放的重大成就,是改革开放激发社会活力,激发人民群众积极性和创造性,解放和发展社会生产力的突出体现。伴随着改革开放的不断推进,非公有制经济和公有制经济共同发展,成为中国特色社会主义的雄厚而坚实的生产力基础。

解放和发展社会生产力,是一个社会生存和发展的根本,也是中国特色社会主义存在和发展的根本物质基础。习近平总书记深刻指出:“我们讲要坚定道路自信、理论自信、制度自信,要有坚如磐石的精神和信仰力量,也要有支撑这种精神和信仰的强大物质力量。这就要靠通过不断改革创新,使中国特色社会主义在解放和发展社会生产力、解放和增强社会活力、促进人的全面发展上比资本主义制度更有效率,更能激发全体人民的积极性、主动性、创造性,更能为社会发展提供有利条件,更能在竞争中赢得比较优势,把中国特色社会主义制度的优越性充分体现出来。”②

① 《习近平关于全面深化改革论述摘编》,中央文献出版社 2014 年版,第 3 页。

② 《习近平关于全面深化改革论述摘编》,中央文献出版社 2014 年版,第 18 页。

## 第一节 非公有制经济是我国生产力发展不可或缺的动力源泉

习近平总书记指出:“我们要通过深化改革,让一切劳动、知识、技术、管理、资本等要素的活力竞相迸发,让一切创造社会财富的源泉充分涌流。”①要素活力的竞相迸发,是我国社会生产力发展的强大动力源泉。在社会主义基本经济制度和社会主义市场经济体制保护和激励下,我国非公有制经济蓬勃发展,内在动力强劲,成为我国生产力发展不可或缺的强有力的动力源泉。

### 一、非公有制经济对我国生产力发展要素的动员

生产力发展要素也即生产要素,一般是指社会生产活动中必须具备的基本资源因素或必须投入或使用的主要手段。要素通常包括土地、劳动和资本三要素,加上企业家管理才能为四要素,也有人把技术知识、经济信息也当作生产要素。

一个国家的生产力发展,离不开生产力要素的动员、组织、配置。非公有制经济的发展,使得我国在公有经济之外,拥有了更加多元化的要素动员、组织、配置主体和渠道。

#### (一)非公有制经济是我国经济发展中发挥“人口红利”优势的主要依托之一

一个国家经济发展首要的考虑,就是要素禀赋问题,丰富的要素怎么利用,稀缺的要素怎么弥补。总之,一个国家在其经济发展中,尤其是在工业化启动和推进过程中,首先要解决的问题,就是生产要素的动员问题。改革开放以来,非公有制经济在我国生产力发展所需要的要素动员中,发挥了基础性、广泛性的重要作用。

我国在经济发展中所面临的一个基本国情就是人口多、底子薄。由此所带来的一个突出问题就是,劳动力要素的安排问题。如何有效地利用好我国充足的劳动力供给,即实现“人口红利”,是我国经济发展的一个关键。非公有制经

① 《习近平关于全面深化改革论述摘编》,中央文献出版社2014年版,第17页。

济的发展，成为我国经济发展中“人口红利”实现的主要依托。

“所谓‘人口红利’，是由生产与消费的差异与人口年龄结构变动相互作用而产生的”。“最近这一概念又进一步被扩展为‘两种人口红利’”，“第一个红利是由于人口转变导致生产性年龄段的人口份额增加所带来的。第二个人口红利则源于人们预期到人口年龄结构变化，比如退休重要性的提高，而相应调整个人行为与公共政策。”①

我国劳动力要素的丰富，是我国突出的一个禀赋优势。但是人口多，尤其是适龄就业人口多，也造成了我国巨大的就业压力。解决这个问题的主要渠道，就是工商企业数量的快速扩张。非公有制经济的迅猛发展，恰恰为此提供了广阔的空间。既有效缓解了我国巨大的就业压力，又大大促进了我国“人口红利”的释放。

随着我国经济社会的快速发展和人口总量的增加，整体就业人数也逐年增加，从1990年的6.48亿人增加到2015年的7.75亿人，增长了19.6%。与此同时，非公有制经济吸纳就业人员的数量不断提高，已经从1990年的2341万人增加到2015年的3.09亿人，增长了12倍。非公有制经济就业人员占全国就业人员的比重呈现逐步上升的态势，从1990年的3.61%增长到2015年的39.85%，接近全部就业人口的40%，是吸纳就业人口的重要蓄水池。

具体来看，到2015年年底，私营经济、个体经济、外资经济就业人员分别为1.64亿人、1.17亿人和2790万人，占全国就业人员比重分别为21.2%、15.1%和3.6%，占非公有制经济就业人员比重分别为53.1%、37.9%和9%。从增速来看，在总体就业规模趋于稳定的情况下，私营、个体经济就业增速较快，外资经济就业增速呈现趋缓态势。2008年国际金融危机爆发以来，私营经济年均就业增速仍保持在10.5%左右，个体经济年均就业增速保持在9.4%左右，明显高于同期城乡和城镇年均就业增速。

### （二）非公有制经济有效动员民间的资本形成和积累

由于中华人民共和国成立初期经济发展水平低，我国社会资本的形成能力和积累规模一直是我国经济发展的一个重大制约瓶颈。在计划经济时期，我国主要采取了以公有经济，尤其是国有经济为主体进行资本动员和资本积累的方

① ［美］劳伦·勃兰特、托马斯·罗斯基编：《伟大的中国经济转型》，方颖、赵扬等译，格致出版社、上海人民出版社2009年版，第122页。

式。改革开放依赖非公有制经济蓬勃发展，成为我国资本动员和积累的又一大生力军，形成了来自民间的资本动员和积累渠道与机制。

2006 年以来，我国非公有制经济投资规模不断扩大，如图 2-1 所示，从 2006 年的 3.53 万亿元增长到 2015 年的 20.65 万亿元，年平均增速为 21%。非公有制经济投资占全社会投资比重总体稳中有升，从 2006 年的 32.1%提高到 2015 年的 36.7%，已经成为社会投资的重要组成部分，在稳定投资、促进增长等方面发挥着重要作用。

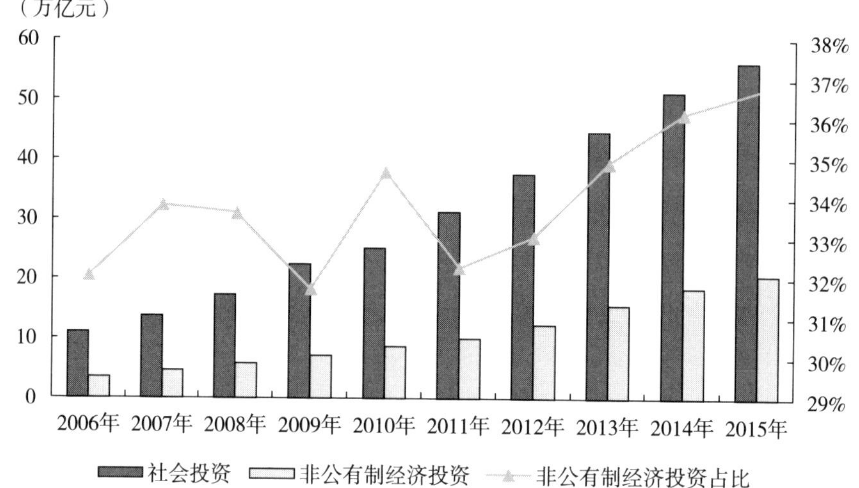


图 2-1 2006—2015 年非公有制企业投资规模及占比变化

资料来源：根据国家统计年鉴有关数据整理计算。参见国家统计局网页：国家数据，中华人民共和国国家统计局：全国固定资产投资 2006 年至 2015 年统计数据。http://data.stats.gov.cn/。

具体来看，私营投资、个体投资、外资投资规模均不断扩大，如图 2-2 所示，分别从 2006 年的 1.93 万亿元、0.52 万亿元和 1.09 万亿元增长到 2015 年的 17.13 万亿元、1.24 万亿元和 2.27 万亿元。其中私营投资增速最快，年均增速高达 26.6%；私营投资占比最大，2015 年占非公有制经济投资比重为 83%。

### （三）企业家要素的形成和发展

随着非公有制经济的迅猛发展，我国社会形成了新兴的企业家群体，塑造着我国历史上一直非常短缺的企业家精神。企业家群体（包括专业经营管理者），既形成我国生产力发展中不可或缺的新生产要素，同时也构成我国新兴的社会阶层，在我国生产力和生产关系两个方面都发挥着越来越大的作用。

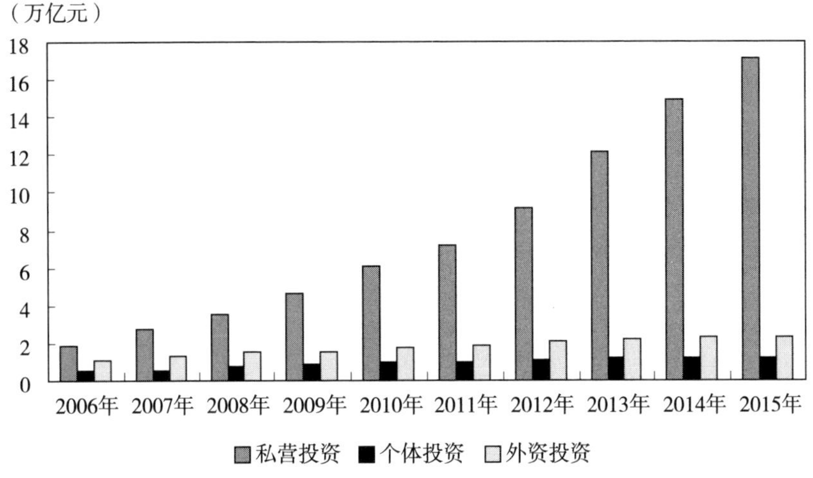


图 2-2　2006—2015 年私营、个体、外资投资规模变化

资料来源:根据国家统计年鉴有关数据整理计算。参见国家统计局网页:国家数据,中华人民共和国国家统计局:全国固定资产投资 2006 年至 2015 年统计数据。http://data.stats.gov.cn/。

在国家工业化和现代化进程中,企业家要素的数量和质量是具有关键性作用的要素之一。“世界各国的现代化经验表明,一个国家没有一个相当规模的企业家阶层,是不可能实现经济的快速发展和国家的现代化的。”①

企业家本身属于生产要素的构成部分之一。同时,其作为一个社会阶层,则又是属于掌握或直接运作经济资源的阶层。“在这类阶层中,除了国家与社会管理者外,还有私营企业主与经理人员。在过去二十多年里,私营企业主阶层从无到有,经理人员从干部队伍和企业主中分离出来形成一个相对独立的社会阶层。”②这样一种生产要素和社会阶层的形成和发展,对于中国的经济增长、市场经济体制和机制的形成与发展都起到了非常积极的作用。“20 世纪 80 年代以来,中国非国有经济尤其是非公有经济发展得非常快,充满着生机和活力,避免了国有企业的许多问题,成为中国经济快速增长的重要支撑点,个体工商户阶层和私营企业主阶层则是这一支撑点的主要组成部分。这对于中国经济社会的发展而言,是一种非常有利的变化。我们看到,苏联解体后,俄罗斯的经济改革并没有很快带动经济发展,其中一个重要原因,就是缺乏一批经过市场锤炼过的企业家。而中国的经济发展一直比较迅速的一个重要原因,则是有了一批在市场

① 陆学艺主编:《当代中国社会阶层研究报告》,社会科学出版社 2002 年版,第 51 页。

② 陆学艺主编:《当代中国社会阶层研究报告》,社会科学出版社 2002 年版,第 51 页。

中拼打出来的企业家(特别是私营企业主),他们已经成为中国市场经济发展的重要推动力量。"①

从各省市经济发展、非公企业数量以及相应的企业家数量来看,经济的活跃程度与企业家要素的数量和质量是呈正相关指向。也就是说,一个区域企业家要素的多少往往反映着甚至决定着其经济活力的大小。②

## 二、中小企业

### (一) 企业数量迅速增长

中小企业的数量及其活跃程度,往往代表着一个国家企业和经济活力和动力的大小。随着国有企业"抓大放小"改革的推进,我国的中小企业主要由非公有制经济组织构成。

截止到2015年底,我国私营企业法人单位数达到865.65万个,较2010年的468.39万个增长了84.8%;占全部企业比重为68.7%,略低于2010年的水平。

外商投资企业和港澳台投资企业单位数达到23.75万个,较2010年的21.72万个增长了9.3%;外商投资企业和港澳台商投资企业占比呈现不断下降态势,2015年占比为1.9%,低于2010年3.3%的水平。

### (二) 行业分布广泛

以私营企业、个体工商户为代表的非公有制经济行业分布非常广泛,一方面说明民间资本的投资非常活跃,另一方面也说明非公有制经济分布在我国生产力发展的各个领域,成为中国特色社会主义雄厚的社会生产力基础的有机组成部分,见表2-1、表2-2。

**表2-1 2015年我国私营企业实有户数行业分布** 单位:户

| 行 业 | 户 数 |
| --- | --- |
| 批发和零售业 | 6976748 |
| 制造业 | 2891217 |

① 陆学艺主编:《当代中国社会阶层研究报告》,社会科学出版社2002年版,第52页。

② 参见林家彬、刘洁、项安波等著:《中国民营企业发展报告》,社会科学文献出版社2014年版。

续表

| 行　业 | 户　数 |
| --- | --- |
| 租赁和商务服务业 | 2498024 |
| 科学研究和技术服务业 | 1309674 |
| 建筑业 | 1129965 |
| 农、林、牧、渔业 | 784308 |
| 信息传输、软件和信息技术服务业 | 763567 |
| 房地产业 | 574644 |
| 居民服务、修理和其他服务业 | 517035 |
| 交通运输、仓储和邮政业 | 508441 |
| 文化、体育和娱乐业 | 333199 |
| 住宿和餐饮业 | 307962 |
| 金融业 | 170876 |
| 采矿业 | 75732 |
| 水利、环境和公共设施管理业 | 75001 |
| 电力、热力、燃气及水生产和供应业 | 64756 |
| 农、林、牧、渔服务业 | 52708 |
| 教育 | 37024 |
| 其他 | 36460 |
| 卫生和社会工作 | 27634 |
| 金属制品、机械和设备修理业 | 17727 |
| 开采辅助活动 | 2904 |

资料来源:国家工商行政管理总局:《工商行政管理统计汇编 2015》。

**表 2-2　2015 年我国个体工商户实有户数行业分布**　　单位:万户

| 行　业 | 户　数 |
| --- | --- |
| 批发和零售业 | 3592.68 |
| 居民服务、修理和其他服务业 | 525.00 |
| 住宿和餐饮业 | 523.51 |
| 制造业 | 356.23 |
| 交通运输、仓储和邮政业 | 148.08 |

续表

| 行　业 | 户　数 |
|---|---|
| 农、林、牧、渔业 | 145.54 |
| 租赁和商务服务业 | 75.90 |
| 信息传输、软件和信息技术服务业 | 29.48 |
| 文化、体育和娱乐业 | 27.09 |
| 科学研究和技术服务业 | 17.19 |
| 建筑业 | 14.80 |
| 其他 | 13.24 |
| 卫生和社会工作 | 12.67 |
| 农、林、牧、渔服务业 | 10.56 |
| 房地产业 | 6.80 |
| 金属制品、机械和设备修理业 | 3.76 |
| 采矿业 | 3.41 |
| 教育 | 2.87 |
| 电力、热力、燃气及水生产和供应业 | 1.66 |
| 水利、环境和公共设施管理业 | 1.42 |
| 金融业 | 0.36 |
| 开采辅助活动 | 0.13 |

资料来源:国家工商行政管理总局:《工商行政管理统计汇编 2015》。

## 三、市场竞争

非公有制经济是天然的市场竞争主体。我国非公有制经济的发展推动了我国市场体系的培育和发展,推动了市场竞争的形成及广度和深度的拓展,是促进中国社会主义市场经济体制建立和完善的建设性力量。非公有制经济是社会主义市场经济的重要组成部分,以习近平同志为核心的党中央作出了清晰准确的阐述:“坚持和完善基本经济制度必须坚持‘两个毫不动摇’。全会决定从多个层面提出鼓励、支持、引导非公有制经济发展,激发非公有制经济活力和创造力的改革举措。在功能定位上,明确公有制经济和非公有制经济都是社会主义市场经济的重要组成部分，都是我国经济社会发展的重要基础；在产权保护上，明确提出公有制经济财产权不可侵犯，非公有制经济财产权同样不可侵犯；在政策待遇上，强调坚持权利平等、机会平等、规则平等，实行统一的市场准入制度；鼓励非公有制企业参与国有企业改革，鼓励发展非公有资本控股的混合所有制企业，鼓励有条件的私营企业建立现代企业制度。”①

## （一）要素市场的培育和发展

改革开放以来，我国非公有制经济的成长，是在计划经济体制之外进行的。非公有制经济发展的首要要求，就是要素市场的培育。要素能够在市场上自由流动，企业建立和运营所需要的要素自由组合、自主配置，才有可能得以实现。因而，非公有制经济的发展与要素市场的发育，就成为相辅相成、相互促进的一件事。非公有制经济的发展，推动要素市场的发展；要素市场的发展，又为非公有制经济的发展提供更为广阔的空间和机遇。

### 1. 劳动力市场的培育

与我国充足的劳动力供给相适应，劳动力市场应当是我国最先培育出来的要素市场。“劳动力市场是指劳动力需求和供给相互作用的一个场所，或者说，劳动力市场体现了劳动力供给与需求相互作用的一种关系。”②

首先是非公企业的发展大大推动了用工制度市场化的深刻改革。劳动力市场的培育，一个必需的基础性条件就是企业用工制度的市场化。如果坚持计划配额的劳动力就业分配方式，坚持“铁饭碗”式的企业用工制度，劳动力无法市场化的流动，即使流动了也毫无意义。因为企业不需要，也无法通过市场途径来获得劳动力。因此，企业用工制度的市场化改革，是劳动力市场培育和发展的前提和基础。

在改革开放之初国有企业依然要遵循计划经济体制的用工制度的情况下，非公有制经济（也包括乡镇企业）的兴起，率先启动了用工制度市场化改革的步伐，进而推动了劳动力市场的培育和发展。人们一般说非公有制经济的企业，包括集体性质的乡镇企业，机制比较灵活，首先就表现在用工、用人机制的灵活上。其突出的特点就是“能进能出，双向选择”。

---

① 《习近平关于全面深化改革论述摘编》，中央文献出版社2014年版，第58—59页。

② 李亚伯：《中国劳动力市场发育论纲》，湖南人民出版社2007年版，第14页。

劳动力市场的培育和发展,实际上起到了大大解放劳动力要素的作用。一是为数量极为庞大的劳动力,包括农村剩余劳动力、城市城镇新增劳动力、国企改制后分流下岗的劳动力等,提供了一个很有效率的流动和配置渠道,极大地缓解了社会的就业压力。二是形成了劳动力市场竞争性就业的环境,降低了劳动力的成本,使得上述所说的第一种“人口红利”得以有效释放。三是为中国工业化的推进培养训练了雄厚的人力资源队伍,尤其是占劳动力市场主体的农民工,从从事传统农业劳动的农民转变成了从事现代化大生产劳动的产业工人等,是中国人口结构和人口素质的巨大进步和变革。

非公企业是促成劳动力市场化变革的主要主体。我们通过前面国家工商行政管理总局《工商行政管理统计汇编 2015》提供的统计数据可以看到,我国私营企业和个体工商户,主要分布于劳动密集型产业(除去金融业等少数产业外)。而这些私营企业和个体工商户,无一例外地实行的都是市场化的用工制度。在劳动力市场的入口,有数量极为庞大的就业大军等待就业或需要维持就业,在劳动力市场的出口,有数量众多的非公有制经济企业需要吸纳劳动力就业。通过劳动力市场这一要素市场,形成了就业与企业之间的富有效率的劳动力要素流动和配置体制机制,持续稳定地解决着中国经济中就业创业这一最为根本的生产力发展问题。除了公有制经济的贡献外,非公有制经济在这方面的贡献也是不可替代的。

2. 非公有制经济发展还大大促进了其他要素市场的培育和发展

除了劳动力市场外,非公有制经济的发展还极大地推进和加速了其他要素市场的培育和发展,如资本市场、土地市场、科技人才及科技成果市场、职业经理人市场、产权市场等。这些市场体系的培育和发展,推动了我国市场经济体制和机制的发展和完善,为市场经济在资源配置中发挥决定性作用带来了积极作用。

以资本市场为例,非公有制经济一开始就是依托于市场化的投融资渠道来启动和发展的,这样的发展路径,推动了我国资本市场的发育发展,民间资本的流动及民间金融供求活动的活跃。

非公有制经济对资本市场发展的推动突出表现在融资渠道的多样化,以及中小金融机构的活跃方面。见表 2-3:

**表 2-3　2013 年私营企业不同融资渠道贷款情况**　　单位:万元

| | | 最小值 | 最大值 | 均　值 | 备　注 |
|---|---|---|---|---|---|
| 小微型企业 | 股份制商业银行 | 0 | 6096900 | 2294 | |
| | 小型金融机构 | 0 | 85000 | 186 | |
| | 民间借贷 | 0 | 10000 | 39 | |
| | 互联网金融借贷 | 0 | 7600 | 5 | |
| 大中型企业 | 股份制商业银行 | 0 | 35000 | 7498 | |
| | 小型金融机构 | 0 | 129090 | 785 | |
| | 民间借贷 | 0 | 43356 | 157 | |
| | 互联网金融借贷 | 0 | 1000 | 2 | |
| 总体 | 股份制商业银行 | 0 | 6096900 | 3599 | |
| | 小型金融机构 | 0 | 129090 | 334 | |
| | 民间借贷 | 0 | 43356 | 68 | |
| | 互联网金融借贷 | 0 | 7600 | 4 | |

注:小型金融机构指的是村镇银行、农村信用社、小额贷款公司等。①

从表 2-3 中可以看到,民营企业贷款的主要渠道是股份制商业银行、小型金融机构、民间借贷、互联网金融借贷,贷款额度最高可达数百亿元。这些数字说明民间金融机构的日益活跃,同时也说明在这一资本市场上,资本供求关系的活跃及交易规模的扩张。但也可以看到,民营企业利用国有商业银行、股票市场等资本市场主渠道方面还存在着亟待改进的问题。

非公有制经济依托民间金融作为解决资本融通的主渠道,由此形成了资本供求双方自主定价的交易方式,在一定程度上,开启了利率市场化的先河,成为利率市场化的试验田。

在党中央、国务院大力推动"大众创业、万众创新"的形势下,非公有制经济发展进入了更为活跃的时期,融资渠道进一步拓宽,融资方式进一步多样化。见表 2-4:

① 中华全国工商业联合会编:《中国民营经济发展报告(2014—2015)》,中华工商联合出版社 2016 年版,第 52 页。

**表 2-4 “双创”企业融资渠道及融资难度调查** 单位:%

| | 最常用的三种渠道 | 融资难度较大的渠道 | 融资难度较小的渠道 |
|---|---|---|---|
| 政策性银行 | 47.6 | 37.0 | 9.7 |
| 商业银行 | 69.4 | 20.9 | 11.7 |
| 债券 | 2.5 | 16.4 | 8.6 |
| 信托 | 6.4 | 16.2 | 5.8 |
| 股市(含新三板) | 16.2 | 15.0 | 4.2 |
| 基金、风投 | 10.9 | 18.9 | 9.5 |
| 小额贷款公司、P2P 等新型网络贷款公司 | 21.4 | 7.0 | 29.5 |
| 亲朋借款 | 27.3 | 10.3 | 24.0 |
| 地下钱庄 | 3.6 | 4.7 | 16.4 |

资料来源:中国社会科学院民营经济研究中心“优化创业创新政策环境促进中小企业发展调研数据库(2016)”①。

### (二) 市场竞争微观主体的涌现

非公有制经济的兴起和发展,以私营企业和个体工商户为主体,形成了多元化的市场竞争微观主体,推动了我国市场竞争的展开和市场机制的形成。

非公有制经济企业的户数呈现不断扩张的发展趋势,见表 2-5、表 2-6。

**表 2-5 近年来全国私营企业发展基本情况**

| 年份 | 户数(万) | 增长率(%) | 人数(万) | 增长率(%) | 注册资金(万亿) | 增长率(%) |
|---|---|---|---|---|---|---|
| 2002 | 263.83 | 20.0 | 3247.5 | 19.7 | 2.48 | 35.9 |
| 2003 | 328.72 | 24.8 | 4299.1 | 32.3 | 3.53 | 42.6 |
| 2004 | 402.41 | 22.4 | 5017.3 | 16.7 | 4.79 | 35.8 |
| 2005 | 471.95 | 17.3 | 5284.0 | 16.1 | 6.13 | 28.0 |
| 2006 | 544.14 | 15.3 | 6586.4 | 13.1 | 7.60 | 23.9 |
| 2007 | 603.05 | 10.8 | 7253.1 | 10.1 | 9.39 | 23.5 |
| 2008 | 657.42 | 9.0 | 7904.0 | 9.0 | 11.74 | 25.0 |

① 转引自李子彬、刘迎秋主编:《中国中小企业 2016 蓝皮书》,中国发展出版社 2016 年版,第 92 页。

续表

| 年份 | 户数（万） | 增长率（%） | 人数（万） | 增长率（%） | 注册资金（万亿） | 增长率（%） |
|---|---|---|---|---|---|---|
| 2009 | 740.15 | 12.59 | 8606.97 | 8.89 | 14.65 | 24.8 |
| 2010 | 845.52 | 14.24 | 9417.58 | 9.42 | 19.21 | 31.14 |
| 2011 | 967.68 | 14.45 | 10353.62 | 9.94 | 25.79 | 34.27 |
| 2012 | 1085.72 | 12.20 | 11296.12 | 9.10 | 31.10 | 20.59 |
| 2013 | 1253.86 | 15.49 | 12521.56 | 10.84 | 39.31 | 26.40 |

注:表中历年户数均包含分支机构数量。

资料来源:中华全国工商业联合会编:《中国民营经济发展报告(2014—2015)》,中华工商联合出版社2016年版,第4页。

**表2-6　近年来全国个体工商户发展基本情况**

| 年份 | 户数（万户） | 增长率（%） | 人数（万人） | 增长率（%） | 注册资金（亿元） | 增长率（%） |
|---|---|---|---|---|---|---|
| 2002 | 2377.5 | -2.3 | 4742.9 | -0.39 | 3782.4 | 10.1 |
| 2003 | 2353.2 | -1.0 | 4299.1 | -9.4 | 4187.0 | 10.7 |
| 2004 | 2350.5 | -0.1 | 4587.1 | 6.7 | 5057.9 | 20.8 |
| 2005 | 2463.9 | 4.8 | 4900.5 | 6.8 | 5809.5 | 14.9 |
| 2006 | 2595.6 | 5.3 | 5159.7 | 5.3 | 6468.8 | 11.4 |
| 2007 | 2741.5 | 5.6 | 5496.2 | 6.5 | 7350.8 | 13.6 |
| 2008 | 2917.3 | 6.4 | 5776.4 | 5.1 | 9006.0 | 22.52 |
| 2009 | 3197.4 | 9.6 | 6632.0 | 14.81 | 10856.6 | 20.55 |
| 2010 | 3452.89 | 7.99 | 7007.56 | 6.41 | 13387.58 | 23.31 |
| 2011 | 3756.47 | 8.79 | 7945.28 | 13.38 | 16177.57 | 20.84 |
| 2012 | 4059.27 | 8.06 | 8628.31 | 8.60 | 19766.72 | 22.19 |
| 2013 | 4436.29 | 9.29 | 9335.74 | 8.20 | 24337.69 | 23.12 |

资料来源:中华全国工商业联合会编:《中国民营经济发展报告(2014—2015)》,中华工商联合出版社2016年版,第8页。

迅速增长的私营企业和个体工商户,都是市场竞争中非常活跃的微观主体。这些微观主体的存在和发展,以及其市场竞争行为,形成了我国具有雄厚社会经济基础的社会生产力活力之源。

## 第二节　中国工业化、现代化进程中非公有制经济的作用

当代中国社会生产力的发展,集中体现在完成工业化、现代化的历史任务上。尤其是工业化经济,构成了我国社会生产力最为重要的主体,是构成中国特色社会主义生产力基础的关键因素。同时我们还要综合推进其他方面的现代化,以不断发展和巩固中国特色社会主义的生产力基础。正如习近平总书记指出的:"我国现代化同西方发达国家有很大不同。西方发达国家是一个'串联式'的发展过程,工业化、城镇化、农业现代化、信息化顺序发展,发展到目前水平用了二百多年时间。我们要后来居上,把'失去的二百年'找回来,决定了我国发展必然是一个'并联式'的过程,工业化、信息化、城镇化、农业现代化是叠加发展的。"①在这种叠加发展的现实状况下,非公有制经济以其生产力分布的广泛性、多样性、多层性、灵活性等独有特点和优势,可以有效地顺应和推动这种叠加式的发展,在中国工业化、现代化进程中,具有不可替代的积极作用。

### 一、非公有制经济的发展加速了我国工业化进程

近现代以来,中国生产力发展及经济社会发展的核心命题是推动工业化,完成由传统农业社会向现代工业化社会的历史转变。为此,中国在历史上艰苦探索了多种推进工业化的方式和路径。"中学为体、西学为用","实业救国","洋务运动","三民主义",等等,都是中国近现代历史上提出并付诸过实践的推进工业化的努力探索。直至中华人民共和国成立后,中国最终选择了社会主义工业化的道路。中国的社会主义工业化的推进,也是经历了一个曲折发展的过程。在计划经济时期,我们主要是学习和模仿苏联式的工业化模式。后来中国实施改革开放,才开始真正明确中国特色的社会主义工业化、现代化道路应当怎样走。在探索和推进中国特色的社会主义工业化、现代化道路的实践过程中,非公

① 《习近平关于社会主义经济建设论述摘编》,中央文献出版社2017年版,第159页。

有制经济起到了重要而积极的作用，加速了我国推进工业化、现代化的进程。

### （一）中国工业化的两大发展阶段

中国的社会主义工业化进程经历了计划经济体制时期和市场经济体制时期两个大的发展阶段。计划经济体制时期，可以说以国家为主体，以公有制经济尤其是国有经济为主体，完成了国家工业化的启动任务。而进入市场经济体制时期后，社会成为推动工业化的主体，公有制经济和非公有制经济共同形成了推动国家工业化的强大主体，推动工业化迅猛扩张，走向成熟，极大地加速了中国工业化的进程。

1. 以国家为主体、国有经济为主体的工业化阶段

这是计划经济体制时期。计划经济体制就是一种准国家动员体制，以国家为主体，进行工业化的原始积累，启动和推进国家工业化。

计划经济体制首先满足了在短时期内快速积累工业化启动资金和资源的要求。西方发达国家工业化初期的资本原始积累方式，无法适合中国工业化的需要，或者更准确地说，中国都无法采用。

首先来说，以对外侵略掠夺的方式来寻找外源式原始积累，对于新生的共和国来说，既不现实，同时也无此动机或意愿。新中国从旧中国那里接收下来的是一副积贫积弱的烂摊子，国力十分孱弱，巩固新生政权、抵御外部侵略颠覆的任务非常重，并且西方国家秉持敌视和封锁新中国的态度。因而，从外部大规模获得启动国家工业化资金和资源的可能性基本不存在。

从国内来说，如果采取社会阶级分化的方式，使得财富向一部分社会成员集中，由他们承担起国家工业化原始积累的使命，这种路径的现实性、可行性也十分薄弱。首先是时间会比较漫长，从占人口绝大多数的小生产群体中培育出来大中资本家阶级，类似于“一将功成万骨枯”。由此可能激发对广大小生产群体的剥夺以及相应的尖锐的社会矛盾和冲突，也与中国共产党领导中国革命的根本宗旨，与作为新中国主要社会基础的工农阶级的利益极其不吻合。

因而，从中国的现实出发，中国采取了以国家为主体进行资本动员来完成工业化原始积累的路径；对外强调了一种和平发展的新兴国家的工业化道路，对内强调了以国家为主体、探索全体人民根本利益一致性的工业化道路。

计划经济体制满足了工业化体系性启动（产业动员）的要求。计划经济强调以举国之力集中力量办大事，强调全国一盘棋，强调高度集权，在新中国成立

初期社会资本形成能力十分低下的情况下,恰恰有针对性地解决了资本来源弱小分散与工业化原始积累需要大规模集中投入之间的矛盾。这样就使得中国在短短十数年的时间中就迅速建立起了相对独立完整的工业体系。

还需要强调的是,在资本形成能力十分薄弱的情况下,计划经济体制通过对资本的十分严格的控制和管理,对社会消费的极度压缩,基本保证了由国家集中起来的有限的资本全部用于启动和推进工业化。它也体现了全体中国人民为快速启动和推进国家工业化所作出的巨大贡献和牺牲。

通过计划经济体制所形成的财产,则构成了公有制经济尤其是国有经济的物质基础。这一物质基础,也是我国社会主义的最初的、最为基本的社会生产力基础。

2. 以社会为主体,公有制经济、非公有制经济共同发展的工业化阶段

这是市场经济体制时期。非公有制经济的兴起和发展,使得我国在公有制经济、国有经济之外,又具备了一个新的、有着广泛群众基础和社会动员能量的新的工业化主体。中国工业化获得了新的发展动能,从而推动中国的工业化进入了加速扩张的"快车道"。

非公有制经济的兴起和发展,使得全国更为广大的人民群众直接参与到国家工业化的进程中。这一点我们从表 2-7 中国社会阶层结构的演变中就可以明确看出。

**表 2-7　1952—1999 年中国社会阶层结构的演变①**　　单位:%

| 层别 \ 年份 | 1952 | 1978 | 1988 | 1991 | 1999 |
|---|---|---|---|---|---|
| 总计 | 100.00 | 100.00 | 100.00 | 100.00 | 100.00 |
| 国家与社会管理者 | 0.50 | 0.98 | 1.70 | 1.96 | 2.1 |
| 经理人员 | 0.14 | 0.23 | 0.54 | 0.79 | 1.5 |
| 私营企业主 | 0.18 | 0.00 | 0.02 | 0.01 | 0.6 |
| 专业技术人员 | 0.86 | 3.48 | 4.76 | 5.01 | 5.1 |
| 办事人员 | 0.50 | 1.29 | 1.65 | 2.31 | 4.8 |

① 陆学艺主编:《当代中国社会阶层研究报告》,社会科学文献出版社 2002 年版,第 44 页。

续表

| 层别＼年份 | 1952 | 1978 | 1988 | 1991 | 1999 |
|---|---|---|---|---|---|
| 个体工商户 | 4.08 | 0.03 | 3.12 | 2.19 | 4.2 |
| 商业服务业员工 | 3.13 | 2.15 | 6.35 | 9.25 | 12.0 |
| 其中:农民工 | — | 0.80 | 1.80 | 2.40 | 3.7 |
| 产业工人 | 6.40 | 19.83 | 22.43 | 22.16 | 22.6 |
| 其中:农民工 | — | 1.10 | 5.40 | 6.30 | 7.8 |
| 农业劳动者 | 84.21 | 67.41 | 55.84 | 53.01 | 44.0 |
| 其中:外来农民 | | 0.00 | 0.10 | 0.20 | 0.1 |
| 无业失业半失业人员 | | 4.60 | 3.60 | 3.30 | 3.1 |

从表2-7中可以清楚地看到,社会中参与到工业化进程中的社会阶层在迅速扩大,与之相对应的则是农业劳动者数量的迅速下降(从1952年到1978年间,27年的时间农业劳动者的比重下降了近17个百分点,而从1978年到1999年,22年间下降幅度达到了23个百分点,加速趋势十分明显)。而转移出来的农业劳动力基本都转入了与工业化相关的领域中。进入21世纪后,这一趋势更加明显和突出。而这一劳动力从传统农业向现代工商业转移的主渠道,就是非公有制经济。

仅以城市新增就业人口为例,1978年,全国私营企业就业人员仅有15万,占城市劳动力的0.2%,到2011年,私营企业就业人员增至2.53亿人,达到全国城市劳动力的2/3。1978年到2011年,新增城市私营企业的就业占到全部新增城市劳动力就业的95%(参见表2-8)。如果再加上私营企业主和个体工商户本人的数量(据中华全国工商业联合会提供的数据,2011年全国私营企业户数达到967.68万户,全国个体工商户达到3756.47万户),那么我们就可以看到,通过非公有制经济这一渠道,中国有数亿人加入到了工商业活动中,加入到中国工业化的进程中。这可以说是中国工业化进程中极为壮观的一场"人民战争"。如同毛泽东在战争年代赞颂人民战争的伟力一样,我们在社会主义建设时期,在推进工业化的进程中,也同样见证了"人民战争"的伟力,见证了在党的改革开放路线指引和推动下,全民参与工业化进程而带来的社会生产力发展的极为巨大、深厚而持久的动能。

表 2-8　2011 年城市地区私人控股企业就业情况

| 企业类型 | 就业人数(万人) |
|---|---|
| 登记城市私营企业 | 6895.9 |
| 城市个体经营 | 5227.0 |
| 登记为其他类型的私人控股企业 | 5131.2 |
| 主要所有者为私人的未归类企业 | 8000.0 |
| 共计 | 25254.1 |

数据来源:作者根据中国国家统计局工业调查企业级数据库(2007)以及中国国家统计局发布数据计算得出。①

### (二) 非公有制经济发展拓展了中国工业化的深度和广度,补齐短板

非公有制经济的发展,为我国工业化的推进提供了一支强大的生力军。非公有制经济的加入,大大拓展了我国工业化的深度和广度,有助于补齐我国工业化的短板,与国有企业和外资企业形成良好的竞争合作态势,大大增强了我国工业化的综合实力。

首先,补齐我国工业化短板,完善产业结构。改革开放之初,非公有制经济的出现和发展,出发点就是弥补短板。一是帮助国有经济拾遗补缺。二是鼓励城市居民,尤其是待业青年自谋职业、自主创业,以解决国有经济安排就业数量不足的问题。三是有助于方便满足人民群众的日常生活所需。因而,非公有制经济是作为公有制经济的有益补充而发展起来的。

国有经济因为要集中资源用于尽快增强国力,因而主要的产业结构集中于重工业制造业,相对而言,轻工业、服务业就成为我国工业化产业结构中非常明显的短板。国家工业化进步明显,国力增强成效显著,但人民生活水平提高不多,人民得到的实惠不多。以作为公有制经济、尤其是国有经济有益补充的定位而发展起来的非公有制经济,很好地弥补了上述短板(参见图 2-3、图 2-4)。

其次,我国非公有制经济的发展,还与公有制经济之间形成了良好竞争合作态势。非公有制经济发展所带来的灵活机制和市场竞争压力,推动了国有企业改革,成为推动国有企业转换经营机制、改革管理体制、构建现代企业制度的推

① [美]尼古拉斯·拉迪著:《民有民享——中国私营经济的崛起》,郑小希译,中国发展出版社 2015 年版,第 93 页。

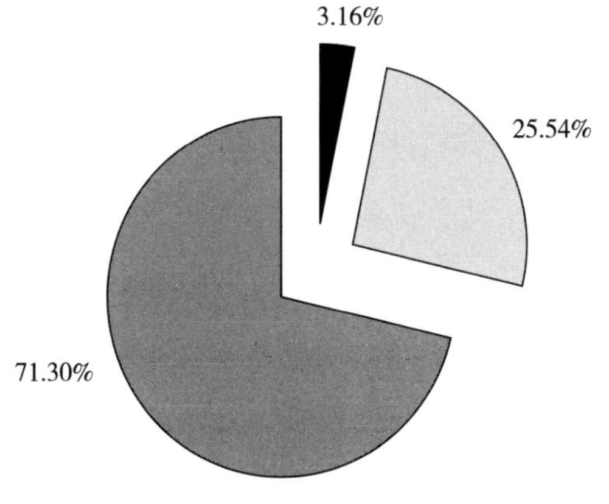


图 2-3　2013 年全国私营企业实有户数产业结构图

资料来源:中华全国工商业联合会编:《中国民营经济发展报告(2014—2015)》,中华工商联合出版社 2016 年版,第 6、9 页。

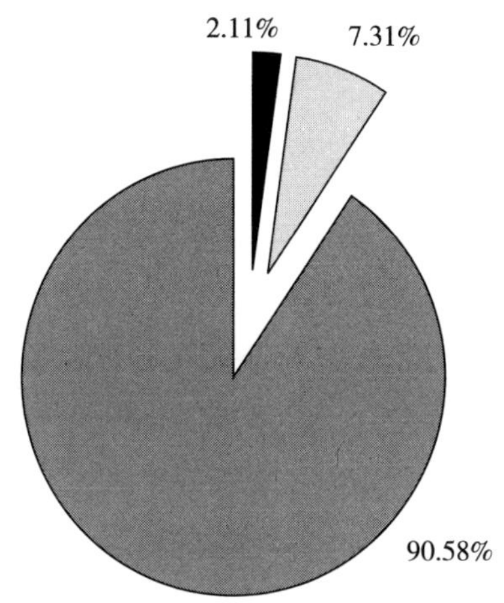


图 2-4　2013 年全国个体工商户实有户数产业结构图

资料来源:中华全国工商业联合会编:《中国民营经济发展报告(2014—2015)》,中华工商联合出版社 2016 年版,第 6、9 页。

动力量之一,促使国有企业由计划经济的细胞转变成为市场经济的微观主体。同时非公有制经济的发展,也在一定程度上分担了国企改革的一部分成本和压力,如为国企下岗分流职工提供就业岗位和创业机会,向国有股份制企业注资,配合国有企业的结构调整和资产重组,等等。

党的十八届三中全会的《决定》明确指出："国有资本、集体资本、非公有资本等交叉持股、相互融合的混合所有制经济，是基本经济制度的重要实现形式，有利于国有资本放大功能、保值增值、提高竞争力，有利于各种所有制资本取长补短、相互促进、共同发展。允许更多国有经济和其他所有制经济发展成为混合所有制经济。"混合所有制改革的推进，为公有资本，尤其是国有资本与非公有资本的合作，开启了新的形式、渠道和发展空间。党中央把混合所有制提高到"基本经济制度的重要实现形式"的高度来认识。混合所有制经济，是不同所有制性质的投资主体共同出资组建的企业，是包括国有资本、集体资本、非公有资本等多方面资本结合而形成的资本运营实体，是社会主义市场经济条件下发展起来的一种新型微观经济主体。今后，除了各种所有制经济独自成长发展之外，混合所有制经济越来越成为各种经济成分共同发展的基本途径，成为体现我国基本经济制度的基本形式，也成为我国企业的一种基本组织形式。这样，公有经济和非公有制经济将形成"你中有我、我中有你"的良好合作发展态势。

## 二、非公有制经济发展与中国经济增长

经济增长，一般是指在一个较长的时间跨度上，一个国家人均产出（或人均收入）水平的持续增加。或者说，在一定时间单位里，相对于一个国家人口总量来说，社会产出的经济总量或收获的财富总量，有更高水平或更大规模的增长。经济增长的规模通常用国内生产总值（GDP）来衡量。对一国经济增长速度的度量，通常用经济增长率来表示。经济学家一般认为，人类社会进入工业化时代后，相对于人口总量来说，社会财富产出总量或收入总量有了快速增长，从而才有了真正意义上的经济增长。也就是说，在传统农耕社会，是不存在现代意义上的经济增长的。这里的含义类似于我国老百姓常说的，"无工不富"。改革开放以来，中国工业化进入了"快车道"，与之相适应，中国的经济增长也进入了"快车道"。作为改革开放以来中国工业化的主力军之一，非公有制经济的发展对中国经济持续快速的增长，发挥了多方面的积极效应。

### （一）非公有制经济为我国经济增长提供的要素效应

改革开放以来，我国 GDP 快速持续地增长，创造了世界经济增长的奇迹。这种快速而持续的经济增长，从生产力方面的推动力来说，要归功于中国工业化

快速而持续的推进。

1. 经济增长中的要素效应

工业化条件下的经济增长速度，首先取决于生产要素投入的规模及其增长速度，接下来则取决于要素的使用效率，也即要素产出效率。特别是在考察单一产业的增长速度时，要素投入增长率及其产出效率就显得更为重要。通俗地讲，首先，没有投入是不会有产出的。在产出效率确定的前提下，投入规模越大，投入增长率越高，产业的增长速度也就越快。其次，只有投入而没有好的产出效率，那就是打消耗战，也不会有好的增长速度，不会有好的经济增长质量和效益。

这是哈罗德—多马模型所要告诉我们的经济增长基本要求。哈罗德—多马模型的基本公式是：

$$\Delta Y=\Delta K/k$$

公式中，$\Delta Y$ 表示经济增长速度，$\Delta K$ 表示要素投入的规模或增速，$k$ 表示要素的产出效率。该经济增长模型意在说明，一个国家或一个产业的经济增长速度，取决于要素投入的规模（增长速度）以及要素产出效率。

要素效应也就是资源开发、运用及配置效用。我国非公有制经济的发展，使得我国经济中具有了更多的吸纳生产要素投入工业投入经济增长的微观主体，更多的要素投入渠道，也即资源开发、运用及配置效用。非公有制经济通过加速吸纳劳动力等生产要素向工业化相关领域转移和投入，对中国工业化的推进以及相应的经济增长，产生了积极的加速作用。同时，由于非公有制经济普遍面临的市场竞争压力大、预算约束硬，因而对要素的产出效率也是极为重视的。这样，从生产要素投入规模和要素产出效率两个方面，非公有制经济对改革开放以来中国的经济增长，提供了良好的要素效应。

2. 非公有制经济发展带来的要素投入规模效应

生产要素投入规模的效应，可以重点关注非公有制经济吸纳的劳动力就业（劳动要素）、投资规模的不断扩张（资本要素），此外，像土地要素、科技要素、企业家要素等，也是产生积极要素效应的重要方面。我们重点看劳动要素和资本要素（参见表 2-9）。

表 2-9 全国私营企业户均规模及就业人数

| 年份 | 户数（万户） | 注册资金（亿元） | 户均资金规模（万元） | 从业人员（万人） | 户均就业规模（人） |
|---|---|---|---|---|---|
| 2005 年底 | 471.95 | 61331.00 | 129.95 | 4895.27 | 10.37 |
| 2011 年底 | 967.68 | 257900.00 | 266.51 | 10353.60 | 10.70 |
| 2012 年底 | 1085.72 | 311000.00 | 286.45 | — | — |
| 2013 年中 | 1136.27 | 342300.00 | 301.25 | — | — |
| 2013 年中比 2005 年底增长(%) | 140.76 | 458.12 | 131.82 | — | — |

资料来源:国务院发展研究中心企业研究所:《中国企业发展报告 2014》①。

表 2-10 全国个体工商户均规模及就业人数

| 年份 | 户数（万户） | 注册资金（亿元） | 户均资金规模（万元） | 从业人员（万人） | 户均就业规模（人） |
|---|---|---|---|---|---|
| 2005 年底 | 2463.96 | 5809.50 | 2.36 | 5831.62 | 2.37 |
| 2011 年底 | 3756.47 | 16200.00 | 4.31 | 7945.30 | 2.12 |
| 2012 年底 | 4059.27 | 19800.00 | 4.88 | — | — |
| 2013 年中 | 4134.78 | 21700.00 | 5.25 | — | — |
| 2013 年中比 2005 年底增长(%) | 67.81 | 273.53 | 122.46 | — | — |

资料来源:国务院发展研究中心企业研究所:《中国企业发展报告 2014》②。

从表 2-9、表 2-10 中可以明确地看到,仅就私营企业和个体工商户所注册的资金和投入的从业人员来看,一是规模大,二是增长迅猛。这就有代表性地清晰地反映出了非公有制经济发展,给我国经济增长所带来的要素投入规模效应。

3. 非公有制经济发展带来的要素产出效率效应

非公有制经济的要素产出效率,具体可以通过其生产经营效率和经济效益来反映,在宏观上的一系列指标,特别是非公有制经济的税收贡献指标,可以大

---

① 转引自林家彬、刘洁、项安波等:《中国民营经济发展报告》,社会科学文献出版社 2014 年版,第 13 页。

② 转引自林家彬、刘洁、项安波等:《中国民营经济发展报告》,社会科学文献出版社 2014 年版,第 14 页。

体反映出其整体投入—产出效益的状况。

根据2013年的统计数据，中国民营经济贡献的GDP占GDP总量的比例超过60%。全国至少有19个省份民营经济的贡献率超过50%，其中广东省超过了80%。同年民营企业的纳税额占国家税收总额的50%，完成了65%的发明专利和80%以上的新产品开发。2013年，规模以上民营工业企业增加值累计增速为12.4%，高于国有工业企业的6.9%，且显著高于全部工业企业9.7%的平均水平。在净资产收益率排名中，民营企业也占据前列。①

**表2-11　2014年中国私营企业主要税种收入状况**　单位：亿元　%

| 税种 | 税收收入 | 国内增值税 | 国内消费税 | 营业税 | 企业所得税 | 其他 |
|---|---|---|---|---|---|---|
| 上年收入 | 11610.39 | 4825.68 | 36.49 | 2105.34 | 1947.63 | 2695.25 |
| 本年收入 | 12486.87 | 5116.31 | 42.26 | 2191.88 | 2083.14 | 3053.28 |
| 占比 | 100.0 | 41.0 | 0.3 | 17.6 | 16.7 | 24.5 |
| 同比增加 | 876.48 | 290.63 | 5.77 | 86.54 | 135.51 | 358.03 |
| 同比增长 | 7.5 | 6.0 | 15.8 | 4.1 | 7.0 | 13.3 |

注：其他是指除国内增值税、消费税、营业税和企业所得税以外的税种收入。

资料来源：国家税务总局收入规划核算司，税收月度快报，2014年12月。②

表2-11是私营企业的税收贡献情况，2014年中国私营企业税收同比增长7.5%，高于同期全国GDP 7.3%的增速。

### （二）非公有制经济为我国经济增长提供的规模效应

经济持续增长所依赖的再一个核心的因素就是经济规模的持续扩张。改革开放以来非公有制经济规模的快速递增，加速了中国的经济增长，提供了有效的规模效应。

非公有制经济为我国经济增长所提供的规模效应，除了在GDP总量规模上的贡献之外（据全国工商联公布的数据，2013年民营经济贡献的GDP占我国当年GDP总量的60%），还集中体现在非公有制经济发展所带来的供给与需求规

---

① 转引自林家彬、刘洁、项安波等：《中国民营经济发展报告》，社会科学文献出版社2014年版，第4页。

② 中华全国工商业联合会编：《中国民营经济发展报告（2014—2015）》，中华工商联合出版社2016年版，第189页。

模的快速递增上。

供给规模的快速递增,突出体现在非公有制经济所涉及的产业,其产业规模的快速递增上。总起来讲,非公有制经济扩张其经营规模或产出规模的积极性是很高的。汇总起来,就拉动了产业规模的扩张,拉动了市场供给规模的扩张。

非公有制经济总体产业规模,可以从私营企业户数及个体工商户户数的增长中反映出来(见表 2-5、表 2-6)。非公有制经济扩张产业规模的积极性,还可以通过其新增投资的使用方式中,更加明确地反映出来(参见表 2-12)。

**表 2-12　2013 年不同地区企业新增投资的使用方式分布①**　单位:%

| 新增投资使用方式 | 地区分布 | | | |
|---|---|---|---|---|
| | 东部 | 中部 | 西部 | 整体 |
| 扩大原有产品生产规模 | 31.5 | 52.4 | 52.2 | 37.5 |
| 企业技术创新、工艺改造 | 12.7 | 14.4 | 14.0 | 13.1 |
| 企业新产品开发 | 40.8 | 16.6 | 5.5 | 32.1 |
| 市场开发 | 6.7 | 7.2 | 6.8 | 6.8 |
| 股市、期货 | 0.2 | 0.6 | 0.2 | 0.3 |
| 民间借贷 | 0.6 | 2.6 | 1.7 | 1.1 |
| 收购、兼并或投向其他企业 | 7.6 | 6.1 | 19.6 | 9.2 |
| 净利润中用于投资 | 35.0 | 37.7 | 33.2 | 35.1 |

从表 2-12 的统计数据中可以看出,企业资金中用于生产性使用(规模扩张,产品、技术、市场开发,企业并购,等等)的占比很高,用于金融性投资的比重很小。

需求规模的递增,则突出体现在非公有制经济发展对我国消费、投资、出口这“三驾需求马车”所作的贡献上面(参见表 2-13)。

**表 2-13　2013 年民营经济贡献统计**

| | 数值 | 同比增长(%) |
|---|---|---|
| 规模以上工业企业增加值 | — | 12.4 |
| 城镇固定资产投资(万亿元) | 27.0 | 22.8 |

① 中华全国工商业联合会编:《中国民营经济发展报告(2014—2015)》,中华工商联合出版社 2016 年版,第 55 页。

续表

| | 数值 | 同比增长(%) |
|---|---|---|
| 电商交易规模(万亿元) | 9.9 | 21.3 |
| 网络购物市场(万亿元) | 1.9 | 42.0 |
| 出口额(亿美元) | 9167.7 | 19.1 |
| 进口额(亿美元) | 5764.8 | 27.8 |
| 私营企业(万户) | 1253.9 | 15.5 |
| 个体工商户(万户) | 4436.3 | 9.3 |
| 全国个体、私营经济从业人员(亿人) | 2.2 | 9.7 |

资料来源:根据全国工商联所主办“2014 中国民营经济大家谈”公布的资料整理。①

表 2-13 中的数据清楚地显示,在企业固定资产投资、拉动消费需求、促进进出口贸易扩张等方面,非公有制经济全方位地激活着拉动经济增长的需求马车。

## 三、非公有制经济发展与中国对外开放

改革开放以来,非公有制经济成为我国对外开放的先锋队。无论是对外贸易还是对外经济合作,无论是国外资本“引进了”还是国内资本“走出去”,非公有制经济都是十分积极活跃的力量。

### (一)“三来一补”所引发的中国禀赋优势和比较优势的开发运用

“三来一补”指来料加工、来样加工、来件装配和补偿贸易,是我国在改革开放初期尝试性地创立的一种企业贸易形式,它最早出现于 1978 年。1978 年 7 月,东莞县第二轻工业局设在虎门境内的太平服装厂与港商合作创办了全国第一家来料加工企业——太平手袋厂。“三来一补”企业主要的结构是:由外商提供设备(包括由外商投资建厂房)、原材料、来样,并负责全部产品的外销,由中国企业提供土地、厂房、劳力。中外双方对各自不作价以提供条件组成一个新的“三来一补”企业;中外双方不以“三来一补”企业名义核算,各自记账,以工缴费

① 林家彬、刘洁、项安波等:《中国民营经济发展报告》,社会科学文献出版社 2014 年版,第 2 页。

结算,对“三来一补”企业各负连带责任。

“三来一补”既是一种对外贸易和经济合作形式,也是一种中外合资的企业形式。由此可见,改革开放以来非公有制经济的发展,一开始就与对外开放紧密相关。“三来一补”企业和贸易形式,开启了中国成为“世界工厂”,积极参与经济全球化的历史性进程。

“三来一补”经济形式的发展,使得中国找到了其在国际分工和国际贸易中的禀赋优势和比较优势所在。在低收入的发展阶段,中国最主要的禀赋优势和比较优势,就是劳动力供应充足,成本低,由此而来的就是投资成本低,生产成本低,企业运营成本低,以及价格竞争优势。中国的禀赋优势和比较优势特别有利于大力发展劳动密集型产业。非公有制经济正是把这一禀赋优势和比较优势充分开发和运用起来的主力军。以服装鞋帽、日用工业品、家用电器等为主的劳动密集型产业,构建起了中国规模庞大的出口加工制造业,在广东、浙江、江苏等沿海地区蓬勃发展,支撑起了中国“世界工厂”的半壁江山,成为中国经济积极加入全球化的主要生产力。

近年来,随着我国工业化水平的提高,经济技术实力的增强,国际竞争力的增强,以及新的比较优势的建立,非公有制经济在机电产品制造业、高新技术产业、对外投资等方面,也有了很大的提升和发展。在2008年金融危机之后,面临全球经济下滑和进出口贸易形势严峻的挑战下,非公有制经济总体上仍然保持了出口扩张的势头,产业结构也在调整优化升级之中。见表2-14和图2-5所示。

**表2-14 2014年各类企业类型出口商品构成表** 单位:亿美元 %

| | 消费品 | | 资本品 | | 中间产品 | |
|---|---|---|---|---|---|---|
| | 金额 | 同比 | 金额 | 同比 | 金额 | 同比 |
| 国有企业 | 547.6 | -3.0 | 578.8 | -0.2 | 1348.80 | 6.9 |
| 外资企业 | 1975.10 | 1.9 | 4495.00 | 2.2 | 4279.20 | 4.2 |
| 民营企业 | 3914.60 | 14.4 | 1539.10 | 8.9 | 4662.20 | 7.7 |

资料来源:中华全国工商业总会编:《中国民营经济发展报告(2014—2015)》。

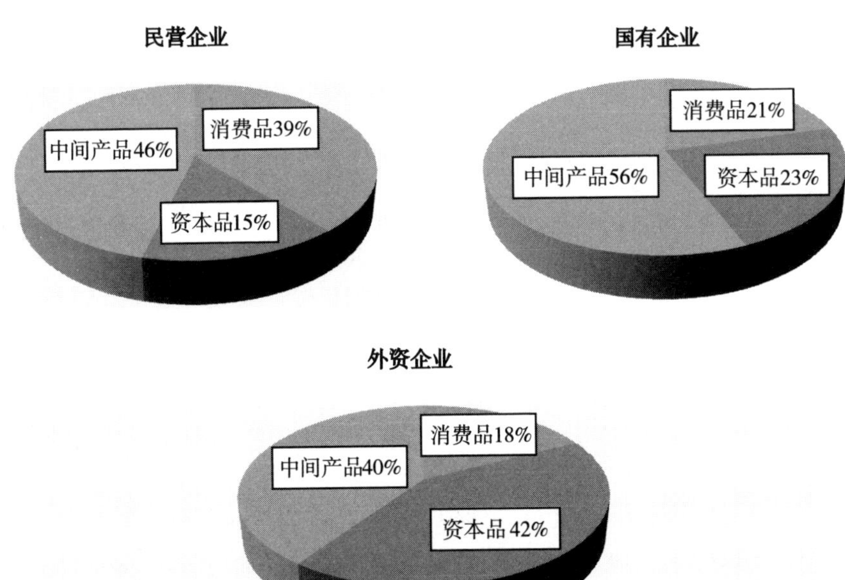


图 2-5　2014 年各企业类型出口商品构成对比图

资料来源:中华全国工商业总会编:《中国民营经济发展报告(2014—2015)》。

### (二)"一带一路"引领非公有制经济进入更加广阔的对外开放领域

以习近平同志为核心的党中央提出了推进"一带一路"建设的大战略,开启了中国积极主动推动和引领全球化的新时代。"'一带一路'建设的定位是我国扩大对外开放的重大战略举措和经济外交的顶层设计,是我国今后相当长时期对外开放和对外合作的管总规划,也是我国推动全球治理体系变革的主动作为。"①

"一带一路"建设为非公有制经济的发展,尤其是对外开放,提供了更为广阔的平台和机遇。习近平总书记指出,要积极鼓励和引导非公有制经济参与"一带一路"建设,"'一带一路'建设是一项长期过程,要做好统筹协调工作,正确处理政府和市场的关系,发挥市场机制作用,鼓励国有企业、民营企业等各类企业参与,同时发挥好政府作用。要重视国别间和区域间经贸合作机制和平台

① 《习近平关于社会主义经济建设论述摘编》,中央文献出版社 2017 年版,第 276 页。

建设工作,设计符合当地国情的投资和贸易模式,通过机制化安排推进工作。要加大对外援助力度,发挥好开发性、政策性金融的独特优势和作用,积极引导民营企业参与。”①

随着“一带一路”建设的长期持续推进,非公有制经济在我国对外开放中将扮演着更加重要的角色。在以往已经成为我国对外贸易主力的基础上,在对外经济合作、海外投资、产业结构调整重组、各国各区域间民间交流合作等方面,非公有制经济将迎来更大的机遇,发挥更大的作用。

“一带一路”建设和国内经济的转型升级,为非公有制经济进一步扩大对外开放提供了强有力的宏观经济大环境支撑。非公有制经济也积极主动地参与其中,对外开放正在呈现新的态势。

首先,非公有制经济对外投资呈现出迅速增长的态势,正在成为我国对外投资的主力。据商务部统计数据显示,2014 年中国对外投资规模约 1400 亿美元,首度成为资本净输出国,其中非国有企业投资占到 56%。2014 年 11 月,习近平在 APEC 工商领导人峰会上指出,未来十年中国海外投资将达到 1.25 万亿美元。作为中国对外投资的主力之一,非公有制经济将借助于对外投资的增长,进一步提升其国际化的水平和国际竞争的水平。据商务部的统计数据显示,近年来,民营企业对外直接投资的流量和总量占比不断攀升。以对美国投资为例,来自民营企业的投资占中国对美投资总额的 76%,占中国对美国投资项目总数的 90%。②

近年来,我国民营企业对外投资已呈现出一系列的新特点。③

第一,境外投资流量占比已超国企。2008 年,在中国非金融类对外直接投资中,非国有企业所占的比重仅为 14.6%,2012 年,这一比重提升到 53.4%,首次超过国有企业,2013 年进一步提高到 56.1%。

第二,境外投资增速已进入“快车道”。据普华永道 2015 年 1 月发布的数

① 《习近平关于社会主义经济建设论述摘编》,中央文献出版社 2017 年版,第 256 页。

② 以上数据来自中国企业“走出去”协同创新中心、中国民营经济国际合作商会编:《中国民营企业国际合作蓝皮书(2014—2015)》,人民出版社 2016 年版,第 4、151 页。

③ 以下观点和数据来自闫实强:《中国民营企业境外投资报告》,载中国企业“走出去”协同创新中心、中国民营经济国际合作商会编:《中国民营企业国际合作蓝皮书(2014—2015)》,人民出版社 2016 年版,第 42—45 页。

据，从2009年开始起，我国民企海外投资并购增速不断加快，2009—2014年的6年间，民企海外并购总额合计约650亿美元，年均增长率为15.2%，高于我国整体对外并购9.3%的增速。其中，2014年为214亿美元，是2009年的2.3倍。

第三，境外投资规模迅速扩大。据普华永道公布的数据，我国民营企业境外投资已由初期的小规模、低水平收购，发展为大规模、高等级的海外并购。2011—2014年间，民企单宗交易平均金额由4460万美元增至1.01亿美元，增长约1.3倍。

第四，投资行业领域逐步拓宽。我国民企境外投资已由最初的以矿产资源和商业服务业为主，逐渐向农业经营、科技、高端制造和房地产等附加值更高的行业拓展。中国现有近万家民企在全球160多个国家和地区投资建立了1万多家企业，几乎涵盖衣、食、住、行、乐等各个经济领域。其中，商业服务业、金融、采矿、批发零售、交通及制造业6个行业占比最大，约占全部投资的80%以上。

第五，境外投资日益凸显独特优势。我国民营企业结构简单，经营灵活，适应性强，管理成本较低。与国企相比，在境外因为政治和舆论等因素造成的投资障碍相对要少一些。因而，民营企业海外竞争逐步凸显出其独特的优势。

在境外投资进入"快车道"的同时，民企也凸显出亟待解决的瓶颈性问题，主要有融资困难，国际化人才短缺，境外履行社会责任总体表现欠佳，转型升级、科技创新方面瓶颈突出，企业和人员安全保障问题日益突出，等等。这些问题需要在宏观和微观等多个层面推动解决。

## 第三节　非公有制经济与中国经济发展

一个国家社会生产力的发展包括经济增长和经济发展两大主要方面。非公有制经济的发展不仅有力地推动了中国经济的增长，同时也在中国经济发展中发挥着重要的作用。

### 一、中国社会二元结构问题的化解与城市化进程的加速

中国的工业化进程和经济发展进程，是在二元结构的基础上推进的。这一

工业化进程和经济发展进程,受到二元结构问题的制约,也利用和得益于二元结构所提供的要素禀赋和结构特点,同时又在不断地化解二元结构问题。二元结构问题的解决,最终取决于中国工业化、城市化的完成。非公有制经济的发展,在我国利用和化解二元结构、推进城市化进程中,发挥了不可替代的重要作用。

### (一)“二元结构”的内在含义

美国经济学家刘易斯在《劳动无限供给下的经济发展》(1953)一文中,第一次提出了发展中国家普遍存在“二元结构”问题的认识。① “二元结构”的概念,实际上归纳了处在工业化起步阶段和推进过程中的发展中国家普遍存在的一种社会经济结构,即主要以满足农村人口自我消费为主的封闭型的传统经济部门,与以现代工业为主的开放式现代经济部门长期并存。我国二元结构现象的存在被国内外的学者普遍认可,在分析认识中国国情、探讨发展问题时常常被运用。

与非公有制经济发展相关联,对“二元结构”可以从两个方面去把握其内在含义。

第一,二元结构是对发展中国家城乡差别的一种理论描述。这种二元结构包括经济结构和社会结构两个层面。从经济结构来说,发展中国家一般会同时存在着先进的工业部门和落后的传统农业部门这样两种具有“时代差”的经济结构。工业部门技术比较先进,生产率较高,财富或收入增长能力强;而传统农业部门则技术落后,生产效率低下,往往还没有摆脱以维持温饱为目的的小生产状态。从社会结构来说,由于工业部门多集中在城市,而传统农业部门则广泛分散在乡村,这又形成了集中开放的城市社会与分散封闭的农村社会的结构差别。这种工农分割、城乡分割的二元结构,十分不利于经济社会发展。

第二,二元结构理论,目的还在于说明农村剩余劳动力向工业部门、向城市转移的社会经济过程及其影响。传统农业部门的特点是人口多,收入水平低,失业率高,其中既有显性失业,也有隐蔽性失业。农村存在着生产率极低(有的低到零甚至负数)的大量“剩余劳动力”。由于工业部门工资水平高,因而大量农村剩余劳动力愿意转移到工业部门。这样的劳动力供给是很充足的,因而可以使工业部门长期保持较低的工资水平,有助于企业获得更多的利润。这样就有利于资本积累和企业投资。随着工业部门投资的不断扩大,传统农业中的剩余

① 参见郭熙保主编:《发展经济学经典著作选》,中国经济出版社1998年版。

劳动力逐渐被工业部门吸收。当农村剩余劳动力被吸收完成后(即出现“刘易斯拐点”),来自廉价劳动力充足供应的“人口红利”将消失,二元结构也将趋向消失。

从“二元结构”的内在含义来看,二元结构形成及其逐步化解的过程,实际上也就是一个国家推进工业化、城市化的过程。现实需要解决的问题是,由谁担当化解二元结构的社会经济主体,化解二元结构的主渠道、主要方式或途径是什么。非公有制经济的兴起和发展,为中国的二元结构问题提供了很大的助力。

### (二) 非公有制经济发展有助于吸纳农村剩余劳动力转移,打通城乡,统筹城乡发展

非公有制经济的广泛性、多样性的发展,为农村过剩劳动力及过剩人口参与到工业化、城市化进程中,提供了便捷丰富的渠道和机会。农村人口进到城里,或做打工者(农民工),或者成为个体工商户、私营企业主,都是以各种方式从农村向城市转移,从传统农业向现代工商业转移。非公有制经济的发展使得农村人口进入城里后能够获得更多的谋生机会,能够在城里站住脚,从而在城里谋生存,求发展。这样,经济的发展,工业化的推进,自然而然地在客观上就起到了打通城乡的效果,在城乡之间首先形成了规模极为可观的人口迁徙、人员流动,进而带动各种生产要素的交流。在经济上把城乡分割逐渐打破,进而也就有助于逐步推进城乡统筹发展。

我们从非公有制经济发展的总体规模、在国家新增就业中所占比重这两个方面,可以明显看到,非公有制经济成为吸纳农村剩余劳动力转移的主渠道,成为农村剩余劳动力向工商业转移、向城市转移的主要出口。从而也就说明非公有制经济发展在化解我国二元结构问题上起到了非常积极的作用,扮演着不可替代的角色。

首先来看私营企业,根据全国工商联提供的数据:截至 2014 年年底,全国私营企业从业人员 1.44 亿人,比上年同期增加 0.19 亿人(即新增就业 1900 万人),增长 15.2%。其中投资者人数 2963.08 万人,增加 477.34 万人,增长 19.2%;雇工人数 1.14 亿人,增加 1391.5 万人,增长 13.87%。还有一个值得注意的数据就是,私营企业的比重逐年上升。2010 年以来,私营企业数量和资本所占企业总体的比重不断上升,截至 2014 年年底,全国实有私营企业数量占企

业总体的比重为85.00%,资本总额占比为47.91%。①

其次看个体工商户的情况。截至2014年年底,全国实有个体工商户4984.06万户,比上年同期增加547.77万户,增长12.35%,高于2013年9.29%的增速。资金数额2.93万亿元,比上年同期增长20.58%。全国个体工商户的从业人员,截至2014年年底为10584.56万人。②

私营企业和个体工商户相加,截至2014年年底,吸纳的从业人员总数达到近2.5亿人。这些数字说明,非公有制经济成为全国人口,尤其是农村转移人口参与工业化的主渠道。这种现状与非公有制经济多分布在劳动密集型产业,投资、就业、技术、规模等方面的门槛低,就业方式、创业方式、经营方式灵活多样,市场活力足、适应力强等有着直接的关系。

还有一个非常值得注意的现象是,非公有制经济是分布在城乡普遍发展的。

**表2-15　截至2014年年底全国城乡私营企业发展情况**

| | 城镇实有私营企业 | 农村私营企业 |
|---|---|---|
| 企业户数(万户)<br>同比增长(%)<br>全国私企占比(%) | 1128.93<br>25.54<br>73.01 | 417.44<br>17.72<br>26.99 |
| 投资者人数(万人)<br>同比增长(%) | 2229.94<br>22.07 | 733.14<br>111.26 |
| 雇工人数(万人)<br>同比增长(%) | 7627.41<br>18.89 | 3799.91<br>4.96 |
| 注册资本(万亿元)<br>同比增长(%) | 46.28<br>56.56 | 12.93<br>20.58 |

数字来源:中华全国工商业联合会编:《中国民营经济发展报告(2014—2015)》,中华工商联合出版社2016年版,第144—145页。

从个体工商户的情况看,截至2014年年底,全国城镇个体工商户从业人员7009.31万人,同比增长14.12%,占全国个体工商户从业人员的66.22%;农村个体工商户从业人员3575.25万人,同比增长11.96%,占全国个体工商户从业

① 中华全国工商业联合会编:《中国民营经济发展报告(2014—2015)》,中华工商联合出版社2016年版,第142页。

② 中华全国工商业联合会编:《中国民营经济发展报告(2014—2015)》,中华工商联合出版社2016年版,第145、147页。

人员的 33.78%。①

### （三）非公有制经济发展推动城乡人口结构转型，加速我国城市化进程

城市化进程通常以城市化水平或城市化率来表示，即指一定地域内城市人口占总人口的比例。我国现在通常使用城镇化的概念，即城镇常住人口占总人口的比例。在现代社会的发展中，城市化是与工业化的推进紧密相关的，各个国家概莫能外。美国地理学家诺瑟姆于 1979 年提出各国城市化过程的 S 型曲线轨迹。他根据各国城市化实际发展情况，提出城市化过程一般分初期、中期、后期三个阶段。他认为凡城市化开始较早的国家，城市化发展速度较慢，而城市化和工业化开始较晚的国家，城市化达到相同水平所用时间较短。即一个国家工业化开始得越晚，城市化进程将越快。

我国非公有制经济的发展对我国工业化的推进，起到了加速的作用，相应的，对我国城市化的推进，也同样发挥着加速的作用。根据国家统计局 2017 年 1 月 20 日公布的数据，从城乡结构看，城镇常住人口 79298 万人，比上年末增加 2182 万人，乡村常住人口 58973 万人，减少 1373 万人，城镇人口占总人口比重（城镇化率）为 57.35%。

农村人口大量涌入城市，城镇人口比重不断提高，这里有一个作为根本的生产力前提，即进入城市或城镇的农村人口能够在城市或城镇谋生，能够获得比较稳定的就业和收入的机会、渠道，其中主要是大量的工商业活动的机会。非公有制经济的发展与我国农村劳动力的转移、城市化的推进，可以说有极大的关联性。非公有制经济成为农村劳动力向非农产业转移，农村人口向城镇、城市转移的主渠道。

以农村城镇化、进而城市化的典型，作为国家新型城镇化试点的浙江省温州市苍南县龙港镇为例。龙港镇建于 1984 年。龙港是改革的产物。建镇之初，在全国率先进行土地有偿使用制度、城镇户籍管理制度和股份合作企业制度“三大改革”，成功地走出了一条不依赖国家投资，主要靠农民自身力量建设现代化城镇的新路子，为中国农村城市化作出了许多有益的探索，被誉为“中国第一座

① 中华全国工商业联合会编：《中国民营经济发展报告（2014—2015）》，中华工商联合出版社 2016 年版，第 147 页。

农民城”。之后,龙港相继成为国务院农村劳动力开发就业方试点镇、国家科委星火计划密集区、浙江省社会综合发展实验区、温州市城乡一体化试验区。股份合作企业是龙港工业经济的支柱,个体、私营经济是龙港经济的重要组成部分,印刷包装、毛纺毛毯、塑料纺织是龙港的三大支柱产业,通信电缆、制药、仪器仪表等技术含量较高的行业在龙港不断发展壮大。龙港已成为全国的一大印刷基地,印刷行业年产值近15亿元。现全镇有成型工业企业575家,其中股份合作企业410家,私营企业129家;个体工业12000家;年产值在500万元以上的企业55家,1000万元以上的企业36家。龙港现有专业市场20多个,其中有全国最大的腈纶毛毯市场。

龙港镇的例子启示了几点,一是城市化的关键是解决农村人口向城市转移的产业基础问题。龙港镇以农民自主转变为城镇居民(中国第一座农民城)而成为典型,其中作为经济基础支撑的,就是已经开始形成工业经济支柱和专业市场。换言之,当地农民大多已经完成向非农产业的转移,因而由农村居民向城镇居民的转变也就顺理成章。二是股份合作制经济、私营企业、个体工业成为推进工业化和城镇化的主要力量,实际上是广义上的民营经济成为推进城市化的主体,成为农民由农业向非农产业转移,由农村向城镇、城市转移的主渠道。

## 二、非公有制经济发展促进中国摆脱“低收入陷阱”

联合国在《2016中国人类发展报告》中指出,中国的人类发展取得了巨大进步,2014年中国的人类发展指数在188个国家中列第90位,已进入高人类发展水平国家组。中国在过去30多年保持了高速经济增长,目前已成为世界第二大经济体。从1978年到2010年,中国政府成功帮助6.6亿人摆脱贫困。从经济社会发展来说,中国改革开放的成就,一个突出的标志就是摆脱了“低收入陷阱”,成功跨入了中等收入国家的行列。在中国摆脱“低收入陷阱”方面,非公有制经济的发展发挥了重要作用。

### (一)贫困导致的“低收入陷阱”

发展经济学所说的“低收入陷阱”,指的是一种“贫困的恶性循环”的现象。瑞典经济学家、诺贝尔经济学奖获得者冈纳·缪尔达尔在其著作《亚洲的戏剧——对一些国家贫困问题的研究》中,通过对印度、缅甸等南亚国家的分析,提出了对他所称之为的普遍存在于低收入国家“循环和因果积累关系”的现象，并对之进行了分析。他认为，贫困的长期存在使得这些国家发展的初始条件非常恶劣。低收入的现象带来两个突出的后果：一是社会资本形成能力低下，造成资本不足，进而无法有效支持产业发展和收入增加，从而使得社会陷入了一种“贫困的恶性循环”；二是使得社会贫富差距拉得很大，且无法提供缩小贫富差距的手段和途径。这样两种情况的长期存在，会使得这些贫困国家难以推动工业化，难以获得现代意义上的经济增长（即人均收入水平的不断提高）。

缪尔达尔在书中写道：“然而南亚，特别是人口众多的那些国家的巨大贫困本身确实就是发展的重要障碍。而且，可以预见的人口增长将会导致生活水平的进一步降低，除非执行果断的发展政策；而这一趋势又包含着所有南亚国家不利的另一个初始条件的差别。还有，尽管我们几乎没有资料判断南亚今天的经济不平等是否比西方国家前工业化时代更大，但是，在更广泛的意义上，南亚次大陆的社会不平等可能比西方世界任何地方在最近几个世纪都更普遍，更不利于自由竞争。”①

正如缪尔达尔所说的，这种“贫困的恶性循环”会使得发展中国家陷入难以推动工业化、难以推动发展的“低收入陷阱”之中。为此必须“执行果断的发展政策”。邓小平强调“发展是硬道理”，党的十一届三中全会果断提出全党全国工作重心转移到以经济建设为中心上来，启动了中国改革开放的伟大发展历程。非公有制经济的发展，在这种时代大背景下乘风而起，为我国打破“贫困的恶性循环”，走出“低收入陷阱”，发挥了突出的作用。其中的关键，就是我党把非公有制经济的发展，同解放和发展社会生产力紧紧地联系在一起，从而大大推动了社会生产力的发展，也大大推动了非公有制经济的发展。

### （二）改革开放开启打破“低收入陷阱”的中国模式

邓小平特别强调社会主义必须摆脱贫穷：“搞社会主义，一定要使生产力发达，贫穷不是社会主义。我们坚持社会主义，要建设对资本主义具有优越性的社会主义，首先必须摆脱贫穷。现在虽说我们也在搞社会主义，但事实上不够格。只有到了下世纪中叶，达到了中等发达国家的水平，才能说真的搞了社会主义，

① [瑞典]冈纳·缪尔达尔：《亚洲的戏剧——对一些国家贫困问题的研究》，北京经济学院出版社1992年版，第47页。

才能理直气壮地说社会主义优于资本主义。”①

摆脱贫穷，打破“低收入陷阱”的根本出路，就是实行改革开放，坚持以经济建设为中心，坚持以解放和发展生产力为中心。解放和发展生产力的一个重大的、全局性的举措之一，就是积极鼓励非公有制经济的发展。改革开放以来非公有制经济的发展，在我国打破“低收入陷阱”方面发挥了奇效。

首先，多出了渠道。非公有制经济的发展以及与之相适应的市场经济的发展，使得广大的人民群众能够积极地、直接地参与到国家的工业化进程中来，参与到国家发展进程中来。这样就彻底改变了计划经济时期只靠国家、只靠政府来推动工业化、拉动经济发展的被动局面。人民群众成为国家工业化、国家经济发展的主体，成为国家发展的参与者、推动者，同时也成为受益者。非公有制经济的发展，大大拓宽了人民群众参与和受益于经济增长的途径，可以大量的向非农产业、城镇城市转移，摆脱封闭农村低收入的状况，安排了数亿人就业和创业的非公有制经济功不可没。

其次，多出了主体。非公有制经济的发展，使得我国推进工业化多出了一个强有力的社会主体，使得在我国工业化进程中，不再过度依赖国有经济、国有企业的单打独斗。也就是说，按照邓小平“三个有利于”的标准，非公有制经济发展有利于社会生产力的发展，有利于人民群众生活水平的提高，有利于综合国力的增强。由此，中国的工业化进程就进入了发展的“快车道”，进而带动中国经济增长、城市化进程等都进入了“快车道”。

最后，形成了良性循环。非公有制经济的发展，使得中国拥有了一个非常庞大的拥有财富和拥有资本积累能力的社会群体。这样，投资于产业，形成资本和资产，创造财富和收入，新创造的财富和收入再投入社会再生产，又形成更大量的新的资本和资产，社会生产力发展和财富创造的能力不断得到增强和扩张。非公有制经济形成这样的财富、收入—资本、资产的良性循环，公有经济同样形成财富、收入—资本、资产这样的良性循环。这样，就从社会财富积累和增长的过程，从经济运行的过程，或者如同马克思所说的从社会再生产的过程中，彻底打破了“贫困的恶性循环”，彻底摆脱“低收入陷阱”。

我国在推进公有经济改革的同时，大力发展非公有制经济，推动市场化改

① 《邓小平文选》第三卷，人民出版社 1993 年版，第 225 页。

革,把更多的人,从封闭落后贫困的传统农村、传统农业中解放出来,转入国家工业化进程中。在短短30多年的时间里,就由低收入国家跨入中等收入国家,实现了小平同志当年的预想。由此,中国经济创造出了摆脱“低收入陷阱”的奇迹,也开创了消除贫困的中国道路。正如联合国在发布《2016中国人类发展报告》时所指出的:我们发现,中国是人类发展的一个独特案例。市场社会主义制度,过去30多年来的经济快速增长,以及一个独特的社会文化环境,使中国有别于大多数西方社会。

现在中国的发展已进入中等收入国家发展阶段,所面临的发展任务,由打破“低收入陷阱”转变为要跨越“中等收入陷阱”。在新的发展阶段,非公有制经济发展必将迎来新的更加广阔的发展空间、发展机遇,在我国工业化、城市化、现代化进程中将会发挥更大的、更加积极的作用。

## 三、非公有制经济发展与中国国家竞争优势的提升

美国学者迈克尔·波特针对当今国家之间产业竞争的现实,有别于以往传统的比较优势理论,提出了国家竞争优势的理论。他认为:“从国家的层面来考虑时,‘竞争力’的唯一意义就是国家生产力”,“国家与产业竞争力的关系,也正是国家如何刺激产业改善和创新的关系”。① 波特这里所说的“国家竞争优势”,实际上指的是一个国家的产业竞争优势,是指在国内、国际市场上的产业竞争力。我国非公有制经济的发展,与公有经济尤其是国有经济的发展,共同推动着我国国家竞争优势的提升。

### (一)国家竞争优势的构建

国家竞争优势理论,提出了构成国家竞争优势的四项环境因素,进而提出了构成国家竞争优势的“钻石体系”。

四项环境因素包括:“(1)生产要素——一个国家在特定产业竞争中有关生产方面的表现,如人工素质或基础设施的良莠不齐。”“(2)需求条件——本国市场对该项产业所提供的产品或服务的需求如何。”“(3)相关产业和支持产业的

① [美]迈克尔·波特:《国家竞争优势》,李明轩、邱如美译,华夏出版社2005年版,第1页。

表现——这些产业的相关产业和上游产业是否具有国内国际竞争力。”“(4)企业的战略、结构和竞争对手——企业在一个国家的基础、组织和管理形态,以及国内市场竞争对手的表现。”①

上述四项环境因素,构成了反映国家竞争优势的“钻石体系”。“由上述四项关键要素形成的‘钻石体系’,关系到一个国家的产业或产业环节能否成功。”②(参见图 2-6)

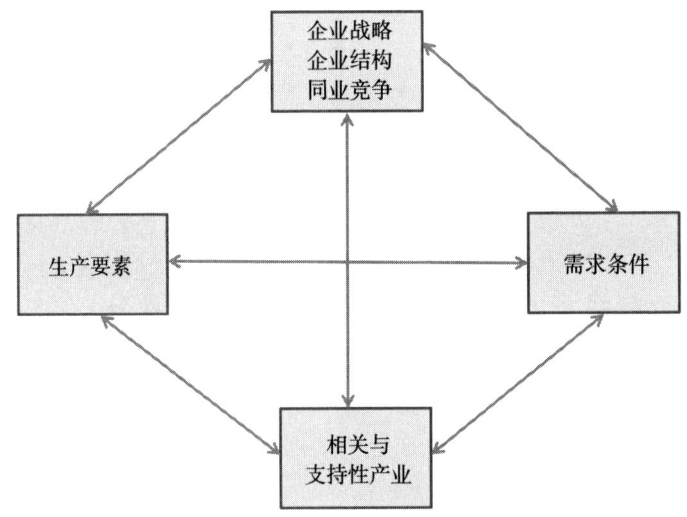


图 2-6 “钻石体系”——国家优势的关键要素

该“钻石体系”实质上特别注重的是产业竞争优势形成和提升的社会经济环境问题,而不像以往的比较优势理论,主要强调要素禀赋优势及相对成本优势。

贯穿影响产业竞争优势、也即产业竞争力的诸因素、也即整个“钻石体系”之中的要素是国家与企业的关系。这是塑造、影响、改变产业竞争环境的核心内涵所在。“企业对祖国的责任感,通常是因为母国环境能提供快速积累形成的技术和资源,进而使得企业获得竞争优势。企业竞争优势的增加也要依赖母国

① [美]迈克尔·波特:《国家竞争优势》,李明轩、邱如美译,华夏出版社 2005 年版,第 67 页。

② [美]迈克尔·波特:《国家竞争优势》,李明轩、邱如美译,华夏出版社 2005 年版,第 68 页。

基地提供更多有关产品和流程的信息与洞察力，而经营者、投资者与员工也必须持续投资所属的产业，拥有强烈的使命感。最后，一个国家能成功发展某项产业，是因为该国环境的活力与挑战力最强，促使这项产业中的企业持续升级并扩大它的优势。”①

这里面的内在逻辑就是：国家负责打造、维护和改进促进国家竞争优势提升的良好环境，企业负责国家竞争优势的具体形成、有效发挥以及不断的改进和提升。

在我国，改革开放以来，国家与非公有制经济的关系，正是按照这样的逻辑来发展的。国家不断改善非公有制经济发展的社会经济环境，不断优化相应的政策和制度供给；非公有制经济不断提升自己在国内国际市场的竞争力。国家与非公有制经济之间形成了推动发展和合力，推动我国各类产业加速成长，国家竞争优势不断提升。

### （二）非公有制经济的发展多方位加强我国国家竞争优势

非公有制经济的发展，使得我国产业发展的活力和挑战力得到有效保持和不断提升，从多个方位不断提升和加强着我国的国家竞争优势。我们仅据“钻石体系”所说的四项要素中的两项为例。

第一，从生产要素来说，改革开放以来党和国家大力扶持、鼓励非公有制经济发展的政策，把非公有制经济与公有经济并列为我国基本经济制度的基本构成部分，大力促进对内解放生产力、对外开放，为非公有制经济发展提供了良好的国家环境，使得非公有制经济可以动员、使用和配置各种生产要素，在满足非公有制经济发展需要的同时，也为我国国家竞争优势的提升，带来了一系列的良好效果。

非公有制经济的发展，大大提高了我国各种生产要素的素质和效率。以人力资本、人力资源为例，如前面数据显示的，仅私营企业和个体工商户就吸纳了近2.5亿人就业和创业（2014年年底数字），至少对于我国人力资本的动员、积累、提升，对我国人力资源（高素质劳动力、企业家、科技人员、专业管理人员等）的培养、积聚和增长，带来了很好的效果。这是我国劳动力素质和人口素质的整

---

① ［美］迈克尔·波特：《国家竞争优势》，李明轩、邱如美译，华夏出版社2005年版，第68页。

体提升,是我国国家竞争优势的根本之所在。

非公有制经济的发展,使得我国逐步形成了生产要素市场化配置的竞争机制,使得我国各类生产要素的动员、使用和配置效率大大提高,进而带动各个产业及整体国家竞争优势的强化和提升。

第二,从需求条件来看,非公有制经济发展,对我国国内、国际市场供给和需求两个方面的拓展,都发挥了富有活力、挑战力的作用,形成了强烈进取的发展态势。

从供给的角度来说,非公有制经济所分布的产业非常广泛(见表2-1、表2-2),内在扩张动力强,技术和产品的开放重视程度及开发能力日益增强(见表2-13),供给效率高,有效供给能力强,在国际市场上的竞争力不断提升。这些都使得非公有制经济成为从供给侧拓展我国经济发展空间和提升竞争优势的强大的生力军。

从需求的角度来看,非公有制经济的发展全方位激活并不断拓展着消费、投资、进出口需求。首先,非公有制经济发展带动了数亿人的创业和就业,带动了数亿农村劳动力的转移,带动了我国中等收入群体的形成,带来了对基础设施和各种生产要素的大规模需求,广泛开发了国际市场的需求,等等。这些都从需求角度不断快速拓展着我国经济发展的规模和空间,拓展和改进着提升我国国家竞争优势的需求条件。

在这方面,我们可以举闻名全球的浙江义乌小商品城为例,从中可以清晰地看到我国非公有制经济发展所具有的良好需求条件。

据义乌市政府门户网站“中国义乌”报道:

(1)2017年上半年义乌经济向好势头迅猛。

新经济继续快速发展。2017年以来,我市电子商务继续快速发展。上半年,全市实现电子商务交易额885.27亿元,同比增长21.8%。其中,内贸网络零售交易额464.56亿元,排名全省第一,同比增长26.5%;跨境网络零售交易额101.63亿元,同比增长33.7%。

得益于商事登记改革和“最多跑一次”的有力助推,我市经济单位设立登记更加便利,全市创业创新氛围更加浓厚。市场监管局提供的数据显示,今年上半年,全市共新设内资经济主体3.4万户,增长0.4%;其中内资企业1.2万户,增长8.1%;新设个体工商户2.2万。同时,第三产业和新兴行业主体快速增加。

上半年，全市新增批发零售业单位2.2万户，占全部新设主体的63.7%；电子商务主体新增1.2万家，截至2017年6月底，全市共有电子商务经济主体7.3万家。

（2）2017年上半年，我市服务贸易额呈现平稳增长的态势。

据统计，2017年1—6月我市服务贸易进出口总额为50.385亿元。其中，出口总额46.37亿元，同比增长22.4%。我市服务贸易出口市场遍布六大洲20多个国家和地区。从大洲分布看，亚洲为主要出口市场，其次为欧洲；主要出口领域为运输服务、旅游服务。

值得一提的是，运输服务和旅游服务为我市两大传统支柱产业。其中，运输服务进出口总额22.71亿元、旅游服务进出口总额24.2亿元、通信服务进出口总额6997.8万元，分别占全市服务贸易总额的45.08%、48.03%、1.39%。此外，服务外包稳步发展。截至目前，我市服务外包合同额2121.1385万美元，执行额为820.8135万美元，主要发包地区为法国、英国、澳大利亚、中国香港等地。合同以工业设计合同和供应链合同为主，发包地区主要是中国香港、美国、英国等地。

（3）今年的外贸形势比较好。根据义乌海关发布的上半年义乌外贸数据，2017年1至6月，我市进出口总值继续稳居千亿元级俱乐部，达1135.8亿元，同比增长14%；其中，出口1120.4亿元，同比增长13.6%；进口15.4亿元，同比增长42.8%。我市正在全力写好市场转型发展这篇大文章。

（4）固定资产投资保持平稳增长。值得一提的是，我市工业投资在上半年绘就了靓丽的一笔。1—6月，我市累计实现工业性投资68.1亿元，同比增长39.1%，增速位列金华各县市第一位，工业性投资拉动固定资产投资增长8.1个百分点。同时，工业性投资结构进一步优化，工业性技改投资为33.2亿元，同比增长11.8%；制造业高新技术产业投资19.6亿元，同比增长267.0%；制造业战略新兴产业投资19.4亿元，同比增长105.5%。当前，以项目为抓手、平台为核心的模式，带动了工业性投资快速增长；以推动义利、华灿等重大项目建设为支撑，重大工业项目正成为新一轮“稳增长”的重要推力。

此外，基础设施建设持续推进。1—6月，我市累计实现基础设施投资93.2亿元，同比增长58.8%，基础设施投资拉动固定资产投资增长14.6个百分点。其中，计划5亿元以上基础设施项目投资46.1亿元，同比增长87.2%，以交通运输、水利、环境和公共设施管理和电力、燃气及水的生产供应业等为代表的基础设施领域建设，交出了一份可圈可点的成绩单。①

### （三）公有制经济、非公有制经济共同推进国家竞争优势新的提升

公有经济尤其是国有经济与非公有制经济所分布的产业是有所不同的，各有所重，各有所长，但也形成了互为补充、共同发展的良好态势，构成了“钻石体系”所说的第三种环境要素，即“相关产业和支持产业的表现”。这样，在我国经济发展中，就形成了公有经济、非公有制经济共同推进国家竞争优势提升的良好态势。

对于提升我国国家竞争优势来说，首先，国有经济与民营经济，公有经济与非公有制经济，组成了当今世界上门类最为齐全的工业制造业体系。产业链条的完整性、配套性、延伸性，产业集群化程度的深和广，当今世界上无他国能出其右。这使得中国产业具有了强大的产品技术开发能力、市场竞争和拓展能力，成为我国国家竞争优势不断提升的强大推动力量。

具备了门类齐全的产业体系，是提升国家竞争优势的基础。但目前来说，整体上看，我国产业在国际上的位次还比较低，我国经济正处在由依靠后发优势以“引进型”发展为主的发展模式，向依靠先发优势以“引领型”发展为主的发展模式转型。这一转型，对国有经济、非公有制经济都提出了新的发展任务，对它们共同致力于提升国家竞争优势提出了新的标准、新的要求。

首先，要积极推动创新引领式的发展。

《中共中央关于制定国民经济和社会发展第十三个五年规划的建议》指出：“在国际发展竞争日趋激烈和我国发展动力转换的形势下，必须把发展基点放在创新上，形成促进创新的体制架构，塑造更多依靠创新驱动、更多发挥先发优势的引领型发展。”习近平总书记也一再强调，我国同发达国家的科技经济实力差距主要体现在创新能力上。目前我国产业在整体上说，在技术和产品开发上，还是跟踪居多，并跑和领先相对较少（参见图 2-7）。

国有经济人力资源丰富，基础厚实，掌握和开发中高端技术的能力强，投融资平台好，非公有制经济技术和产品开发活力足，市场适应和开拓能力强，体制

---

① 见“中国义乌”政府门户网站，http://www.yw.gov.cn/，2017 年 8 月 15 日。

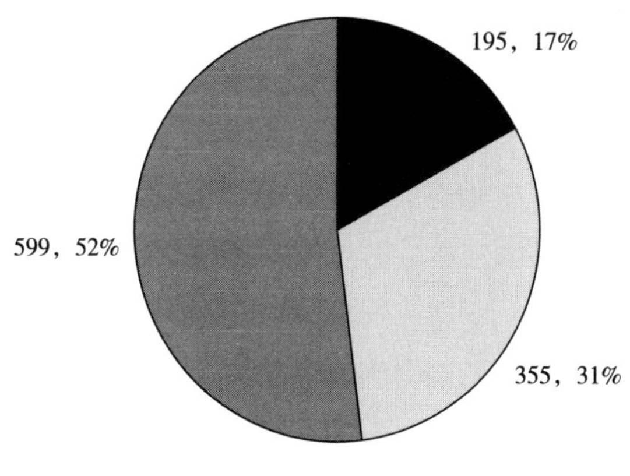


图 2-7　我国目前制造业技术开发运用状况的国际比较

资料来源：国家工信部公布的数据及情况。

机制灵活。国有经济和非公有经济优势互补，共同推动我国经济向“引领型”发展模式转型，必将进一步大大提升我国的国家竞争优势。

其次，借助于混合所有制的发展，推动国有资本和社会资本的结合，优化资产和要素配置，推动企业和产业良性重组，从而推动我国国家竞争优势的进一步提升。也就是说，做好国有资本与以非公有制经济为主体的社会资本的结合。

围绕国有企业改革而力推的新一轮混合所有制改革，目的在于积极推动公有资本和非公有资本、国有资本与社会资本的合作。这是公有制与市场经济体制结合这一根本命题所带来的又一重要子命题，也是我国社会主义初级阶段基本经济制度在企业层面、微观层面的具体体现。

在市场经济条件下，各种资本（包括公有资本和非公有资本、国有资本和社会资本）都在市场运行范围内，都借助于市场机制来配置资本，也都被市场机制所调节和配置。公有资本和非公有资本之间的竞争、合作，是社会主义市场经济的题中应有之义，是社会常态。所以做好公有资本与非公有资本、国有资本与社会资本的结合，也就成为国有企业改革和发展长期面对的命题，也是非公有制经济发展所长期面对的问题。

新一轮的混合所有制改革，应当是国有资本和非公有资本相互开放的改革，要借助于混改，进一步构建起整个社会开放的、动态的资本运行体制和机制。这种相互开放,有助于进一步优化配置国有经济和非公有制经济的生产要素,开拓和改进需求条件,进一步重组整合相关产业,改进其效率和竞争力,使得国有经济和非公有制经济的发展进一步统一于社会主义市场经济体制下最终共同推动我国国家竞争优势的提升。

# 第三章

# 中国特色社会主义的经济基础

社会主义初级阶段的基本国情和生产力发展状况决定了以公有制为主体、多种所有制经济共同发展是中国长期坚持的基本经济制度。非公有制经济是中国社会主义生产关系的有机组成部分,它是解决社会主义主要矛盾、完成社会主义根本任务的重要基础,是保障和改善民生、实现共同富裕的重要力量,对于改进社会主义生产关系、促进社会主义市场经济的完善发挥了重要作用。

## 第一节　非公有制经济是中国社会主义生产关系的有机组成部分

党的十八届三中全会明确提出:"公有制经济和非公有制经济都是社会主义市场经济的重要组成部分,都是我国经济社会发展的重要基础。"这是党的文件第一次将公有制经济和非公有制经济并列提出,置于同等重要地位,意味着非公有制经济已经成为中国社会主义生产关系的有机组成部分。实际上,没有非公有制经济,离开了非公有制经济的蓬勃发展,中国特色社会主义基本经济制度也就难以成立。正如习近平总书记强调的那样:"任何想把公有制经济否定掉或者想把非公有制经济否定掉的观点,都是不符合最广大人民根本利益的,都是不符合我国改革发展要求的,因此也都是错误的。"①

---

① 习近平:《毫不动摇坚持我国基本经济制度　推动各种所有制经济健康发展》,《人民日报》2016年3月14日。

## 一、中国社会主义生产关系的基本特征与非公有制经济的不可或缺性

生产力和生产关系的辩证运动是支配人类社会发展的基本规律。马克思在《〈政治经济学批判〉序言》中指出："人们在自己生活的社会生产中发生一定的、必然的、不以他们的意志为转移的关系，即同他们的物质生产力的一定发展阶段相适合的生产关系。这些生产关系的总和构成社会的经济结构，即有法律的和政治的上层建筑竖立其上并有一定的社会意识形式与之相适应的现实基础。"①"这些生产关系的总和"就是指人们在物质资料生产过程的各个环节，即生产、分配、交换、消费活动中形成的社会经济关系的整体，即生产关系。它主要包括生产资料的所有制形式、人们在生产和交换活动中的地位和相互关系、产品的分配形式等。其中，生产资料所有制形式在生产关系中具有核心地位，它决定着一个社会的基本性质和发展方向，决定着人们在生产过程中的地位和相互关系以及分配和交换的具体形式。生产关系的总和构成了一个社会的经济基础，而经济基础的性质又决定了该社会的政治、法律、意识形态等上层建筑的性质。

第一，社会主义初级阶段生产力的多层次性和不平衡性决定了非公有制经济存在和发展的必然性。一个社会形成什么样的生产关系以及这些生产关系的发展变化，从根本上讲是由这个社会特定的生产力水平和经济发展阶段决定的。马克思指出："社会的物质生产力发展到一定阶段，便同它们一直在其中运动的现存生产关系或财产关系（这只是生产关系的法律用语）发生矛盾。于是这些关系便由生产力的发展形式变成生产力的桎梏。那时社会革命的时代就到来了。随着经济基础的变更，全部庞大的上层建筑也或慢或快地发生变革。"②换言之，生产关系一定要适应生产力状况及其发展方向的要求，是一个社会选择其生产资料所有制结构、基本经济制度以及经济运行体制的根本准则。

与马克思恩格斯对社会主义制度的设想不同，中国的社会主义制度是在经济发展起点很低、生产力水平十分落后的基础上建立起来的。这一基本前提决

① 《马克思恩格斯文集》第2卷，人民出版社2009年版，第591页。

② 《马克思恩格斯文集》第2卷，人民出版社2009年版，第591—592页。

定了中国虽然已经建立起社会主义制度，但这一制度仍不成熟、不完善，而且将长期处于社会主义初级阶段。社会主义初级阶段所具有的一个典型特征就是生产力总体水平落后且发展不平衡。尽管经过改革开放以来的快速发展，中国经济总量已突破 12 万亿美元，稳居全球第二，但人均 GDP 只有 8800 多美元，排在全球第 70 位左右，生产力总体水平与发达国家相比仍然存在较大差距。同时，生产力发展仍然呈现出高度的不平衡性。在中国目前的生产力体系中，既有以手工工具为标志的古代生产力，也有以普通机器为标志的近代生产力，还有以智能机器为标志的现代生产力。不同层次的生产力在东、中、西部的分布也十分不均衡。如此复杂的生产力结构，决定了生产关系不能采取单一形式，相反，要根据生产力发展的实际状况选择相匹配的所有制形式，才能适应和促进生产力的发展。

经过长期实践探索，中国确立了以公有制为主体、多种所有制经济共同发展的基本经济制度，形成了公有制经济和非公有制经济相互支持、互为补充、相互促进的混合所有制经济结构。公有制经济的主体地位决定了中国经济制度的社会主义性质，适应了社会化大生产的发展方向，并为实现共同富裕奠定了坚实基础。同时，各类非公有制经济蓬勃发展与公有制经济携手并进，恰恰适应了中国复杂而特殊的生产力结构，成为改善社会主义制度下生产关系与生产力之间适应性的重要力量。中国的非公有制经济主要包括个体经济、私营经济、外资经济等组成部分。个体经济是一种古老的经济形式，它建立在劳动者个人占有生产资料的基础上，主要依靠个人或家庭从事生产经营活动。个体经济具有规模小、生产方式简单、分布范围广泛、经营方式灵活多样等特点，在利用分散性资源、发展商品生产、促进商品流通、增加社会服务、方便人民生活、扩大就业等方面，发挥着重要作用。个体经济发展到一定阶段，就会进一步演化为私营经济。私营经济是指以生产资料私有和雇工劳动为基础，并以获取利润为目的的一种经济形式。与个体经济相比，私营经济规模更大、雇工更多、社会分工和专业化程度更高、技术更加先进，因而私营经济的发展在很大程度上有利于实现资金、技术、劳动力的紧密结合，能够较快形成发展水平较高的现代社会生产力，为经济增长培育更强劲的动力。外资经济对于中国的经济发展也发挥了重要作用。一是缓解了经济发展初期资本短缺状况，促使投资不断扩张，促进经济快速增长；二是外商直接投资带来许多先进技术，推动产业结构的优化升级；三是促使中国利用全球产业转移的契机，加快形成自身比较优势，不断提高国际竞争力；四是为中国提供了学习国外先进管理方式和经验的有利渠道，推动了现代企业制度的建立和完善。总之，各种类型非公有制经济的持续健康发展，无疑适应了社会主义初级阶段生产力水平的多层次性和不平衡性特征，有力地调动了各经济主体的积极性、主动性和创造性，充分挖掘和利用各种已有的或潜在的社会经济资源，促进生产力的快速发展，使国家综合实力和竞争力不断得到提升。

第二，非公有制经济是解决我国当前社会发展的主要矛盾、完成社会主义根本任务的重要力量。党的十九大报告指出，中国特色社会主义进入新时代，我国社会主要矛盾已经转化为人民日益增长的美好生活需要和不平衡不充分的发展之间的矛盾。我国社会主要矛盾的变化，没有改变我们对我国社会主义所处历史阶段的判断，我国仍处于并将长期处于社会初级阶段的基本国情没有变，我国是世界最大发展中国家的国际地位没有变。这就决定了社会主义的根本任务仍然是持续不断地发展生产力，促进经济发展水平的跃迁和人民生活品质的不断提升。正如邓小平同志所言："社会主义的优越性归根到底要体现在它的生产力比资本主义发展得更快一些、更高一些，并且在发展生产力的基础上不断改善人民的物质文化生活。"①要解决生产力水平落后和不平衡与满足人民需求这一矛盾，离不开非公有制经济的重要作用。

在中国的社会主义经济制度中，虽然公有制经济在满足社会的生产和人民生活方面发挥了巨大作用，但是公有制经济具备的生产能力远不足以提供社会所需的全部产品。国家只能将有限的资源用于对国民经济发展具有重大影响的关键领域和重要公共产品的供给，其他领域的产品则需要由大量非公有制经济组织来提供。只有非公有制经济的充分发展，才能形成广泛的社会分工体系，不断提高社会的生产能力，创造出丰富多样的物质和精神产品，满足人民群众日益增长的物质文化需要。② 改革开放以来，非公有制经济已成为中国经济中最具活力的增长极，对中国经济持续快速增长发挥了重要的支撑和推动作用。统计数据显示，2015 年我国非公有制经济占 GDP 的比重已超过 60%，对税收和就业的贡献率分别超过 50%和 80%，为经济发展和社会稳定作出重要贡献。在改革

---

① 《邓小平文选》第三卷，人民出版社 1993 年版，第 63 页。

② 张宇等：《中国特色社会主义政治经济学》，中国人民大学出版社 2016 年版，第 108—109 页。

开放初期，经济短缺状况较为严重，非公有制经济的发展为活跃市场、增加供给、改善人民生活发挥了重要作用。随着经济的发展，非公有制经济进一步拓展到国民经济更多的领域，创造出更加丰富多样的社会产品和服务，使人民群众对更高水平物质文化生活的需求得到不断满足。

当前，中国经济进入新常态，经济发展面临增速换挡、结构调整、动力转换的挑战。在新常态下，非公有制经济同样可以充分发挥自身的比较优势，为适应、引领新常态，促进中国经济转型作出更大贡献。一是促进经济增长从投资驱动、要素驱动向创新驱动转变。非公有制经济的企业组织具有机制灵活、经营高效的特点，它们对市场更加敏感，科技创新动力更强、效益更好，因而成为推动技术进步、产品创新、促进科技成果转化的重要力量。据统计，中国65%的发明专利、70%的技术创新和80%以上的新产品，均由非公有制经济创造。① 在新常态下，非公有制经济可以继续发挥其创新动力强的优势，充分利用市场机制引导创新方向，为"大众创业、万众创新"提供重要平台和动力支撑。二是促进经济结构调整与资源优化配置。新常态下，中国经济结构调整要从增量扩能为主转向调整存量、做优增量并举，从而矫正资源配置扭曲，提高经济增长的质量和效益。非公有制经济可以充分发挥其适应市场竞争的优势，促进市场优胜劣汰功能的发挥，为化解产能过剩、盘活沉淀资源、发现和培育新兴产业和新的经济增长点创造有利条件。三是促进供给质量的提升，在更高水平上实现经济的供需平衡。当前，中国经济面临较为严重的供需结构错配问题，即低端、无效产能过剩，中高端有效产能供给不足。非公有制经济可以抓住供给侧结构性改革的机遇，通过技术、产品、品牌、商业模式等创新方式，为社会提供更多优质高效的产品和服务，以有效供给带动有效需求，实现由低水平供需平衡向高水平供需平衡跃升，推动经济持续增长和人民福利水平的不断提升。

第三，鼓励、支持、引导非公有制经济发展，是中国特色社会主义长期坚持、不可动摇的基本方针。新中国成立后，为使国家尽快摆脱贫困落后状态，实现社会经济发展的现代化，中国选择了建立在单一公有制基础上的计划经济体制和以优先发展重工业为核心的赶超式发展战略。这一体制和发展战略在促进国民经济迅速恢复、建立国家工业化基础的同时，也产生了脱离生产力的实际发展状

① 李鸿忠：《支持非公有制经济健康发展》，《求是》2013年第23期。

况,过度追求生产关系的高度公有化,盲目排斥其他所有制经济形式的问题,从而导致经济效率低下,社会经济发展陷入停滞状态。改革开放后,我国在所有制方面纠正了“一大二公三纯”的错误观念,对非公有制经济的态度也逐步发生改变,即由开始时的允许非公有制经济的存在,发展到后来的通过多种政策和手段鼓励、支持非公有制经济发展。实践证明,生产关系领域的这一重大转变不仅促进了经济的持续快速增长,而且使中国的社会主义经济体制充满生机和活力,为中国特色社会主义制度的建立和完善提供了坚实的物质基础和有力的制度保障。有鉴于此,党的十五大把“公有制为主体、多种所有制经济共同发展”确立为我国的基本经济制度,并首次提出“非公有制经济是社会主义市场经济的重要组成部分”。党的十六大提出“毫不动摇地巩固和发展公有制经济”,“毫不动摇地鼓励、支持和引导非公有制经济发展”。党的十八大进一步提出“毫不动摇鼓励、支持和引导非公有制经济发展,保证所有制经济依法平等使用生产要素、公平参与市场竞争、同等受到法律保护”。党的十八届三中全会则首次将公有制经济和非公有制经济置于同等地位,并提出“公有制经济和非公有制经济都是社会主义市场经济的重要组成部分,都是我国经济社会发展的重要基础”,进而强调公有制经济财产权不可侵犯,非公有制经济财产权同样不可侵犯;国家保护各种所有制经济产权和合法利益,坚持权利平等、机会平等、规则平等,废除对非公有制经济各种形式的不合理规定,消除各种隐性壁垒,激发非公有制经济活力和创造力。党的十八届四中全会明确提出要“健全以公平为核心原则的产权保护制度,加强对各种所有制经济组织和自然人财产权的保护,清理有违公平的法律法规条款”。党的十八届五中全会进一步强调要“鼓励民营企业依法进入更多领域,引入非国有资本参与国有企业改革,更好激发非公有制经济活力和创造力”。

党的重要文献所作出这些规定实质上表明,非公有制经济已经成为中国社会主义生产关系的一个不可或缺的、有机的组成部分;发展非公有制经济绝不是权宜之计,而是中国共产党在坚持和完善中国特色社会主义制度的整个历史进程中必须长期坚持的大政方针。2016 年 3 月,习近平总书记在两会期间看望全国政协民建、工商联界委员时明确指出:“我们党在坚持基本经济制度上的观点是明确的、一贯的,而且是不断深化的,从来没有动摇。中国共产党党章都写明了这一点,这是不会变的,也是不能变的。”在此基础上,习近平总书记进一步重申:“非公有制经济在我国经济社会发展中的地位和作用没有变，我们毫不动摇鼓励、支持、引导非公有制经济发展的方针政策没有变，我们致力于为非公有制经济发展营造良好环境和提供更多机会的方针政策没有变。”①这些重要论述无疑为新时期我国制定和完善促进非公有制经济健康发展的各项制度和政策提供了重要指导思想，有利于巩固非公有制经济在我国社会主义生产关系中的地位，有利于进一步完善非公有制经济发展的制度环境，突破非公有制经济发展面临的体制壁垒和瓶颈制约，从而极大增强了非公有制企业的信心，有助于推动非公有制经济新一轮发展，为我国社会主义市场经济体制建设和经济社会持续健康发展作出更大贡献。

## 二、非公有制经济是建立和完善社会主义市场经济体制的重要基础

改革开放就是一个不断改进社会主义生产关系，使其更加适应生产力发展要求的过程。经过长期实践与理论探索，我国将建立社会主义市场经济作为经济体制改革的目标模式。建立社会主义市场经济体制这一改革目标的提出，是中国共产党在建设中国特色社会主义进程中的一个重大理论创新和实践创新，解决了社会主义国家长期没有解决的一个重大问题。非公有制经济的发展是社会主义市场经济体制得以建立和完善的重要基础。

第一，非公有制经济为社会主义市场经济体制的建立提供了必要的前提条件。市场经济形成的一个基本前提是具备独立自主、利益多元的经济主体，它们具有产权明晰、权责明确、自主经营、自负盈亏的特征，能够在统一的市场规则下进行公平竞争和自由交易，促进资源在不同经济部门之间的流动和重组。无论是个体经济、私营经济，还是外资经济，它们都是以私有制为基础、具有明确而统一的财产所有权和收益权、具有完全自负盈亏的约束机制的经济类型，其所含企业产权主体平等，拥有独立的经营权和决策权，能够以经济利益最大化为原则从事生产经营活动，因而构成了支撑市场经济有效运行的最重要的微观基础。②

① 习近平：《毫不动摇坚持我国基本经济制度　推动各种所有制经济健康发展》，《人民日报》2016年3月14日。

② 刘迎秋主编：《中国非国有经济改革与发展30年研究》，经济管理出版社2008年版，第228页。

各类非公有制经济组织在追求利益最大化的内在动力驱使下，展开激烈竞争，不断推动技术进步和创新，促进劳动、资本、土地、技术、管理、信息等生产要素在全社会范围内进行优化配置，使得供求、价格、竞争等市场机制得以有效发挥作用。各类非公有制经济组织，是最具活力的经济主体，它们的出现，改变了国民经济缺少活力的局面，激活了市场经济的内生动力，可以说，没有非公有制经济的发展，社会主义市场经济也就无从谈起。

第二，非公有制经济的发展为建立社会主义市场经济体制探索出一条稳健有效的改革路径。从以往的改革经验看，非公有制经济的发展对于中国的国有企业改革、市场化的推进发挥了重要促进作用。首先，非公有制经济的发展防止了所有制结构激进变革引发体制断裂带来的经济衰退和宏观经济动荡，有力促进了转型期的经济增长和市场经济体制发育。在苏联的激进式改革中，对国有企业这一巨大存量采取大规模私有化，导致原有生产链条突然中断，而缺乏有活力的新生企业填补生产的空白，结果必然导致产出大规模下降。相反，中国在不对国企产权制度进行根本变革的前提下，允许和鼓励个体、私营、外资等非公有制经济发展，稳健培育新的市场主体，促进市场竞争机制的形成，为后续的改革做好准备。当非公有制经济不断发展壮大，其产出增长不仅可以弥补因改革国有企业导致的产出下降，而且为吸纳国有企业下岗、分流人员提供了广阔的就业渠道之时，再对国有企业进行产权改造和布局调整，从而使所有制改革带来的经济社会成本大大降低。其次，个体、私营、外资经济是与市场经济结合最紧密的部分，能够充分展现市场经济内在的活力。在市场化进程中，非公有制经济的发展不仅塑造了具有独立经济利益的市场主体，为市场体系的形成和市场机制发挥作用创造了前提条件，而且打破了传统体制下国有企业一统天下的垄断格局，形成多元竞争的市场格局，从而为国有企业加快自身改革步伐提供了必要的压力和动力。

第三，非公有制经济对于促进社会主义市场经济体制的不断完善发挥着不可替代的重要作用。当前，中国已进入全面深化改革的攻坚阶段，作为推动社会生产力发展的重要力量和经济社会发展的重要基础，非公有制经济对于推动全面深化改革、促进社会主义市场经济的不断完善也发挥着重要作用。党的十八届三中全会提出，经济体制改革是全面深化改革的重点，核心是处理好政府和市场的关系，使市场在资源配置中起决定性作用和更好发挥政府作用。首先，非公有制经济是发挥市场决定性作用的有力推动者。使市场在资源配置中起决定性作用，要求依据公平的市场规则，在统一的市场体系中配置资源，通过价格、供求、竞争机制的作用实现效益最大化和效率最优化，推动生产要素向优势产业和更具经济效率的部门集聚。非公有制经济产生于传统体制的边缘地带，在发展进程中深受市场规则、市场体系不统一的制约，迫切希望打破各种形式的地方保护、行政垄断和地区封锁，实现商品和生产要素在全国范围自由流动，并获得平等进入各类市场进行交易的权利；同时，非公有制经济的发展，要求政府打破各种“玻璃门”“弹簧门”“旋转门”等市场壁垒，废除对非公有制经济的各种歧视，使各种经济组织能够在权利平等、机会平等、规则平等的基础上展开公平竞争。由此可见，非公有制经济具有推动市场发挥资源配置决定性作用的强劲内在动力。其次，非公有制经济的发展可以促进政府在社会经济中更好发挥作用。在中国市场化进程中，政府往往直接干预资源配置，政府行为错位、越位和缺位严重，不仅扭曲了市场机制，而且容易产生寻租、过度管制、官僚主义，甚至是腐败，结果必然损害市场秩序、导致不公平竞争、阻碍创新、降低效率，因而制约非公有制经济的健康发展。非公有制经济迫切希望推动政府回归本位，并促使其在保持宏观经济稳定、加强和优化公共服务、保障公平竞争、加强市场监管、维护市场秩序、推动可持续发展、促进共同富裕、弥补市场失灵等方面更好发挥作用。最后，非公有制经济是坚持和完善基本经济制度的重要力量。党的十八届三中全会提出积极发展混合所有制经济，推动国有资本、集体资本、非公有资本等交叉持股，相互融合，既有利于改善国有企业经营效率，提高竞争力，放大国有资本功能，也有利于提升非公有制经济的素质，促进其发展壮大和转型升级。国家鼓励非公有制企业参与国有企业改革，鼓励发展非公有资本控股的混合所有制企业，支持非公有制经济建立现代企业制度。只有吸收非公有制经济的积极参与，公有制为主体、多种所有制经济共同发展的基本经济制度才能得到不断巩固和完善。①

尽管中国的非公有制经济具有一般市场经济条件下私人经济组织的基本属性，但在社会主义市场经济的制度框架内，非公有制经济的发展也具有了其特殊

---

① 王建均：《非公有制经济是推动全面深化改革的重要力量》，《中国社会主义学院学报》2016 年第 4 期。

的制度属性。在社会主义制度下,党的领导和公有制的主体地位确保了非公有制经济始终沿着中国特色社会主义道路发展,而不会偏离正确方向。正如马克思所言:"在一切社会形式中都有一种一定的生产决定其他一切生产的地位和影响,因而它的关系也决定其他一切关系的地位和影响。这是一种普照的光,它掩盖了一切其他色彩,改变着它们的特点。这是一种特殊的以太,它决定着它里面显露出来的一切存在的比重。"①也就是说,生产力与生产关系的辩证运动规律,决定了中国在整个社会主义历史时期都将存在着多种所有制经济形式,并且多种所有制经济应当相互渗透、相互融合、协调发展。在以公有制经济为主体的前提下,非公有制经济的持续健康发展,不仅不会影响社会主义的性质,而且有利于促进社会主义基本经济制度的不断完善,推动中国特色社会主义建设事业更好的发展。② 这一点与以私有制为基础的资本主义市场经济具有本质上的不同。

## 三、非公有制经济是实现社会主义共同富裕目标的重要力量

邓小平同志在 1992 年初的南方谈话中,概括了社会主义的本质:"社会主义的本质,是解放生产力,发展生产力,消灭剥削,消除两极分化,最终达到共同富裕。"③这就要求经济发展必须能够充分吸纳就业,使广大人民群众具有持续稳定的收入来源,这是保障和改善民生、最终实现共同富裕的基本前提。非公有制经济在促进就业、吸纳社会剩余劳动人口方面具有天然优势。改革开放以来,中国面临着巨大的就业压力。中国每年平均新增劳动力 1000 万,还有不少下岗和失业人口需要寻找新的就业渠道,由于公有制经济所能容纳的就业量十分有限,非公有制经济的发展就成为劳动者就业或再就业的一条重要渠道。特别是在解决城镇无业人员、农村剩余劳动力、高校毕业生、国企分流人员等群体就业方面,非公有制经济发挥了不可替代的作用。目前,非公有制经济吸纳了 80% 的城镇

---

① 《马克思恩格斯文集》第 8 卷,人民出版社 2009 年版,第 31 页。

② 张宇等:《中国特色社会主义政治经济学》,中国人民大学出版社 2016 年版,第 114 页。

③ 邓小平:《在武昌、深圳、珠海、上海等地的谈话要点》(1992 年 1 月 18 日—2 月 21 日),载《邓小平文选》第三卷,人民出版社 1993 年版,第 373 页。

就业人员和90%的新增就业人员，为超过1.8亿的劳动者提供了主要的工资性收入，带动了3.6亿以上的家庭人口解决生计问题；通过资本、技术、管理等要素参与分配的机制，非公有制经济还增加了居民的财产性收入，带动更多人的生活从实现总体小康走向共同富裕。①

非公有制经济的发展不仅有助于增加就业、提高收入水平，而且还探索出一条消除城乡二元结构，促进城乡协调发展的有效路径。城乡二元结构以及城乡发展不平衡，已成为制约中国社会主义现代化发展进程的一个重要瓶颈。改革开放以来，非公有制经济的发展为打破城乡二元结构制约，促进城乡协调发展做出重要贡献。非公有制经济的发展带动农村劳动力向城镇转移，促进了农村工业化和城镇化，有利于改变城乡二元结构、缩小城乡发展差距。农民通过创办各类非公有制企业，如，从事农产品加工、农机制造维修、化工建材等生产活动，进而带动了农村的商业、旅游业、服务业、交通运输业等相关产业的发展，增加了农村基础设施投入，改善了农村生活环境，提高了农民的生活水平。②

此外，随着经济发展，非公有制企业的素质不断提高，它们在慈善捐助、精准扶贫、履行社会责任等方面，发挥了越来越重要的作用。在新常态下，以精准扶贫为核心的脱贫攻坚战，已成为全面建成小康社会的重要任务。非公有制经济的蓬勃发展得益于改革开放，并且具备人才、技术、管理方面的优势，具有适应市场竞争、善于利用市场机制的丰富经验，更有自力更生、自强不息的奋斗精神，这些都使得非公有制经济在克服以公共财政资源为支撑的传统扶贫模式所具有的低效率弊端方面具有自身优势。当前，中国的非公有制经济、民营企业扶贫进入自觉阶段：一是民营企业家逐步成为社会扶贫的重要力量；二是参与途径多元化，产业投资、资源开发、贸易带动等各种扶贫方式不断涌现；三是扶贫活动组织化，在政府和社会团体的引导下，民营企业开始有组织地参与到扶贫事业中来，并做出重要贡献；四是扶贫对象全国化，民营企业参与扶贫的范围遍及全国。③随着民营企业参与扶贫开发常态化，精准扶贫已经成为民营企业履行社会责任的重要内容，许多企业将扶贫纳入发展战略和企业文化建设之中，使企业逐步实现了从“经济人”向“道德人”“社会人”的转变。

---

① 李鸿忠：《支持非公有制经济健康发展》，《求是》2013年第23期。

② 赵金鹏：《论我国非公有制经济的发展》，济南大学硕士学位论文，2013年5月，第23页。

③ 《民营企业是精准扶贫的重要力量》，搜狐财经，2016年7月29日。

总之,改革开放使中国非公有制经济从无到有、从小到大地茁壮成长,发展起来后的非公有制经济及其企业组织在促进就业、改善和保障民生、扶贫开发等领域日益发挥重要作用,成为中国社会主义生产关系中促进共同富裕目标得以实现的一支重要力量。

## 第二节 财产权利与非公有制经济

建立“归属清晰、权责明确、保护严格、流转顺畅”的现代产权制度,是非公有制经济发展的基本前提。改革开放以来,非公有制经济在国民经济发展中的地位和作用日益凸显,国家对非公有制经济的认识也在不断深化,这些都促使非公有制经济面临的产权制度环境不断得到改善。产权制度环境的变化,进一步促使非公有制经济自身的产权制度、企业组织形式和治理结构不断演化,以适应市场经济发展的需要。只有进一步完善产权保护制度,严格而有效保障非公有制经济财产权利,才能稳定社会预期,促进非公有制经济持续健康发展,为中国经济转型升级提供强大内生动力。

### 一、财产权利及其功能

财产权利(简称产权)是指财产主体围绕或通过财产客体而建立和形成的经济权利关系。产权虽然直接表现为人们对财产的所有、占有、支配、使用等一系列权利,但其背后反映出的是在社会经济活动中形成的人与人之间的经济利益关系。产权界定了人们在经济活动中的受益或受损边界,为人们的行为提供了重要的激励约束机制,因此是一种重要的社会制度、行为规范。

经济发展的实践表明,界定清晰且保障严格的产权制度是建立市场经济的重要制度基础,它是支撑等价交换、契约自由的基本前提,对于促进现代市场经济的平稳、健康、有效发展发挥着重要的经济功能。一是保护产权主体的利益。法律保障私人财产不受侵犯,也就将该资产在生产经营中产生的收益归属于财产主体。产权的利益保护功能是维护社会基本所有制结构与生产关系稳定的重要法权基础。二是界定交易边界的功能。商品交换实质是财产权利的交换,只有清晰界定产权,才能明确市场交易的边界,确保交易者能够在市场上展开公平交易,与其他交易者缔结具有法律保障的契约。三是规范市场交易行为的功能。明确的产权关系有助于制定公平有效的交易规则,能有效约束和规范经济主体的交易行为。四是激励约束功能。界定清晰并保障严格的产权可以增加人们对使用资产获取未来收益的预期,使他们更加精心地利用手中的资产。孟子说的"有恒产者有恒心",就是这个道理。五是优化资源配置功能。产权的排他性,使公平、自由的市场交易成为可能;产权的可分割性,使人们能够运用财产权利实行专业化分工,获得由分工带来的收益;产权的可转让性,使稀缺资源可以根据市场需求的变化在全社会范围内自由流动,产权主体将会把财产投入到最具收益的领域,提高资源配置效率。①

从计划经济向市场经济转型的一个核心任务就是推进产权制度改革,建立"归属清晰、权责明确、保护严格、流转顺畅"的现代产权制度。现代产权制度的确立,不仅有利于解决公有制经济内在的产权模糊、所有者缺位问题,提高国有企业经营效率,促使其成为自主经营、自负盈亏、自我约束的市场经济主体,而且有利于促进各类非公有制经济的蓬勃发展,形成全方位多元化的产权激励机制,调整和优化所有制结构,形成公有制经济和非公有制经济共同发展的格局。非公有制经济的发展与产权制度变革之间具有一种双向互动关系。首先,有效保障财产权利是非公有制经济发展的基本前提,如果产权保障不力,私人财产时常遭受侵犯,那么经济主体必然缺乏稳定的预期,他们不会将自身所拥有的财产和资源投入到长期的生产、交换、创新等创造财富的活动中去,而是会从事一些短期的投机活动(如投机于房地产市场、资本市场以及对其他资产的炒作),然后迅速将财产及其收益转移到境外。另一方面,非公有制经济的发展壮大,必然形成对产权保护的强大利益诉求,促使国家通过完善立法及相关制度建设,改进和加强对产权的保护。

## 二、改革开放以来非公有制经济的产权制度变迁

改革开放是一场大规模制度变迁过程。经济体制改革的推进使各项新制度

---

① 王天义主编:《马克思主义经济学教程》,中共中央党校出版社2006年版,第51页。

不断出现，为非公有制经济的发展提供动力、消除障碍，并不断优化其发展环境。从财产权利变迁看，非公有制经济面临的变革主要体现在两个方面。一是非公有制经济面临的产权制度环境在不断变迁并得到改善；二是非公有制经济自身的企业产权制度和治理结构也在不断发生演变。

### （一）非公有制经济面临的产权制度环境变迁

制度环境是指一系列用于建立生产、交换和分配基础的政治、社会和法律的基本规则。在现实中，制度环境是由一系列成文文件、宪法和司法解释以及社会对于其所偏好的制度模式的观念构成的。制度环境不是一成不变的，而是会不断发生变化，这种变化可能源于政治行动对宪法的修正、司法解释的变迁，也可能源于社会偏好的改变。① 改革开放以来，伴随所有制结构的变化，非公有制经济面临的产权制度环境也在不断进行适应性的演化，国家对非公有制经济的产权保护得到不断强化和完善，从而为非公有制经济的持续健康发展提供了重要制度保障。沿着改革开放的历史维度，我们可以将这一变迁划分为四个阶段：

1. 非公有制经济萌芽和初步发展时期的产权制度环境（1978—1992）

1978 年 12 月召开的党的十一届三中全会果断终止了“以阶级斗争为纲”的口号，把党和国家的中心转移到经济建设中来，从而拉开了中国改革开放的序幕，国家对非公有制经济的态度也在悄然发生变化。十一届三中全会明确指出，社员自留地、家庭副业和农村集体贸易，是社会主义经济的必要补充部分。在巩固和发展集体经济的同时，应当鼓励和辅助农民经营家庭副业，增加个人收入，活跃农村经济。这一决定实际上允许了农村个体经济的存在。此后，家庭联产承包责任制推行释放的巨大能量，不仅解决了农民吃不饱饭的问题，而且提高了农业劳动生产率，使得一部分农业剩余劳动力可以从事非农业的生产经营活动，为农村个体经济的进一步发展创造了条件。

在农村个体经济发展的同时，为应对知青大量返城带来的严峻就业挑战，国家开始鼓励在城镇发展个体工商业，以解决就业问题。1981 年 7 月，国务院发布《关于城镇非农业个体经济若干政策性规定》，明确鼓励个体经济的发展，并在雇工问题上有所松动，允许个体户最多雇工 7 人，这就为后来私营经济的发展留下空间。1982 年 9 月，党的十二大报告进一步指出：“在农村和城市，都要鼓

① 许崇正等：《民营经济发展与制度环境》，中国经济出版社 2008 年版，第 13 页。

励劳动者个体经济在国家规定的范围内和工商行政管理下适当发展，作为公有制经济的必要的、有益的补充。只有多种经济形式的合理配置和发展，才能繁荣城乡经济，方便人民生活。"同年 12 月 4 日，五届人大第五次会议通过的新中国成立以来第四部宪法第 11 条做出明确规定："在法律规定范围内的城乡劳动者个体经济，是社会主义公有制经济的补充。国家保护个体经济的合法权利和权益。"这一规定实际上确立了新的历史时期非公有制经济的宪法地位以及与社会主义公有制经济的宪法关系①，从而为保障个体经济的经济权益提供了基本的"元规则"。

随着改革的推进，一些个体经济的规模不断发展壮大，逐步形成了具有雇佣劳动关系的私营经济。这一变化促使国家逐渐认可私营经济的存在并对其在经济社会发展中的积极作用加以肯定。1987 年，党的十三大报告正式使用了私营经济的概念，并明确指出："私营经济是存在雇佣劳动关系的经济成分。但在社会主义条件下，它必然同占优势的公有制经济相联系，并受公有制经济的巨大影响。实践证明，私营经济一定程度的发展，有利于促进生产，活跃市场，扩大就业，更好地满足人民多方面的生活需求，是公有制经济必要的和有益的补充"，"对于城乡合作经济、个体经济和私营经济，都要继续鼓励它们发展"。在总结私营经济发展实践的基础上，1988 年 4 月，宪法修正案第 1 条规定："国家允许私营经济在法律规定的范围内存在和发展。私营经济是社会主义公有制经济的补充。国家保护私营经济的合法的权利和利益，对私营经济实行引导、监督和管理。"这一修订表明，《宪法》不仅保护个体经济，也保护私营经济。至此，党和国家正式确立了中国社会主义现代化建设时期对私营经济的基本政策，明确了私营经济的宪法地位。

2. 建立社会主义市场经济与非公有制经济蓬勃发展时期的产权制度环境（1992—2002）

1992 年，邓小平南方谈话和党的十四大召开标志着中国的改革开放进入全面推进阶段。十四大确立了建设"社会主义市场经济体制"的改革目标。1993 年，党的十四届三中全会明确提出"社会主义市场经济体制是同社会主义基本制度结合在一起的。建立社会主义市场经济体制，就是要使市场在国家宏观调

① 张军：《非公有制经济法律地位的变迁及启示》，《中国法学》2007 年第 4 期。

控下对资源配置起基础性所用”。这一提法为市场经济正了名，市场终于摆脱了计划经济体制下的从属地位，在经济生活中发挥更加积极的作用，经济体制改革也进入到一个整体改革与重点突破相结合，各项改革齐头并进的阶段。

社会主义市场经济体制改革目标的确立，促进了非公有制经济的蓬勃发展。国家对非公有制经济产权保护的制度环境得到进一步改善。十四大报告明确指出：“在所有制结构上，以公有制包括全民所有制和集体所有制经济为主体，个体经济、私营经济、外资经济为补充，多种经济成分长期共同发展，不同经济成分还可以自愿实行多种形式的联合经营。”“国家要为各种所有制经济平等参与市场竞争创造条件，对各类企业一视同仁。”1997 年，党的十五大将“公有制经济为主体、多种所有制经济共同发展”确立为中国社会主义初级阶段的一项基本经济制度，并进一步提出“非公有制经济是我国社会主义市场经济的重要组成部分”。非公有制经济在国家发展中的地位上升，进一步促进了法律制度对其产权保护的强化。1999 年 3 月 15 日，九届全国人大第二次会议通过的宪法修正案第 16 条规定：“在法律规定范围内的个体经济、私营经济等非公有制经济，是社会主义市场经济的重要组成部分”；“国家保护个体经济、私营经济的合法的权利和利益。国家对个体经济、私营经济实行引导、监督和管理。”这一宪法修正，明确规定个体经济、私营经济等非公有制经济，是社会主义市场经济的重要组成部分，进一步明确了非公有制经济在社会主义市场经济中的地位和作用，也在一定程度上提高了私有产权的法律地位。这就意味着，非公有制经济不仅取得了“出生证”，而且随着其不断成长，又取得了“身份证”“公民权”，可以与公有制经济平等展开竞争，共同发展，同时也为废止、修改、完善已有的限制和影响非公有制经济发展的法律法规提供了宪法依据。①

3. 完善市场社会主义市场经济体制时期非公有制经济的产权制度环境(2002—2012)

进入 21 世纪以来，各种类型的非公有制经济得到更快的发展，其规模不断扩大，增速明显高于国有经济，尤其是在工业领域，非公有制经济占工业生产总值的份额已超过国有经济。2002 年，党的十六大提出“必须毫不动摇地巩固和发展公有制经济”，“必须毫不动摇地鼓励、支持、引导非公有制经济发展。个

① 张军：《非公有制经济法律地位的变迁及启示》，《中国法学》2007 年第 4 期。

体、私营等各种形式的非公有制经济是社会主义市场经济的重要组成部分，对充分调动社会各方面的积极性、加快生产力发展具有重要作用。”十六大报告还明确指出，“坚持公有制为主体，促进非公有制经济发展，统一于社会主义现代化建设的进程中，不能把这两者对立起来。各种所有制经济完全可以在市场竞争中发挥各自优势，相互促进共同发展。”与此同时，党和国家对非公有制经济人士的态度也发生了明显变化，提出“社会变革中出现的民营科技企业的创业人员和技术人员、受聘于外资企业的管理技术人员、个体户、私营企业主、中介组织的从业人员、自由职业人员等社会阶层，都是中国特色社会主义事业的建设者”。① 2003 年 10 月，党的十六届三中全会通过了《中共中央关于完善社会主义市场经济体制若干问题的决定》，在进一步强调巩固和发展公有制经济，鼓励、支持和引导非公有制经济发展的同时，特别提出要建立健全“产权清晰、权责明确、保护严格、流转顺畅”的现代产权制度，这不仅有利于维护公有产权，巩固公有制经济的主体地位，而且有利于保护私有产权，促进非公有制经济发展。《决定》特别强调要依法保护各类产权，健全产权交易规则和监管制度，推动产权有序流转，保障所有市场主体的平等法律地位和发展权利。

党的最高文件对非公有制经济地位的重新界定，推动产权制度环境进一步改善，也促使非公有制经济进入一个快速发展的新时期。2004 年 3 月，十届全国人大二次会议再次对宪法进行修订，其中，第 21 条修改为：“国家保护个体经济、私营经济等非公有制经济的合法的权利和利益。国家鼓励、支持和引导非公有制经济的发展，并对非公有制经济依法实行监督和管理。”第 22 条修改为：“公民的合法的私有财产不受侵犯”，“国家依照法律规定保护公民的私有财产权和继承权”。这意味着中国在保护公民私有财产问题上取得的重大历史性突破。它表明党和国家对公民的私有财产有了更全面、科学的认识，真正体现了以人为本、鼓励民富、保护民富的思想。这是宪法明确非公有制经济性质、确定非公有制经济地位、保护非公有制经济财产权利的重要基础性规定。②

---

① 江泽民：《全面建设小康社会，开创中国特色社会主义事业新局面——在中国共产党第十六次全国代表大会上的报告（二〇〇二年十一月八日）》，载《十一届三中全会以来党和国家重要文献选编》（一九七八年十二月——二〇〇七年十月），中共中央党校出版社 2008 年版，第 449 页。

② 张军：《非公有制经济法律地位的变迁及启示》，《中国法学》2007 年第 4 期。

这一时期，另外两项国家法律和政策的出台，成为非公有制经济产权制度环境进一步优化的重要标志。2005年2月，国务院公布《关于鼓励支持和引导个体私营等非公有制经济发展的若干意见》。意见以指导立法、规范司法和行政执法的政策权威，明确提出：放宽非公有制经济市场准入；加大对非公有制经济的财税金融支持；完善对非公有制经济的社会服务；维护非公有制企业和职工的合法权益；引导非公有制企业提高自身素质；改进政府对非公有制企业的监管；加强对发展非公有制经济的指导和政策协调。其中特别强调，完善私有财产保护制度。要严格执行保护合法私有财产的法律法规和行政规章，任何单位和个人不得侵犯非公有制企业的合法财产，不得非法改变非公有制企业财产的权属关系。按照宪法修正案规定，加快清理、修订和完善与保护合法私有财产有关的法律法规和行政规章。这是改革开放以来，国家出台的首部最为全面和系统的促进非公有制经济发展的政策性文件，它不仅拓宽了非公有制经济可以进入的行业和领域，也为非公有制经济的发展进一步夯实了产权制度保障。

此外，为进一步落实党的十七大提出的“平等保护物权，形成各种所有制经济平等竞争、相互促进的新格局”的要求，2007年3月，十届全国人大第五次会议通过《中华人民共和国物权法》。《物权法》是一部在社会主义市场经济中界定、确认和保护产权的基础性法律。《物权法》不但涉及了财产初始界定，还涉及了财产的确认、保护原则。《物权法》是《宪法》中有关保障公民和国家财产权利条款的延伸，进一步解决了《宪法》中没有解决的问题，对社会经济转型中出现的新的财产关系均有所反映。① 具体而言，物权法对非公有制经济产权的保障主要体现在三个方面：一是物权法规定，各类物权主体在法律地位上是平等的。无论是公有制性质的国有企业、集体企业，还是非公有制性质的私营企业，各类主体在市场上进行交易时，都属于民事主体范畴，都受到物权法的平等保护。二是不同产权主体之间的冲突适用于相同、统一、平等的法律规则。如果非公有制经济与公有制经济在市场交易中发生权利冲突和纠纷，将适用物权法中的同一规则来解决，任何一方都不享有优越于他方的权利。三是各类物权在权利受到侵害时受到平等保护。物权法规定，只要是合法财产，无论其产权主体是公有制经济，还是非公有制经济，均受到同等保护，即“国家、集体和私人物权和

---

① 甄红菊：《论物权法对民营经济法律改进的影响》，《当代经济》2009年第3期。

其他权利人的物权受法律保护，任何单位和个人不得侵犯”。[①] 总之，物权法的制定使非公有制经济的产权得到更加具体的法律规则的保护，奠定了非公有制经济法律保护框架的重要基础。

4. 全面深化改革时期非公有制经济的产权制度环境（2013 年至今）

2012 年 10 月召开的党的十八大，将全面建成小康社会作为未来十年中国经济转型与发展的重要目标，这一目标的实现需要全面深化改革，破除一切妨碍科学发展的思想观念和体制机制，构建起系统完备、科学规范、运行有效的制度体系。2013 年 11 月召开的党的十八届三中全会通过了《中共中央关于全面深化改革若干重大问题的决定》，进一步提出全面深化改革的总目标，并从经济、政治、文化、社会、生态和党的建设等领域，对全面深化改革的各项任务作出全面部署。由此，中国进入全面深化改革的新的历史时期。

党的十八届三中全会的《决定》明确指出：“公有制为主体、多种所有制经济共同发展的基本经济制度，是中国特色社会主义制度的重要支柱，也是社会主义市场经济的根基。”《决定》在重申两个“毫不动摇”的基础上，对非公有制经济的地位做出了新的表述，“公有制经济和非公有制经济都是社会主义市场经济的重要组成部分，都是我国经济社会发展的重要基础。”十八届三中全会进一步肯定了非公有制经济在支撑增长、促进创新、扩大就业、增加税收等方面发挥的重要作用，并强调要“坚持权利平等、机会平等、规则平等”的原则，要进一步完全产权保护制度，确保“公有制经济财产权不可侵犯，非公有制经济财产权同样不可侵犯”。国家要依法保护各种所有制经济产权和合法利益，保证各种所有制经济依法平等使用生产要素、公开公平公正参与市场竞争、同等受到法律保护，依法监管各种所有制经济。

2014 年 10 月，党的十八届四中全会通过了《中共中央关于全面推进依法治国若干重大问题的决定》，将中国的法治建设推向一个新的历史高度。十八届四中全会的《决定》特别指出：“社会主义市场经济本质上是法治经济”；必须以“保护产权、维护契约、统一市场、平等交换、公平竞争、有效监管为基本导向”，完善社会主义市场经济法律制度；尤其是要健全以公平为核心原则的产权保护制度，加强对各种所有制经济组织和自然人的财产权的保护。

---

① 王坤：《物权法与非公有制经济产权保护》，《理论探索》2008 年第 3 期。

针对近年来我国在公有制产权和非公有制产权保护中存在的一些突出问题，中共中央和国务院于2016年11月4日印发了《关于完善产权保护制度依法保护产权的意见》。该《意见》是我国在全面深化改革时期完善产权保护制度的又一部纲领性文件，是党和国家保护各种所有制经济组织和公民财产权的重大宣示、庄严承诺，也是建设社会主义市场经济、社会主义法治经济的重大改革举措。《意见》在强调“产权制度是社会主义市场经济的基石，保护产权是坚持社会主义基本经济制度的必然要求”的基础上，明确了完善产权保护的基本原则：一是坚持平等保护，即健全以公平为核心原则的产权保护制度，对公有制经济产权和非公有制经济产权一律严格保护；二是坚持全面保护，即保护产权不仅包括保护物权、债权、股权，也包括保护知识产权及其他各种无形财产权；三是坚持依法保护，不断完善社会主义市场经济法律制度，强化法律实施，确保有法可依、有法必依；四是坚持共同参与，做到政府诚信和公众参与相结合，增强公民产权保护观念和契约意识；五是坚持标本兼治，既着眼长远又着力当下，抓紧解决产权保护方面存在的突出问题，提高产权保护精准度，加快建立产权保护长效机制，激发各类经济主体的活力和创造力。该《意见》特别针对近年来普遍存在的非公有制经济产权保护不力的问题，提出了一系列有针对性的解决措施，这些措施的实施无疑给各类非公有制经济组织派发了一粒“定心丸”，有助于进一步强化产权保护制度，创造良好预期、增强人民群众财产财富安全感，为经济持续健康发展营造公平公正的社会环境。

2017年9月，中共中央和国务院印发了《关于营造企业家健康成长环境弘扬优秀企业家精神更好发挥企业家作用的意见》，该《意见》进一步强调要全面落实党中央、国务院关于完善产权保护制度依法保护产权的意见，认真解决产权保护方面的突出问题，及时甄别纠正社会反映强烈的产权纠纷申诉案件，剖析侵害产权案例，总结宣传依法有效保护产权的好做法、好经验、好案例。在立法、执法、司法、守法等各方面环节，加快建立依法平等保护各种所有制经济产权的长效机制，研究建立因政府规划调整、政策变化造成企业合法权益受损的依法依规补偿救济机制。

### （二）非公有制经济企业产权制度的变迁

改革开放以来，伴随经济体制改革和产权制度环境的改善，中国的非公有制得以不断发展壮大。在此过程中，非公有制经济自身的产权制度、企业组织形式和治理结构也在发生着重要的变化。

1. 企业产权制度及其演进

企业产权制度主要包括两方面内容:一是企业作为独立的经济主体,拥有哪些产权、多少产权;二是在企业内部对产权的进一步分解和组合,也就是企业内部的权力结构或治理结构。① 从市场经济发展的历史进程看,企业产权制度大致经历了三种形态。即古典制企业产权制度、合伙制企业产权制度和公司制产权制度。

古典制企业产权制度以“业主制”为代表。业主制企业主要产生于市场经济发展初期,建立在简单分工和不发达的商品交换基础之上,其基本特征体现为:(1)企业建立在业主家庭财产基础之上,由一个自然人或家庭充当它的所有者,企业规模较小;(2)企业的所有、使用、收益、处置等权能合一,企业出资人既是所有者,又是经营管理者;(3)业主对企业负债承担无限责任,如企业用其全部资产不能清偿到期债务,业主必须以其个人财产进行清偿。业主制在发展进程中,随着企业生产经营规模扩大,又进一步发展出合伙制企业产权制度。合伙制企业是由少数几个所有者(合伙人)共同出资形成的企业组织形式。合伙人也对企业债务承担无限责任。业主制、合伙制企业尽管具有产权清晰、创建费用低的优势,但其具有的内在弊端十分突出,即规模比较小,企业经营风险大,投资主体承担无限责任,企业寿命短。

在现代市场经济中,占主导地位的企业产权制度是公司制。公司是由股东共同出资组建的法人组织。所谓“法人”是一个具有民事权利能力、民事行为能力,依法独立享有民事权利和承担民事义务的组织。在公司制下,公司独立承担民事责任,公司的债务就是公司“法人”的债务而不是股东的债务,公司以公司的资产对公司债务负无限责任,而公司股东以出资额为限对公司承担有限责任。② 与业主制和合伙制相比,公司制在产权制度方面发生了许多重要变化:一是单个企业的规模大幅度增长,股权呈现多元化趋势;二是所有权和经营权分离,出现了专门的职业经理人来行使公司资产的使用权;三是公司内部权力结构更加复杂化,形成了权责分明、相互制衡的内部治理结构;四是公司所有权的多

① 郭丽丽:《民营企业成长中的产权制度改革研究》,天津商学院硕士学位论文,2006年,第9页。

② 吴敬琏:《当代中国经济改革》,上海远东出版社2004年版,第125页。

元化和经营权的一元化统一于公司法人。公司制企业的出现，是生产的社会化程度不断提高、市场交易范围不断扩大的结果，它有助于实现企业资本的迅速集中，促进社会分工和专业化，不断推动技术进步和创新，提高企业经营效率并降低企业运行中的风险。因此，随着市场经济的发展，大部分企业在发展壮大后逐步转向公司制，但业主制和合伙制企业仍有其存在的意义和价值。

2. 非公有制经济企业产权制度变迁

从中国非公有制经济企业产权制度的演进来看，许多企业在发展初期采取了业主制、合伙制的模式，而且普遍采取了家族式的产权制度。据估计，在中国的私营企业中，约 80%—90% 可以严格定义为家族企业。所谓家族企业是指“一个以传统文化为核心、注重人际关系网络、两权没有完全分离、企业生命周期与家族息息相关，决策以集中的方式由产权所有者一人做出，且企业的重要职位通常由家族成员担任的一个企业组织系统”①。家族企业在非公有制经济中的兴起主要源于以下原因：

第一，受中国传统家族文化的影响。家族以血缘、亲缘关系为纽带，形成结合紧密的社会共同体。家族内部长期形成的伦理规则和习俗，可以弥补正式制度的缺失，使人们在社会交往中遵循一定的行为规范，形成可以预期的行为模式，从而形成社会秩序。处于转型期的中国，各项法律和制度建设滞后，在市场交易过程中容易产生各种机会主义行为，增加了企业生产经营的风险，因此，企业在创建初期依靠家族内部伦理规则的约束，可以降低交易风险，促进企业稳定发展。此外，由于创业初期资金贫乏，家族制企业可以充分利用家族内部的资金及关系网络来组织企业所需的资源，从而在较短时间内完成企业的“原始积累”。

第二，确保企业产权安全性的需要。社会学的研究表明，中国社会对“外部人”的信任度极低，企业主对吸纳外部人进入企业管理层普遍存在一种防范心理。出于对企业资产安全性的考虑，所有者更愿意选择自己的亲属担任企业的重要管理职位，并且选择将企业传承给自己的子女。在中国转型进程中，保护产权的法律制度尚不完善，契约履行缺乏可靠的法律保障，因此，所有者通常把家族制企业作为一种确保产权安全的制度安排。

① 甘德安等：《中国家族企业研究》，中国社会科学文献出版社 2002 年版，第 25 页。

第三，节约决策和交易费用的考虑。家族制企业规模较小，经营方式灵活，家庭成员之间存在天然的信任感，尤其在面临困难时，家庭成员会紧密团结，并具有一种不计报酬、无私奉献的精神。在家族内部组织企业的生产经营可以节约企业的激励约束成本。在家族企业中，由于企业主集所有权和经营权于一身，其个人决定着企业的整个生产经营方向，不存在委托—代理问题，可以有效降低企业的代理成本。①

尽管家族制企业适应了企业初期发展的需要，但这种制度安排不能适应企业对规模经济、管理分工的要求，无法将现代产权制度安排中存在的诸多外部利益内部化，因而随着企业规模的扩大、经营范围的拓展，其内在弊端也日益显现：②

第一，股权结构单一，难以满足规模经济的需要。家族制企业的所有权高度集中在家族成员手中，外部所有权比重很低，导致企业资本的社会化程度低。尽管高度集中的股权结构可以降低家族企业的创建和运营成本，但也导致家族企业的融资仅限于家族范围之内，无法将社会上的剩余资本吸纳到企业内部，从而制约了企业规模的扩大。

第二，所有权和经营权合一，无法获得资本与管理分工带来的收益。由于所有权和经营权合一，在大多数家族企业中，重大经营方针和日常经营管理事务都由家族做出。随着企业经营范围的扩大，两权合一将会使企业主承担日益沉重的管理事务，并容易产生决策失误。所有权和经营权不分，也会使企业的命运主要依赖于企业“家长”个人素质和能力，一旦“家长”发生变更，很可能会影响企业的发展。此外，由于企业在家族内部实行代际传递，如果继承人不具备经营管理能力，也会对企业发展产生严重不利影响。

第三，产权模糊导致交易成本高昂。产权模糊是家族企业普遍存在的问题，主要表现为两个方面：一是家族成员之间产权界定不清，这就为日后家族成员之间的产权纠纷埋下隐患。二是家族企业与外界产权关系不清。为获得各种政策支持，家族企业挂靠国有或集体单位。不论是家族成员之间还是企业与外界的

---

① 以上参考了马玉景：《改革开放以来中国民营经济产权制度研究》，河南理工大学硕士学位论文，2012 年，第 26—28 页。

② 谭杰：《我国民营企业产权制度创新研究》，苏州大学硕士学位论文，2011 年，第 14—15 页。

产权不清,都将导致产权纠纷,增加企业运营的交易成本。

第四,制约企业管理现代化水平的提升。家族企业以“人治”为基础,难以形成科学的决策程序和机制,企业的决策,实际成为企业家的个人决策、家庭决策。伴随企业规模扩大,企业家个人的能力和素质很可能无法满足企业继续发展的需要。此外,家族化管理难免出现任人唯亲、严重排外的问题,将会损害家族外员工的热情和积极性,限制了他们的能力的发挥,也容易导致企业人才流失。

受家族制企业产权制度弊端的影响,民营企业的进一步发展遭遇瓶颈制约。面对企业经营范围的扩展,市场竞争日趋激烈,对外开放程度不断扩大,客观上要求民营企业进行结构调整和转型升级。其中的关键一步是推进企业产权制度和治理结构的改革,即从一元化的产权制度向多元化的产权制度过渡;从不规范的融资向规范化的融资过渡;从单纯的生产经营向生产经营与资本经营相结合过渡;从小老板向真正的企业家过渡;从以经验为基础的传统管理向科学化、民主化的现代管理过渡;从所有权与经营权合一向两权分离过渡。① 社会主义市场经济体制改革目标的确立,使非公有制经济的发展环境进一步拓宽,企业产权制度也开始由业主制、合伙制向股份制转变。此外,随着外资企业的进入,民营企业开始具备全球市场竞争意识,企业发展的规模化、正规化、国际化趋势日益明显。

一是产权结构逐步清晰,企业组织形态由业主制向股份制转变。1987 年年底,国家对挂靠的个体工商户和私营企业进行清理,1988 年 6 月又颁布了《中华人民共和国私营企业暂行条例》,挂靠在国有和集体经济名下的企业在明确产权后重新注册为私营企业,并改组为有限责任公司和股份有限公司。同时,民营企业开始上市,开启股权多元化的进程。从 90 年代中期开始,以四通集团、联想集团、方正集团为代表的一批民营企业相继开始在香港、上海、深圳的证券交易所上市,民营企业开始利用资本市场筹集企业资金并不断优化企业的产权结构。

二是企业组织制度治理的结构不断完善。在经历了初创期相对单一的产权结构之后,进入成长期和成熟期的民营企业逐步实现股权的多元化,并开始着手

① 刘晓华:《论我国民营企业的产权制度问题》,《北京大学学报(国内访问学者、进修教师论文专刊)》,2003 年。

建立现代企业制度,完善企业内部的治理结构。随着国内外竞争日趋激烈,市场机制不断健全,法治环境日趋成熟,越来越多的企业集团开始在股权、经营权方面进行改革,力图使企业适应不断变化的市场竞争环境。民营企业也开始重视企业内部治理结构的改革以及经营管理创新。表 3-1 是由中央统战部、全国工商联等机构联合组成的课题组于 2014 年对全国私营企业进行第十一次抽样调查得出的结果。从表中数据可以看出,自 1993 年以来,私营企业内部治理结构日趋完善,截至 2014 年,被抽样调查企业中,有股东会的占 57.5%,有董事会的占 57.3%,有监事会的占 29.5%,有党组织的占 40.6%,有工会的占 54.5%,有职工代表大会的占 33.9%。这些组织内部治理结构的不断健全,对于规范企业相关利益主体的行为,保障各自的利益,形成完善的企业治理结构创造了重要的组织基础。

**表 3-1 私营企业内部的组织状况** 单位:%

| | 股东会 | 董事会 | 监事会 | 党组织 | 工会 | 职代会 |
|---|---|---|---|---|---|---|
| 1993 年调查 | —— | 26 | —— | 4 | 8 | 11.8 |
| 1995 年调查 | —— | 15.8 | —— | 6.5 | 5.9 | 6.2 |
| 2000 年调查 | 27.8 | 44.5 | 23.5 | 17.4 | 34.4 | 26.3 |
| 2002 年调查 | 33.9 | 47.5 | 26.6 | 27.4 | 49.7 | 27.4 |
| 2004 年调查 | 56.7 | 74.3 | 35.1 | 30.7 | 50.5 | 31 |
| 2006 年调查 | 58.1 | 63.5 | 36.5 | 34.8 | 53.3 | 35.9 |
| 2008 年调查 | 59.3 | 54.5 | 34.9 | 35.2 | 51.5 | 35.1 |
| 2010 年调查 | 57.1 | 57.8 | 32 | 34.6 | 52.3 | 31.7 |
| 2012 年调查 | 61.2 | 57.7 | 31.8 | 35.4 | 49.1 | 32.2 |
| 2014 年调查 | 57.5 | 57.3 | 29.5 | 40.6 | 54.5 | 33.9 |

资料来源:王钦敏主编:《中国民营经济发展报告》(2014—2015),中华工商业联合会出版社 2016 年版,第 44 页。

三是民营企业的规模化、国际化程度大大提高。民营企业开始在海外证券市场上市。侨兴环球股票于 1999 年 2 月 17 日在美国纳斯达克上市,成为第一家在美国上市的中国民营企业。此外,民营企业加快了并购步伐。1999 年 9 月,中央发布《关于国有企业改革和发展若干重大问题的决定》,开启了民营企业盘活国有资产的大潮。同时,民营企业也将目光投向海外。2001 年 8 月 28

日，万向集团正式收购美国纳斯达克上市公司，开创了中国企业收购海外上市公司的先河。到2013年，在“民营企业500强”中，已有150家在海外直接投资，工厂项目达500多个，投资总额超过123亿美元，比2010年增加1倍，并涌现出一批善于运用国际资本到国外投资的企业。尤其是国际金融危机之后，中国企业掀起海外并购浪潮，民营企业在这场浪潮中已经占有重要的一席之地。①

尽管中国民营企业在产权制度改革和转型升级方面取得了许多重要进展，但是产权制度改革直接涉及所有者根本利益关系的调整，因而必然是一个艰巨、复杂的长期过程。从改制后的公司产权和治理结构看，许多企业依然存在“新瓶装旧酒”的现象，家族制色彩依然浓厚。第十一次全国私营企业抽样调查的数据显示，企业主及其亲属仍然是董事长的首要人选。在总计4463个样本中，企业董事长由出资人本人担任的达到4030人，占比为90.3%，出资人的家族成员担任董事长职务的比例为7.3%，由外聘人才（1.5%）或其他人（0.9%）担任的比例非常低。这意味着在民营企业内部治理中，家族式管理仍是主要的方式，现代企业制度虽然建立，却仅停留在形式上，并未真正融入企业的日常经营管理中。② 在这些改制后的企业里，所有权和经营权依然不分，治理结构并不规范，控制权仍主要掌握在家族成员手里，有的董事长和总经理一肩挑，有的只有董事长没有董事会，有的董事会、监事会等只是形式而已，没有真正发挥作用。改制后的企业发展中仍面临产权不明晰的局面，即出资者个人财产权与企业法人财产权没有彻底分离。其次，在许多民营企业中，股权结构“一股独大”的情况相当普遍。这种现象极易造成企业内部控制权过度集中，控股股东大权独揽，排斥民主化管理，不尊重小股东利益，并增加了企业获取外部资金的难度。此外，从民企改制后产权流动状况看，由于产权交易市场不发达，尚未形成完善的法律体系来规范市场交易行为，再加上产权流动中非公企业遭遇不公平待遇，以及地方保护主义等原因，民营企业的产权难以实现顺畅流动。③

---

① 王忠明：《新动力：十八届三中全会后中国民营经济大展望》，中华工商联合出版社2014年版，第179页。

② 王钦敏主编：《中国民营经济发展报告》（2014—205），中华工商业联合会出版社2016年版，第46页。

③ 谭杰：《我国民营企业产权制度创新研究》，苏州大学硕士学位论文，2011年，第16页。

## 三、有效保障非公有制经济的财产权利

通过产权改革为各类经济主体创造发展空间，释放经济发展的活力和动力是中国改革的一条重要经验。经过四十年的改革开放，中国产权保护的制度环境不断完善，对各类产权保护的力度逐步增强，但不可否认，在产权保护制度领域还存在许多短板。全国工商联的一项调研表明，现有40%的民营企业认为“财产不能得到有效保护是当前最大的担忧”，63%的民企认为不少富人移民的主要原因是顾及人身安全、财产安全等。① 民营企业家对产权不安全性的担忧，在很大程度上影响了他们对未来投资收益的稳定预期，进而影响民间投资的热情。统计数据显示，民间固定资产投资占全社会固定资产投资比重从2013年以来呈逐年下降趋势，2013年，民间投资的增速为23.1%，高于全社会投资3.5个百分点；2014年民间投资增速为18.1%，高于全社会投资1.4个百分点；2015年民间投资10.1%，高于全社会投资0.1个百分点。进入2016年后，民间投资开始失速，如图3-1所示，2016年1—7月，民间投资出现了“断崖式”下滑，民间投资增长率不仅逐月低于全社会固定资产投资率，而且这种差距在不断扩大。尽管国家采取了一系列提高民间投资信心的举措，使得民间投资下滑的趋势有所缓解，但全年民间投资增速仍然较低。民间投资速度下滑无疑与我国经济发展中存在的结构性、体制性、周期性因素综合作用有关，但其中一个重要原因在于非公有制经济面临的产权保护制度环境仍不稳固。

首先，受传统的所有制差别观念的影响，法律对不同类型所有制经济的产权仍然存在着不平等保护的问题。有学者指出，尽管党的十六大就提出两个“毫不动摇”的方针，十八届三中全会进一步提出了两个“不可侵犯”，表明我们党对公有制经济和非公有制经济产权平等保护的鲜明政治态度，但在宪法中对公有财产和私有财产保护的文字表述还是存在一定差异。《宪法》规定，公共财产神圣不可侵犯，公民的合法的私有财产不受侵犯。公共财产多了“神圣”一词，私有财产多了一个“合法”限制；公共财产“不可侵犯”，私有财产“不受侵犯”。这

---

① 王忠明：《新动力：十八届三中全会后中国民营经济大展望》，中华工商联合出版社2014年版，第96页。

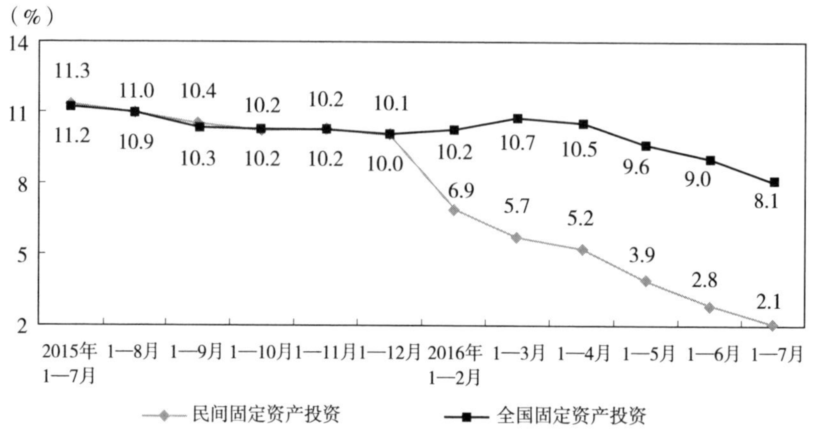


图 3-1　民间固定资产投资和全国固定资产投资增速比较

资料来源:中国国家统计局网站:http://www.stats.gov.cn/。

些差异虽然主要是文字表述的不同,但往往由于理解上的偏差导致在实践中出现对公有产权和非公有产权的不平等保护。①

从具体的法律制度和实践来看,无论在刑法还是民商法层面,对于非公有制经济产权的保护也存在着不平等保护或保护薄弱的问题。例如,《刑法》规定,侵犯国有企事业单位和国有资产,刑法分别按照贪污罪、挪用公款罪和受贿罪的规定进行定罪处罚,严重的可判处无期徒刑甚至死刑;民营企业中如果出现同样的犯罪行为,则以职务侵占罪论处,最高刑罚只能判处有期徒刑。在产权保护上对不同所有制企业区别对待的法律规定,违背了对产权进行平等保护的原则,而且在实践中容易引发对非公有制经济的歧视。② 2007 年具有标志意义的《物权法》的颁布,虽然确立了平等保护物权的法律原则,但是在保护非公有制产权方面仍有不足之处。物权法关于非公有制产权的规定主要还停留在原则的阐述上,有些重要的问题并未规定,而且缺乏具体化、系统化、可操作的规则。比如物权法第 3 条虽然表明在产权问题上,物权法将非公有制经济与公有制经济平等对待,但该条只是对宪法中相关规定的进一步宣示。另外,物权法的有些规定尚

① 杨小军:《非公有制经济产权保护的几个重要问题》,《贵州省党校学报》2017 年第 1 期。

② 王忠明:《新动力:十八届三中全会后中国民营经济大展望》,中华工商联合出版社 2014 年版,第 94 页。

不完备。物权法第66条规定不得“侵占、哄抢、破坏”私人合法财产，但是在实践中，许多危害非公有制产权的行为往往是政府部门在行政执法名义下，对非公有制产权进行的随意干涉。对这一重要问题，物权法并未出规定。同时，物权法没有针对侵害私人财产的这三种行为提供相应的救济制度。此外，物权法对私人所有权的限制性规定较多，而对国家所有权的限制较少，从而形成了事实上的财产权利不平等。①

其次，非公有制经济企业自身产权制度的弊端也成为制约其发展的重要因素。目前，一些大型民营企业已通过股份制改革，逐步建立起现代企业制度，但大多数中小民营企业的产权状况并不乐观。有些企业尚未进行股份制改革，有些企业只是进行了形式上的改变，其实质并没有变化。在企业发展初期，产权不清、权责不明的矛盾并不突出，但随着企业的发展壮大，创业者之间的权责纷争就会出现，最终很有可能会导致企业的分裂。在现阶段的非公有制经济中，家族企业仍占主要地位，随着企业的不断发展，家族经营的局限性就会显露出来，单一化的产权结构和模糊的产权关系会成为制约民营企业做大做强的障碍。

促进非公有制经济健康发展，夯实中国经济发展的动力基础，迫切要求完善产权保护制度，强化对非公有制经济的产权保护。

第一，在立法层面彻底消除对非公有制经济的所有制歧视。非公有制经济在发展中遇到的许多障碍，源于产权保护制度的不合理。受传统的所有制观念影响，一些人把发展公有制经济与发展个体、私营等非公有制经济对立起来，“恐私”“排私”的观念仍然严重②，这在一定程度上造成对非公有制经济产权重视不足、保护不够。为适应社会主义市场经济发展的需要，就要进一步完善产权制度，尤其要强化对非公有制产权的平等保护。平等保护产权，首先要在思想观念上消除长期以来形成的公有制经济与非公有制经济在政治地位、法律地位上的高低贵贱之分，将其真正视为地位平等的市场主体，废除对非公有制经济各种形式的不合理规定，消除各种隐性壁垒，保证各种所有制经济依法平等使用生产要素、公开公平公正参与市场竞争、同等受到法律保护、共同履行社会责任，为平

---

① 王坤：《物权法与非公有制经济产权保护》，《理论探索》2008年第3期。

② “非公有制经济发展问题与对策研究”课题组：《制度、市场与非公有制经济》，《经济社会体制比较》2004年第3期。

等保护产权消除制度障碍。① 完善平等保护产权的法律制度,需要在立法层面逐步甚至完全取消所有制区别,对各类所有制经济实行统一、公开、公平的法律规定。修订与宪法不适应的法律法规,彻底消除对非公有制经济的歧视,使他们在市场准入、信贷、土地使用等方面获得与公有制经济同等的地位。② 要加快推进民法典编纂工作,完善物权、合同、知识产权相关法律制度,清理有违公平的法律法规条款,将平等保护作为规范财产关系的基本原则。健全以企业组织形式和出资人承担责任方式为主的市场主体法律制度,统筹研究清理、废止按照所有制不同类型制定的市场主体法律和行政法规,平等保护各类市场主体,加大对非公有财产的刑法保护力度。

第二,构建公开、公平、规范的司法体系。司法机关要秉持"公私无别、法制统一、公正透明、文明高效"的现代司法理念,在司法活动中充分体现"私有财产与公有财产一体保护"原则,切实贯彻"法律面前,人人平等"的非歧视性原则,平等保护各类市场主体的诉讼权利和合法权益。③ 在司法实践中,要做到公正司法,让各类市场主体都能讨个平等公道的说法,坚决反对地方保护主义和部门保护主义,有力维护司法公正。进一步严格规范涉案财产处置的法律程序,依法慎重决定是否采取相关强制措施,最大限度降低执法活动对企业正常生产经营活动的不利影响;查封、扣押、冻结措施和处置涉案财物时,也要依法严格区分个人财产和企业法人财产,对股东、企业经营管理者等自然人违法,在处置其个人财产时不任意牵连企业法人财产;对企业违法,在处置企业法人财产时不任意牵连股东、企业经营管理者个人合法财产。严格区分违法所得和合法财产,区分涉案人员个人财产和家庭成员财产,在处置违法所得时不牵连合法财产。④

第三,规范政府干预市场经济行为,完善政府守信践诺机制。要扎紧法律和制度的笼子,有效约束政府运用公权力干预市场经济的行为,规范政府在行政审批、行业准入、税费征收等方面的行为,防止对非公有制经济和私人产权造成侵

---

① 杨小军:《非公有制经济产权保护的几个重要问题》,《贵州省党校学报》2017 年第 1 期。

② 中华民营企业联合会课题组:《我国民营经济发展状况和经营环境问题研究》,《经济研究参考》2013 年第 44 期。

③ 隋幸华:《我国民营企业平等保护法律问题》,《湖南商学院学报》2008 年第 3 期。

④ 《中共中央国务院关于完善产权保护制度依法保护产权的意见》,新华网,2016 年 11 月 17 日。

害。大力推进法治政府和政务诚信建设，地方各级政府及有关部门要严格兑现向社会及行政相对人依法作出的政策承诺，认真履行在招商引资、政府与社会资本合作等活动中与投资主体依法签订的各类合同，不得以政府换届、领导人员更替等理由违约毁约，因违约毁约侵犯合法权益的，要承担法律和经济责任。因国家利益、公共利益或其他法定事由需要改变政府承诺和合同约定的，要严格依照法定权限和程序进行，并对企业和投资人因此而受到的财产损失依法予以补偿。将政务履约和守诺服务纳入政府绩效评价体系，建立政务失信记录，建立健全政府失信责任追究制度及责任倒查机制，加大对政务失信行为惩戒力度。①

第四，妥善处理民营企业“原罪”问题，稳定非公有制经济发展的预期和信心。从历史看，中国个体、私营经济的形成来源有如下几个方面：一是改革开放初期，一些知识青年和其他无业人员在工商局登记，成为第一批个体户，其中一些人通过辛勤劳动、合法经营积累了一定资金，再注册登记私营企业；二是一些科技人员、知识分子、党政事业单位干部和职工，辞职从商，凭自己的专利技术，利用自己从政时的关系，投资兴办企业；三是一些中小国有和集体企业改制，或被内部职工购买，或被其他私人购买，或由私人租赁，最终形成私人企业；四是20世纪90年代后期国有企业减员增效、下岗分流，由下岗职工登记注册，发展起来的个体工商户和私营企业；五是一些城镇待业青年、复员军人，由父母出资，或依靠亲友借贷，在工商局注册为个体户；六是农村中的一些农户，到城市打工，学习了一些手艺、积累了一定资金和人脉后，在城镇兴办个体或私营企业。② 由此可见，我国的非公有制经济绝大部分是由回乡知青、知识分子、待业青年、复员军人、辞职的党政事业单位干部和职工以及农民通过诚实的劳动、合法的经营完成“原始积累”，并在此基础上不断发展起来的。在各类民营企业经营过程中，也确实存在一些不合规、不合法的行为，但这些并非主流。中央特别强调，对于这些行为的处理，要严格遵循法不溯及既往、罪刑法定、在新旧法之间从旧兼从轻等原则，以发展眼光客观看待和依法妥善处理改革开放以来各类企业特别是

① 《中共中央国务院关于完善产权保护制度依法保护产权的意见》，新华网，2016年11月17日。

② 郑必坚等主编：《邓小平理论基本问题》，中共中央党校出版社2001年版，第202页。

民营企业经营过程中存在的不规范问题。① 要坚持有错必纠,抓紧甄别纠正一批社会反映强烈的产权纠纷申诉案件。对涉及重大财产处置的产权纠纷申诉案件、民营企业和投资人违法申诉案件依法甄别,确属事实不清、证据不足、适用法律错误的错案冤案,要依法予以纠正并赔偿当事人的损失。完善办案质量终身负责制和错案责任倒查问责制,从源头上有效预防错案冤案的发生,切实稳定民营企业的预期和信心,引导和促进其健康发展。

## 第三节　市场经济与非公有制经济

社会主义市场经济的建立和完善与非公有制经济的发展具有紧密内在联系。非公有制经济为发展社会主义市场经济培育了多元微观主体,促进统一开放、竞争有序的市场体系形成、为市场机制发挥作用创造了条件,也奠定了市场经济发展的法治基础。在全面深化改革阶段,要进一步优化非公有制经济发展的市场环境,放宽市场准入条件、改善企业融资环境、降低税费负担和综合成本、建立新型政商关系,促进非公有制经济持续健康发展。

### 一、非公有制经济发展与社会主义市场经济建立

社会主义市场经济体制是社会主义基本制度与市场经济有机结合、相互兼容而形成的一种崭新经济体制。这种经济体制不仅体现了社会主义的制度特征,而且具有现代市场经济的一般特征。从社会主义制度属性看,社会主义市场经济呈现出如下特征:一是形成了以公有制为主体,多种所有制经济共同发展的所有制结构。公有制企业与非公有制企业在市场经济中平等竞争、共同发展。二是实行以按劳分配为主体,多种分配方式并存的收入分配制度;既鼓励一部分人和一部分地区通过诚实劳动、合法经营先富起来,合理拉开收入差距,又防止收入分配差距过度悬殊,最终实现共同富裕。三是在宏观调控上,发挥计划与市

① 《中共中央国务院关于完善产权保护制度依法保护产权的意见》,新华网,2016 年 11 月 17 日。

场两种手段的长处。把当前利益与长远利益、局部利益与整体利益结合起来，使社会主义市场经济的发展服从国家发展战略，服务于最广大人民群众的根本利益。从现代市场经济的属性来看，这一经济体制的主要特征体现为：一是将市场作为资源配置的决定性机制，不断提高经济运行效率。二是充分发挥价格、供求、竞争等市场运行机制的功能，提高市场的信息传导效率和激励功能。三是确保企业、家庭等市场主体决策的自主性，充分调动微观经济主体的积极性和创造力。由此可见，社会主义市场经济将社会主义的制度特征与市场经济的一般特征有机结合起来，既可以充分发挥社会主义制度的优越性，又可以充分利用市场机制的灵活性，从而提高生产力发展水平、促进经济持续快速发展。社会主义市场经济体制的建立和完善与非公有制经济的发展处于一个协同演化过程之中。一方面，非公有制经济的发展，为塑造市场经济主体、建立现代市场体系、培育市场运行机制、提高市场运行效率创造了必要条件；另一方面，社会主义市场经济的不断完善，也进一步促进了非公有制经济的持续健康发展。

### （一）非公有制经济的发展为社会主义市场经济创造重要的微观经济基础

市场经济主体由多元化的、具有独立经济利益的主体构成。市场主体是指在市场经济中从事经济活动的行为者实体，这些市场主体具有各自不同的经济利益，在参与市场经济活动中具有自主性，即每一个主体都面向市场、适应市场、根据市场的情况确定自己的行为目标、行为方式和行为程度。马克思认为，社会分工和不同的利益主体是商品经济存在的两个基本条件，只有承认并尊重不同生产者之间的利益差别，才能在交换过程中遵循平等互利和等价交换原则，在此基础上发展出市场经济。各类非公有制经济组织作为微观经济主体，具有产权独立性强、明晰程度高、自由流动程度大的特点，具有强烈的追求利润最大化的动机和资本增值的愿望，因而能够对产权主体的形成有力约束，促使其在市场活动中能够做到自主经营、自负盈亏，不但享有经营成果，而且承担经营风险和损失。① 只有在各类非公有制经济组织充分发展的基础上，才能克服传统公有制产权模糊、利益主体性不明确的弊端，形成多元化的、具备对立经济利益的市场

---

① 刘迎秋主编：《中国非国有经济改革与发展30年研究》，经济管理出版社2008年版，第228页。

主体，在此基础上进行等价交换，开展平等竞争，真正形成有效的市场经济秩序。

### （二）非公有制经济的发展促进了完整、统一、开放的现代市场体系建设

市场体系是在社会化大生产充分发展的基础上，由各类市场组成的有机联系的整体，它们是市场主体参与竞争、市场机制发挥作用的重要平台。现代市场体系不仅包括商品市场，还包括完整的生产要素市场，即劳动力市场、房地产市场、金融市场、技术市场、信息市场等。如果没有生产要素市场和各种要素在不同部门之间的流动，市场机制对资源的有效配置不可能真正实现。在市场经济条件下，市场体系还要具备统一性、开放性、平等性和竞争性的特征。改革开放之初，个体、私营经济的蓬勃发展，对于增加商品供给、缓解物资供应短缺、繁荣市场发挥了不可或缺的重要作用，推动了消费品市场、生产资料市场的快速发展。伴随市场化的推进，非公有制经济的发展进一步促进了要素市场的发育。在要素市场中，发育最早、发展最快的是劳动力市场。私营经济作为以雇佣劳动为基础的经济类型，其劳动力从最初就是市场化的，随着私营经济的发展壮大，私营企业雇工人数大幅度上升，不仅促进了劳动力市场化范围的日益扩大，而且进一步推动全国范围内劳动市场的形成，对优化劳动力资源的配置发挥了积极作用。在土地市场化方面，20 世纪 80 年代后期以来，随着非公有制经济的发展，对城市土地的需求不断扩大，不仅导致了土地有偿使用的范围不断拓展，而且还推动了城市房地产市场迅速发展，为城市建设积累了大量资金。① 此外，在资本、技术、管理、信息市场的建立和完善方面，非公有制经济也日益发挥着重要作用。

### （三）非公有制经济的发展为市场机制发挥作用创造了基本条件

市场经济要求在资源配置中充分发挥市场机制的作用。市场机制是指一套相互关联的调节市场运行的经济机制，主要包括价格、供求、竞争等机制。供给和需求共同决定商品的价格，价格影响生产者的盈利和亏损状况。商品生产者根据价格信号，将生产要素配置到能够实现利润最大化的商品生产部门。为了在市场竞争中立于不败之地，商品生产者会积极推动技术创新、改进经营管理方

① 刘迎秋主编：《中国非国有经济改革与发展 30 年研究》，经济管理出版社 2008 年版，第 230 页。

式，提高劳动生产率，降低成本，获得更大效益。这些机制相互作用，形成一个自组织的运行系统，自发决定资源的流动与配置，而不需要外界的过多干预。市场机制的培育和有效运行，离不开非公有制经济发挥的重要作用。首先，在市场经济条件下，非公有制企业对价格信号反应灵敏，可以及时而灵活地调整生产经营活动，应对市场变化。非公有制企业的这一特点为 20 世纪 80 年代价格双轨制的形成创造了条件，同时，进一步促进了 90 年代计划价格与市场价格的并轨，促使供求机制和价格机制真正在市场中发挥资源配置作用。其次，非公企业在追求利润最大化的内在动力和市场竞争的外在压力作用下，必然密切关注自身盈亏状况，主动参与竞争，注重提高劳动生产率和经济效益，提升企业的竞争力，在此基础上推动技术进步和创新。此外，非公有制经济的出现，形成了多元竞争格局，促使市场竞争机制更好地发挥优胜劣汰的作用，从而不断提高资源配置效率。

### （四）非公有制经济发展有助于巩固社会主义市场经济的法治基础

市场经济以法治和信用为基础。市场交换的前提是商品生产者相互承认对方的权利和利益，正如马克思所言："为了使这些物作为商品彼此发生关系，商品监护人必须作为有自己的意志体现在这些物中的人彼此发生关系，因此，一方只有符合另一方的意志，就是说每一方只有通过双方共同一致的意志行为，才能让渡自己的商品，占有别人的商品。"这种具有契约形式的法的关系，"是一种反映着经济关系的意志关系。"①在市场经济条件下，随着商品交换关系的普遍化、商品交换地域范围的扩大化，交易活动从"熟人社会"进入"陌生人社会"，市场主体更需要建立一套完备的法律制度，有效约束各自的经济行为，防止出现各种机会主义倾向，从而有力保障市场主体的财产权利和契约自由，形成规范、健康、稳定的市场经济秩序。伴随非公有制经济的发展以及民营企业素质和规范化程度的提高，它们迫切要求在公开、公平、统一的市场规则下与公有制经济、国有企业进行平等竞争，尤其是要求自身产权得到平等保护，契约能够得到有效实施，合法利益能够得到严格保障，这些都需要政府在市场经济实践中做到公正立法、公平执法，切实保障各类所有制经济组织的权益，不断推动国家的法治化进程和

---

① 《资本论》第一卷，人民出版社 2004 年版，第 103 页。

市场经济的法治化进程。

## 二、非公有制经济发展面临的市场经济环境约束

改革开放以来,国家陆续出台了一系列政策保障非公有制经济平等参与市场竞争的权利,但非公有制经济的发展仍然存在着许多问题。非公有制经济虽然为国民经济做出巨大贡献,但在发展进程中仍然面临许多突出的市场经济环境制约因素。

### (一) 市场准入制约

市场经济的有效运转,需要打破市场或行业进入壁垒,除一些关系国家安全的特殊行业外,其他行业都应当允许各类市场主体享有平等进入的权利,确保形成有效竞争的市场格局。总体而言,经过多年的发展,非公有制经济的从业领域不断扩展,尽管如此,民营企业市场和行业准入方面还是面临许多障碍。针对这一问题,2005年,国家颁布了《国务院鼓励支持非公有制经济发展的若干意见》(简称“非公经济36条”),拓宽了非公有制经济进入的领域;2010年又颁布了“民间投资新36条”,允许民间投资进入金融、电力、电信、铁路等垄断领域。在这些政策的支持下,民营企业进入一些垄断行业的速度有所增加,但投资比重仍然较低。目前,大量民间资本主要分布在国家允许投资及自身可能投资的行业中,民间投资的行业准入障碍依然存在,由此导致了垄断加剧,重复建设、资源浪费,以及民间资本“脱实向虚”等问题。

1. 非公有制经济的市场准入还存在很多政策障碍。尽管国家出台一系列相关政策,允许并保障非公企业进入更多市场领域,但这些政策主要停留在国家政策或政府文件层面,并未形成法律,民间投资仍缺乏可以参照的、具有法律权威的产业投资政策指南。虽然政策规定凡法律法规未禁入的行业非公有制经济都可以进入,但是这些都是原则性规定,缺乏可操作性。对于哪些行业和领域禁止非公有制经济进入,缺乏明确的清单。对于允许进入的行业和领域,如何确保非公企业真正进入,更缺乏具体的、易于操作的措施和办法。这些因素在实践中限制了非公有制经济的市场准入。①

① 李清亮:《中国民营经济发展研究》,复旦大学博士学位论文,2012年,第128页。

2. 垄断行业准入面临重重障碍。中国一些行业的垄断地位大多是由行政垄断而形成的。虽然国家对某些垄断行业进行了拆分重组，但这仅限国有经济内部的拆分组合，并未打破国有经济在这些行业中的垄断地位。另外，在金融、铁路、能源开发等领域也都存在不同程度的民营企业进入壁垒。虽然“新 36 条”允许民间投资进入金融、电力、电信、铁路等领域，但国家在资金、技术条件等方面对这些领域设置了进入门槛，加之长期形成的把国有资本放在主导地位的惯性思维，都使得民间投资在短时期内很难进入这些领域。①

3. 市场环境和自身因素导致非公有制经济难以实现有效的市场准入。除了政策环境之外，市场环境也对非公有制经济的准入施加了种种限制。一些垄断性行业项目开发需要大量资金，一般民营企业靠自身的实力难以承担。在现实中，非公有制经济对金融市场资源的利用和配置能力明显不足，政府也缺乏有效的优惠扶持政策，导致社会上的闲置资金难以真正形成资本，使得民间投资“不愿”和“不敢”进入。此外，与国有企业相比，民营企业往往面临缺乏经营经验、人才不足、信息化建设滞后、产业链和供应链不完善、政策支持不足等问题，这些都成为民营企业进入垄断行业的瓶颈制约。

4. 准入审批复杂且成本高昂。与国有经济、外资经济相比，一些地方政府部门在民营企业的资格认定、注册资本评估、用地指标争取、经营范围划定、投资项目许可、贸易渠道开放以及企业兼并重组等环节实行过多的前置审批程序，导致民间投资的手续繁杂、准入成本高昂，造成民营企业在与国有、外资企业进行市场竞争时往往处于不利地位，扼杀了民间投资的积极性。一些地方政府部门甚至会因所有制歧视或担心出问题后被追责，对民营企业市场准入实施更为严格的审查。

### （二）融资制约

融资难、融资贵，是非公有制经济尤其是中小民营企业发展长期面临的一大困境。这一问题的产生首先与中国的金融体制不合理有关。中国长期以来形成了一个以间接融资为主、直接融资为辅的金融体系，其中，以银行贷款为主的间接融资占比超过 80%。一般而言，银行大多愿意为实力雄厚的大企业或上市公

① 中华民营企业联合会课题组：《我国民营经济发展状况和经营环境问题研究》，《经济研究参考》2013 年第 44 期。

司提供贷款，因为无论从风险控制还是预期收益来看，都比较划算。相反，中小民营企业尤其是小微企业就很难受到银行的青睐，除非这些企业拥有足够的抵押品，即银行认定的保险系数高、容易变现的资产，如土地、房产等，但财力薄弱的中小企业尤其是小微企业的厂房往往是租用来的，没有产权，无法作为抵押物从银行获得贷款，从而导致生产运营资金短缺。在这种情况下，中小民营企业为了维持其运转，不得不求助于民间借贷。然而，一方面，民间借贷与非法融资的界限十分模糊，稍有不慎，民营企业就可能触及法律的红线；另一方面，民间借贷也面临着高昂的利息成本，尤其是近几年来，民间借贷利率一路攀升，滚雪球般的利率大大提高了企业的经营成本，从而给民营企业的发展带来极大风险。①

其次，在国有银行垄断和主导的金融体系中，也存在着对不同所有制经济区别对待的问题。国有商业银行在为国有企业提供贷款时，主要考虑如何满足国有企业需求，使其顺利发展，而不会过多考虑到贷款的风险及收益，但对于民营企业，银行首先考虑的就是风险。由于民营企业处于弱势地位，在申请贷款时会面临着各种烦琐的程序和审核标准，如果银行认为给民企的贷款风险超出了自身能承受的限度，就不会放贷，民营企业的资金缺口就难以弥补。

再次，直接融资市场发育不健全进一步限制了民营企业的融资渠道。伴随市场化的推进，近年来，中国的资本市场得到很大发展，直接融资的比重不断上升。然而，资本市场发展的主要受益者还是实力雄厚的国有企业，民营企业，尤其是中小民营企业，很难通过公开发行股票、债券等进行直接融资。为了促进民营经济的发展，国家对民营经济上市融资制度进行了多次创新，尤其是设立了中小板市场、创业板市场、“新三板”市场，为民营企业上市融资搭建平台，但多层次资本市场体系尚不健全，对中小民营企业的上市还存在诸多限制，结果导致它们仍然难以从资本市场上获得充足资金。

为了进一步解决民营企业融资难的问题，近年来，国家出台了一系列促进金融服务实体经济、扶持中小微企业发展的金融政策。尽管这些措施使得小微企业融资困境在一定程度上有所改善，但由于一些制度性障碍的存在，大多数小微企业仍无法获得有效的融资支持。根据第十一次全国私营企业抽样调查数据的

---

① 王忠明：《新动力：十八届三中全会后中国民营经济大展望》，中华工商联合出版社2014年版，第88—89页。

分析,在国际金融危机以及复杂多变的国内市场环境冲击之下,中国一些民营企业的融资问题仍不乐观。2013 年,民营企业的流动资金中,贷款的比例总体达到了 24%,其中大中型企业(29%)对贷款的依赖性更大,小微型企业的贷款比例为 22%;而小微型企业在流动资金中的自有资金比例达到 74%,比大中型企业(67%)高 7 个百分点,这反映出小微型企业在贷款难、融资难的现实状况中遭受了更加严峻的考验。在 2013 年企业扩大再生产的资金来源结构中,也与之相似,大中型企业以 28%的贷款资金比例,高于小微型企业 19%的比例,大中型企业具备较为明显的优势;小微型企业在扩大再生产中拥有 63%的自有资金,略高于大中型企业 61%的比重,反映出小微型企业要想扩大现有生产经营规模的融资难度更大。而来自外部投资(包括上市融资、风险投资)在被调查企业的扩大再生产中的作用几乎可以忽略不计。如表 3-2 所示。

**表 3-2　2013 年不同类型企业的融资状况**　　单位:%

| | 企业类型 | | 总体 |
|---|---|---|---|
| | 小微型企业 | 大中型企业 | |
| 流动资金中的贷款比例 | 22 | 29 | 24 |
| 流动资金中的自有资金比例 | 74 | 67 | 72 |
| 扩大再生产资金中的贷款比例 | 19 | 28 | 21 |
| 扩大再生产资金中的自有资金比例 | 63 | 61 | 62 |

资料来源:王钦敏主编:《中国民营经济发展报告》(2014—2015),中华工商业联合会出版社 2016 年版,第 51 页。

### (三)税费负担制约

根据 2014 年的税收统计数据,国有及国有控股企业对国家税收的贡献率为 31.7%,非公有制经济对国家税收的贡献率大约为 66%,其中国内个体、私营经济对税收的贡献率大约为 52.3%,非公有制经济已经成为创造社会财富、增加国家税收的一个主要力量。与此同时,非公有制经济所承担的税费成本也在不断上升。

在中国现行的税收体系之下,企业需要缴纳的税费主要包括四个部分:一是税收,如增值税、消费税、企业所得税、城建税等;二是对全部或部分行业无偿征收的收费或基金项目,如教育费附加、残疾人就业保障金等;三是由企业承担的各项社会保险基金,主要包括养老、医疗、失业、工伤、生育、住房公积金等;四是行政事业性收费,包括政府部门或政府部门委托的部门收取的管理类、登记类和证照类的各种收费。对民营企业尤其是小企业而言,当前税费种类多、项目多、有重复,因而导致税费负担较为沉重。①

尽管从宏观税负核算口径来看,2015 年我国的宏观税负大约为 23%,与发展中国家平均水平大致相当,低于发达国家 30%平均水平,但企业仍普遍感觉税费负担沉重。其中,政府收入体系的不合理,税费比例失衡,是导致企业负担沉重的重要因素。2015 年,虽然中国税收占一般公共预算收入的比重为 82%,但以全口径的政府收入核算,则税收占比仅为 55%。目前对企业涉及的收费、基金等项目依然偏多,导致税费关系扭曲。仅行政事业性收费就包含 92 大项,而每一大项下又有若干"目"级小项,总计多达数百项;基金预算中收入种类也接近 40 项。这些种类繁多、政出多门、不合理、不规范的基金和收费,进一步加剧了企业税费负担。② 根据世界银行和普华永道会计师事务所发布的关于全球企业税负情况报告显示,2016 年所有国家(地区)平均总税率为 40.6%,而中国总税率为 68%,位列世界第 12,这一总税率是指企业税、劳动力税费和其他税费之和占商业利润的比例,其中,中国企业所承担的社保费用和政府的各种收费是导致总税率高涨的主要原因。

民营企业税费负担的增加,无疑会增加企业的成本,削弱企业的竞争力。尤其是随着中国经济进入新常态,劳动力成本和其他要素成本日益高涨,导致传统的低成本比较优势正在不断削弱。根据波士顿咨询集团的研究,目前中国的制造业综合成本只比美国便宜 5%,到 2020 年,美国的制造业综合成本将会低于中国,这无疑给正处于成长期的中国制造业带来严重冲击。当前,随着经济下行压力的加大,中国实体企业的利润率已经十分微薄,很少能够超过 10%,在这种条件下,税费负担的加重,无疑会将企业的利润侵蚀殆尽,最终使企业陷入生存危机。所以,一些经济学家将我国企业目前面临的高达 50%以上的综合税率称为"死亡税率"。正因为如此,多策并举,降低企业税费负担,使民营企业"轻装上阵",对于稳定市场预期、激励民间投资热情、促进经济持续向好,具有重要促进作用。同时,通过降低企业税费负担,可产生价格传导和分配效应,释放国内消

① 中华民营企业联合会课题组:《我国民营经济发展状况和经营环境问题研究》,《经济研究参考》2013 年第 44 期。

② 陈龙:《以综合改革降低企业税费负担》,《学习时报》2017 年 1 月 23 日。

费需求，抵消外需不足的不利影响，增强经济持续发展的动力。①

### （四）政企关系制约

市场经济的发展离不开政企关系的有效互动。在计划经济体制时期，中国的政企关系呈现政企合一的模式。伴随市场化推进，中国的政企关系也在发生明显的变化。一方面，企业尤其是民营企业已经作为一个独立的市场经济主体，在利润最大化的引导下自主从事生产经营活动；另一方面，受中国传统文化以及计划体制遗产的影响，政府与企业之间仍然存在着一种紧密的互动关系。有学者将转型期中国地方的政企关系归纳为三种类型：一是"地方发展型政府"，即政府不直接参与生产和盈利活动，而通过建立基础设施，制定经济发展的规划，为地区经济发展创造适宜条件；二是"地方企业型政府"，即政府直接参与经济活动，为集体或私人谋取利益；三是"地方合作主义"，即政府扮演企业董事会角色，干预地方经济发展，为企业提供信息、资源和技术，并将资源从更富裕的企业转移到初创的企业。② 客观而言，多样性的政企关系在特定历史时期对于调动地方政府发展经济的积极性，为本地民营企业发展获取政策优惠、经济资源和营造发展环境方面发挥了积极作用。但是，在法律和相关制度不健全的条件下，政府控制过多资源和权力，深度介入经济活动，过度关注经济利益，也会产生一系列政企关系异化问题，并对非公有制经济的持续健康发展带来不利影响。

一是政府与市场边界不清，存在大量政府越位、缺位和错位问题。在经济领域，由于政府在市场准入、项目建设、企业融资等方面设置过多的行政审批手续，导致民营企业发展面临高昂的制度性交易费用，企业通常要花费大量时间、人力和财力应对各种行政审批事项，不仅耗费了稀缺的经济资源，而且抑制了企业发展的内在动力和活力。一些地方政府在实际工作中对民营企业存在歧视，政府缺乏服务意识、透明度低、效率不高，导致民营企业不能公平获取公共服务。在一些政策的制定和实施中，仍存在"重国企、厚外商、薄民企"的现象，结果制约了民营经济的发展壮大。

二是政府职能转变滞后，市场监管能力薄弱。在计划体制下形成的条块分割的部门管理体制，导致政出多门，相互重叠，使得民营企业对许多管理政策无

① 陈龙：《以综合改革降低企业税费负担》，《学习时报》2017 年 1 月 23 日。

② 郁建兴、石德金：《超越发展型国家与中国的国家转型》，《学术月刊》2008 年第 4 期。

所适从;而民营企业需要的管理和服务,政府部门却无法提供。此外,由于现实中存在严重的地方保护主义、部门保护主义和市场分割,民营资本无法根据利润率的高低来自主配置资源,甚至许多对外资企业开放多年的行业,民营资本也没有平等进入的权利。①

## 三、不断优化非公有制经济发展的市场环境

经过多年的改革与发展,中国已初步建立起社会主义市场经济体制的基本制度框架,现代市场体系的发育日渐成熟,市场机制在资源配置中的作用不断增强,这些都为非公有制经济的发展创造了适宜的条件。当前,中国已进入全面深化改革的关键阶段,只有深入推进经济体制改革,克服思想观念的障碍、冲破利益固化的藩篱、消除体制机制的弊端,才能不断优化非公有制经济发展的市场环境。

### (一)优化市场竞争环境

建立统一开放、竞争有序的市场体系,是社会主义市场经济体制的内在要求。不断拓宽非公有制经济的市场准入领域,是完善社会主义市场经济,培育新的增长动力的重要举措。为此,政府要严格遵循非歧视性待遇原则、非禁即入原则,有序推进非公有制经济的市场准入,构建"公平、公正、公开"的市场竞争环境。

1. 完善关于市场准入的法律制度建设。要全面清理和废止限制非公有制经济市场准入的政策法规,实现市场准入政策的公平化、公开化,对各类经济组织"一视同仁""同等待遇"。按照"法无禁止皆可为"的原则制定负面清单,明确划定限制进入的领域,除此之外的部门和领域,非公有制经济皆可依法依规有序进入。民营资本在市场准入和优惠政策方面至少要与外资企业享有同等待遇。尽快制定支持非公有制经济市场准入的相关法律,并出台可操作的实施细则,推动国家相关政策的有效落地。在市场准入政策制定过程中,充分听取民营企业和行业协会的意见和建议,确保法律和政策制定的公平、公开、规范、有效。

2. 进一步放宽垄断行业的市场准入条件。加快垄断行业改革,允许非公有

---

① 李清亮:《中国民营经济发展研究》,复旦大学博士学位论文,2012年,第134页。

资本进入电力、电信、铁路、民航、石油等部门和行业,要降低现有的市场准入条件,适当放宽企业的设立条件,降低注册资本要求,通过引入市场竞争,提高垄断行业的运营效率。对国有资本集中的基础设施业务,要加快股份制改造,通过引入民间资本,采取政府与社会资本合作(PPP)模式,促进市场竞争。① 进一步细化民营企业进入垄断行业的相关规定,对于民营企业如何进入、如何退出、进入后如何管理等具体问题,要作出明确规定,确保民营资本能够顺利进入垄断行业。

3. 加大对非公有制经济的财税和金融支持力度。实行与公有制经济同样的支持政策,特别是在信贷融资、财政补贴、税收优惠、行政收费等方面,要一视同仁。要让民间非公有资本进入后真正有利可图。只要实行公平待遇政策,非公有资本与公有资本会形成相互促进、共同发展的格局,使行业竞争力迅速提高,行业发展的效率和经济效益不断提升。

4. 进一步加大政府简政放权的力度。要改进行政审批方式,规范和优化审批流程,提高审批效率,对确需审批、核准、备案的项目,要简化程序,限时结办,将不必要的“审批制”改为“登记制”或“备案制”或“核准制”。进一步完善保障非公有制经济发展的政策体系,推进行政管理体制改革,加快制定和完善促进非公有制经济发展的配套政策,使之适应社会主义市场经济发展的需要,将权力归还给市场和企业,为民营经济创造适宜的市场环境,促进其健康发展。

### (二) 改善企业融资环境

融资困境是困扰非公有制经济发展的一大难题。解决这一问题,需要政府、金融机构和企业三者的共同努力,不断深化金融体制改革和资本市场建设,切实解决民营企业在融资领域面临的一系列困难。

1. 推进国有金融体系改革,使其能够真正对非公有制经济的发展提供重要支持。一是要改革贷款审核制度,形成针对非公有制经济的专门性的贷款审核机制,切实改变所有制歧视的观念,使国有银行为非公有制经济平等提供金融服务;二是提高贷款审批效率,在防范风险的前提下,削减复杂的贷款手续,提高贷款审批效率;三是增强授权授信制度的弹性,根据国家货币政策、客户信用条件

---

① 中华民营企业联合会课题组:《我国民营经济发展状况和经营环境问题研究》,《经济研究参考》2013 年第 44 期。

和当地经济状况等对信用评价标准进行适应性调整。此外,建立专门为民营企业贷款服务的部门,对民营企业贷款实行“一门式”服务,方便民营企业贷款。①

2. 完善具有政府背景的风险担保机制,为中小企业解决贷款担保难题。非公有制经济中的中小企业信用不足,是制约其融资可行性和降低融资成本的主要障碍,这一矛盾在经济下行期体现得更为突出,需要外部机构提供风险分担机制。虽然近年来,我国融资担保行业发展较快,为解决中小企业融资问题发挥了积极作用,但目前融资担保行业中主要以民营商业机构为主导。与国有担保机构相比,民营担保公司具有两大不足:一是自身实力较弱,尤其在经济下行期,银行不良贷款数量增多,民营担保公司本身就遭受冲击,更难以为中小企业提供必要的担保;二是民营担保机构具有较强的逐利性,收取的担保费用较高,有的甚至占到贷款利息的一半,中小企业难以承受。② 为此,要解决中小企业贷款担保问题,着力完善具有政府背景的融资性担保机构,建立由政府牵头、企业出面、金融机构支持的联合担保机制,并设立担保基金,对民营经济的贷款融资进行担保,以增强服务三农、小微型企业等民营经济的能力。

3. 鼓励民营金融机构的规范发展,促进互联网金融等普惠金融制度创新的健康发展。积极引导民间资本进入金融领域,发展适合为中小企业提供贷款和其他金融服务的各类民营金融机构,在注册资本数额等方面适当降低准入标准。用法治手段规范民间融资活动,将其纳入法制化、正规化的发展轨道。促进互联网金融等普惠性金融创新健康发展,既要发挥好这类金融创新在弥补正规金融不足、帮助企业融资方面的作用,又要加强监管,充分发挥行业自律功能,防止其成为单纯炒作资金、牟取暴利的工具,防范和控制好金融风险。

4. 建立和完善多层次资本市场体系,拓宽民营企业直接融资渠道。建立与民营中小企业状况相适应的多层次的资本市场。一是扩大中小企业债券融资渠道,支持那些经济效益好、偿债能力强的中小企业直接或集合发行债券,吸纳社会资金促进企业发展;二是拓宽中小企业股票融资渠道,依托创业板、新三板市场发展民营企业的股票融资,优化对中小企业股票融资的标准设置,促进更多优

① 黄丽丽:《我国政府制度供给与民营企业发展》,南京大学硕士学位论文,2013年,第44页。

② 王钦敏主编:《中国民营经济发展报告》(2014—2015),中华工商业联合会出版社2016年版,第184—185页。

质小企业上市；三是完善风险投资制度，政府要为风险投资提供制度和法律保障，使企业真正成为风险投资主体，发挥好风险投资在缓解中小企业融资困境中的作用，并建立有效的风险投资退出机制。

### （三）降低企业税费负担和综合成本

当前，中国经济进入新常态，面临经济增速换挡、经济结构调整、增长动力转换、发展方式转变等多重转型的挑战。对非公有制经济而言，通过税费改革，降低企业的税费负担，将有助于增强广大民营企业应对国际经济形势新变化的主动性和能力，进而培育起新的竞争优势，在此基础上促进中国经济转型升级。

1. 降低企业税费负担的一个重要举措在于优化税制结构。近年来，尽管国家出台一系列降低税费负担的举措，但是广大民营企业仍感觉税费负担沉重，其中一个根本性原因在于税制结构已经不能完全适应经济社会发展的需要。① 中国当前实行的是一个以间接税为主的税制结构，税收收入主要来自企业；而以美国为代表的发达国家则以直接税为主，税收收入主要来自个人。从税负构成及承担者来看，中国企业承担了90%以上的各种税费，个人承担的各类税费不足10%。以间接税为主的税制结构，决定了中国税负从整体上高于以直接税为主体的国家，企业承担了较多税负。另一方面，间接税具有可转嫁性的特征，导致一些税负内含在最终商品价格中，由消费者承担；由于消费支出在低收入人群总收入中的占比大，结果使得低收入人群承受了相对比较高的税负，导致税收不公平，也不利于扩大内需，进而削弱经济增长动力。因此，优化税制结构，逐步降低间接税（如增值税、消费税、营业税）比重，相应增加直接税（财产税、所得税）比重，不仅有利于降低企业税费负担，提高企业竞争力，而且有利于发挥税收调节收入分配、促进社会公平正义、增强经济内生动力的功能。

2. 在减税的同时，更要注重降低对企业的各种收费，不断优化企业的营商环境。如前所述，在企业的总体税费负担中，政府各个部门对企业征收的名目繁多的各种费用，占据了相当大的比例。这些费用有很多是政府出于增加财政收入需要而设立的不合理收费，结果大大增加了企业的运营成本。在当前经济下行压力不断加大的条件下，地方政府财力紧张状况有所加剧，更加容易促使政府部门通过变相收费来弥补税收的不足。政府利用公权力向企业随意征收的各种不

① 陈龙：《以综合改革降低企业税费负担》，《学习时报》2017年1月23日。

合理费用,显然是对企业自身资源以及创造财富能力的剥夺,是一种竭泽而渔的增加政府财力的方式,最终甚至会使政府从一只“扶持之手”蜕变为“掠夺之手”,严重恶化营商环境,结果会导致当地企业不愿进行长期投资,不愿从事实体经济,而是将资本投入短期能获取暴利的部门,加速经济“脱实向虚”趋势,甚至会促使企业将资本尽快转移到海外,产生大量资本外逃现象。因此,降低企业税费负担,不能只着眼于税,而是需要进一步清理各种不合理的收费、政府基金,构建更加合理的税费关系。

3. 要从推进供给侧结构性改革入手,降低民营企业的综合成本。推进供给侧结构性改革,是适应和引领新常态的必然要求,是适应国际金融危机发生后综合国力竞争新形势的主动选择。供给侧结构性改革不仅着眼于解决当前中国经济运行中存在的供给结构与需求结构错配的问题,而且着眼于增强经济持续增长动力,推动中国的社会生产力水平整体跃升。实现这一目标,离不开激发微观经济主体的活力,尤其是激发大批民营企业的活力和动力。而降低企业运营的综合成本,则是缓解当前民营企业面临的成本压力,培育其长期发展内生动力的关键举措。按照中央的要求,降低实体经济企业成本行动,要打出“组合拳”。除了要降低税费负担之外,还要在以下几个方面降低企业面临的综合成本:一是要降低企业的制度性交易成本,即通过深入推进简政放权、全面落实负面清单、规范中介服务等改革措施,降低实体企业的制度性交易成本。同时,提高政府公共服务能力,为企业营造良好的经营环境。二是合理降低企业人工成本。以降低“五险一金”费率为突破口降低企业用工成本,合理调整“五险一金”缴费水平,建立更加公平、合理的费率机制,在不影响参保人员待遇的条件下,降低企业和职工的缴费水平,推动降低企业用工成本和经营负担。① 三是推进金融体系改革,降低企业融资成本。改变银行主要依靠存贷息差赚取利润的模式,使金融资本真正服务于实体经济。清理金融机构不必要的资金审批环节,控制筹资成本的过度上升。通过深化金融体系改革,从根本上改变银行体系的贷款短期化的倾向,使其服务于实体经济长期发展,促进实体经济转型升级。四是推进能源价格形成机制的市场化改革,降低企业能源成本负担。通过能源价格形成机制改革,理顺能源产品价格关系,能源价格真正反映市场供求变化。对石油、电力

① 钱杰:《降低实体经济企业成本的对策》,《金融时报》2017 年 3 月 27 日。

等能源领域的国有企业进行混合所有制改革,通过降低经营成本和垄断成本,促进企业能源成本下降。五是推进流通体制改革,降低实体经济的流通成本。构建社会化、专业化的物流服务体系,形成一批具有较强竞争力的现代物流企业,同时,改变物流业"小、散、弱"的发展格局,提升物流业的规模经济和范围经济能力。优化通行环境,加强和规范收费公路管理,降低企业的运输和物流成本。①

## (四) 构建新型政企关系和政商关系

改革开放以来,中国地方政府与民营企业之间形成了多样性的互动、协作模式,这些模式在激发地方政府发展经济动力的同时,也产生了比较明显的政企关系异化、政商关系异化的问题。在新的政治经济发展阶段,中国的政企关系、政商关系也需要进行重构,才能进一步优化非公有制经济的发展环境。

首先,构建新型政企关系、政商关系需要重新协调配置政府与市场的关系。党的十八届三中全会强调,要"使市场在资源配置中起决定性作用和更好发挥政府作用",为中国在改革发展新的历史时期协调好政府与市场关系提供了鲜明的坐标。理论和实践证明,在微观资源配置领域,市场是最有效率的形式。要从广度和深度上推进市场化改革,减少政府对资源的直接配置,减少政府对微观经济活动的直接干预,加快建立统一开放、竞争有序的市场体系,建立公开透明的市场规则。关键一点在于要把市场机制能够有效调节的活动都交给市场,把政府不该管的事情都交给市场,让市场在所有能够发挥作用的领域都发挥作用,推动资源配置实现效益最大化和效率最大化,尤其是让企业和个人有更大空间去发展经济、创造财富。发挥市场在资源配置中的决定性作用,不仅有助于提高经济运行效率,增进经济长期增长的动力,而且有助于减少政府对权力和资源的过度垄断,有利于抑制寻租、腐败等政府行为异化现象的出现。

发挥市场的决定性作用,并非推行"市场原教旨主义",也不意味着政府对市场彻底放手不管,关键是要理清政府与市场的边界,政府该管的事一定要管好、管到位,该放的权一定要放足、放到位,坚决克服政府职能错位、越位、缺位现象。当前,政府除了要履行弥补市场失灵的功能外,关键是要推进政府体制改革和政府职能转变,实现政府的"自我革命"。一是进一步精简政府机构,减少不

① 张杰:《供给侧结构性改革之"降成本"七大举措》,《证券日报》2016年4月11日。

必要的行政审批，真正把权力下放给社会、市场和企业，保障企业的自主权。只有用政府权力的“减法”换取企业和市场活力的“加法”，下更大力度释放改革红利，才能充分发挥价格机制、供求机制和竞争机制的作用，充分发挥市场在资源配置中的决定性作用，激发包括民营企业在内的市场主体的内在活力。二是进一步推进政府的市场监管体制改革，在维持公平竞争的市场经济秩序基础上，强化政府的服务功能，真正建立起法治政府和服务型政府。十八届三中全会以来，随着简政放权、工商注册登记制度改革等一系列改革的推进，广大非公有制经济组织对政府在改善发展环境方面所做出的努力给予了积极评价；同时，民营企业对进一步改革市场监管体制，强化政府的服务职能有更大的期许。全国第十一次私营企业抽样调查数据显示，有68.2%的被访企业主认为市场监管中存在的最主要问题是“职能部门交叉、重复监管”；有56.6%的企业选择“部门职责不清、相互推诿”；有28.1%的人选择“执法不公、选择执法”。① 由此可见，推进政府体制改革和职能转变要求政府进一步在权力运用上做减法，清除民营经济发展道路上的障碍；另一方面在公共服务上做加法，为民营经济营造更加适宜的发展环境。

其次，要构建适应新常态的新型政商关系。2016年3月4日，习近平总书记在民建工商联委员联组会上用“亲”“清”两字阐明了新型政商关系，指出：“新型政商关系，概括起来就是‘亲’、‘清’两个字。”这一要求，对新型政商关系作出新的定位，为构建新型政商关系指明了方向。当前，中国政商关系主要存在两方面的问题。一是“亲”而不清，即企业家与政府官员形成利益同盟，出现所谓“官商勾结”、“官商一体”的现象，官员利用手中的权力帮助一些商人在经营活动中牟取暴利，而商人则对官员“投桃报李”，以金钱、物质或其他方式回馈官员。② 二是“清”而不“亲”，即干部对企业“敬而远之”。一些领导干部因怕担责而不敢为、不愿为，甚至不作为。一些领导干部见了企业家“躲着走”，甚至“不接电话、不批文件、不办事情”；一些领导干部以消极态度对待民营企业家，为企业提供服务的热情锐减，对企业没有积极性；还有一些领导干部对企业家表面上客客气气，但不拍板、打“太极拳”，推诿扯皮。这些问题不仅影响民营企业自身的发

---

① 王钦敏主编：《中国民营经济发展报告》（2014—2015），中华工商业联合会出版社2016年版，第61页。

② 周德文：《如何构建“新常态”下的新型政企关系》，http://www.zhzd.net/newsview.asp?id=586。

展，而且对地方经济社会发展也会带来不利影响。①

有鉴于此，要正确认识和理解“亲”“清”政商关系。习近平总书记强调，对领导干部而言，所谓“亲”，就是要坦荡真诚同民营企业接触交往，特别是在民营企业遇到困难和问题情况下更要积极作为、靠前服务，对非公有制经济人士多关注、多谈心、多引导，帮助解决实际困难，真心实意支持民营经济发展。所谓“清”，就是同民营企业家的关系要清白、纯洁，不能有贪心私心，不能以权谋私，不能搞权钱交易。对民营企业家而言，所谓“亲”，就是积极主动同各级党委和政府及部门多沟通多交流，讲真话，说实情，建诤言，满腔热情支持地方发展。所谓“清”，就是要洁身自好、走正道，做到遵纪守法办企业、光明正大搞经营。企业经营遇到困难和问题时，要通过正常渠道反映和解决，如果遇到政府工作人员故意刁难和不作为，可以向有关部门举报，运用法律武器维护自身合法权益。不能靠旁门左道、歪门邪道搞企业。②

构建新型政商关系首先要进一步深化市场化改革，把政府掌控的过多资源、过大权力归还给市场和社会，政府“看得见的手”要从微观资源配置领域撤出，避免对市场和企业进行过多干预，而要着力增强服务功能。其次，疏通官商正常交往的途径，使正当的官商交往步入正轨，既让官员能够及时了解企业所需，为企业提供及时有效的服务，又能避免企业利用官员权力满足自一己私利，真正做到“在商言商、在政言政”。再次，发挥好法治在塑造政商关系中的作用，用法律和制度规范权力运行，规范是市场秩序和企业行为，阻断权力与金钱勾结的纽带。最后，构建政府与企业良性互动的政商机制和环境。官员与企业家交往要坦荡真诚，主动与企业家沟通交流，形成政商规范互动的格局。③

## 第四节 构建和谐劳资关系

恩格斯曾经指出：“资本和劳动的关系，是我们全部现代社会体系所围绕运

① 翁红军：《新形势下如何构建“亲”“清”的政商关系》，《学习时报》2016 年 12 月 20 日

② 习近平：《毫不动摇坚持我国基本经济制度 推动各种所有制经济健康发展》，新华网，2016 年 3 月 9 日。

③ 翁红军：《新形势下如何构建“亲”“清”的政商关系》，《学习时报》2016 年 12 月 20 日。

转的轴心”。[①] 劳资关系是市场经济中最根本、最重要的关系之一。劳动关系和谐与否,直接影响一个国家的经济与社会发展。构建和谐的劳动关系是社会主义的本质要求,也是促进社会主义市场经济健康发展的重要基础。作为社会主义市场经济的重要组成部分,非公有制经济对经济社会发展发挥了重要的促进作用,也成为影响社会主义劳资关系发展的一个重要力量。构建和谐劳资关系不仅有利于社会主义和谐社会的实现,而且能够促进非公有制经济持续健康发展。

## 一、构建和谐劳资关系对非公有制经济发展的重要意义

在市场经济条件下,劳动与资本二者之间存在着一种既对立又统一的关系。马克思在《资本论》中详细研究了在资本主义生产方式中,资本家凭借生产资料私有制对雇佣劳动创造的剩余价值无偿占有所引发的社会矛盾,从而凸显了劳动与资本相互对立的一面。同时,马克思也指出了劳资关系统一性的一面,即二者具有紧密的相互依赖性。劳动和资本是创造社会财富的两个基本因素,缺少任何一方,资本主义生产方式都无法存在下去。因此,如何在劳动力所有者的权益和资本所有者的权益之间谋求平衡,是贯穿资本主义经济制度发展始终的一个核心问题。

在计划经济体制下,中国实行的是生产资料公有制一统天下的所有制格局,劳动和资本这两个生产要素是紧密而直接地结合在一起的,并不存在严格意义的劳资关系。改革开放以后,随着市场化的推进、国有企业改革、非公有制经济的发展,中国也产生了劳资关系必备的两个基本条件:一些依靠辛勤劳动与合法经营积累财富的人,形成了拥有资本所有权的一方;一些城市就业人群和农业剩余劳动力等,形成雇佣劳动一方。由于在社会主义市场经济条件下存在着多种所有制经济形式,尤其是存在着私有制和雇佣劳动,因此劳资关系消亡的条件并不具备,而且劳资关系还会在相当长的历史时期中存在下去。[②] 客观而言,在社

---

① 《马克思恩格斯选集》第2卷,人民出版社1995年版,第589页。

② 韩金华:《非公有制经济和谐劳资关系研究——以私营经济为例》,经济科学出版社2013年版,第49页。

会主义市场经济条件下，劳资关系同样具有对立统一性。一方面，资本与劳动在经济地位和社会权利方面具有不对等性，在一定条件下二者之间也存在利益分歧甚至是利益冲突；另一方面，二者也具有统一性，资本所有者和劳动力所有者二者谁也离不开谁，二者都是社会物质文化财富的创造者，都是社会主义现代化的建设者。因此，如何处理好资本与劳动关系，同样是贯穿社会主义市场经济发展中的一个关键问题。需要加以说明的是，在中国的社会主义基本制度框架内，无论是非公有制经济的资本所有者，还是劳动力所有者，他们在政治地位上是平等的，他们的合法权益都受到国家的法律和政策的保护。因此，在社会主义市场经济条件下，我们有能力创造更加有利的经济社会条件，缓和与控制劳资对立、劳资矛盾，构建更加和谐的劳资关系，实现二者的合作与共赢。这一点与资本主义市场经济具有本质上的不同。

首先，构建和谐劳资关系可以在生产领域提高生产要素的使用效率，推动生产力的发展，提高社会财富的创造能力。生产力的发展，需要劳动力和生产资料有机结合，这就要求充分调动资本所有者和劳动力所有者双方的积极性，而和谐的劳资关系是实现劳动力和生产资料紧密结合的重要保障。和谐的劳资关系不紧能够激发劳动者的积极性、主动性和创造性，而且能够提高资本的使用效率，促进技术进步和创新，推动生产力的迅速发展。和谐的劳资关系可以使劳资双方均得到合意的经济利益，为经济发展提供了强有力的激励机制，也为劳资关系中自愿合作、持久合作创造了条件。因此，劳资关系和谐对于非公有制经济的存在和发展具有根本性意义。①

其次，和谐的劳动关系有助于缩小收入分配差距、缓和社会矛盾，促进经济持续健康发展。马克思在《资本论》中对19世纪资本主义经济中存在的劳资矛盾形成的内在机理及其导致的经济社会后果进行了深刻剖析。马克思认为，在资本主义的市场竞争压力下，资本家会不断进行资本积累和扩大再生产，但这会导致一个后果，那就是机器排挤工人、失业增加以及越来越严重的贫富两极分化。贫富分化不仅导致广大劳动者有支付能力的消费需求不足，从而加剧生产与消费、供给与需求之间的矛盾，最终引发生产相对过剩的经济危机，而且还会

① 赵晓阳：《我国非公有制经济构建和谐劳资关系研究》，河南大学硕士学位论文，2013年，第6—7页。

导致劳资对立、社会矛盾加剧，甚至引发尖锐的阶级对抗。这些经济社会危机叠加在一起，会使资本主义社会发生严重动荡。马克思的分析对资本主义国家产生了非常重要的警示作用。二战后，包括美国在内的发达国家通过一系列经济和社会政策构筑起一个以“劳资和谐”为核心的“调节型资本主义”体制，从而维持了资本主义近30年的“黄金增长期”。其基本特征表现为：劳资双方建立起关于工资和劳动条件谈判的规范体系，能够使生产力发展所创造的收益广泛分配，促进了中产阶级的成长；政府积极介入对经济的规制，实现资本与公民和谐，资方同意为社会保障、医疗和其他社会福利买单，以换取公众最低限度对公司利润的干预；在国内维持一种寡头垄断的市场结构，进行一场“资本家之间的无声竞争”，即避免无序竞争，维持企业合意的利润率并促使企业稳定吸纳劳动力等。① 这个以“劳资和谐”为核心的调节型资本主义体制，不仅有利于缓和阶级矛盾、缩小收入分配差距，而且使得劳动者的收入水平和消费能力随生产扩大而提高，社会有效需求稳步增长，使得商品能够通过“惊险的一跳”使自身价值顺利实现；同时，由于能够获得稳定的利润，企业也愿意增加生产投资，从而形成生产与消费的良性循环。然而，从20世纪80年代开始，美国等西方国家转而采取“新自由主义”经济政策，彻底摧毁了战后构筑起的和谐劳资关系，结果导致劳动者实际收入增长停滞、中产阶级缩小、收入分配差距扩大、有效需求不足再现、制造业衰落、经济脱实向虚等一系列矛盾，最终不仅引发了严重的全球金融经济危机，而且衍生出一系列社会危机、政治危机，如“占领华尔街运动”、英国脱欧、民粹主义盛行等。战后西方国家劳资关系的演变，无疑凸显了和谐劳资关系对于经济社会稳定发展的重要意义。中国在改革开放进程中，总体上保持了劳资协调发展的趋势，劳资双方紧密结合、共同努力成为支撑中国经济持续快速增长的重要动力。但我们也应看到，由于社会主义市场经济仍不完善，各项法律制度尚不健全，中国在劳资关系领域也存在着一些不和谐、不稳定因素，甚至在某些领域还存在比较突出的矛盾和冲突，成为影响经济社会持续健康发展的隐患。如何克服这些问题和矛盾，对于维护劳资双方合法权益，促进非公有制经济健康发展都具有积极意义。

---

① ［爱尔兰］特伦斯·麦克唐纳、［美］迈克尔·里奇、［美］大卫·科茨主编：《当代资本主义及其危机：21世纪积累的社会结构理论》，童珊译，中国社会科学出版社2014年版。

最后，构建和谐劳资关系有助于在全球化条件下不断提升中国经济的国际竞争力。在经济全球化背景下，资本跨越国界在全球范围内自由流动。资本在获取更多利益的同时，也导致各国企业之间的竞争加剧，并引发许多劳资问题。与发达国家相比，中国面临的风险和挑战更为复杂。在中国，巨大的人口压力就会使劳动力供求不平衡、劳资双方地位不平等的问题不断凸显，并且会进一步拉大收入分配差距。此外，中国的非公有制企业成立时间较短，多数企业内部尚未形成完善的劳资关系管理机制；许多工会组织往往缺乏独立性，也缺乏有效的集体协商机制，这些因素都会引发各类劳资矛盾；而且，在外国投资集中的东部地区，也是劳资冲突、劳资矛盾高发地区。这就需要在实践中调节好劳资关系，否则，不仅会影响国内的经济发展和社会稳定，而且会在国际上产生不良影响。西方国家也会把中国的劳资矛盾、劳资冲突作为它们构筑投资和贸易壁垒、实施贸易保护主义的借口，从而不利于中国企业走出去，在全球市场与发达国家的跨国公司展开平等竞争。因此，构建和谐劳资关系，关系到企业和国家综合竞争力的提升。①

## 二、改革开放以来非公有制经济劳资关系的演变及存在的问题

在改革开放进程中，中国非公有制经济的劳资关系呈现出动态演进的三个主要阶段。② 在改革开放之初，随着个体经济和私营经济的萌生，雇佣劳动关系也开始逐步形成，但这一时期的劳资矛盾并不严重。这种劳资关系的形成主要源于两个原因。首先，改革开放初期的私营企业规模较小，而且主要采取了家族制企业形式。家族制企业主要建立在血缘和亲缘关系基础上，大部分劳动者与私营企业主存在密切的私人关系，劳动者和企业主之间也形成了较强的信任关系，因而出现严重劳资纠纷的可能性较低。即便出现纠纷，企业主也可以利用家族关系、亲戚朋友关系在私下协商解决，而不需对簿公堂。家族制企业这一制度

① 赵晓阳：《我国非公有制经济构建和谐劳资关系研究》，河南大学硕士学位论文，2013年，第7—8页。

② 对劳资关系三个阶段的划分参考了韩金华：《非公有制经济和谐劳资关系研究——以私营经济为例》，经济科学出版社2013年版，第80—86页。

安排在一定程度上发挥了缓和劳资矛盾的作用。

导致改革初期劳资矛盾不突出的另一个重要原因在于劳动者自身的利益诉求不高。这一时期,劳动者受出身、教育、文化水平等因素所限,自身在劳动力市场上处于不利地位,加之他们的权利意识并不强烈,即便出现一些劳资纠纷,他们也会选择默默承受,避免因矛盾激化而失去工作。尤其是对于刚刚走出农村的第一代农民工而言,他们不仅为人忠厚、朴实,任劳任怨,而且即便是并不丰厚的打工收入也明显高于从事农业劳动所获得的微薄收入,这些打工收入使得他们的实际生活水平得到明显改善。此外,这一时期工会组织在私营企业中并不普遍,国家维护劳动者权益的相关法律和机制也尚未出台和建立,因此,劳动者也缺乏维护自身权益的正式渠道。

从 20 世纪 90 年代中后期开始,尤其是进入 21 世纪以后,在非公有制经济发展过程中,出现了劳资纠纷、劳资矛盾频发甚至不断激化的现象。首先,随着家族制企业的发展壮大,企业的劳动用工状况也在发生变化,即由过去主要雇佣家族内部成员转向更多雇佣家族外部成员,企业雇佣关系逐步走向社会化。从家族外部雇佣的劳动者与雇主之间没有亲缘关系,二者之间也缺乏必要的信任,因此,劳资双方容易因为利益分歧产生摩擦和矛盾,从而引发劳资冲突。一些自身素质不高的雇主也并不遵守劳动法的规定,对劳动者的权益随意侵犯,因而进一步激化了矛盾。其次,劳动者的利益诉求也在不断提高。这一时期,私营企业雇佣劳动力的来源也更加广泛,除了农民工以外,一些大中专毕业生、走出国有企业的员工也加入到私营企业的雇佣者队伍之中。这些劳动者由于自身人力资本水平较高、权利意识较强,而且具有一定的经营管理能力和专业技能,因此对收入水平的预期较高。但另一方面,企业主为了获得更多的收益,总是力图降低工资成本,同时也不注重改善劳动条件,甚至有时采取克扣工资和拖欠工资的方式来降低企业生产运营成本。结果劳动者的收入预期无法得到满足,工资收入增长缓慢,因而容易引发劳资矛盾。

根据全国总工会 2005 年对 10 个省份中的 20 个市(区)1000 个各种所有制企业以及 10000 名职工的问卷调查,2002 年至 2004 年三年中,职工工资低于当地平均工资的人数占 81.8%,比上一个三年(1998—2001 年)增加了 28 个百分点;只有当地社会平均工资水平一半的占 34.2%,比上一个三年(1998—2001 年)增加了 14.6 个百分点。更有甚者,还有 12.7%的职工工资低于当地最低工资标准。[①] 另据有关资料显示，私营企业的平均工资水平是各类经济组织中较低的，根据工商部门调查数据，2003 年私营企业职工全年平均工资加分红，总数为 8033 元，而国有单位在岗职工工资为 14577 元，集体单位在岗职工为 8687 元。2004 年私营工业企业从业人员年平均工资为 9310 元，相当于全国工业企业的年平均劳动报酬 12910 元的 72%。[②] 这一时期的劳资关系中还存在着其他问题，如企业普通职工工资与企业经营管理者报酬相差悬殊；劳动定额畸高，职工必须加班加点才能获得基本工资；拖欠工资和不依法给职工缴纳社会保险等。这些因素的综合作用，导致了因劳动报酬引发的劳资纠纷数量明显增加。根据劳动和社会保障部统计，2005 年全国立案受理的劳动争议案件为 31 万件，其中劳动报酬争议案件 10.3 万件，占立案总数的 33%，是各类案件中比例最高的。此外，因劳资矛盾引发职工群体性事件也呈现出一个不断上升的趋势。根据有关部门统计，2004 年因工资报酬低和企业改制使职工利益受损等原因引发的群体性事件占当年全国整个群体性事件总数的 20.92%。即便经济效益好的企业，也常因劳资关系问题没有处理好而引发群体性事件。[③]

正是基于市场化和经济发展进程中劳资纠纷与矛盾出现加剧的趋势，近年来，无论是在政府层面，还是在非公有制企业层面，各方都在做出共同努力，试图在更高层次上构建更为和谐的劳资关系。一是伴随非公有制企业制度转型，企业对劳资关系的管理更加规范化。许多私营企业开始对企业进行股份制改造，逐步建立起现代企业制度，这就要求企业采取民主管理和参与式管理的模式，以便更加广泛地调动劳动者的积极性；同时，员工获得了更多参与企业发展的机会，劳资关系的和谐程度将会不断得到提高。二是非公有制经济人士开始自觉主动地承担社会责任，有助于改善劳资关系。伴随非公有制经济的成长，许多私营企业主从过去仅仅关注短期经济利益，逐渐转变为更加主动承担社会责任，在兼顾劳资各方利益的基础上，实现企业的长期永续发展，许多企业也开始强调对

---

① 张燕喜、石霞：《资本论与中国经济理论热点》，中共中央党校出版社 2009 年版，第 42—43 页。

② 韩金华：《非公有制经济和谐劳资关系研究——以私营经济为例》，经济科学出版社 2013 年版，第 82 页。

③ 张燕喜、石霞：《资本论与中国经济理论热点》，中共中央党校出版社 2009 年版，第 44—45 页。

劳动者的合法权利进行有效保护。企业社会责任意识的增强，将有助于推动企业内部形成劳动者与资本所有者互利共赢的新型劳资关系。三是国家更加注重调节劳资关系的体制机制建设，也促使劳资关系逐步走向和谐。① 伴随《劳动法》《劳动合同法》等法律法规的出台，国家对劳动执法监督的力度也不断加大，加之社会舆论对和谐劳动关系的大力倡导，越来越多的私营企业认识到构筑和谐劳动关系的重要性。它们更加重视维护员工的合法权益，重视员工劳动安全、工资福利和教育培训，尊重员工的人格和自我价值实现，这些都使得非公有制经济的劳资关系正在走出“零和博弈”困境，逐步走向劳资互利、协调发展的“正和博弈”模式。四是劳动力供求状况的变化也为劳资关系改善创造了条件。当前，中国的劳动力供求状况已经发生改变，劳动力由过剩转向不足甚至短缺转变的“刘易斯拐点”已经到来。根据国家统计局的数据，2012 年，我国 15—59 岁的劳动年龄人口首次出现了负增长，当年减少了 300 多万人，此后劳动年龄人口一直以每年 200—300 万人的速度在减少。劳动力供求状况的变化，不仅使中国工人的工资水平出现了普遍上涨的趋势，而且也促使许多私营企业更加注重改善劳动条件，提高对劳动者的待遇。由此可见，市场机制在劳动力市场上所发挥的资源配置功能，也成为促进非公有制经济劳资关系改善的一个重要经济力量。

综上所述，改革开放以来，非公有制经济的劳资关系经历了一个“从低层次的和谐到冲突再到高层次的和谐”的动态演化过程。② 在这一过程中，资本所有者和劳动力所有者各自都在对自身的目标和行为进行适应性的调试，双方之间的关系也呈现出不断改善的趋势。当然，要最终建立起和谐的劳资关系，将需要经历一个循序渐进的过程，这取决于社会主义市场经济的不断完善，以及国家法治化水平的不断提升。当前，在非公有制经济发展进程中，一些典型的劳资关系问题仍然值得我们高度关注：

一是劳动者工资问题。目前，在不少非公有制企业中，普遍存在劳动报酬偏低，甚至随意克扣、拖欠工资的情况，从而损害劳动者的权益。非公企业工资偏低的状况固然与竞争压力、劳动力供求状况等市场因素有关，但也与企业的违法

① 韩金华：《非公有制经济和谐劳资关系研究——以私营经济为例》，经济科学出版社 2013 年版，第 83—84 页。

② 韩金华：《非公有制经济和谐劳资关系研究——以私营经济为例》，经济科学出版社 2013 年版，第 80 页。

违规行为有关。例如,一些企业按当地政府最低工资标准来确定工人工资,甚至将工资降低到最低工资标准以下。工人为了赚取足够的工资不得不加班加点过度工作,而企业也不按法律规定支付加班费。一些企业还普遍存在克扣、拖欠工资、打白条等现象。这些问题不仅导致企业收益在资本与劳动之间不均衡分配,进而拉大社会收入分配差距,而且也是引发劳资纠纷、劳资冲突甚至是社会群体性事件的一个重要因素。因此,如何平衡资本与劳动之间的利益分配,有效保障劳动者的利益,形成一个与经济增长速度、通货膨胀水平、劳动生产率增长速度相适应的工资正常增长机制,是构建和谐劳资关系的关键问题。

二是劳动合同签订问题。劳动合同是劳动者和企业在平等自愿、协商一致的基础上签订的协议,用以明确劳资双方的权利和义务。劳动合同是保障劳动者权益的一种最重要的法律手段。尽管我国《劳动合同法》规定,为维护劳动者权益,构建和谐劳资关系,劳资双方必须签订劳动合同,但在实践中,私营企业的劳动合同签订率仍然偏低。据统计,2013 年,私营企业劳动合同签约率只有65%;一些企业虽然与工人签订了劳动合同,但合同规定的内容也不规范,一些合同中存在单方约束工人、限制工人福利和待遇的"霸王条款",而对雇主的约束内容很少,甚至一些合同中存在明显违反国家法律的内容和歧视性条款。①这些问题的存在都大大削弱了劳动合同法对劳动者权益保护的效力。

三是劳动安全卫生条件存在的问题。我国《劳动法》规定,企业必须建立、健全劳动安全卫生制度,严格执行国家安全卫生规程和标准,以防止劳动过程中发生各种事故,减少对劳动者造成的职业危害。但在现实中,一些私营企业漠视劳动者的生命安全,不按照法律的规定和要求健全企业安全卫生条件,从而引发严重问题。例如,一些企业为降低生产成本,减少对劳动安全设施的投资,导致厂房陈旧简陋,缺乏必要的通风、采暖、防尘、防火、防毒等设施,结果使劳动者长期暴露在不安全、不卫生的劳动环境之中,从而引发各种工伤事故并且使许多职工患上严重的职业病。一些企业出现工伤事故时不及时上报而是故意隐瞒,职工患职业病后也不积极给予治疗和补偿,结果导致工人患病加重甚至危及生命。②

① 杨清涛:《我国劳资矛盾的现状及和谐劳资关系构建》,《中州学刊》2017 年第 1 期。

② 韩金华:《非公有制经济和谐劳资关系研究——以私营经济为例》,经济科学出版社 2013 年版,第 98—99 页。

四是劳动者的社会保障问题。在私营企业中,目前存在的社会保障问题主要表现为社会保险覆盖面过窄、保障水平偏低。我国《劳动法》对于职工保险福利待遇(即“五险一金”)有着明确的规定,但在现实中,这些待遇在一些发展条件较好的大型私营企业中能够得到有效执行,但在许多中小企业中仍存在不能足额为职工缴纳“五险一金”,甚至故意拖欠的问题。一些私营企业甚至没有办理社会保险,使得职工遭受工伤事故侵害时,很容易陷入困境,从而成为诱发劳资矛盾和冲突的一个重要因素。① 此外,实践中还存在着社会保障资金筹集和使用渠道单一、社会保险管理僵化、社会保障基金收入和支出之间的差距较大等问题,结果严重削弱了社会保障机制对劳资关系的调节作用。

五是劳资关系调解机制失灵的问题。在劳资博弈过程中,政府和工会组织是协调二者关系、保障劳动者合法权益的两个重要组织,但在现实中,这两大组织在协调劳资关系的过程中都没有很好发挥其应有的作用。从政府方面看,存在着劳动执法不严、监管不力的问题。尤其是一些地方政府在片面追求经济增长的目标引导下,采取偏袒资本所有者的政策,对资方的一些违法违规行为往往视而不见,担心严格执法会恶化投资环境,影响招商引资,结果削弱了法律对劳动者权益的保护。此外,相关法律制度不健全,执法机构力量不足,也削弱了政府对劳动者的保护。从工会方面看,存在所谓的“工会行政化”现象,即工会在组织、活动等方面,很大程度上受到政府或企业行政的控制和制约,结果导致工会与其本应发挥的职责相背离,尤其是当劳资双方发生劳资矛盾时,工会往往站在企业或资本所有者的一方,而不是为劳动者争取合法权益,这就使得工会组织远离了职工群众。工会行政化使工会组织脱离广大劳动者,不能有效保护劳动者利益,不能有效缓和与调节劳资矛盾,并导致劳资冲突处于自发的、非理性的、破坏性的状态。②

由于存在上述突出问题,如何利用法律和制度手段,平衡好资本与劳动的利益,有效保护劳动者权益,是解决好非公企业中的劳资矛盾,进而在非公有制经济发展进程中构建和谐劳资关系所面临的重要挑战。

---

① 杨清涛:《我国劳资矛盾的现状及和谐劳资关系构建》,《中州学刊》2017 年第 1 期。

② 赵晓阳:《我国非公有制经济构建和谐劳资关系研究》,河南大学硕士学位论文,2013 年,第 15—18 页。

## 三、非公有制经济构建和谐劳资关系的思路与对策

在非公有制经济发展中构建和谐劳资关系，需要坚持中国特色社会主义政治经济学基本原则。首先，构建和谐劳资关系要坚持以人民为中心的发展思想。在中国特色社会主义制度下，广大劳动者、个体经济从业者、私营企业主、民营企业家等都是社会主义的建设者，他们共同构成了“人民”的重要组成部分。因此，构建和谐劳动关系要兼顾劳资各方的合法权益，让经济发展的成果、劳资和谐的红利更加广泛、更加公平地惠及围绕劳资关系的各方利益主体。其次，构建和谐劳资关系要坚持解放生产力、发展生产力的原则。社会主义初级阶段的最根本任务就是解放和发展社会生产力，这是中国特色社会主义政治经济学的核心，也是构建和谐劳资关系的一个基本前提。只有坚持以经济建设为中心，促进经济持续健康发展，把经济增长的增量做大，不断增强企业的赢利能力和吸纳就业的能力，才能既保证劳动者工资水平、福利水平持续提高，劳动条件不断改善，也才能使企业获得稳定利润，使其保持持续增加投资、实施创新、保障和改善劳动者权益的热情和动力。再次，要坚持调动各方积极性的原则。人是推动生产力发展的最活跃的因素，也是推动生产关系不断改进的最活跃的因素。在构建和谐劳动关系中，要着重发挥与劳资关系相关的各方利益主体的积极性、主动性和创造性，尤其是要发挥好政府、企业、劳动者三方的作用，构建起非公有制经济促进劳资和谐的长效机制。

1. 要发挥好政府在构建和谐劳资关系中的作用

资本和劳动是劳资关系中的两个博弈主体，政府则是实现二者利益平衡的调节器、稳定器。因此，政府一方面要在全社会营造构建和谐劳资关系的氛围；另一方面要完善保障劳资关系立法、执法和相关制度建设。在市场经济中，政府并不直接干预企业的具体经营活动和劳资关系，而是主要在以下四个方面发挥作用：一是制定相应的政策并建立制度来维持健康有序的市场经济秩序，使劳动力双方公正地在市场上展开博弈。二是在尊重资本所有者合法权益并支持非公有制经济发展的同时，密切关注和维护劳动者的权益。在劳资博弈中，劳动者往往在地位上处于弱势，需要政府给予必要的扶持。三是在促进经济发展的基础上，为劳动力创造更多的就业机会，保障劳动者有稳定的收入来源。四是加强政

府在调节收入分配、建立社会保障体系方面的作用和能力，为构建和谐劳资关系奠定坚实的经济社会基础。

(1)政府要完善劳资关系的法律制度建设。市场经济是法治经济，这就要求必须实现劳资关系法治化，要围绕劳资关系运行，建立一个完整、有效的法律体系。在劳资关系法制建设中，要准确把握市场经济条件下劳资关系的特点，在法律调整关系中更加注重劳资关系和谐稳定。从立法角度看，需要制定和健全与《劳动法》相配套的各项法律法规。目前，与《劳动法》相关的法律法规主要包括《劳动争议调解仲裁法》《劳动合同法》《劳动合同法实施条例》《就业促进法》等。这些法律法规在一定程度上建立起调解劳资关系的法律体系，但这些法律制度尚不规范，而且可操作性不强。① 因此要进一步完善法律法规的建设。在劳资关系立法过程中，既要借鉴国际先进经验，取长补短，又要充分考虑到中国实际，增强劳动立法的有效性，既要切实保护好劳动者权益，又要维护企业的合法权益，注重在劳资互利中提高企业的竞争力。在完善劳资关系立法的同时，更要注重法律法规的有效执行。尤其是要健全法律执行的监督机制，在强化政府部门执法力度的同时，充分发挥新闻媒体、社会舆论、社会团体的作用，形成有效维系和谐劳动关系的社会机制。

(2)要建立和完善劳资关系协调机制。劳资关系协调机制主要包括企业外部劳资关系协调机制和内部劳资关系协调机制，企业外部协调机制主要表现为三方协商机制，内部协调机制主要表现为集体协商机制。具体而言，三方协商机制是由劳方、资方和政府三方派出代表，由政府代表作为中立的、公正的第三方对谈判的过程进行监督，促进劳资双方之间的沟通交流，并在必要时提供客观公正的解决方案，促使劳资双方通过正式、规范的协商程序，对企业发展和劳动者各项权益等问题进行平等对话，协商解决双方存在的争议和纠纷。在三方协商机制的基础上，进一步完善企业内部的集体协商机制。集体协商机制体现为劳资关系的两个主体——雇员(工会)和雇主(雇主组织)的自行协商，这是劳资关系调节机制的基础。劳资双方通过协商和集体谈判，可以尽量达成双方可以接

① 赵晓阳:《我国非公有制经济构建和谐劳资关系研究》，河南大学硕士学位论文，2013年，第21页。

受的协议，确保劳资双方合法权益，增进劳资关系的和谐程度。①

（3）发展经济，扩大就业岗位。只有提供充足的就业岗位，才能使劳动者有稳定的收入来源，才能确保其生活不断得到改善，为构建和谐劳资关系创造稳定的社会经济条件。政府要高度重视就业问题，积极采取有效措施，缓解就业压力，要立足国情探索有效的就业及就业政策。首先要努力保持一定的经济增长速度，经济增长缓慢显然会减少就业岗位，结果可能因企业削减工人而引发劳资矛盾；其次，要通过加强职业技术培训、劳动者转岗培训，来提高劳动者就业和再就业的能力就业；最后，鼓励劳动者通过“大众创业、万众创新”来拓宽就业渠道，政府要在资金、技术、税收、社会保障等方面出台一系列支持性的政策。

（4）加强收入分配制度改革，实现发展成果共享。促进劳资和谐不仅要在经济发展的基础上做大蛋糕，更要分好蛋糕，使劳动者的收入水平和劳动条件能够得到持续改进，使发展成果更多更好惠及全体人民。一是要处理好公平和效率的关系，初次分配和再分配都要兼顾效率和公平，再分配更加注重公平。在初次分配领域，最关键的是形成一个决定工资正常增长的长效机制。在市场经济条件下，工资的决定主要受到三个因素的影响，即劳动力价值、劳动力供需状况、劳资双方的博弈。在此基础上，工资的决定还要综合考虑经济增长率、通货膨胀率和劳动生产率提高的幅度，从而最终形成一个能够兼顾劳资双方利益的工资水平，既能确保劳动者的生活水平得到持续改善，又不会削弱企业的竞争力。再分配领域，要发挥好政府调节收入分配的作用，尤其是通过完善社会保障体系建设，形成更加公平和可持续的社会保障制度。二是处理好“先富”和“共富”的关系。要允许企业主先富起来，有效保障其财产权利，但企业主的“先富”不能建立在侵犯劳动者权益的基础上，两者的收入差距不能无限扩大，私营企业主应带动普通劳动者实现共同富裕。三是处理好经济发展和改善民生的关系。经济发展的最终目的是不断提高人民生活水平，因此要增强经济发展的共享性、包容性，对社会弱势群体给予更大扶持和帮助，使民生持续得到改善。②

（5）政府要给予非公有制经济企业在市场准入、融资、税收等方面更多的支

① 韩金华：《非公有制经济和谐劳资关系研究——以私营经济为例》，经济科学出版社2013年版，第150页。

② 韩金华：《非公有制经济和谐劳资关系研究——以私营经济为例》，经济科学出版社2013年版，第148—149页。

持。非公企业是一个市场主体,降低成本并实现利润最大化是企业的核心目标。如果企业因市场准入限制、综合成本过高等因素导致其丧失必要的赢利能力之时,通常会产生两个结果:一是企业亏损严重甚至破产倒闭,导致大量工人被解雇;二是企业通过压低工资甚至拖欠工资等方式强行削减成本,以补偿利润率的下降。这两种情况的发生无疑都会引发甚至激化劳资矛盾。为避免劳资关系的恶化,政府就需要在市场准入、融资、税收等方面加大对非公企业的支持力度,一方面帮助企业开拓更有前景的市场空间,稳定企业的赢利预期;另一方面帮助企业降低融资成本、税费成本,提高企业的市场竞争力。只有企业经营状况得到改善,才能为提高劳动者收入、改善劳动条件、缓和劳资矛盾创造必要的经济条件。

2. 要调动非公有制经济中企业主的积极性

在非公有制经济中构建和谐劳资关系,企业主的积极性至关重要。如果不能调动企业主的积极性,那么企业中的劳动者就会处于被动和弱势局面,这样会加剧劳资关系的紧张状态。

(1)企业要进一步增强社会责任感,主动承担社会责任。构建和谐劳资关系,维护劳动者的权益,对企业而言不仅是社会责任,而且是法律要求。企业维护劳动者权益不是增加生产经营的额外负担,而是为企业长远发展蓄积动能。因此,企业不仅要为劳动者提供正常工资,而且要为他们提供良好的工作条件、提供职业技能培训,不断提升劳动者的整体素质,这将有助于进一步提高企业的竞争力。同时,要确保劳动者的这些合法权益不受侵犯。①

(2)企业要严格遵守各项法律法规,努力营造和谐劳资关系的良好环境。一是主动与劳动者签订劳动合同。劳动合同的签订为保护劳动者权益提供了基本的法律保障,使劳动者更加有安全感,从而调动他们工作的积极性,推动企业的发展。二是积极为企业劳动者提供各种社会保障。企业主给劳动者参加各种社会保险,不仅可以解决劳动者的后顾之忧,也是企业能否持续稳定的重要条件。否则就会增大劳动者的流动性,不利于企业的长远发展。三是积极为企业劳动者提供安全良好的工作环境,确保劳动者的健康和生命安全。

(3)吸纳劳动者参与企业管理和利润分享。发达国家的经验表明,企业吸

① 韩金华:《非公有制经济和谐劳资关系研究——以私营经济为例》,经济科学出版社 2013 年版,第 158 页。

纳职工代表参与管理，采取员工持股等利润分享制度，有助于提高员工的积极性、主动性和创造性，可以大大加强员工对企业的归属感和忠诚度，这些都有利于提高企业的劳动生产率，不断增强企业的竞争力。在我国非公企业发展过程中，企业职工可以通过职工代表大会以及选派代表进入董事会和监事会、进行集体协商等方式，分享企业的生产经营管理权和监督权，促进企业发展并维护自身利益。同时，企业也可以通过员工持股计划，让职工以所有者身份参与公司治理，确保企业决策的民主性和科学性，并平衡好利益相关者的关系。①

3. 提高非公有制企业中劳动者的自身素质

提高劳动者的素质是构建非公有制经济和谐劳资关系的必备条件。劳动者是劳资博弈中一个重要主体，劳动力素质的提高有助于增强劳动者的博弈能力，更有效地维护自身利益；同时，劳动者素质的提高，也有助于提高企业的劳动生产率水平，增强企业的竞争力，有助于为改善劳资关系创造良好条件。

（1）增强劳动者法律观念和权利意识。维护劳动者的权益不但是政府部门、工会组织的职能，也是劳动者自己的权利和责任。为此，劳动者要努力提高自己的法律意识、维权意识，学习和了解有关劳资关系的法律知识，熟悉劳动者维权可以借助的各种正式渠道和程序；劳动者要在正规的劳动力市场、劳动力中介寻找工作岗位，并且一定要与企业签订劳动合同，为保证自身权益提供法律依据。劳动者增强自身的权利意识，并不与企业的发展形成对立关系。相反，权利意识的增强在保护好劳动者权益的同时，能够充分调动劳动者的能动性，挖掘人才潜力，增强企业凝聚力，促进企业的长期发展。总之，非公有制经济构建和谐劳资关系需要劳动者自身的发展与企业的发展统一起来。

（2）劳动者要不断提高自身的劳动力素质。劳动者自身的科学文化知识和劳动技能，构成了重要的人力资本。一般而言，劳动者的综合素质越高，人力资本存量越丰厚，他在劳动力市场上就越具有竞争优势，在劳资博弈中也能处于更加有利的地位。为提高劳动力的综合素质，不仅需要国家要推进全民教育、职业技术教育，用高质量的国民教育来提高劳动者的素质，而且需要发挥劳动者自身的积极性和主动性。劳动者要积极学习科学文化知识，参加技能培训，不断提高

---

① 韩金华：《非公有制经济和谐劳资关系研究——以私营经济为例》，经济科学出版社2013年版，第158—159页。

自身的综合素质。劳动者素质的提升可以促进企业实现技术进步和创新,不断提高企业的赢利能力,从而也可以使资方获益。劳动者素质的提高也能够改变资本强势、劳动弱势的格局,促进非公有制经济中劳资关系的和谐发展。①

(3)发挥好工会组织的作用。劳动者素质的提升虽然有助于增强其劳资博弈的能力,但是单个劳动者的行动,往往难以有效维护自身的权益。因此,需要通过工会组织,利用集体的力量为自身在劳资博弈中获得一个公平的地位。②工人应当具有积极参与工会组织、维护自身合法权益的意识。当然,在组织工会的过程中,要避免当前存在的工会行政化现象,使工会在处理劳资关系中真正发挥好保护劳动者权益,有效调节劳动纠纷、劳资矛盾的作用。

---

① 赵晓阳:《我国非公有制经济构建和谐劳资关系研究》,河南大学硕士学位论文,2013年,第25页。

② 韩金华:《非公有制经济和谐劳资关系研究——以私营经济为例》,经济科学出版社2013年版,第159页。

# 第四章

# 中国特色社会主义的社会基础

在中国特色社会主义理论体系的形成过程中,非公有制经济理论的发展演变始终占据重要地位。随着改革开放的不断深化,非公有制经济在我国社会发展实践中一步步走向前台,已逐渐成为全面建成小康社会的决定性力量,成为中国特色社会主义的重要社会基础。

## 第一节　非公有制经济人士是人民群众的重要组成部分

马克思主义唯物史观认为:人民群众是历史的创造者。恩格斯曾经说过:历史活动是群众的事业。决定历史发展的是“行动着的群众”。人民群众从质上说是指一切对社会历史发展起推动作用的人们,从量上说是指社会人口中的绝大多数。在不同的历史时期,人民群众有着不同的内容,包含着不同的阶级、阶层和集团。但始终不变的是,人民群众是社会物质财富的创造者,是社会精神财富的创造者,是社会变革的决定力量。纵观改革开放以来的发展历史,非公有制经济从无到有,逐渐壮大,日益成为社会物质财富、精神财富和改革变迁的主要推动者。从这个角度看,非公有制经济成员必然是中国人民群众的主体构成部分。

### 一、人民群众的范畴及其演变

人民群众范畴的界定包含两个相互关联的问题:一是人民群众是谁,二是人民群众的特征。前者要科学界定推动社会历史主体，后者要科学评判人民群众这一推动社会历史主体的地位作用及其基本面貌。

在从中华人民共和国成立至"文革"结束的党和国家文献中，"人民"一直是以阶级画线的，人民就是一个由几个阶级组成的整体，1956年时包括工人、农民和其他一切劳动人民以及一切拥护社会主义和爱国的人民。① 按历史与逻辑的正常推演，社会主义改造基本完成后，民族资产阶级和上层小资产阶级成员转变为社会主义劳动者，自然成为"人民群众"的一部分。然而直至1978年，"人民群众"只包括工人阶级和农民阶级，与此对立的"敌人"包括两个剥削阶级，一个是被打倒的地主阶级和其他反动派再加右派分子，一个是正在接受社会主义改造的民族资产阶级及其知识分子。

中国特色社会主义道路开创以来，我国社会结构发生重大变化，出现了新的社会阶层。在上述大背景下，我国主流政治话语对"人民"的定义呈现了由以"阶级划限"转向以"阶层划限"的趋势，同时未放弃"政治立场与政治态度"的考量，主要体现在对社会主义事业、对祖国的立场和态度上。1978年，叶剑英在《关于修改宪法的报告》中指出："工人，农民，城市小资产阶级分子，爱国的知识分子，爱国的资本家和其他爱国的民主人士，这些人占了全人口的百分之九十五以上。这些人，在我们人民民主专政下面，都属于人民的范畴。"②不难看出，这段话忠实地引用毛泽东的论述，对人民范畴的界定尚烙有那个特殊年代的政治印记，反映了从第一次国内革命战争至改革开放前党对人民范畴的认知程度。

改革开放成为时代主旋律后，诸如"小资产阶级分子、资本家"等词语很快淡出了关于人民范畴的表述。党的十二大报告将"人民"的范围明确为"由全体社会主义劳动者、拥护社会主义的爱国者和拥护祖国统一的爱国者组成的"。③十届人大二次会议通过的《中华人民共和国宪法》序言从两个层面指出了"人民"的范围："社会主义的建设事业必须依靠工人、农民和知识分子，团结一切可以团结的力量。在长期的革命和建设过程中，已经结成由中国共产党领导的，有

---

① 刘少奇：《中国共产党第八次全国代表大会政治报告》，载《中国共产党第八次全国代表大会文件》，人民出版社1956年版。

② 叶剑英：《中华人民共和国宪法　关于修改宪法的报告》，人民出版社1978年版。

③ 中共中央文献研究室：《改革开放三十年重要文献选编》上，人民出版社2008年版，第794页。

各民主党派和各人民团体参加的，包括全体社会主义劳动者、社会主义事业的建设者、拥护社会主义的爱国者和拥护祖国统一的爱国者的广泛的爱国统一战线，这个统一战线将继续巩固和发展。”①这里从社会主义建设事业的依靠力量和爱国统一战线的主体构成两个层面明确了谁是“人民”，与从人民代表大会制度服务对象的角度确定“人民”范围有相同之处。

在庆祝建党八十周年大会上，江泽民的讲话集中体现了对“人民”范畴理论的历史性突破。他指出：“改革开放以来，我国的社会阶层构成发生了新的变化，出现了民营科技企业的创业人员和技术人员、受聘于外资企业的管理技术人员、个体户、私营企业主、中介组织的从业人员、自由职业人员等社会阶层。”“在党的路线方针政策指引下，这些新的社会阶层中的广大人员，通过诚实劳动和工作，通过合法经营，为发展社会主义社会的生产力和其他事业作出了贡献。他们与工人、农民、知识分子、干部和解放军指战员团结在一起，他们也是有中国特色社会主义事业的建设者。”②

党的十六大之后，胡锦涛重申上述思想，认为“新的社会阶层人士作为中国特色社会主义事业的建设者，在推动经济社会发展、全面建设小康社会中发挥着重要作用。”③关于“人民”范畴的理论演绎大致经历了这样的路径：先由党和国家领导人在其重要讲话中首先提出，再写入党和国家重要会议的报告、决议等文献，在适当的时候宪法和《党章》再做相应的修改。《中共中央关于巩固和壮大新世纪新阶段统一战线的意见》写道：“随着经济社会结构的深刻变革，我国社会阶层发生了新变化，包括知识分子在内的工人阶级队伍不断壮大、整体素质逐步提高、先进性进一步增强，农民日益成为社会主义新型农民，他们是推动我国先进生产力发展和社会全面进步的根本力量。同时出现了大量新的社会阶层，他们是中国特色社会主义事业的建设者。”④

党的十八大以来，习近平总书记围绕党的群众路线教育实践活动发表了一

---

① 《中华人民共和国宪法》，中国法制出版社 2011 年版。

② 中共中央文献研究室：《改革开放三十年重要文献选编》下，人民出版社 2008 年版，第 1178 页。

③ 中共中央文献研究室：《改革开放三十年重要文献选编》下，人民出版社 2008 年版，第 1614 页。

④ 中共中央文献研究室：《改革开放三十年重要文献选编》下，人民出版社 2008 年版，第 1620 页。

系列重要论述，提出了许多新思想、新观点、新论断和新举措，诠释了当代中国马克思主义群众观的精髓要义，形成了新的人民群众观。党的十八大报告要求城乡居民人均收入比2010年翻一番，提高基层人士代表特别是一线工人、农民、知识分子代表比例，在学有所教、劳有所得、病有所医、老有所养、住有所居上持续取得新进展，积极推动农民工子女平等接受教育和让每个孩子都能成为有用之才，做好以高校毕业生为重点的青年就业工作和农村转移劳动力、城镇困难人员、退役军人就业工作，保障妇女儿童合法权益，为子孙后代留下天蓝、地绿、水净的美好家园，香港同胞、澳门同胞同全国人民一道共享做中国人的尊严和荣誉，切实保护台湾同胞权益，中国特色社会主义事业需要一代又一代有志青年接续奋斗等，从中可以真切感受到人民概念是集合性整体性的，同时又是具体性具象性的。这一人民群众观，将作为一个集合的人民群众，进一步具象化为每一个人民个体，避免了人民概念的空洞和抽象。注重人民的整体性与组成人民的每一个个体的一体性，避免了执政实践和执政理论中人民概念的“个体空场”。①

由此可知当代中国“人民群众”的大致范围：一是中国特色社会主义劳动者。中国特色社会主义劳动者包括一大阶级即知识分子在内的工人阶级，几大阶层即工人、农民、知识分子、干部、解放军等。二是中国特色社会主义事业建设者特指社会新阶层，即民营科技企业的创业人员和技术人员、受聘于外资企业的管理技术人员、个体户、私营企业主、中介组织从业人员、自由职业者等。三是拥护中国特色社会主义的爱国者。② 四是拥护祖国统一的港澳台爱国者。五是除中国大陆、港澳台人民之外的海外同胞和侨胞。

## 二、非公有制经济人士的社会属性

1978年以来，随着经济体制改革不断深化，中国的所有制结构由单一的公有制转变为以公有制为主体的混合所有制。所有制结构的变化，加之城镇化进程的加快，社会结构也在发生深刻的变化，原来的“两个阶级，一个阶层”（工人

---

① 陈新汉、邱仁富：《坚持核心价值体系的人民主体性——关于克服社会主义核心价值体系“边缘化危机”的思考》，东方出版中心2011年版。

② 杜鸿林：《党的十八大主旨与中国特色社会主义人民群众观构建》，《中共天津市委党校学报》2013年第2期。

阶级、农民阶级和知识分子阶层）的社会结构逐渐分化，一些阶层诸如私营企业主阶层、经理阶层和农民工群体等新的社会阶层开始形成。各个社会阶层之间的政治、经济关系也发生了且还在继续发生着各种各样的变化。以职业为基础的新的社会阶层分化机制逐渐取代过去以政治身份、户口身份和行政身份为依据的分化机制。这些迹象都表明，中国经济结构变化和经济发展，已经导致了一种新的社会阶层结构的形成，这种新的社会结构正在逐渐趋于稳定，正在按照本身的逻辑继续发展。这种新的社会阶层结构与1978年以前相比较，无论在基本构成成分、结构形态、等级秩序、关系类型和分化流动机制等等方面都发生了极其深刻的变化。

在社会结构的巨大变化中，关注的焦点在于广大非公有制经济成员身上，特别是私营企业主。一般认为，按照马克思的理论，占有生产资料，雇佣工人生产，并获得较多收入者，就是资本家。根据《私营企业暂行条例》，我国的私营企业既然界定为“资产属于私人所有、雇工8人以上的营利性的经济组织”，是以雇佣劳动为基础的资本主义经济，因而私营企业主就是剥削者，属于资产阶级。那么，我们为什么能把非公有制经济成员和个体劳动者、科技管理人员等一样，看作是一个社会阶层呢？

在庆祝建党八十周年大会上，江泽民同志曾指出：“实现人民的富裕幸福，是我们建设社会主义的根本目的。随着经济的发展，广大人民群众的生活水平不断提高，个人的财产也逐渐增加。在这种情况下，不能简单地把有没有财产、有多少财产当作判断人们政治上先进与落后的标准，而主要应该看他们的思想政治状况和现实表现，看他们的财产是怎么得来的以及对财产怎么支配和使用，看他们以自己的劳动对建设有中国特色社会主义事业所作的贡献。”因而“应该结合新的实际，深化对社会主义社会劳动和劳动价值理论的研究和认识”。在这里，对于阶级、阶层的划分实际上确定了三标准：（1）不仅要看经济地位，而且要看政治态度。（2）不仅要看财产来源，而且要看财产使用，即要看实际“贡献”。（3）要在深化对劳动和劳动价值论认识的基础上，考察“他们的财产是怎么得来的”。这既是马克思主义关于阶级划分理论的继承，又是这一理论在新的历史时期的发展和创新。我们可以按照这个标准来分析非公有制经济人士的社会阶层定位。

第一，政治态度。社会阶层不仅是一个经济范畴，同时也是一个广泛的社会范畴。一个群体,只有在经济地位、政治意识、社会地位、生活方式以及意识形态等多方面具有相同的特点时,才形成一个社会阶层。在以消灭生产资料私有制为目的无产阶级革命时期,从经济地位,从对财产的占有量就可以判断一个社会集团对革命的态度。如反封建时期,占有大量土地的地主阶级必然是革命的反对者,无地少地的贫雇农则是土地革命的先锋。以往划分阶级时之所以只考虑经济地位,是因为那时政治态度是和经济地位一致的,因而无需再把前者作为划分的标准。但是,在社会主义建设时期,尤其在社会主义市场经济体制下,情况发生了变化。社会主义的根本任务是发展生产力,根本目的是实现人民的富裕幸福。为了发挥广大群众发展生产的积极性,我们采用和推行了多种所有制和按生产要素分配的市场经济体制,从而涌现出包括私营经济在内的多种非公有制经济形式。在我国,这些经济成分是改革开放的产物,这些经济成分的创业者则是改革开放的受惠者。何况他们是在红旗下长大的,不少人还是长期受党教育的干部。据统计,在资产超亿元的民营企业集团的董事长中有30%是共产党员。因此,与已消灭的资产阶级相比来说,他们虽然也占有生产资料,但又存在一个重大差别:他们拥护以经济建设为中心和改革开放的路线,拥护这一路线的倡导者中国共产党;他们并没有资产阶级和其他剥削阶级的政治态度,不属于与广大人民群众相对立的阶层,而是人民群众的一部分。

第二,财产使用。剩余劳动或者剩余产品,是一切社会依以存在和发展的物质基础。在任何时候,劳动者都要提供剩余劳动或剩余产品,即使在未来的共产主义社会中,劳动者也不可能获得"不折不扣的劳动收入"。所以,劳动者提供剩余劳动,并不一定就是遭受剥削。是否是剥削,要看这个剩余劳动的支配和使用。如果这个剩余劳动归自己、归社会支配和使用,就不是剥削;如果这个剩余劳动归别的社会集团占有和享用,就是剥削。所以,不仅财产的来源,而且财产的支配和使用对于确定财产的性质来说,都是具有决定意义的。在资本主义社会,资产阶级占有的剩余价值有两个用途:或者用于自己的享受,或者用于扩大再生产。后者虽然客观上为社会的发展创造了物质基础,但它首先是增强了资产阶级国家即"总资本家"的实力,增强了对于提供剩余劳动的工农劳动大众进行统治的实力。所以,就支配和使用看,不管是前者还是后者,都是为了资产阶级的私利。而在社会主义社会,情况则有所不同。例如,土地属国家或集体所有,这里的地租虽然也是由剩余劳动构成,但并不具有剥削性质,因为它取之于民、用之于民。可见,在社会主义社会,确定财产的性质是不能不考虑其支配和使用的情况的。毛泽东 1953 年在谈到当时的民族资本主义经济时曾指出,“中国现在的资本主义经济其绝大部分是在人民政府管理之下的,用各种形式和国营社会主义经济联系着的并受工人监督的资本主义经济。它主要地不是为资本家的利润而存在,而是为了供应人民和国家的需要而存在。因此,这种新式国家资本主义经济是带有很大的社会主义性质的,是对工人和国家有利的。”①显然,对于我国改革开放后形成的民营经济、私营经济更应这样看。这些经济成分所起的重大作用是有目共睹的。在拉动经济增长方面,全国工商联公布的数据显示,截至 2015 年,中国非公有制经济成员贡献的 GDP 总量已经超过 60%。全国至少有 19 个省级行政区的贡献超过 50%,其中广东省超过了 80%,浙江省超过了 70%。2015 年,中国非公有制经济完成城镇固定资产投资共计超过 40 万亿元,同比增长 9.4%,占全部投资比重达到 72.4%;②在税收贡献方面,非公有制经济在税收总额中的比重超过 50%。国家税务总局数据显示,2015 年除国有及国有控股企业之外,广义的非公有制经济税收占全国税收的比重大约为 68.3%,这是非常大的一个比重。在吸纳就业方面,非公有制经济企业更是我国劳动力就业的主要渠道。全国政协委员袁亚非在政协十二届四次会议上提出,到目前为止,我国各类非公有制企业已达 4000 万家左右,是我国最大的企业群体,非公有制企业的总量已占了全国企业总量的 99%,贡献了超过 80% 的就业岗位。③总之,把非公有制经济成分等同于为资产阶级服务的资本主义性质的经济,把非公有制经济成分的所有者简单地归结为剥削者是不符合实际的,非公有制经济人士和工农劳动大众一样“也是中国特色社会主义事业的建设者”,是人民群众的重要组成部分。

第三,财产来源。非公有制企业的发展主要依靠自身的积累,即剩余价值转化为资本。而剩余价值则取之于两个方面:(1)企业主作为经营管理者自身创造的价值;(2)企业主作为所有者按资本要素分配的所得。首先,对于企业主的经营管理劳动对价值的创造。传统观点否认企业主的劳动及其对价值的创造,

---

① 《毛泽东选集》第五卷,人民出版社 1977 年版。

② 中共十八届五中全会文件起草组:《中共中央关于制定国民经济和社会发展第十三个五年规划的建议》辅导读本,人民出版社 2015 年版。

③ 单东:《民营经济的贡献和民营企业家的贡献》,《浙江经济》2016 年第 10 期。

这是对马克思理论的误解。在我国私营企业中,企业主不仅是所有者,也是经营者。他们虽然不再从事体力劳动,但都肩负着经营管理的工作。按照马克思的理论,在直接生产过程中,企业主从事的经营管理的劳动,同工人的体力劳动一样,都是创造价值的劳动。因为"凡是有许多个人进行协作的劳动,过程的联系和统一都必然要表现在一个指挥的意志上,表现在各种与局部劳动无关而与工场全部活动有关的职能上,就像一个乐队要有一个指挥一样。这是一种生产劳动,是每一种结合的生产方式中必须进行的劳动"①。没有人会否认,不演奏任何乐器的乐队指挥是音乐家。同样,我们也不能认为,不从事体力劳动而对企业的协作劳动进行组织、指挥者不是劳动者。企业产品的价值,是包括管理者在内的全体劳动者共同创造的。私营企业主从事的经营管理工作,不仅是创造价值的劳动,而且是创造高价值的劳动。因为经营管理劳动是复杂劳动,是多倍的简单劳动,在同一时间内会比简单劳动创造出更多的价值。"这种劳动化为当作它们计量单位的简单劳动的不同比例,是在生产者背后由社会过程决定的。"②其次,关于按资本要素分配的性质。私营企业主作为企业财产的所有者,还取得按资本要素参加分配形成的收入。传统观点认为,按资分配即按资本要素分配是资本主义经济的分配方式,只有按劳分配才是社会主义社会的分配方式。因而,人们会认为,我国私营企业主的这部分所得应属剥削收入。其实,包括按资分配在内的按生产要素分配这种分配方式,并不是取决于生产方式的性质,而是决定于资源配置的方式,决定于资源由市场配置这一特定方式。按要素分配并不是资本主义所特有的分配方式,而是市场经济所共有的与市场经济相适应、相一致的分配方式,是与社会主义市场经济体制相适应的,是市场经济下唯一可能存在的分配方式。正如市场经济本身并不具有社会形成规定一样,按生产要素分配本身也不存在姓资姓社、剥削非剥削的问题。在公有制经济中,资本的利润虽然也是由企业劳动者提供的剩余劳动构成,但由于利润返还社会,用于社会的发展,因而这里的按资分配,或者说对利润的占有,并不具有剥削的性质。这个结论也适用于非公有制经济。由于非公有制企业主本身的消费是由其经营管理劳动所创造的价值来补偿的,这里的资本收入在原则上是用于扩大再生产的。

---

① 《资本论》第三卷,人民出版社1975年版,第431页。

② 《资本论》第二卷,人民出版社1975年版,第58页。

所以,在非公有制企业中,根据资本要素参加分配同样不具有资本主义经济的性质。作为资本积累主要来源的利润,虽然也是由企业劳动者提供的剩余劳动构成,但是它不是建立在剥削的基础上的,与公有制经济一样,非公有制经济人士也是“中国特色社会主义事业的建设者”。这里的资本积累同样是取之于民、用之于民,即用于社会主义社会的发展。①

以上三个方面的对非公有制经济社会属性的分析,坚持了社会存在决定社会意识的历史唯物主义原理以及从经济地位去区分社会集团的马克思主义原则,同时又从我国的现实出发,显现出了社会阶层范畴的全部内涵,从而为我国改革开放后形成的非公有制经济这一新阶层的社会属性给予了科学的准确的定位,即非公有制经济是人民群众的重要组成部分。这不是背离马克思主义,恰好相反,是对马克思主义的继承,同时又是对马克思主义的发展。

## 第二节　非公有制经济阶层是一个多元化的社会群体

马克思主义强调社会分工、生产资料的占有、财产所有制对社会分层的决定性意义。随着社会的急剧变迁,市场能力和市场中的机会对阶级、阶层构成冲击,进而形成社会阶层的分化。社会阶层分化社会结构的动态变化,原有社会阶层结构的变化和社会成员在阶层间的移动现象,其实质上是社会原有阶层的多样化。改革开放后,我国实行以公有制为主体、多种所有制共同发展的所有制结构。经济成分日益复杂,非公有制经济占比不断攀升。这些非公有制经济形态的发展,催生了民营科技企业的创业人员和技术人员、受聘于外资企业的管理技术人员、个体户、私营企业主、中介组织的从业人员、自由职业人员等新的社会阶层。作为社会主义中国新兴的社会阶层,不仅使过去以工人、农民、知识分子为主体的社会阶层的格局发生了变化,也使非公有制经济阶层内部越发呈现出多元化的发展趋势。

---

① 汤在新:《我国社会阶层构成及私营经济性质分析》,《经济学家》2001年第6期。

## 一、非公有制经济阶层的内部构成

不同于工人、农民和知识分子这些同质性高的阶层,非公有制经济阶层是具有极大内部差异性、层次性和包容性的阶层。在非公有制经济的从业人员中,既有个体经营者,也有科技型企业家;既有下岗再就业的普通劳动者,也有拥有技术和知识的专业人士;既有家族经营的小公司,也有外商投资的大跨国公司;既有知识密集型的“海归派经济”,也有劳动密集型的小农经济。按照不同的划分标准,可以将非公有制经济阶层进行多种类型的划分。

### (一)按企业登记注册类型划分

1. 个体经济阶层

个体经济阶层是非公有制经济阶层的重要组成部分,个体经济是中国建设社会主义市场经济的重要内容之一。作为中国改革开放后发展市场经济的探路者,个体户曾经是中国先富阶层的代表,最早尝到中国经济改革的甜头。20 世纪 90 年代,中国刚刚确立社会主义市场经济的发展方向,市场竞争还不充分,私营企业还不敢大胆发展,因此个体经济作为非公有制经济的主体得到了很大的发展空间,这一时期个体经济的迅猛增长还曾引发了席卷全国的“下海潮”和“经商潮”。进入 21 世纪以后,市场经济经过多年的发展后逐渐成熟,市场竞争日趋激烈,个体经济所占比例过高的地区出现回调,为效率和发展空间更大的私营企业等其他市场主体所取代,而那些个体经济所占比例不高的地区,个体经济则继续保持增长的态势,这显示了个体经济在经济发展的不同阶段所发挥的作用在变化。从农村和城镇个体经济的不同发展趋势来看,也显示了竞争力相对较弱、政策扶持上被区别对待的农村个体户在日趋激烈的市场竞争面前首先被淘汰的命运。同时,中国加入世界贸易组织(WTO)后沿海大批出口加工型企业对劳动力的需求增大了农村剩余劳动力从事个体经济的机会成本,在从事个体经济收益日益下降的情况下,更多的农村剩余劳动力选择外出务工,而非从事个体经济。① 总体上来说,个体经济在非公有制经济中处于相对弱势地位,在数量

① 李昆、赵昌文:《中国个体经济:30 年的变化与发展》,《四川大学学报》(哲学社会科学版)2010 年第 6 期。

上和鼎盛时期的90年代末相比,所占比重也已大为下降。

2. 私营经济阶层

私营经济阶层是非公有制经济阶层的主体部分,是社会主义市场经济的重要组成部分,在国民经济中起着十分重要的作用。作为一个阶层,私营经济在1957年社会主义改造完成之后,基本上就不复存在。在改革开放之前的几十年中,私营经济一直是政治运动所针对和打击的对象。20世纪80年代,随着个体经济的日益发展,实际中出现了越来越多的雇工超过7人的工商大户。1988年3月,人大通过宪法修正案,在原第十一条中增加"国家允许私营经济在法律规定的范围内存在和发展,私营经济是社会主义公有制经济的补充。国家保护私营经济的合法权利和利益,对私营经济实行引导、监督和管理"以及将土地的使用权可以依照法律的规定转让等写入宪法。自此,私营经济的合法地位得到了确认。进入20世纪90年代之后,我国私营经济保持了一个良好的、快速的增长态势,在国民经济中的地位也日益凸显,无论是所创造的产值、提供的就业人数还是所交纳的税收,都已经占据一个重要的位置,并且呈现出了一个良好的发展前景。① 作为一个社会阶层,私营经济成员在社会经济中的地位近年来不断上升,一些成功的私营企业,如联想、华为、万达、海尔、阿里巴巴等,已成为引领中国经济发展和模式创新的领导者;一些成功的私营企业家,如柳传志、俞敏洪、王石、马云、马化腾等,已经成为通过奋斗而改变命运的励志模范,在社会上的影响力日益凸显。

3. 外资经济阶层

外资经济阶层是非公有制经济阶层的又一重要组成部分,曾经并且仍然在社会主义市场经济中扮演重要角色。改革开放以来,外资经济的地位经历了持续的演变。在20世纪80年代,随着对外开放步伐的扩大,外商投资快速增长,从初期的每年数百个项目、几亿美元的实际投资迅速扩大到每年几千个项目、数十亿美元投资,成为国民经济的有益补充。1992年之后,外商投资开始大幅增长,外商投资在全社会固定资产投资中的占比、外商投资企业工业产值占比和增长率、涉外税收增长以及外商投资企业进出口占比均显著提高,这一时期的外资

① 石本仁:《中国私营经济的发展回顾与现状分析》,《暨南学报》(哲学社会科学版)2005年第3期。

经济已成为国民经济的重要组成部分，在非公有制经济板块中占据越发重要的地位。2001年中国加入世界贸易组织以来，外资经济在中国经济中的地位进一步上升，同时对其他经济成分形成了强大的带动作用。外商投资带来的先进技术、工艺、设备和产品，推动了国内相关工艺的技术进步，加快了我国产业结构和产品结构的调整步伐。① 机械、电子、汽车、化工、轻工、纺织、医药等许多行业通过吸收外商投资使产品得到更新换代，技术工艺和生产水平明显提高，国际竞争力明显增强。② 此外，外资经济通过合资合作，使国有企业和民营企业实现了企业经营机制的转换，其先进的管理体制和管理经验，对我国企业经营人才的培养和管理水平的提高起到了重要的示范和推动作用。

### （二）按生产要素所有类型划分

1. 资本要素所有者

资本要素所有者主要是指拥有私人资本和固定资产，并雇佣职工进行经营以获取利润的人员。按现行政策，雇工在7人以上的企业主是私营企业主，而从事小规模生产、流通、服务业等经营活动，自己参加劳动和经营，有些还有专业的技术和手艺，带些徒弟，雇请少量帮工的小业主、小雇主是个体工商户。无论是私营企业主还是个体工商户，都是改革开放以后产生的一个阶层。从20世纪80年代的最初兴起，到目前，资本要素所有者已经成为非公有制经济阶层的代表群体。狭义的个体和私营资本所有者的投资在全社会固定资产投资中已占1/3，而广义的非公有性质的资本所有者在全社会固定资产投资中占比已超过了2/3。我们要正确区分资本要素所有者和资本家。从社会背景看，资本家是在资本主义方式下，在暴力掠夺的基础上靠榨取工人的剩余价值发展起来的；而我们现在的资本所有者企业家是在国家政策支持鼓励下逐步发展起来的，他们收入的绝大部分是靠勤劳致富积累起来的，与旧时的资本家相比，无论在经济行为上，还是在政治方面，都存在着本质的区别。从经营行为上看，资本所有者既是企业管理者，又是企业劳动者，与过去的资本家不同。资本所有者从事投资经营活动，付出了大量的劳动如经营管理、科技开发、营销策划等，而这些劳动是较高智力的复杂劳动。随着生产的发展、社会分工和技术进步，人类的社会劳动形态

---

① 马宇：《外资经济——一种生逢其时的经济形态》，《国际贸易》1997年第11期。

② 赵心月：《转型期我国外资经济发展趋势研究》，《中国经贸导刊》2015年第6期。

不断地发生变化,科学技术和经营管理作为劳动的重要形式,在生产中的作用将越来越明显。从发展趋势看,资本所有者状况与旧社会的资本家相比发生了很大变化。由于股份制、合作经济等新型经济形式的出现以及生产资料所有权与经营权的分离,不仅使生产力和生产关系之间的矛盾大大缓解,而且还会使私营经济受到宏观调控的规范,特别是通过所得税等税种的征收来调节收入分配,可以有效地缓解社会过于悬殊的贫富差距,保证社会的整合性和稳定性。

2. 劳动要素所有者

劳动要素所有者在非公有制经济阶层中是最为多元化的群体。大体上可以分为在非公有制企业中的产业工人阶层、办事人员阶层和商业服务人员阶层。产业工人阶层主要包括在第二产业(工业、建筑业)的非公有制企业中从事直接和辅助性生产的体力、半体力劳动的人员。非公有制企业中的产业工人阶层是近代以来中国经济社会发展,特别是社会化大生产的产物,是推动先进生产力发展的基本力量。随着中国工业化、城市化、现代化事业的继续发展,产业工人的队伍必将继续扩大,其本身的政治技术、文化素质和经济社会的地位也将不断提高,从而为现代化事业作出更大贡献。办事人员阶层是在非公有制企业中的基层管理人员和非专业性办事人员,这一阶层是社会阶层流动链中的一个重要环节,是国家与社会管理者、经理人员、专业技术人员的后备军,是普通劳动者实现上升流动的一个台阶。这个阶层在社会上被称为白领劳动者,是现代社会和社会中间阶层的重要组成部分。商业服务人员阶层是在商业、服务行业中从事非专业性的体力和非体力劳动的工作人员。在一些商业服务业还不发达的地区,商业服务人员的产业层次较低,主要还是从事一些传统商业、餐饮等服务业,绝大多数员工的社会经济地位与产业工人较为类似;而在一些大或特大城市,一些新兴的服务业,如金融、保险、科技、教育、旅游、通讯、传播、客货运、娱乐、房地产、期货、证券、社区服务等正在蓬勃发展,预示着这个阶层未来会有一个较大的发展。

3. 技术要素所有者

技术要素所有者在非公有制经济阶层中是最具有活力的群体。大体上可以分为经理人员阶层和专业技术人员阶层。经理人员阶层主要是指在三资企业和大中型私营企业中非业主身份的中高层管理人员,这个阶层拥有文化资源和经济资源优势,随着国民经济的发展,经理人员阶层是逐年增多的。专业技术人员阶层是在非公有制企业中从事专业性工作和科学技术、人文社会科学工作的人员。他们大多经过中高等专业知识和专门职业技术的培训，具有适应现代化经济社会事业发展的专业知识和专门技术，拥有文化资源的优势，是现代社会中的中间社会阶层的主干群体，既是先进生产力的代表之一，也是先进文化的代表者之一，是维护社会稳定和社会进步的重要力量。①

### （三）按收入和财富水平划分

1. 高收入阶层

随着非公有制经济的高速发展，我国社会结构发生总体性变化，表现在社会分层变化方面的一个最为突出的现象是产生了一个高收入群体。高收入群体定义的主要依据是经济收入的数量，常指“高收入者”“富人”“有钱人”“富豪”。根据2005年修订后的《个人所得税法》，凡年收入达到12万元以上的个人，须主动到主管税务机关办理纳税，这样就提出了一个年收入12万以上的可以衡量的高收入群体的标准。根据国家税务总局公布的资料，高收入群体主要集中在银行、保险、证券、烟草、电力、电信、石油、石化、航空、房地产、制造业等行业，其中绝大多数是私营企业主为代表的非公有制经济阶层。② 也就是说，非公有制经济阶层是我国当前高收入阶层的主体。

2. 中等收入阶层

在非公有制经济阶层中，除了少部分高收入群体之外，中等收入阶层占据大部分，主要包括在非公有制企业中的白领劳动者群体。随着财富的公众化和社会化趋势的发展，新的社会结构和分配格局正在形成，中等收入人群在社会中的比重逐渐增大，形成一种纺锤形的收入分配人口结构。作为新产生的社会阶层，非公有制经济阶层中的绝大多数都是中等收入者，他们是中国特色社会主义的主体建设群体和消费群体，是和谐社会的稳定器。中等收入阶层比重的不断增大，有助于形成健康合理的现代社会阶层结构。

3. 低收入阶层

非公有制经济的发展虽然使全社会的收入和财富水平有了明显的提高，但不可避免地也造成了贫富分化。出于知识、技能、疾病、懒惰等主观上的原因，以

---

① 陆学艺：《当代中国社会阶层的分化与流动》，《社会学研究》2003年第4期。

② 方曙光：《中国当前的高收入阶层分析》，《合肥工业大学学报》（社会科学版）2011年第3期。

及城乡、区域差距等客观上的原因，一些非公有制经济成分的劳动者的收入增长未能赶上全社会的增长速度。① 同时，在体制转轨过程中，国有和集体企业的下岗职工或多或少地还面临一定程度上的不公平分配问题；在自主创业过程中，由于缺乏体制内的资源以及经营管理不善，部分劳动者在创业失败后也降入了低收入阶层行列。

## 二、多元化非公有制经济阶层的社会经济特征

### （一）非公有制经济阶层是以生产要素参与社会分配的阶层

在非公有制经济成员中，个体户是拥有生产资料的劳动者，民营科技企业的技术人员和受聘于外资企业的技术人员是技术的所有者，中介组织的从业人员、自由职业人员是知识的所有者，民营科技企业的创业人员、受聘于外资企业的管理人员和私营企业主是管理要素的所有者，私营企业主又是资本的所有者。他们凭借劳动、知识、技术、管理和资本等生产要素按贡献参与社会分配。凭借对生产要素的所有，非公有制经济阶层集中了作为市场主体参与市场竞争所必需的各种决策权力，可以根据需要自主决策，包括各种创新活动的决策，这为民营企业提供了创新的制度保证。②

### （二）非公有制经济阶层是具有极大内部异质性的阶层

如前所述，不同于工人、农民和知识分子这些同质性高的阶层，非公有制经济阶层的内部差异性很大。在非公有制经济的从业人员中，既有个体和私营企业主，也有专业技术人员和高级管理人员；既有城市下岗再就业和农村进城打工的普通蓝领劳动者，也有在大中型企业从事脑力劳动的白领阶层；既有家族经营的小公司，也有外商投资的大跨国公司；既有知识密集型的"海归派经济"，也有劳动密集型的小农经济；既有收入和财富水平很高的富豪阶层，也有小本经营甚至勉强维持的个体私营业主。总之，非公有制经济阶层因其内部的巨大差异，成为一个具有很强包容性和层次性的社会群体。

### （三）非公有制经济阶层是一个关乎社会结构稳定的群体

对于非公有制经济来说，企业主本质上是资本家，趋利是其共同本性。非公

---

① 王班娜：《关注中国低收入阶层》，《领导文萃》2001年第11期。

② 杨玉民：《努力提高民营科技企业创新能力》，《中国科技信息》2006年第6期。

有制企业主的资本家本性决定了,他们将凭借其对生产资料的所有权,在生产经营中处于支配地位,通过雇佣劳动的方式占有劳动者创造的剩余价值。从这个角度讲,非公有制企业主是剥削者,具有资产阶级的本质属性。但是,由于我国非公有制企业主的产生有其特殊的社会背景,他们有着不同于资本主义国家资本家的特殊性。作为中国特色社会主义社会中的非公有制企业主,其内在要求上具有建立体现以人为本原则的新型和谐劳资关系的内容。同时,从劳资关系发展的一般规律性特征来看,由对立向逐渐趋于缓和也是大趋势,这种缓和是建立利益共享机制的重要基础。当前,在我国相当部分已具有一定规模的非公有制企业中,较其发展之初单纯地创造经济利润相区别,它们正在通过基本价值观的重塑、经济利益的再造、制度建设的倚重以及企业文化的构建,实现观念转型、经济让利、制度保障等方式,缓和劳资关系。通过由对立过渡到合作,由雇佣与被雇佣的简单经济关系过渡到现代企业制度下的战略合作伙伴关系,由雇主的利益独享的单边机制过渡到雇佣双方利益共享的双赢机制,实现企业微观经济层面的共享发展,为共享发展理念深入人心、和谐社会的建设提供了重要推动。

### (四) 非公有制经济阶层是一个推动技术和制度创新的群体

改革开放以来,我国的自主创新取得了一系列重大的成就,其中最生动、最强劲、最富有影响力的莫过于出现了非公有制科技型企业。非公有制科技企业不但把科技推向市场,促进了生产力的解放和发展,而且着力推动制度变迁,在生产、分配、交换、消费的配置上创造了适合中国国情的更为先进的生产关系,创造了能调动人们积极性的社会化组织形式和经营方式。非公有制科技型企业的研发和生产经营以市场为导向,生产要素靠市场调节,经济行为和活动受市场规律制约,企业在市场竞争中优胜劣汰。企业的一切生产经营活动,始终与经营者的自身利益息息相关。企业在录用人员上具有“双向选择权”“因事设人”“一人多用”,劳动者的潜能得到充分发挥。民营科技企业是先进的生产力与最具活力的经营机制的有机结合。

### (五) 非公有制经济阶层是一个具有全球眼光的群体

非公有制经济的发展关乎改革开放进程中“走出去”和“引进来”,它们在多元的竞争中充满活力。据统计,我国极具竞争活力和创新能力的非公有制科技企业已达到上百万家,很多它们已经成为我国参与国际竞争和实施“走出去”战略的重要力量,在推动“一带一路”建设、对外直接投资等领域发挥日益重要的作用。非公有制经济阶层还是与“引进来”战略连在一起的阶层。截至2015年，我国累计批准外商投资企业48.1万个，当年实际利用外资1263亿美元。改革开放30年来，我国的出国留学生已经超过300万人，其中已经有近200万人回国工作，留在国外的还有100多万人。这批人中的相当一部分不仅学有所成，而且还有在跨国公司工作的经验。他们当中有研究开发、经营管理、资本运营等各方面的人才。海外各类专业人才这一群体是中国经济国际化的中坚力量。① 更为重要的是，产权清晰、机制灵活有利于非公有制经济开展对外经济合作。与国有大型企业相比，非公有制企业的产权明晰，自担风险，具有强劲的内在动力，同时体制机制灵活，具有经济激励、适应市场的内在素质，在开展对外经济合作过程中目标明确，政策性负担小，更能适应国际市场竞争。非公有制企业在管理体制、用人机制、产品开发、市场营销和市场洞察力等方面都比国有企业更具有优势，这使他们在面对他国的经济环境时更游刃有余。② 同时，小规模技术优势有利于非公有制经济进行对外投资。尽管中国的非公有制企业不能向发达国家跨国公司那样，利用垄断技术，获取高额利润，但是却能在需求多元化、多层次化的市场结构中，拥有大公司无法替代的技术优势。即使是那些技术不够先进，经营和生产规模不够大的非公有制企业，参与国际竞争仍有很强的经济动力。中国非公有制企业生产的很多产品既是劳动密集型产品，又是高技术密集型产品。这种复合型新产品，工业发达国家劳动力太贵，不愿意做；发展中国家技术水平低，又做不了。这正是中国非公有制企业的特殊优势。③

## 三、非公有制经济阶层的多元化与和谐社会建设

在非公有制经济的发展壮大过程中，其内部社会阶层结构的多元化变迁是社会主义市场经济体制建立、发展和完善的必然结果，是经济发展的体制环境所发生的重大变化在社会层面的客观反映。社会阶层的深刻变革对和谐社会建设带来机遇、起到积极效应的同时，也会对构建社会主义和谐社会带来不可忽视的

---

① 杨晓平：《非公经济阶层八大特点》，《理论探讨》2003年第2期。

② 张帆：《中国民营企业对外投资的优势及政策》，《黑龙江对外经贸》2006年第2期。

③ 涂丽亚、徐龙伟：《民营企业对外直接投资的优劣势分析》，《企业经济》2004年第5期。

消极影响。只有客观评价阶层分化对和谐社会建设的双重影响,才能正确引导和解决其带来的一系列积极因素和社会矛盾等问题。

### (一)非公有制经济阶层的多元化对和谐社会建设的正面效应

非公有制阶层内部的多元化,以及随之产生的全社会阶层的分化,作为改革开放的直接产物,是现代化进程的重要组成部分,作为一种社会运动,是巨大的历史进步;作为现代化进程中随着社会分工的发展和市场体制机制的完善和成熟而出现的一种社会现象,也必然对体现经济发展、民主法治、公平正义、诚信友爱、安定有序、人与自然和谐相处的和谐社会的建设具有重要的促进和推动作用。

1. 多元化非公有制经济阶层的形成和壮大有利于我国社会从身份到契约的转变

传统社会结构是一种以身份为核心的高度凝固化的社会结构形式,其变化滞后的特点十分突出。契约是根据各方的利益关系和理性原则订立的规范个人和社会行为的协议,契约关系确立了人与人之间的关系是权利与义务的对等性质,是契约双方资源与信息的对称性质。用契约取代身份实质上是人的解放,是用法治取代人治,用后天奋斗取代对先赋资格的限制,是实现人的全面发展的理性前提和基础。中国正加快步伐向“契约社会”过渡。经济体制的根本性变化,社会阶层的分化,都使得利用身份优势获取利益的余地大大缩小。现在,越来越多的人认识到,以才华和成就为基础,通过社会选择去创造服务社会和发展自我的机会才是牢靠和光彩的。更多的人学习运用契约的方式与外界打交道,并据此保护自己的合法权益。同时,人们不再惧怕流动,束缚人才的框框正在一个个被取消,生活的节奏加快了,社会的活力增加了,这对解放人的思想、促进人的全面发展,实现社会公平正义具有重要的意义。

2. 多元化非公有制经济阶层中不断涌现出的新的阶层是和谐社会重要的活力因素

新兴社会阶层是顺应历史和时代发展要求而出现的,这就注定他们是有生命力的,是财富的创造者和祖国富强的贡献者,是一个关乎民富国强的特殊阶层。社会活力是历史进步、协调、和谐的基础和条件,是社会发展的源泉与动力。社会活力不断增强,是现代社会的重要标志,是生产力持续增长的保证。西方社会学和政治学的一些研究者认为,每个社会都会不断地出现新的社会阶层(一般指新中间阶层),这些阶层适应社会发展而产生,顺应社会发展而发展,是天生的积极力量,因此也是天生的和谐因素。新的社会阶层的社会政治态度天生趋向温和的改良主义和道德相对主义,通常不会支持极端的、激进的政治行动(如暴力、造反等),而是主张渐进的变革模式,主张对新事物和新变化采取开放的、宽容的、相对主义的态度,他们的社会政治倾向被认为是社会稳定以及实现现代民主政治的基础。① 因此,新兴阶层作为和谐的音符和动力的源泉,是社会生产力持续增长的保证,是建设和谐社会的物质基础。离开了新兴阶层,构造和谐社会便失去支撑。

3. 多元化的非公有制经济阶层推动了民主法制的进程,为社会和谐提供了可能

进入21世纪以后,有两个新变化值得注意:与非公有制经济相联系的阶层对地方政治生活和政府活动的影响越来越大;某些社会阶层的代表性人物开始以集体的形式出现,而这在以往是少见的。各社会阶层在现代化建设这个民族愿望上形成了较为稳定的"利益同盟",因此对民主和法制建设的影响总体上讲是积极的。非公有制经济的多元化推动了中国社会阶层的分化,而这一分化与世界范围内的社会分化趋势具有一致性。但是,与第二次世界大战结束和新科技革命到来为起点的世界范围社会成员构成大调整相比,中国的阶层分化明显滞后。在经历了三十余年的社会阶层加速分化过程后,这个差距已经缩小,明显地与世界范围内的发展大趋势相一致。工商业劳动者数量不断增加,农业劳动者数量不断减少,劳动者"白领化"等,均从侧面反映了当代中国社会阶层分化的历史进步性,必然对和谐社会的建设有一定的推动作用。②

### (二) 非公有制经济阶层的多元化对和谐社会建设的负面效应

任何事物都有两面性,多元化非公有制经济阶层及其所带来的社会阶层的分化也是一把双刃剑,在产生诸多积极效应的同时,也潜伏着很多问题和矛盾。

1. 社会阶层的局部弱势化是影响社会稳定的直接因素

当前,多元化非公有制经济阶层内部的阶层分化过程在持续进行,并逐渐形成了社会阶层结构的"倒丁字"形分布,这集中反映了中国城乡分化的现实。也就是说,农村人口构成"倒丁字"形的一横,是巨大的处在下面的社会阶层,而城

---

① [美]巴林顿·摩尔:《民主与专制的社会起源》,拓夫译,华夏出版社1987年版。

② 任志坚、陈磊:《我国社会阶层的多元化变迁与和谐社会的构建》,《经济与社会发展》2010年第11期。

市人口更多是构成“倒丁字”形结构的一竖的社会阶层。在中国的两大基本阶层——工人阶层和农民阶层呈现明显的弱势化趋势。社会阶层弱势化的趋势呈现出危险的征兆,在这种社会结构紧张状态下,社会矛盾比较容易激化,社会问题和社会危机比较容易发生。当社会各个阶层间的隔阂和抵触达到一定程度时,必定会引发社会的不安和动荡。当前,中国不仅存在一般意义上的大量的弱势群体成员,而且社会阶层结构对社会稳定也是很不利的。

2. 社会贫富差距扩大导致阶层之间的矛盾,带来阶层之间的不和谐

在社会阶层分化过程中,由于体制、政策法规的不健全,社会收入差距日益拉大。同时,有形资产、金融资产等财富差距也以加速度发展。由于收入差距和财富差距扩大的共同拉动,反过来又加剧了社会贫富的差距。中国的贫富差距已经突破了合理的限度,社会不平等问题日趋严重,富裕阶层的利益增进与弱势阶层的基本生活改善严重脱节,阶层间的利益矛盾和冲突出现逐渐增加的迹象,仇富心态在相当一部分民众中露出端倪,如果贫富差距悬殊问题长期得不到改善,必将严重影响社会的安定和和谐。

3. 社会阶层分化带来社会成员的焦虑心理,影响着社会活力的激发

社会阶层的迅速分化,对于生活在社会中的阶层成员来讲,无疑是一次大的变革,因此不可避免地会产生较大的心理冲击。伴随着社会阶层分化的不公平、不合理现象,会使一些社会成员心理失衡,对自身社会坐标迷惘,产生了不公平感、相对被剥夺感、受挫感和危机感等社会焦虑问题。面对少数人财富的迅速增长,有的人认为可以理解,有的人愤世嫉俗。社会主义和谐社会需要心理氛围,需要同和谐社会目标相适应的和谐理念与和谐精神,一旦以上问题没有得到合理有效的解决或某些需求不能得到满足时,就会表现出某些共同焦虑,如果社会成员不能理性面对,甚至产生对社会现实的抵触情绪,必将影响社会活力的激发和社会的和谐。因此,对于非公有制经济多元化特征所带来的社会阶层的分化,必须充分重视、合理疏导,有效规避其负面影响,积极引导使其发挥出更大的正面效应。

## 第三节　非公有制经济与企业家

法国经济学家让·巴蒂斯特·萨伊最早提出了“企业家”的概念,他指出:

“企业家是把经济资源从生产效率较低、产量较少的领域转到生产效率较高、产量更多的领域的人。”丹尼·米勒最早提出了企业家精神的概念，他认为，企业家型企业往往“致力于产品市场的创新，承担一定程度的风险，最先启动超前行动式的创新，并对竞争对手致以沉重的打击。所以，企业家精神可以概括为三个基本维度：创新、冒险、超前行动。”长期以来，我国受旧文化传统、计划经济体制、西方不良思潮、不健全制度等方面的影响，企业家和企业家精神比较缺乏，这不利于现代企业的成长、市场经济与和谐社会的发展。改革开放后，随着非公有制经济的蓬勃发展，中国的企业家群体逐渐产生并发展壮大，非公有制经济企业中的企业家出于自身发展的需要，促进社会形成了宽容创新的文化氛围、适应市场经济发展的价值取向、对公民的个人财产权利普遍尊重以及预期稳定的政策环境，使得中国社会的企业家精神得以培育和生长。

## 一、非公有制经济企业家阶层与企业家精神

### （一）非公有制经济企业家的阶层特征

从严格意义上来说，国有企业的厂长、经理不是标准的企业家，而是如马克斯·韦伯所说的“行政官僚”。国有企业的厂长、经理与国家及其代理机构之间是一种委托——代理关系，他们代表国家行使管理企业的职能，从某些特征上看，具有现代企业家的某些特征。但从社会学的角度来看，中国传统社会是有国家而无社会。企业的组织结构与政府的行政体系有很强的同构性，企业首先是作为政治组织出现的，企业中党组织的设立就是这种企业设计思想的集中体现。因此，厂长、经理首先是作为政府官员而不是作为独立的社会阶层而存在的，这使他们的社会价值不取决于经营绩效而从属于官本位。[①] 中国真正意义上的企业家是在改革开放后，伴随着非公有制经济的兴起而成长起来的，是非公有制企业的企业家。非公有制经济企业家具有三个方面的特征。

首先，非公有制经济企业家是自主经营、自负盈亏的企业的所有者和管理者。纵观世界，可以说只有自主经营自负盈亏的企业才是市场经济的基础，没有

① 姚祖军、蔡根女：《论企业家精神的内涵与中国企业家精神的缺失》，《经济师》2004 年第 8 期。

自主企业就没有真正的市场经济;没有自主企业的坚实基础,建立市场经济体制就会是一句空话。由资产所有者委托企业家进行经营,自负盈亏、自求发展的自主企业,其根本特征是自主。只要是合法经营,政府不干预企业经营活动;除非事关重大,所有者不插手企业日常经营;一旦企业经营失误,企业家以其全部资产承担风险,所有者仅承担有限责任。所以,自主企业的兴衰,企业家的作用举足轻重。每一个成功的企业都有一个成功的企业家,特别是在市场经济条件下,企业家的素质才往往能决定着企业的兴衰成败。领导自主企业的企业家,对外,他是企业合法代表,行使法律和规章赋予的一切权利;对内,他是企业的领导者,率领和组织企业员工不断开拓、创新、追求利润、谋求企业发展。企业家对企业资产所有者,必须维护其权益,保证其资产的保值、增值;对企业员工,则负有改善工作条件,提高人员素质增加福利收入的责任;对社会,则要保证提供质优价廉的产品和完成纳税的任务。因此,企业家作为社会主义市场经济中自主企业的中坚力量,在现代经济日益专业化和分工复杂的今天,他们是具有全新内涵的专业人才。①

其次,非公有制经济企业家是追求利润最大化的群体。非公有制经济企业并非政府的附属物,也不是国家机关的派出机构,没有政策性和社会性负担。作为自主的经济组织,非公有制企业的首要任务是追求利润,根本任务是寻求发展,它不再是计划经济时代那种承担了职工及家属生、老、病、死等一系列职能的社会组织。非公有制企业的企业家作为企业的法人代表,在依法依规经营并且履行必要的社会责任的前提下,率领企业员工去追求“利润最大化”。在追求利润过程中,企业家首先考虑的是本企业的利益,是企业的生存和发展,他们的目的是以最低的成本去获得最高的利润,或在各地区之间利用各种商品的不同差价来求得看似不公平的利益。事实上,也唯有一时一事的不平等,才能促使企业努力竞争,从而促进经济的发展。非公有制经济企业家应该关心员工,但是他更应该与员工一起抓生产、搞管理、善经营,与企业同呼吸、共命运。非公有制经济中的企业家,是企业兴衰的直接责任人,随企业成败而沉浮的市场主体。②

---

① 郝杨:《中国经济新常态下的经济增长与企业家精神》,《生产力研究》2015 年第 12 期。

② 聂常虹、李慧聪:《企业家精神驱动实体经济发展的作用机制研究》,《全球化》2016 年第 6 期。

最后,非公有制经济企业家是一个不断追求突破和创新的群体。世界上第一位给予企业家以推动经济发展主体地位的是美籍经济学家约瑟夫·熊彼特,他在《经济发展理论》和《资本主义、社会主义和民主》两本书中,提出企业家核心职能是不断实现创新,在企业经营管理中引入新的组合。他概括出了组合的五种方式:开发新产品或改进老产品,运用新的生产方法和营销方法,开拓新的商品市场,寻求原料、半成品和能源的新来源,实施新的企业管理模式、改革企业经营管理体制,直至重组产业。他还归纳出企业家具有创新者的四个特征:首先要有远见,能够预见到市场中存在的潜在利润;其次要有胆量,敢于冒风险;再次要有信心,相信只要实现生产要素重新组合,就能获得潜在利润;最后要有组织能力,善于动员和组织社会资源,进行并实现生产要素的重新组合。由此看来,非公有制经济企业家是一群具有创新和冒险精神,能将生产要素和生产条件重新组合的组织者,是能驾驭市场,构建效率更高的生产体系,推进企业发展的创办者。

### (二) 企业家精神的内涵

1. 进取精神　市场经济是自由经济,又是竞争高度激烈的经济。在一个充满不确定性的社会中,不断超越,勇于进取往往表现为一种冒险精神。市场份额的占有多少反映了一个经济主体在市场上的地位和能力,企业家需要的不仅仅是对市场的洞悉,对风险的科学评估,更重要的是敢于挑战,敢于冒险,迎难而上的精神。一个有着远大追求的企业家,能够带领企业走出困境,开创未来。马云和他创立的阿里巴巴就是很好的例证。韦伯早在《新教伦理与资本主义精神》一书中把企业家的敬业精神描述为一种“天职”,在这种精神的驱动下,人们不停地工作,把事业当成他们生活中不可或缺的组成部分。① 企业家往往对自己的事业有着执着的追求,他们并不崇尚官本位意识,不会把事业的成功作为当官的跳板,他们崇尚扎实,反对哗众取宠。追求卓越的精神给企业家带来满足感,但又是永无休止的过程,是一种永不满足的追求出类拔萃的进取精神,推动企业家大胆开拓。

2. 创新精神　创新就是不断突破思维定式,以非常规方式解决问题,以非常

① ［德］马克斯·韦伯:《新教伦理与资本主义精神》,马奇炎、陈婧译,北京大学出版社2012年版。

规价值评估事物的一种能力。企业家的创新精神反映了市场经济的本质要求，是促进企业发展的原动力。一般来说，创新精神主要指创造新的生产经营手段和方法，新的资源配置的方式，以及新的符合消费者需求的产品和劳务。创造出新的生产组织方式，可以不断提高资源配置的效率，使企业的生产成本下降，使企业的产品或服务在市场上的竞争力增强。创新的过程实际上也就是企业不断出奇制胜和发展的过程，创新就是敢于冒险，出奇制胜，就是以别人未想到的新思路、新点子、新策略、新方法谋求企业的发展。现代经济相对于传统经济的一大特点就是由"管理型经济"向"创新型经济"转变。企业的治理固然很重要，但是任何一个企业都是凭借市场而生存的，而市场满足总是以需求为导向。市场需求千变万化，如果不能在进展迅猛的产品更新换代中保证自己产品的优势，单纯依靠完善管理改善原有产品将很难在市场上立足。华为老总任正非正是这种积极进取精神的很好诠释，华为制造因此而名扬天下，并和世界名牌抗衡。

3. 诚信精神　信用是文明社会的重要标志，是公民的另一张"身份证"。商业社会如果丧失了诚信精神，将会造成交易成本的提高，造成资源的巨大浪费。合作的前提是相互信任，越是长期的合作，信誉就越是重要。这是企业家应具备的基本精神素质。诚信是市场经济的基本信条，只有诚信守法，注重声誉的企业，才能在激烈的市场竞争中获得最大的利益。企业家的诚信精神有助于树立良好的企业形象，建立良好的社会关系网络，进而让企业有牢固的社会基础。人们常说智慧与高尚相伴，财富与诚信相伴。经过双方协商达成的合约其实就是许与对方的诺言。"三鹿"造假事件的悲哀，实则是诚信缺失的悲哀，是企业家在金钱面前放弃了自己的人格，失掉了自己的尊严。

4. 合作精神　竞争与合作是一对不可分割的矛盾统一体，都是利益关系的调节方式。竞争是动力，合作才是方向。现代经济既是竞争的经济，也是一种分工合作的经济。在复杂的商业运作与强大的竞争洪流中，单个个体已经无法生存下来，要生存就需要将众多微小个体的力量联合起来。企业是一个富有制度性和结构性的组织体，企业家运作企业，在某种程度上就是对企业自身拥有的人力资源的整合。生产、交换、分配、消费中的任何一个环节都离不开合作，任何一个企业也都不可能不通过合作独立地存在于世上。让企业成为一个顽强的生命体是企业在经久不衰的竞争中得以长盛不衰的前提条件。君子性非异也，善假于物也。不能要求每一个企业家都成为“超人(Superman)”,但他必须成为一个“蜘蛛人(Spiderman)”,能够将周围的力量结成一张网。这需要企业家具有良好的团队作战意识,与所需要的社会力量达成一种和谐,将企业所需的资源积极动员起来,使企业这个“君子”的能力实现大幅拓展。

5. 包容精神　在强调以合作整合有利于自身的力量时,关键是需要企业家有足够开阔的心胸和包容能力。包容是一种境界,通过开放式的包容吸取百家观点,可以使人逐渐变得深厚。企业家抱着一个开放的态度听取各方面的意见,既能集思广益,又能使被管理人员感到自己被尊重,增强其对群体的认同感。个体一旦找到了自己认可的“归属”就会不自觉地站在集体的角度思考,主动为企业出谋划策。站在企业家的角度,企业家是企业的领路人,是决策者。决策的关键在于收集尽可能多的信息,看得更多才能走得更远。

6. 学习精神　伴随着知识的不断积累,知识更新换代的速度也在不断加速。科学技术的更新,思想观念的更新,组织形态的更新,管理体制的更新等时刻都在发生。生活在这样的环境之中,企业家只有树立终身学习的理念才能跟上时代的步伐,应付来自社会各界的挑战,确保不被市场清理出局。时代永远不会以一成不变的姿态停在某一个点上。时时处在动态中,既是机遇,也是挑战——那些对待新的事物永远保持一种积极性,强烈希望去了解未知事物的人,能够在前进中淘汰那些落伍者。

7. 危机意识　古人语:“得宠思辱,居安思危”。企业家的居安思危精神往往源于其高瞻远瞩的目光。现代市场变化万端,一个个企业就像是一条条在市场逆流中艰难行驶的船,不进则退,企业之间对市场的争夺可谓异常激烈。故而,稍有不慎就有可能一败涂地。一个目光长远的企业家会更多地考虑企业未来可能的风险,而不是满足于企业的现状。防患于未然的成本总是小于事后治理,所以,一个高瞻远瞩的企业家绝对不会安于一时的成就,他会在一个长远目标的指引下,未雨绸缪。①

8. 责任意识　成功的企业家往往也是这个社会的精英分子,他们不仅拥有超出常人的智力、勇气,也往往因为持有更多资源而拥有更强的行动能力。任何

---

①　庄龙玉、陈康:《当代中国企业家精神解析》,《齐齐哈尔大学学报(哲学社会科学版)》2016年11期。

一个企业家都必然同时具备这样两个身份:一个是经济活动的参与者,一个是社会大家庭的一个成员。因此,真正理性的企业家应该有清醒的认识,他不应该仅仅把盈利作为自己的唯一目标和全部追求,不应该把企业单纯作为自己谋利的工具,他应该有更加深远的目光,意识到"能力越大,责任越大"的道理,积极为社会贡献自己的应有力量。这需要企业家树立良好的价值观,积极承担相应的社会责任,尽到一个社会成员应尽的义务。企业的社会责任首先体现在企业要遵守劳动法规,保障员工的人权、自由、利益等不受侵害。其次,企业要做一个社区合格的公民,关注环境保护,量力而行奉献爱心,回报社会,积极参与一切与人有关的社会公益事业。企业社会责任的本质是在经济全球化背景下企业对其自身经济行为的道德约束,它既是企业的宗旨和经营理念,又是企业用来约束企业内部包括供应商生产经营行为的一套管理和评估体系。①

## 二、非公有制经济企业家的成长

### (一)传统社会企业家和企业家精神的缺失

1. 中国传统文化对企业家创新精神生成的抑制

传统文化中"和为贵""中庸"等思想潜移默化的影响,造成我们中国社会中缺乏开拓进取、敢于冒险的精神。国民普遍具有顺从权威、中规中矩,缺乏打破常规做事的思维和习惯。受其影响,自我创新、进取、挑战权威为主要特征的企业家精神较为匮乏。

2. 长时间的计划经济体制阻碍了企业家精神的生成

虽然我国现在已经实行了市场经济体制,但是市场主体受计划体制的影响依然很深,甚至相当一部分在传统计划体制中成长起来的企业家,仍然习惯于计划经济体制中的角色,还没适应自己的新角色。在计划经济体制下,企业是政府的附属单位,缺乏自主经营权。企业的生产经营与市场是完全脱节的,作为企业的领导人完全是生产计划的执行者。这样就导致企业家没有自主决策权,逐渐放弃了主观能动性,养成了盲目服从的习性,消磨了创新的想法和行为。

---

① 王俊敏:《与中国传统文化相结合的企业家精神》,《江苏商论》2009年第3期。

3. 不良社会思潮对我国诚信传统文化的冲击

诚信本来是中华民族优秀的文化传统之一。从孔子的“人而无信，不知其可也”到陶行知的“宁为真白丁，不作假秀才”；从季布一诺胜过千金到商鞅的变法立木求信，类似的故事和典故不胜枚举。但是，随着我国实行的对外开放政策，西方的价值观念逐步渗透到我国社会的各个领域，拜金主义、利己主义等社会思潮的滋生和泛滥，严重地冲击着我国的诚信文化。没有了诚信的文化土壤，企业家之间缺乏相互信任，影响了他们契约意识的培养，造成合作共赢的局面难以形成。①

4. 道德法治建设滞后使社会责任意识尚未深入人心

在改革开放之初的“野蛮生长”时期，经济生活中充斥着对利益的追逐，而缺乏对道德精神的培育。很多人用投机倒把的手段致富，钻了我国法律和制度的空子，只要“下海”就能致富。这一时期的企业家群体普遍唯利是图，缺乏对社会的关注和回馈。资本的多少成了衡量一个企业家成功与否的唯一标准，造成了企业家群体对道德和社会责任的无意识。②

### （二）改革开放后非公有制经济企业家的成长

改革开放之后是中国企业家从冬眠中苏醒，破土而出，蓬勃成长发展的时期。用今天的眼光来看，我国经济体制的改革开放就是一个不断引入市场机制、不断扩大市场机制作用并最终由市场经济取代计划经济的过程。就是在这个大的时代背景下，中国企业家实现了从无到有的转变，不断地提高自身的素质、能力，积蓄自己的力量。

从时间的继起性上来看，改革开放之后的非公有制经济企业家可以分为三代。第一代非公有制经济企业家诞生于70年代末80年代初。党的十一届三中全会后冲破了僵化的计划体制后，中国大地随即成了创业的热土，并迅速产生了一批适应当时改革开放的大背景下的企业的改革者。典型代表是步鑫生、马胜利、禹作敏、鲁冠球、张果喜等一批企业的改革者。这些企业家的特点是：一是技术型或官员型的经营者，与政府关系紧密；二是充满着闯劲和胆量，往往非常熟悉政治，交际广泛、群众基础较好、富有人格魅力和凝聚力；三是他们在整个社会

① 张荣昌：《中国传统文化与民营企业家精神》，《中央社会主义学院学报》2001年第4期。

② 张向任、赵晓娟：《危机时代下中国企业家精神的重塑》，《北方经济》2010年第1期。

经济中的力量及所起的作用有限;四是企业的运营多靠企业家的奉献与献身精神。这些改革者敢为天下之先,顶住来自各方面的压力并打破原来的条条框框,利用各种手段发展企业,顺应了时代和形势的需要。

进入20世纪90年代以后,经过十几年的改革实践与经验的积累,我国企业家的数量、质量大为增加,形成初步的企业家队伍。这一时期涌现出一批素质比较高的企业管理者和经营者,即第二代企业家,像倪润峰、张瑞敏、黄光裕、刘汉章、柳传志、周厚健、汪海、刘永好、黄代放等。这些企业家处于从短缺经济向相对过剩经济转化,由卖方市场向买方市场转变,市场竞争越来越激烈的时代。他们的特点是:一是专家型企业家,精通生产技术、产供销流程;二是独裁型的领导者,企业经营活动中事无巨细事必躬亲;三是从整体上看企业家在社会经济活动中所起的作用显著,享有较高的社会地位。①

从21世纪第一个十年的后半段开始,伴随着中国经济体量的增大、经济结构的变迁以及与世界经济融合程度的加深,中国又涌现出了第三代的企业家。如马云、马化腾、俞敏洪、柳青、刘强东、潘石屹、王文京、郑跃文等。这些企业家处于中国经济从制造业向服务业转型,信息化智能化革命突飞猛进的时代。他们的特点是:一是普遍是接受过高等教育的年轻一代,具有较强的专业知识和技能;二是具备现代企业管理和资本市场运作的知识经验,充分利用现代化的金融工具和信息传播渠道实现企业的发展;三是自身具有强烈的创新意识,同时拥有强大的专业团队帮助其实现目标。

改革开放以来中国企业家在成长过程中表现出一个很重要的特点就是"其兴也勃焉,其亡也忽焉"。中国首届20位全国优秀企业家,10年后还在原企业从事领导工作的仅有5位,占25%。② 战场上没有常胜将军,企业在激烈的市场竞争中也没有永远的胜利者。但中国企业家在成长过程中的大起大落,其中背后酝含着深刻的教训。比如经营决策缺乏理性盲目扩张,忽视企业文化建设,企业凝聚力低,过分的集权式管理和家族式管理,创新意识和能力不足,等等。非公有制经济企业家的创业奋斗史,从一个侧面反映出了中国市场化改革的艰辛与成就,见证了非公有制经济逐渐成长壮大,成为社会经济中越发重要的力量。

---

① 徐炜:《我国企业家的成长历程及反思》,《人力资源管理》2010年第11期。

② 吴晓波:《25年前首届"全国优秀企业家"今何在》,《记者观察》2013年第9期。

## 三、非公有制经济发展与企业家和企业家精神的培育

### （一）非公有制经济发展对培育企业家和企业家精神的作用

1. 非公有制经济发展有助于形成宽容创新的文化氛围和适应市场经济的价值取向

非公有制企业在体制外产生，是对传统体制和保守文化的叛逆者，非公有制企业的企业家的广泛出现，有助于改变中国传统的墨守成规、论资排辈、追求终点平等、"中庸"等的文化观念，有助于建立容忍和鼓励创新的文化氛围和与之相适应的规则。企业家天生具有创新精神，但要鼓励创新，还必须有对创新进行保护的环境。除了通常所讲的知识产权，在企业经营中关键性的认识问题和处理问题的能力等都需要得到关注和保护。任意不受限制的模仿和侵犯，会大大降低创新的积极性。因此，相应的法律制度将会被建立起来，使社会逐渐形成了尊重创新、保护创新的文化氛围和制度环境。此外，市场经济作为一种适应社会化大生产的经济组织形式，需要群体协作以实现经济效益最大化并促成风险共担，这也促成了合作共赢的协作精神的形成。

2. 非公有制经济的发展有助于带动全社会形成普遍的社会责任意识

非公有制企业在其创业伊始，大多考虑的是企业的盈利目标，其精神气质中更多的是那种绿林豪杰气魄，而缺少现代企业家身上的那种理性、严谨、条理和周密，为了生存和盈利，他们往往不惜走上了以牺牲自然环境、压榨员工，甚至制假售假的险径。随着时代的进步和非公有制经济的不断发展，非公有制经济积累的原罪被越来越多地关注与拷问。为了追求进一步地发展，非公有制经济企业不得不从更广的角度实现其企业价值的最大化，而不仅仅追逐企业的利润最大化。在追求利润的同时，取得企业品牌、美誉度、社会形象等的最大化，回馈社会，越发成为非公有制企业价值境界的最高体现。非公有制经济企业家开始主动承担相应的社会责任，由"经济人"向"社会人"转变。在中国特色社会主义市场经济条件下，企业需要承担和履行一定的社会责任已经成为广泛的共识，我国非公有制企业在促进自身社会责任进步的同时，也在潜移默化中推动了社会的发展。①

① 张勇、李晶：《企业家精神与其在中国的培育》，《当代经济》2004 年第 12 期。

3. 非公有制经济的发展有助于形成诚实守信、勤奋敬业的社会风气

随着非公有制经济的发展壮大，其自身的诚信精神、敬业精神、进取精神在社会上的影响也将逐渐扩大。信用管理是现代企业管理的核心内容之一，也是当前非公有制企业生存和发展的根本出路。非公有制经济只有建立并不断加强信用管理体系，才能增强风险防御能力，提升企业信用度。随着社会上信用缺失的企业逐步被淘汰出局，良好的市场秩序得以形成，进而使得人文环境逐渐优化，宽容友善、和谐共处的社会风尚得到倡导，人与人之间彼此信任、互相帮助的环境日益形成。非公有制经济企业家依靠自身的努力奋斗获得财富的经历，也将在社会上形成强烈的示范效应，在正确的引导下，将有助于形成公众爱岗敬业、勤奋工作的风气，使全社会的精神风貌得到改变。

4. 非公有制经济的发展有助于促使政府形成对企业家群体的重视

政府对非公有制经济企业的设立和创新的支持及其措施的配套，对非公有制企业尤其是中小企业的发展有着重要作用。在美国，个人业主制企业在企业总数中占据相当比重，而且采取个人业主制、合伙制的小企业解决了美国58%的就业问题。因此，为了支持中小企业的发展，美国政府专门成立了中小企业管理局和小企业创业投资基金，用于对中小型企业的投资和贷款担保。相对而言，我国中小企业设立和发展的制度上的不完善、限制了我国中小非公有制企业的发展。随着近年来社会上创新创业热潮的不断高涨，越来越多的中小非公有制企业应运而生，对经济增长和就业问题的解决发挥了重要作用，其在政府治理体系中的地位在不断上升，促进了政府对这一群体支持力度的增大，反过来进一步形成了非公有制经济企业家群体的快速形成。

### （二）构建培育企业家和企业家精神的政策体系

当前，中国的金融制度、产权制度、法律体系等均或多或少存在不利于企业家精神发挥的问题。因此，那些具有创新精神并最有希望进行创新活动的潜在企业家很难获得有效支持。所以中国的企业家精神的发展表现为失败率较高、以生存型创业为主以及大量的企业家只能在非正规经济部门创业。相比之下，效率相对较低的国有企业却得到更多政策支持，这也是目前国内就业机会不足、内需导向型经济难以启动，进而不得不依靠出口和投资拉动经济增长从而导致国际收支失衡等一系列问题产生的重要原因。显而易见，中国长期以来形成的依靠外需拉动经济增长的模式是不可持续的，未来提振国内需求是实现经济可

持续增长的关键,这将主要依赖本国企业家实现。因此,中国下一步改革的重点应是大力培育中国的企业家。未来培育企业家和企业家精神的政策体系至少应该包括以下几个方面:

1. 支持企业家精神的金融体系。首先,需要进一步放松金融管制,降低金融市场的准入,以打破金融市场目前存在的垄断现象,消除企业家面临的严重金融约束对创新活动的不利影响,使更多具有企业家精神的人能在公平竞争的条件下获得金融支持。考虑到现有利益集团可能会采取抵制的态度,可以通过扩大金融开放和引入外部竞争的方式,削弱既得利益者对放松金融管制的抵制和阻力,推动建立公平竞争的金融市场,进而促使金融体系有效地发挥支持企业家创业和创新活动的核心功能。其次,要对中国现有以大型商业银行主导的金融体系进行改革。从国际经验看,小企业是创新的主要来源,也是培育企业家的摇篮。因此,中国应在健全法制和金融监管的基础上,适度降低市场准入标准,建立大量专门服务于中小企业的中小型地区性金融机构,解除垄断的市场结构下私营部门面临的融资约束,以加快私营企业或小企业的发展。再次,采取措施鼓励民间资本大力发展风险投资,帮助那些具有创新精神、拥有好的创意或技术的人创办风险较大,但具备较大发展潜力的高成长性中小企业(特别是高新技术企业),以培育更多的企业家。最后,还可以通过进一步完善信用担保体系等措施更好地支持企业家精神的发展。

2. 支持企业家精神的行政管理政策。政府支持企业家精神的政策可以包括放宽行业准入、完善税收制度、提供咨询服务等多个方面。一是可针对私营部门和中小企业发展建立一整套系统全面的扶持政策,如相对宽松的准入条件、优惠的税收政策等。二是考虑到地区间差异,可由财政支持欠发达地区建立地区性特殊发展机构,为新成立企业提供技术支持和鼓励非正规部门的企业正规化。三是建立完善适应市场经济的法律体系,切实提高法律的执行效力,以充分保护企业家合法权益,从而促进企业家投资和创业积极性的提高。

3. 支持企业家精神的市场环境建设。市场环境是经济主体按照市场规则进行生产、交换、分配和消费的主要场所,建立良好的市场环境对于支持企业家精神的发展不可或缺。一方面,应当建立完善的自由竞争市场,减少政府对经济活动的直接干预,政府更多地为创业提供基础设施建设等公共服务,以增加市场的盈利机会,提高创新活动带来的收益。另一方面,通过界定与保护产权以及其他制度安排，使创新等生产性活动获得的收益超出非生产性寻租活动的收益，引导企业家将资源和精力更多地集中到生产性的创新活动上去。①

## 第四节　非公有制经济与普通劳动者

著名社会学家陆学艺将当前中国社会划分为十个主要阶层，包括国家与社会管理者阶层、经理人员阶层、私营企业主阶层、专业技术人员阶层、办事人员阶层、个体工商户阶层、商业服务人员阶层、产业工人阶层、农业劳动者阶层和城乡无业、失业、半失业阶层。根据这个分类，我们把其中的农业劳动者阶层、产业工人阶层、部分商业服务人员阶层和部分办事人员阶层划分为普通劳动者。自中华人民共和国成立以来，我国普通劳动者内部发生了很大的结构变化，阶层整体的经济地位和社会地位都有了显著的提升。非公有制经济的大发展所带来的高收入就业机会是造成普通劳动者阶层结构变迁和地位提升的主要推动力量。虽然我国非公有制企业在促进就业和再就业中发挥的作用巨大，但促进非公有制企业创业和吸纳就业的政策措施却相对落后，阻碍了其作用的进一步发挥。为此，应通过完善相关政策措施，健全创业就业服务体系，切实改善非公有制经济的创业就业环境，促进非公有制经济在提升普通劳动者社会地位上发挥更大作用。②

### 一、普通劳动者阶层及其地位演变

#### （一）农业劳动者阶层及其地位演变

计划经济时代，我国在城乡分割的二元化经济和户籍管理体制下，把城市居民划入非农业户口，把农民划入农业户口。由此形成了两个不同的阶层，并受到国家明显不同的对待。在经济地位上，农业劳动者被集体经济制度紧紧地束缚

① 江春、周宁东、张龙耀：《中国企业家精神的动态变化与政策支持》，《财政研究》2012年第5期。

② 庞长伟、李垣：《制度转型环境下的中国企业家精神研究》，《管理学报》2011年第10期。

在生产队里，从事集体化的生产劳动。生产队的生产经营活动根据国家计划来安排，普通社员被剥夺了生产经营的自主权利。收获的农产品首先要交纳国家的农业税，其次要完成国家的各种计划征购任务，最后才能轮到在社员之间就剩下的劳动产品进行分配。在社会福利保障方面，农民没有任何社会福利保障，农民养老只能靠子女，看病只能靠合作医疗，子女只能到农村小学求学。而乡村小学的校舍、设施等还是由集体经济出资修建和添置的，教师大都是民办教师。所以，农村教育实际上还是农民自己筹措办的。在社会身份上农民也受到限制，被完全束缚在土地上除了极少数人有可能通过参军、升学、招工和提干转为非农业户口成为城镇居民外，几乎所有的农民都注定只能在农村生活和就业，根本无法向城镇迁移。在城市人看来，所有的农民（包括农村基层大队和生产队的不脱产干部）都是一样的“乡下人”；而在农民眼里，所有具有非农业户口的人也都是一样的“城里人”。在计划经济时代的中国，农业劳动者身份不是职业身份的标志，而是政治权力人为安排的经济地位、社会地位和政治地位的标志，具有“先定性”。这种不合理的制度严重束缚了农民的生产积极性，阻碍我国农村经济的正常发展，迟滞了中国从农业社会向现代化社会发展的历史进程。

改革开放在推动农村经济发展的同时，也促使农业劳动者阶层发生了分化。以土地承包为核心的农村经济体制改革，使农民从传统体制的束缚下解放出来，重新成为土地的主人和独立的生产经营者，获得选择职业自主权的农民现在可以相当自由地流动，从事农业或其他非农业的生产经营活动。经济的发展和收入的增加使得农民的积累也开始增加；农业劳动生产率的提高又使农村剩余劳动力不断增加，农村隐性失业日益明显。为找出路，农业劳动一方面自行集资在农村兴办乡镇企业，离土不离乡从事非农产业；另一方面，城市经济的发展形成了对农业劳动力的拉力，与农村推力一道，促使农业劳动力离土又离乡到城市非农产业就业，成为农业转移劳动力或农民工，跻身于产业工人阶层。

随着市场化改革的深入，获得职业选择自由的农民也开始了以市场机制为基础的职业分化。由于把握市场机遇的能力和获得社会经济资源多少的不同，农业劳动者从事的职业开始分化，经济地位也出现差别，形成了新的社会阶层。虽然户籍身份制度还束缚着农民，大量从事非农产业的人还保留着农业户籍，但农业户籍这种身份标志已经与西方发达国家纯粹以职业身份为标志的农业劳动者阶层全然不同，农业劳动者已不是一个纯粹的阶层，而是一个包含着诸如农业劳动者、农民工、农村知识分子、私营企业主、个体工商户、乡镇企业管理者等阶层的群体。① 农业劳动者阶层经济地位和社会地位都有了很大的提升。

### (二) 城市产业工人阶层及其地位的演变

产业工人,按照《辞海》的解释,为"在现代工厂、矿山、交通运输等企业中从事集体劳动生产,以工资收入为生活来源的工人"。一般认为,中国现阶段工人基本上可分为三种类型,第一种是城市中的工人,第二种是农村中的工人,第三种是从农村流入城市的农民工。中国城市中持有城市户口的工人人数,自改革以来变化不是很大,致使中国产业工人人数剧增的是第二、三种工人的发展。根据最新的农民工监测调查报告,我国包括本地农民工和外出农民工在内的农业转移劳动力共计 2.8 亿。而最具典型意义的产业工人,还是城市中拥有城市户籍的工人,即城市产业工人。

随着我国城市国有经济的战略性调整,产业工人的所有制结构分布和城乡分布呈现多元化。在社会主义市场经济体制下,各种所有制企业平等地进入市场,参与竞争,传统公有制企业及其所属产业工人阶层因为政治因素所享有的各种特殊待遇逐渐消失,产业工人的所有制身份也趋于淡化。农村产业工人和进城农民工队伍的日益壮大则使产业工人内部城乡界限趋于模糊。由于城市化和市场化进程加速、所有制的弱化和政治身份体系的淡化,受经济利益驱动,不仅促使产业工人阶层与社会其他阶层之间的流动加大,也使得产业工人内部的流动性进一步增强。在今后一段时间,我国产业工人在阶层结构中所占比例将稳中有升,但其内部分化不可避免。随着我国产业升级和技术含量的增加,一部分传统产业工人将成为现代意义上的技术工人,从而实现向上流动,进入社会中间阶层的转移技术人员和高级经理人员阶层;也有一部分产业工人,因为主客观原因,逐渐退出城市产业工人的队伍。其中,由农村转移而来的劳动者,很有可能被清退、遣返回农村务农,而城市户籍的,则通过下岗等方式暂时退出城市产业工人队伍。随着市场经济的发展,体制外就业机会的增加,使传统城市产业工人的境况有了很大改善,有了更多的职业发展出路,职业流动和社会流动性也逐渐增强,社会阶层结构才会趋于合理和有序。

---

① 史平:《我国农业劳动者阶层的若干问题研究》,《上海大学学报(社会科学版)》2003 年第 1 期。

随着经济发展迅速膨胀,产业工人阶层与其他社会阶层之间的矛盾日益凸显。中华人民共和国成立之后,工人阶级成为新的领导阶级,成为社会的主人,而产业工人作为工人阶级的基础性主体阶层,其社会经济地位处于仅次于干部阶层的地位,其社会地位评价是很高的。在改革之后,无论是城市中的传统产业工人还是由农民转化而来的新兴产业工人,就总体而言他们的经济状况和生活水平有了较大的改善。但是,从横向上与其他社会阶层特别是管理阶层、私营业主阶层等相比,他们的社会经济地位在不断跌落,即所谓的"横向比泄气",他们存在着较强的"地位失落感,社会不公平感,被剥夺感"。产业工人阶层中的国企工人,作为昔日的"老大哥",在三资企业和乡镇企业的外部冲击以及企业内部改制的双重压力下,其政治、经济地位的优越感已消失,代之以经济上陷入"相对贫困"、精神上面临来自外界与自我的双重轻视,并且还面临着越来越严重的失业威胁。集体企业工人在工资、福利待遇等方面本就一直不如国企工人,改革后面临着更严重的就业困境。三资企业工人工资普遍较高,但其处于一种真正的受雇佣地位,有随时遭解雇的危险,且三资企业中劳资矛盾比较尖锐,工人的基本政治、社会、人身、经济等权利往往缺乏保障。

传统产业工人地位的下降主要是体制转换所带给他们的"阵痛"或代价,其中既有合理的一面,也有其不合理的一面。所谓合理的一面主要是指,随着科技在社会发展中所起作用的增大,使知识资源的重要性超过了劳动力资源,分配机制向知识、技术的拥有者倾斜,这反映了社会的进步和时代的特点,从根本上讲不仅有利于产业工人自身的全面发展,也有利于社会经济的迅速发展,对于这样的社会差别是应予以肯定的。但也有些是不合理的一面,比如,在产业工人的劳动权益上,随着市场化的契约性规范的劳动关系取代以往行政化的劳动关系,给企业的改革和发展带来了活力,但同时也触及工人的劳动权益。20 世纪 90 年代劳动行政部门曾经组织过用工大检查,查出用人单位克扣拖欠工资、超时加班、不交职工社会保险金甚至未与职工签订劳动合同的现象相当严重。而涉及工人劳动权益最严重的便是下岗和失业问题。据调查,在近年来部分行业去产能的运动中,下岗职工人数所占比例有所上升。与此同时,由于亏损企业经营者腐败、按资按劳分配比例不合理、倾斜过度等原因,造成社会贫富差距过大,加上社会保障体系还不健全,部分产业工人的基本生活难以得到有效的保障。所有这些引起的阶层差别当然是不合理的,产业工人的种种不满主要是源于此。对于这些不合理的差别若不加以重视和解决,则必将加剧和激化阶层矛盾,危及社会稳定和发展大局。近年来就出现了一些工人以种种手段来发泄对这种不合理差别的不满。①

### (三) 办事人员阶层和商业服务人员阶层及其地位的演变

办事人员阶层和商业无法人员阶层是通常所说的白领劳动者阶层,这一阶层是社会阶层流动链中的一个重要的环节,是经理人员、专业技术人员的后备军,是普通劳动者实现上升流动的一个台阶,是现代社会和社会中间阶层的重要组成部分。美国社会学家莱特·米尔斯在1951年所著的《白领:美国的中产阶级》一书中,对白领阶层进行了描述,称其为一个不具有资本所有权但却有管理权的管理阶层,和一个由技术人员、办公室工作人员以及一般行政人员、宣传专家等薪金雇员所构成的专业技术群体。就财产而言,白领雇员的地位和雇佣劳动者相当;就职业收入而言,他们"大致处在中间位置"。从事白领职业的人要求获得高于雇佣劳动者的声望,即使低等白领雇员的大多数也依旧享有中等的声望,并且在工作中行使着一种派生性的权力。② 对于中国的办事人员和商业服务人员阶层,应该从职业性质、社会声望和收入水平这三个方面去综合分析和理解。

第一,从职业性质上看,包括办事人员和商业服务人员的白领阶层是一个其成员拥有专业性职业、从事脑力劳动的群体。其所从事的职业要求较高的科学知识和复杂的职业技能,这体现了这一阶层从事的职业具有脑力劳动性、专业性。办事人员和商业服务人员普遍受过良好的教育,拥有较高的学历,拥有的较多的文化资本。布迪厄认为,判断人们在社会结构中所处的位置与属性,只有从个人对经济资本、社会资本和文化资本的构成及其轨迹方面来分析,才能准确地加以区分。在当个体所拥有的经济资本、社会资本差异不足以说明这个人在社会空间中的位置的情况下,是文化资本的多寡决定了这个人在社会结构中所拥有的地位与声望,因为文化资本影响着个人艺术欣赏的水平与生活方式的品位。③ 良好的教育背景使得这一阶层成为当代中国知识分子中的一部分。可

---

① 韩曦:《当代中国产业工人阶层结构分析》,《南昌航空工业学院学报(社会科学版)》2004年第4期。

② [美]莱特·米尔斯:《白领:美国的中产阶级》,周晓虹译,南京大学出版社2006年版。

③ 周晓虹:《中国中产阶层调查》,中国社会科学文献出版社2005年版。

见，白领阶层对文化资本的占有是他们的一个特点。以中等收入者中的教育程度状况作为佐证，根据国家统计局的调查分析，在中等收入者当中，硕士以上（包括硕士）学历占 48.6%，大学本科学历占 26.3%，其他学历占 25.1%。① 同时，这一阶层有对新知识、新事物很强的把握能力，在工作中具有开拓能力，因而拥有将文化资本转化为其他资本的能力。办事人员阶层和商业服务人员阶层职业是与社会进步同步的，具有鲜明的时代性。随着第三产业的蓬勃发展，金融、房地产、旅游、保险、商贸、传媒、法律、咨询、策划、社会服务、公用事业等领域的职员，科教文卫体等领域的专业人士，企业里的管理者等，这些具有专业性、脑力劳动性质的职业构成了这一阶层的社会职业主体，也为其提供了职业上升的广阔空间。

第二，从社会声望上看，办事人员和商业服务人员阶层是一个具有较高社会声望的群体。声望是指一个人从别人那里所获得的良好评价与社会承认。具有一定社会地位的人，他的声望一般来自于占有一个公认的好职位。② 办事人员和商业服务人员所占有的职位，从中国当前发展程度的角度而言，是相对较好职位。这些职位具有的特点包括：（1）待遇良好。这包括占有该职位的白领阶层成员享有较为客观和稳定的货币收入，享有一定的福利（住房公积金、保险、补贴），享有法定的节假日或企业规定的轮休时间，享有一定的个人职业发展机会和较高的成就感。（2）劳资关系较为和谐。一方面，体现在占有该职位的白领阶层成员具有较高的职业安全感。这种安全感来源于企业运转的良好、运作的规范，这使得处于该职位的白领阶层成员感到有发展的前途。另一方面，则体现在意见表达的自由度上。对白领阶层成员在职场中重新定位、重新选择的原因进行了解发现白领阶层成员的“跳槽”原因之一是意见表达不自由或自由表达了却得不到重视，所以白领阶层成员在职业选择过程中注重好的劳资关系氛围。（3）工作资历的连续性。白领阶层成员的工作岗位相对于一般的普通员工而言较为重要，而且他们多在现代化管理程度较高的企业中靠自己的个人奋斗经受历练，因而他们在前一个职位工作的本身就为他们选择下一个职位（往往是一个更好的职位），提供了一种声望支持。

---

① 国家统计局：《城镇居民收入分析》，2012 年。

② ［美］戴维·波普诺：《社会学》（第十版），李强译，中国人民大学出版社 2005 年版。

第三,从收入水平上看,办事人员和商业服务人员阶层是一个在特定社区内收入水平处于当地中等层次的群体,是当前学术界比较一致的观点。清华大学社会学系李强教授认为:一般意义上的中等收入阶层是由白领层组成的,是管理者、技术人员、办公室人员等脑力劳动者。① 南京大学社会学系周晓虹教授在讲述米尔斯的“新中产阶级”和“老式中产阶级”的区别时说:英文“Middle Class”其实既可以翻译成“中产阶级”(对“老式中产阶级”尤为合适),也可以翻译成“中间阶级”或“中等阶级”“中等收入阶级”(对“新中产阶级”尤为合适,因为他们其实没有能够作为生产资料的“产”)。② 办事人员和商业服务人员阶层成员作为脑力劳动者,通过参与工作、拥有一个职位而拥有一定的收入,其收入主要不是凭借拥有的财产而获得。作为工薪阶层,这一阶层按照国家、企业的相关规定有基本工资、奖金、津贴、补助、加班工资等货币获得量,同时,一些办事人员和商业服务人员还因为工作环境的优越而得到相应的生产性劳动服务,从而获得了“非货币化的收入”。③ 总体而言,办事人员和商业服务人员阶层处于中等收入阶层范畴,并且具有较强的社会地位上升潜力。

## 二、非公有制经济对普通劳动者社会地位提升的贡献

### (一) 非公有制经济为普通劳动者提供了就业的主渠道

1. 非公有制经济是城镇就业岗位的主要创造者

经过改革开放以来的发展,非公有制企业已逐渐显露出它在优化资源配置、提高经济效益以及维护供需平衡、稳定社会等方面的重要作用,特别是在吸纳就业方面表现出很大的潜力。就全国而言,非公有制经济已经成为安置就业的主渠道,是城镇就业岗位的主要创造者,大力发展非公有制经济,是解决就业难、提高就业率的必然选择。改革开放以后,我国城镇就业结构发生了巨大变化,国有和集体单位就业人数持续下降,而非公有制经济就业比重持续上升。在 90 年代国企改革之后,这一趋势更加明显。如表 4-1 所示,自 2000 年开始,国有单位和

---

① 李强:《中国中等收入阶层的构成》,《湖南师范大学社会科学学报》2003 年第 4 期。

② 周晓虹:《中产阶级:何以可能与何以可为?》,载《中国社会和中国研究》,社会科学文献出版社 2004 年版。

③ 郑锐:《社会学视野中的白领阶层》,《湖南科技学院学报》2008 年第 12 期。

集体单位城镇就业人员持续下降,而其他单位就业人员①数量持续上升。到2015年,其他单位就业人员数占城镇就业人员总数的比例已达75%,非公有制经济成为吸纳城镇就业的主力军。② 非公有制经济创造的就业,不仅分担了国企"减员增效"的后顾之忧,而且吸纳了更多的新增劳动力。可以说,没有非公有制经济就没有就业问题的基本解决,也就没有社会的基本稳定。

**表4-1　按经济类型分我国城镇就业人员数**　　单位:万人

| 年份(年) | 城镇就业人员 | 国有单位城镇就业人员 | 集体单位城镇就业人员 | 其他单位就业人员 | 非正规就业人员 |
|---|---|---|---|---|---|
| 2000 | 23151 | 8102 | 1499 | 5387 | 8163 |
| 2001 | 24123 | 7640 | 1291 | 5851 | 9341 |
| 2002 | 25159 | 7163 | 1122 | 6853 | 10021 |
| 2003 | 26230 | 6876 | 1000 | 7855 | 10499 |
| 2004 | 27293 | 6710 | 897 | 8845 | 10841 |
| 2005 | 28389 | 6488 | 810 | 10163 | 10928 |
| 2006 | 29630 | 6430 | 764 | 11257 | 11179 |
| 2007 | 30953 | 6424 | 718 | 12550 | 11261 |
| 2008 | 32103 | 6447 | 662 | 13596 | 11398 |
| 2009 | 33322 | 6420 | 618 | 15074 | 11210 |
| 2010 | 34687 | 6516 | 597 | 16190 | 11384 |
| 2011 | 35914 | 6704 | 603 | 18926 | 9681 |
| 2012 | 37102 | 6839 | 589 | 20633 | 9041 |
| 2013 | 38240 | 6365 | 566 | 25270 | 6039 |
| 2014 | 39310 | 6312 | 537 | 28012 | 4449 |
| 2015 | 40410 | 6208 | 481 | 30069 | 3652 |
| 2016 | 41428 | 6170 | 453 | 31685 | 3120 |

资料来源:《中国统计年鉴2017》。

① 其他单位就业人员包括在股份合作企业、联营企业、有限责任公司、股份有限公司、个体企业、私营企业、港澳台商投资企业和外商投资企业中就业的人员。

② 罗一新:《论民营经济对就业领域的影响》,《科技与产业》2006年第11期。

2. 非公有制经济具有较高的就业弹性

一般来说,非公有制企业的创办或从业,不需要很多的资本和技术投入,因而我国绝大多数非公有制经济企业是典型的劳动密集型行业。同时,由于非公有制企业绝大多数是中小企业,技术构成较低,因而单位投资安排的就业人员比大型企业多得多。此外,民营企业机制灵活,反映快捷,上马迅速,建设周期短。创业者由于拥有某项专利或发现某个市场机会,或找到某个条件优越的地理位置等,都可能创办自己的企业。根据表 4-2 可知,非公有制经济投资的就业弹性明显高于全社会投资就业弹性,即增加一个百分点的投资所能带来的就业增长比率非公有制经济要高于全社会平均水平,并且近年来两者的就业弹性差距还在拉大。此外,据测算,创造一个就业岗位,大型企业需投资 22 万元,中型企业需投资 12 万元,小型企业只需投资 8 万元,微型企业(家庭工业)的投资更少。①

**表 4-2 全社会和非公有制经济企业投资就业弹性**

| 年份(年) | 2007 | 2008 | 2009 | 2010 | 2011 | 2012 | 2013 | 2014 | 2015 | 2016 |
|---|---|---|---|---|---|---|---|---|---|---|
| 全社会投资就业弹性 | 0.18 | 0.14 | 0.13 | 0.34 | 0.15 | 0.16 | 0.16 | 0.19 | 0.29 | 0.33 |
| 非公有制经济投资就业弹性 | 0.41 | 0.33 | 0.46 | 0.29 | 0.95 | 0.44 | 1.06 | 0.76 | 0.87 | 0.95 |

资料来源:《中国统计年鉴 2017》。

## (二)非公有制经济直接推动了农业劳动力向非农产业转移

在传统的城乡二元体制下,农村劳动力只能从事农业劳动,并且世世代代生活在农村,没有改变命运的机会。改革开放以后,继属于集体经济性质的农村乡镇企业大发展并解决了可观数量的农业转移劳动力就业之后,个体、私营和三资等城镇非公有制企业的大发展成了吸纳农村劳动力转移的主要力量。长期以来,我国农村地区滞留了大量的剩余劳动力,使得农业劳动力不仅所占比重大,而且随着农业劳动生产率的不断提高,剩余劳动力持续呈攀升趋势,转移剩余农业劳动力的任务非常繁重。问题更加严重的是,农村劳动力文化结构偏低,其中

① 周晓虹:《扶持民营企业:扭转当前就业困局的关键》,《湖北行政学院学报》2009 年第 5 期。

小学和初中文化程度居多,文化程度不高制约了他们向其他经济领域的转移。长期以来,绝大多数农民工只能分布在劳动密集型的行业和企业,从事苦、脏、累、险、重而技术含量较低的职业或工种,而这些企业的性质大多是非公有制企业。非公有制企业不仅吸纳的就业容量大,而且大多数技术要求低,就业体制机制灵活,正好适应了农村剩余劳动力的基本状况,这对于解决农村剩余劳动力的转移就业极为有利。通过进入城镇非公有制企业就业,广大农村劳动者有机会脱离农业生产,成为新时期的产业工人,获得了远高于务农收入的收入水平,开拓了眼界和思维,实现了经济地位和社会地位的上升。

### （三）非公有制经济为城镇下岗职工提供了再就业渠道

在传统体制下,公有制企业存在大量的冗员,拖累了企业发展和国家财政。在经济繁荣时期,国有企业的工作岗位和某些福利待遇一般要比民营企业稳定,但到了经济不景气或在采用了新技术后,大型国有企业往往可能解雇部分职工或停止招收新职工,而民营企业却能及时转产,为劳动力市场提供量多面广的就业机会。从 20 世纪 80 年代后期开始,到 20 世纪 90 年代中后期,我国宏观经济面临着持续的不稳定因素,先后经历了乡镇企业转制和国有企业战略性调整。在调整过程中,大批冗员从公有制经济中被裁汰出来,失去了工作岗位,成为下岗职工。这些劳动者普遍度过了职业生涯的黄金年龄,知识技能也已经过时,难以适应激烈的市场竞争。由于缺乏就业机会,无法获得稳定的收入,这一群体的社会地位急剧降低,并且成了社会的不稳定因素。而与此同时,国家进一步适时放开了竞争性行业的市场准入,制定了一系列鼓励个体私营企业发展、下岗职工再就业的政策法规,随后又在 2005 年出台了“非公经济 36 条”。在国家的大力扶持下,众多中小非公有制企业应运而生。相对于大型国有企业而言,非公有制企业对经济资源的占有更少,对环境的适应性更强,由于体制机制灵活,即使在经济危机时期,非公有制企业也同样能够吸纳劳动力就业。在公有制经济历史性调整的背景下,非公有制企业承担起了吸纳下岗职工再就业的责任,解决了数千万下岗职工的工作问题,使其从失业、半失业的状态提升为个体、私营企业主,经济地位和社会地位都有了明显的提升,也使得中国社会阶层更为多元化。非公有制企业的发展壮大,一方面可以提高就业水平,降低失业率;另一方面也可以减轻国企改革中大量下岗人员造成的压力和阻力,加快减员增效的进程,促进国有企业改革的顺利进行。

### （四）非公有制经济为普通劳动者提供了职位上升的空间

在传统体制下，体制内的正规部门就业渠道狭窄，普通劳动者如果在体制内就业，能够预期的职业上升渠道只有各级党政机关、事业单位和国有企业，晋升空间更是十分有限。然而，非公有制经济的快速发展，使得在传统体制之外生长出一片巨大的职业发展空间。不论是对农业转移劳动力、下岗职工还是在体制内难以充分发挥才华实现个人抱负的办事人员和产业工人，都可以通过“下海”经商的方式另创一番事业。当前，有为数众多的劳动者活跃在非公有制企业中，成为这些企业的骨干力量。非公有制经济为他们提供了在体制内可能无法实现的经济地位、社会地位和职业理想。

## 三、进一步发挥非公有制经济对提高普通劳动者地位的作用

### （一）非公有制经济在促进普通劳动者就业中的局限

虽然，非公有制企业自身的优点为增加普通劳动者就业机会、提升社会地位提供了良好的客观条件。然而，非公有制企业在发展过程中也遇到许多难以克服的困难。这些困难在一定程度上影响了非公有制企业对促进普通劳动者就业作用的发挥。

1. 阻碍非公有制企业促进普通劳动者就业的外部因素

首先，不平等的市场准入门槛尚未完全打破，限制了就业渠道的扩大。虽然新旧“非公经济36条”均允许和鼓励民营资本扩大投资领域。但实际情况是，对一般竞争性领域，各地区比较开明，支持民营资本向这些领域投资。而对一些具有较好市场前景，投资回报相对稳定的领域，存在着歧视或限制民资进入的现象，形成了基础领域投资不足和竞争性领域过度竞争并存的局面。同时，过度竞争还造成非公有制企业成本高、利润空间小，限制了就业能力的提高。其次，融资政策的扶持力度不大，抑制了就业机会的创造。资金短缺一直是困扰非公有制企业发展的瓶颈。主要原因在于我国的融资方式一开始就主要面向国有大中型企业，而大部分非公有制企业规模普遍较小，产业层次低，上市融资只能是望尘莫及。同时，对非公有制企业服务不到位，阻碍了就业规模的扩大。非公有制企业是市场经济的主体，政府理应为非公有制企业提供良好的投资服务。但是，有些地方政府及部门对民营企业的服务仍存在“错位”“越位”和“缺位”的现

象。在一定程度上制约了非公有制企业的扩大，阻碍了劳动就业岗位的增加。

2. 阻碍非公有制企业促进普通劳动者就业的内部因素

首先，人才流动过于频繁。保持一定比例的人才流动率，对企业管理和效率的提高是很有必要的。据有关专家测算，优秀企业的人才流动率应在15%左右为宜。然而，中国许多非公有制企业的人才流动率高达50%左右，过高的人才流动率让企业的员工缺乏一种归属感，在工作中难免存在短期的行为和损害企业利益的行为，增加了监管的成本。同时，不注重培养也在另一种角度加大了这种人才流失。许多非公有制企业在招聘人才时往往要求有一定年限工作经验者优先录用。许多民企老板认为，商场如战场，企业需要的是实战型人才，许多非公有制企业在人才培养方面表现出“等不起”现象，企业不愿意培养人才，他们总认为自己花费大量的人财物去培养人才，万一人才跳槽将导致人财两空。这种急功近利的人才观，是很多非公有制企业的致命弱点。其次，劳动契约化程度低，劳动者权益缺乏保障。劳动契约化程度是与企业组织程度高度相关的。不少非公有制企业由于本身组织程度低，因此，在与来自农村的农民工关系上，呈现出劳动合同签订率低且很不规范的情况。由于部分非公有制企业现代化程度不高，生产条件恶劣，工伤事故、安全事故屡禁不止，非公有制企业职工的劳动强度和劳动时间都高于同行业的国有企业。长时间超负荷工作，员工难以承受，必然选择离开。

### （二）进一步发挥非公有制经济促进普通劳动者就业作用的对策

1. 营造平等的扶持环境，实现充分就业的政策目标

改革开放以来的实践经验已经证明，非公有制经济活则全局活。非公企业是中国经济腾飞的发动机之一，是多年来保持经济快速增长的重要动力，也是缓解就业问题的“蓄水池”。因此，解决就业的重要出路应该是促进非公有制企业的发展，为非公有制经济的兴盛创造一个良好的环境。从政府管理的角度讲，在非公有制经济迅速成长之后，政府要及时跟进基础设施建设，为基础设施的建设和升级提供财政支持，使非公有制经济的发展可以外通内联，不受或少受环境影响。从政策支持方面来看，在政策上对民营企业限制较多，条条框框较多。[①] 多

① 李小红、赵华伟：《关于发展“非公经济”的探讨——落实“非公经济新36条”的对策建议》，《经济问题探索》2011年第7期。

年来，虽然我们一直在理论层面强调大力发展非公有制经济，非公有制企业占我国工业产值比重已经过半，但在实际政策操作层面上，一些政策对于非公有制企业在很多领域有了较多的管制。为此，要进一步加大非公有制企业进入机器设备制造业、基础装备制造业等领域的支持力度，允许非公有制经济进入法律法规未禁止的行业和领域，进一步打破垄断，放宽市场准入。鼓励和引导民间资本进入基础产业和基础设施、市政公用事业和政策性住房建设、社会事业、金融服务、商贸流通、国防科技工业等领域。明确界定了政府投资范围，主要用于关系国家安全、市场不能有效配置资源的经济和社会领域。应当破除羁绊，给非公有制企业提供更加平等的竞争舞台，营造非公有制企业发展的良好环境。政府应通过透明、公正的政府采购和招标计划，让非国有企业和国有企业一样能够参与增长的机会，从而更有效地实现充分就业的政策目标。

2. 加快产业结构调整，提升非公有制企业的发展实力

要促进实现产业结构战略性调整，不仅要在第三产业中继续发展非公有制经济，在第二产业中更要强力推进。要推进国有企业"主辅分离、辅业改制"与发展非公有制经济相结合。一方面是鼓励非公有制经济参与国有经济结构调整和国有企业改制重组，发展混合所有制经济；另一方面要加快国有企业"主辅分离、辅业改制"的步伐，让出市场空间，放手让非公有制企业发展。这样不仅有利于提高国有企业的核心竞争力，增强国有企业的活力和实力，还为中国的中小企业、民营企业让出了适合其生存和发展的有利空间。不仅能够解决国有大企业自身的问题，而且对发展民营企业、扩大就业渠道也具有重大意义。

3. 加快社会保障步伐，推动非公有制企业发展

社会保障社会化是中小企业吸纳人才，免除劳动者后顾之忧的重要保障。当前，非公有制企业已经成为我国国民经济增长中的生力军，在宏观经济中发挥着越来越重要的作用。而非公有制企业的社会保障水平则落后于企业的改革与发展。目前，我国各项社会保障的覆盖面还主要是在国有制单位和城镇区县以上的大集体企业中实行，县、区以下小集体企业、乡镇企业和外商投资企业的中方职工的社会保险很差，私营企业、城镇个体劳动者基本未被覆盖。非公有制企业职工很容易被排斥在国家社会保障体系之外。这在一定程度上损害了非公有制企业职工的权益，对企业的可持续发展与社会的稳定带来不利影响。因此，推动非公有制企业社会保障的健康发展，不仅仅是企业自身的问题，而且事关我国

经济发展和社会稳定的大局。目前，许多高等学校毕业生不选择中小民营企业就业的原因就是因为这些企业缺乏社会保障，阻碍了非公有制企业劳动力素质的提高。① 为此，社会保障要从城镇国有企业覆盖到非公有制企业，从而更好地体现社会保障的国民性，也有利于促进劳动力在更大的范围内流动，使劳动力资源配置进一步优化。关于社会保障的有关规定不能停留在政府文件的层次，应该尽快以法律的形式加以强化，以利于在非公有制企业进行推广。

① 王秀玲、王树臣：《发展民营企业是解决就业问题的重要路径》，《学术交流》2010年第1期。

# 第五章

# 中国特色社会主义的政治基础

非公有制经济的健康发展、非公有制经济人士的健康成长，进一步夯实了中国共产党执政的经济基础、社会基础、阶级基础，巩固和扩大了统一战线的对象和范围，增强了社会发展的主体性力量，增进了社会的活力和内生动力，扩大了国际影响力，深化和拓宽了党的建设在非公有制经济领域的覆盖面和深度，从各个方面和层面夯实了中国特色社会主义事业的政治基础。

## 第一节　夯实党的执政基础，提高党的执政能力

党的执政能力，就是“党提出和运用正确的理论、路线、方针、政策和策略，领导制定和实施宪法和法律，采取科学的领导制度和领导方式，动员和领导人民依法管理国家和社会事务、经济和文化事业，有效治党治军，建设社会主义现代化国家的本领”①。提高党的执政能力，就要从党的执政理念、执政基础、执政方略、执政体制、执政方式、执政资源和执政环境等方面进行努力。从执政基础的角度来看，党要长期执政，必须有稳定的执政基础。执政基础不稳，执政地位就不稳。在中国，执政基础主要来自经济、政治、社会等各领域、各方面的持续性的支持。没有稳固的可持续的执政基础，我们党将不能实现为人民执好政服好务的光荣使命。

① 《中共中央关于加强党的执政能力建设的决定》，《人民日报》2004年9月27日。

习近平同志在2016年全国国有企业党的建设工作会议上强调:“国有企业是中国特色社会主义的重要物质基础和政治基础,是我们党执政兴国的重要支柱和依靠力量。”这是不是就意味着,非公有制经济和非公企业就不重要,就不是中国特色社会主义的物质基础和政治基础呢?我们认为,不管是国有企业,还是非公有制企业,在建设中国特色社会主义事业的总体目标和根本利益这一问题上,它们是一致的,都是中国特色社会主义事业顺利发展的重要基础。非公有制经济力量的发展壮大、非公有制经济人士的不断成长,不仅不会挑战中国共产党的执政地位、削弱党的执政能力,反而会夯实党的执政基础、巩固党的执政地位、提高党的执政能力。这是因为非公有制经济的发展壮大、非公有制经济人士的成长,与执政为民的执政理念相契合、相一致,与科学执政、民主执政、依法执政相符合,有利于中国共产党丰富执政资源、夯实执政基础、优化执政环境。

## 一、与执政为民理念相契合、相一致

近年来非公有制经济的发展壮大是有目共睹的,然而在肯定成绩的同时,有人发出这样的疑问,非公有制经济的不断成长是否会侵蚀党的执政基础、挑战党的执政地位、削弱党的执政能力?应该说,非公有制经济在拉动经济增长、促进产业创新、扩大全民就业、增加国内税收等方面具有非常重要的作用。这些积极作用的发挥,与中国共产党的执政理念并不冲突,而是相互契合、辩证统一的,是在改革开放以来党的路线方针政策指导下取得的成果。非公有制经济与国有经济不是此消彼长的零和博弈的关系,不能将二者割裂开来、对立起来。

从执政理念来看,我们党坚持以人民为中心的发展理念、坚持立党为公、执政为民的执政理念。一切为了人民、依靠人民、发展的成果为人民所共享。现阶段,人民的范围包括全体社会主义劳动者、社会主义事业的建设者、拥护社会主义的爱国者和拥护祖国统一和致力于中华民族伟大复兴的爱国者。不管是在非公有制经济组织、非公有制企业工作的职工,还是非公有制经济的资方和管理层,都是人民的一员,是社会主义劳动者和社会主义事业的建设者,都应该得到执政党的关心、关爱、关注。从某种意义上讲,国家扶植非公有制经济、鼓励非公有制经济发展的政策,壮大非公有制经济的实力,也是执政党立党为公、执政为民理念的具体表现和生动实践。

在新形势下,如何深化对非公有制经济的认识,找到非公有制经济发展的客观规律?如何加快转变非公有制经济发展方式,调整产业结构,让不同层级、不同领域非公有制经济组织快速、均衡地成长壮大?这是执政党在长期执政条件下必须面对的现实问题。习近平同志强调,实行公有制为主体、多种所有制经济共同发展的基本经济制度,是中国共产党确立的一项大政方针,必须毫不动摇巩固和发展公有制经济,毫不动摇鼓励、支持和引导非公有制经济发展。这就要求我们正确处理好公有制经济、非公有制经济的关系,统筹协调好两种经济的发展。以前有一种论调,说发展非公有制经济不过是"权宜之计"。早在 2014 年的时候,时任全国政协主席俞正声就强调,发展非公有制经济不是权宜之计,而是必须始终坚持的战略方针。① 这一观点的提出,正是基于非公有制经济对于国民经济发展的重要贡献,基于发挥非公有制经济中的积极因素、增强整个国家经济实力的综合考虑。实现立党为公、执政为民的理念,离不开对非公有制经济的大力支持,离不开非公有制经济人士的参与、理解和支持。

毫不动摇鼓励、支持和引导非公有制经济发展,就要求我们提高对非公有制经济的认识,提高对非公有制经济人士的认识。一方面,作为国民经济的重要组成部分,非公有制经济的发展直接为社会主义建设提供物质基础,增强人民的获得感和幸福感,符合改革开放以来以经济建设为中心的基本路线。另一方面,作为中国特色社会主义事业的建设者,非公有制经济人士是中国共产党执政的重要支持力量,是中国共产党长期执政需要争取也能够争取的政治力量,是工商联和民建等民主党派重要联系和发展的对象。正是由于广大非公有制经济人士的大力支持,才使得中国共产党执政过程获得越来越多的社会阶层的认同。

当前社会存在着某种对非公有制经济人士的不正确认识,把非公有制经济人士的形象进行污名化,认为非公有制经济人士可有可无。社会上一部分人存在着对非公有制经济人士财富取得途径的偏见和质疑,认为非公有制经济人士的"第一桶金"都是黑金,总是倾向于把某些不良现象同非公有制经济人士挂钩,以此为借口发泄一些不健康情绪,"仇富"心理由此而生。我们认为,这种在国民经济体系中强化公有制经济与非公有制经济的区别与对立、在人民内部强

---

① 《发展非公有制经济不是"权宜之计"而是"战略方针"》,2014 年 6 月 10 日,见 http://news.xinhuanet.com/2014-06/10/c_1111077368.htm。

化非公有制经济人士与人民中其他部分的区别与对立的想法和做法是危险的。执政为民理念的实现就是为了全体人民的利益，为了最广大人民群众的根本利益，而绝对不是要故意强化阶层与阶层之间的隔阂，绝对不是要剥夺一部分人的利益去满足另一部分人。执政为民的“民”，既包括广大的工人、农民等社会主义劳动者，也包括非公有制经济成员和非公有制经济人士这样的社会主义事业的建设者。非公有制经济发展壮大整个国家的经济实力，非公有制经济人士通过有序参与政治推动国家政治发展、维护政治稳定，而国家经济实力的增强和国家政权的日益稳定，又反过来增强非公有制经济、壮大非公有制经济人士的队伍。这是一个良性的循环和互动，在这一过程中能够实现国家富强、民族复兴、人民幸福。

## 二、符合民主执政、科学执政、依法执政的内在要求

在长期执政条件下，中国共产党的执政应该遵循执政的一般规律。党的十六届四中全会通过的《关于加强党的执政能力建设的决定》指出，必须坚持科学执政、民主执政、依法执政，不断完善党的领导方式和执政方式。所谓科学执政，是指在执政过程中结合中国实际不断探索和遵循共产党执政规律、社会主义建设规律、人类社会发展规律，以科学的思想、科学的制度、科学的方法领导中国特色社会主义事业。所谓民主执政，是指在执政过程中要坚持为人民执政、靠人民执政，支持和保证人民当家作主，坚持和完善人民民主专政，坚持和完善民主集中制，以发展党内民主带动人民民主，壮大最广泛的爱国统一战线。所谓依法执政，是指在执政过程中要坚持依法治国，领导立法，带头守法，保证执法，不断推进国家经济、政治、文化、社会生活的法制化、规范化。

从科学执政的角度来看，鼓励非公有制经济的发展，鼓励吸收非公有制经济人士参加党和国家的政治生活，就能够深化对非公有制经济的认识，引导非公有制经济发展得更科学，有利于增强党对非公有制经济发展规律的认识，有利于提高政府对非公有制经济发展的回应性和服务水平。近些年来，我们推动政府行政体制改革，调整产业政策，转变非公有制经济发展方式，让不同规模、不同领域的非公有制经济、非公有制经济组织快速成长壮大。这些发展与进步，都离不开党执政的科学化。国家这些年取得的经济成就，每一步都是经过科学的、精心细

致的战略规划与战略部署。非公有制经济的发展以及我们党对非公有制经济的政策演变,经历了由粗放式铺摊子的摸索,到专业性地研究市场规律、引进先进管理方式、大幅度提高生产技术、把握时代脉络和市场信息,再到积极探索党在非公有制经济发展中发挥领导核心作用的实现方式。这一过程事实上实现了党的执政能力建设与非公有制经济发展能力的双向促进。

从民主执政的角度来看,非公有制经济和非公有制经济组织的健康发展,有利于社会多元化利益表达机制的生成,有利于人民内部各方面的利益协调和利益保障。作为非公有制经济和非公有制经济组织的代表,非公有制经济人士参加各级人大和各级政协,参加中国共产党和各民主党派,参加各级工商联和各种公益性组织,通过人民代表大会制度这一根本政治制度和共产党领导的多党合作和政治协商制度这一基本政治制度,既活跃了我国的民主政治生活,又营造了良好的民主政治氛围。习近平同志指出:“对有贡献的非公有制经济人士做适当政治安排是一项重要工作”,要“真正把那些思想政治强、行业代表性强、参政议政能力强、社会信誉好的非公有制经济代表人士推荐出来”①,参加到中国特色社会主义民主政治建设中来,就是遵循执政规律的必然要求。

从依法执政的角度来看,国家更加注重对不同所有制经济的平等保护,对非公有制经济与公有制经济一视同仁。非公有制经济要求平等使用生产要素、更加公平公正地参与市场竞争,营造法治化发展环境,最大限度地保护中小企业发展。依法治国基本方略和依法治国基本方式要求我们,必须在非公有制经济发展问题上适应市场取向,发挥市场在资源配置上的决定性作用、更好地发挥政府的作用,进一步改善非公有制经济的法治环境。2015 年修改后的《立法法》规定,没有上位法的依据,部门规章不得设定减损公民、法人和其他组织权利或者增加其义务的规范,不得增加本部门的权力或者减少本部门的法定职责。② 我们也相信,随着法治环境的优化,一方面,党依法治国、依法执政和政府依法行政将进一步完善社会主义市场经济体制;另一方面,非公有制经济和非公有制经济组织也会促进法治政府建设的层次和党依法执政能力的提高,二者形成了双向发展双向促进的机制。

---

① 《毫不动摇坚持我国基本经济制度推动各种所有制经济健康发展》,http://news.xinhuanet.com/politics/2016lh/2016-03/04/c_1118239866.htm。

② 《中华人民共和国立法法》第八十条。

## 三、丰富党执政的各种优质资源

执政资源是政党执政所必须的各种积极因素、能量及来源，主要包括历史资源、政治资源、经济资源、社会资源、意识形态资源。政党只有具备、掌握了足够的能量和资源，才能够执掌好政权和巩固好政权，才能保持长期执政。在新的历史条件下，党要进一步拓宽汲取执政资源的渠道和途径，进一步丰富党执政的现有的优势资源，防止现有的执政资源流失。而非公有制经济的健康发展、非公有制经济人士的健康成长，对于合理挖掘和使用执政资源、扩大执政的资源储备，有着十分重要的意义。总的来说，非公有制经济对于经济资源的影响是最深刻的，对历史资源、社会资源、政治资源、意识形态资源也存在一定的拓展和巩固作用。

从党执政的历史资源来看，主要是执政党在历史进程中所起作用的成效积累。拥有的历史资源越丰厚，执政党的政治动员能力就越强。中国共产党从1921年建党开始，就不断探索执政规律，不管是中央苏区，还是抗日根据地和解放区，在局部执政时期，就需要面对和处理好非公有制经济成分、非公有制经济代表人士的问题。中国革命的历史也表明，中国共产党之所以能够取得新民主主义革命的胜利，一个重要的原因是得到了民族资产阶级和城市小资产阶级的理解和支持。1949年10月1日中华人民共和国成立，标志着中国共产党领导的新民主主义革命取得阶段性胜利。这一胜利的取得，离不开工人阶级、农民阶级的努力，也离不开民族资产阶级、城市小资产阶级的支持，离不开这四个革命阶级所形成的革命联盟。1953—1956年，随着社会主义革命的推进和完成，民族资产阶级和城市小资产阶级改造成社会主义劳动者。改革开放以来，随着非公有制经济的发展，非公有制经济人士在党的好政策的支持下，不断健康成长。这一历史资源使党的执政更为稳固，获得的民意基础更为广泛和坚实。

从党执政的政治资源来看，主要包括以下三个方面：一是党在国家权力机构中拥有的权力资源；二是党自身具有的组织资源；三是社会公众对党的认同与支持，即人民群众对党的信任和拥护。非公有制经济从无到有、从小到大、从弱到强的变化过程，是党的执政资源综合作用的结果，同样非公有制经济也以自身发展丰富了政治资源的内容。一方面，非公有制经济人士以及非公有制经济成员扩大了政治认同基础，很多非公有制经济人士对于党的执政成果和执政能力有着更为直观的认识和肯定。另一方面，非公有制经济人士通过人大、政协等途径广泛参与政治生活，积累了政治经验、增强了政治参与的意识、提高了政治参与的能力和水平，这些就成为中国共产党长期执政的宝贵的政治资源。非公有制经济人士普遍认识到，在党的全面领导下，非公有制经济发展的环境进入前所未有的好时期。大部分人在实践中还体会到，非公有制经济的发展主要还是靠党的政策好，因此，他们都拥护党的领导、党的政策。这种拥护和支持，就成为中国共产党一党执政、长期执政的强大的政治资源。为此，一方面，应继续遵循对非公有制经济人士的八字方针，即团结、帮助、引导、教育；另一方面，非公有制经济人士也应按照爱国、敬业、诚信、守法的要求提升自身的素质和能力。

从党执政的经济资源来看，主要是指执政党能支配的国家的人力、物力、财力等经济能量。生产力决定生产关系，经济基础决定上层建筑，他国的经验教训表明，解决不好经济问题，将不利于执政党的执政基础稳固，必然会削弱执政党继续执政的能力和合法性基础。所以，要始终抓住经济建设为中心，千方百计地加快发展。而非公有制经济是我国国民经济最具活力的部分之一，是国民经济发展强劲稳定的动力，对于巩固党执政的经济资源有极其重要的作用。改革开放以来，我国经济获得了飞速的发展，非公有制经济为这种发展贡献了巨大的力量。有调查显示，到 2006 年，我国广义非公有制经济（包括外资经济）占 GDP 的 65%左右和社会就业的 84.1%。其中，民营科技企业增加到 15 万户，在 53 个国家级高新技术开发区中占 70%以上；与此同时，我国技术创新的 70%、国内发明专利的 65%和新产品的 80%来自中小企业，而中小企业的 95%以上为非公企业。非公有制经济为国民经济发展创造了 70%到 80%的增量。① 截至 2016 年 7 月，非公有制经济在我国创造了 60%左右的国内生产总值、80%左右的社会就业，民间投资已占到全社会固定资产投资的 60%以上。② 数据表明，非公有制经济已经成长为我国国民经济中的重要主体，为我国国民经济发展贡献关键力量，也是我们党长期执政倚重的重要经济力量和经济基础。

① 《国务院办公厅关于进一步做好民间投资有关工作的通知》（国办发明电〔2016〕12 号），http://www.gov.cn/zhengce/content/2016-07/04/content_5087839.htm。

② 《国务院办公厅关于进一步做好民间投资有关工作的通知》（国办发明电〔2016〕12 号），http://www.gov.cn/zhengce/content/2016-07/04/content_5087839.htm。

从党执政的社会资源来看，主要是一个社会以及社会内部个体生存和发展所需的全部生产和生活资料。丰富党执政的社会资源必须从维护最广大人民根本利益的角度出发，把保障和改善民生为重点。社会资源的匮乏会影响执政的稳定。非公有制经济是社会富足的动力之一，解决好人民最关心最直接最现实的利益问题很多方面需要非公有制经济的助力。非公有制经济发展能够适应社会环境的复杂化、多元化和分层化的要求，提供巨大的且源源不断的社会资源。党和政府可以借助非公有制经济的优势和特点帮助解决贫困问题、失业问题、城乡问题等社会问题，带动文化产业发展，让社会更加稳定，实现和谐社会的理想目标。

从党执政的意识形态资源来看，主要是指执政党在精神文明、思想文化上的能量及其来源。习近平同志多次强调，意识形态关乎旗帜和道路，事关贯彻落实党的理论和路线方针政策，事关顺利推进党和国家各项事业，事关全党全国各族人民凝聚力和向心力，事关党和国家前途命运。这是在新的历史时期对意识形态工作重要地位和作用的总体判断。在执政过程中，执政党通过对自己意识形态的宣传和灌输，使社会成员和基层群众逐渐形成与执政党所提倡的主流意识形态相适应的思想文化，从而巩固自己的执政地位。非公有制经济的发展，对于丰富我们党意识形态鲜明的时代特色、科学内涵，意义重大。

## 四、夯实党执政的阶级基础和政治基础

中国共产党执政的阶级基础是工人阶级和农民阶级，随着新社会阶层的崛起，中国共产党执政的阶级基础和政治基础将进一步得到巩固和夯实。

### （一）非公有制经济的发展使工农联盟的基础更加坚实

改革开放以来，特别是建立社会主义市场经济体制以来，中国工人阶级、农民阶级的阶级状况发生了很多重要的变化。根据国家工商局的年度报告，截至2017年年底，我国实有个体工商户6579.4万户，私营企业2726.3万户，合计占全部市场主体的94.8%，从业人员3.41亿人。① 根据国家统计局北京市统计局

① 《我国实有个体工商户和私营企业占全部市场主体94%》，新华网，http://www.xinhuanet.com/fortune/2018-01/22/c_1122297394.htm。

北京调查总队调查结果，2018 年一季度仅北京市的非公经济从业人数就达到 398.4 万，同比增长 1.4%。① 目前情况是，非公有制经济的从业人数实际占据工人阶级队伍中的多数，并且对农民阶级也产生了相当大的影响。

一方面，在非公有制经济健康发展的条件下，以雇工为基础和主要形式的私营经济吸收了大量的产业工人。在改革开放以来的历次国企改革浪潮中，工人阶级队伍经受了极大的考验。在市场经济浪潮的冲击下，工人阶级如何应对观念变化的冲击、应对生存的挑战，是必须要直面和解决的问题。甚至有部分声音对于工人阶级的地位提出质疑，工人阶级内部也出现了自我否定的消极情绪。非公有制经济的发展为工人阶级队伍新时期建设带来了新的活力。国企改制分流出来的大部分人，以各种方式进入非公有制经济，成为非公有制经济组织和非公有制企业的主力军。当人们不再执着于对“铁饭碗”的追求，工人阶级在市场经济的锤炼和磨砺下，素质越来越高，实现了自身结构的优化，变得更加有活力和创造性。从某种意义上讲，正是非公有制经济的发展壮大推动了中国工人阶级力量的壮大。

另一方面，农村的农民阶级也出现了很多新变化，大量的剩余劳动力离开农村，到非公有制经济组织中就业，进一步促进了工人阶级和农民阶级的整合，增强了工农联盟的局面，从而巩固和扩大了中国共产党执政的阶级基础。非公有制经济打破城乡差别，使农民不再局限于农业生产，使农民的就业方式多元化了。农民到乡镇企业、到城市务工，在这一过程中农民阶级得到了培训和锻炼。亦工亦农的生产方式，使工人阶级和农民阶级之间的联系更加紧密。上述情况表明，无论从人数上还是从规模上，工人阶级的阶级力量不断壮大，进一步巩固工人阶级为领导、工农联盟为基础的人民民主专政的国家性质，从而进一步巩固了党的执政基础。

### （二）新的社会阶层的崛起，扩大了党的执政基础

2015 年颁布的《中国共产党统一战线工作条例（试行）》中，将“新的社会阶层人士”与“非公有制经济人士”并列为统战工作对象，包括以下四个群体：私营企业和外资企业的管理技术人员、中介组织和社会组织从业人员、自由职业人

---

① 《规模以上非公经济情况》，http://www.bjstats.gov.cn/tjsj/yjdsj/fgjj/2018/201805/t20180516_397929.html。

员、新媒体从业人员。“新的社会阶层人士”集中分布在新经济组织、新社会组织中。新经济组织是指在发展社会主义市场经济过程中，我国内地公民私人、港澳台商、外商全部所有或绝对控制的新出现的经济组织形态，主要包括私营企业、外商投资企业、港澳台商投资企业、股份合作企业、民营科技企业、个体工商户、混合所有制经济组织等各类非国有集体独资的经济组织。从所有制来看，这类经济组织统称为“非公有制经济组织”。新经济组织主要是在非公有制经济、非公有制企业中。新经济组织的管理人员和技术人员作为中国特色社会主义事业的建设者，往往是某一行业或产业的领导人物，有较高的社会地位，受到较好的教育，有较高的收入，掌握着大量的经济资源，在促进共同富裕、构建社会主义和谐社会、全面建设小康社会中发挥着重要作用。据统计，当前中国新社会阶层人士的总体规模约为 7200 万人。①

在新的历史条件下，我们党要长期执政，就必须重视新的社会阶层人士的发展，鼓励该阶层人士积极参政议政，引导这一阶层成员在不同领域发挥才干、主动奉献。为此，中央明确了“充分尊重、广泛联系、加强团结、热情帮助、积极引导”的 20 字工作方针，还提出了“以社团为纽带、以社区为依托、以网络为媒介、以活动为抓手”的工作方法。只有这样，我们党长期执政才能获得他们的持久支持，才能使我们党执政的阶级基础和政治基础确保巩固和扩大。

## 五、优化党执政的政治环境

执政环境一般分为国际环境和国内环境。在国际环境方面，我党执政的国际环境由于经济全球化和国际局势的影响而越来越复杂。优化执政的国际环境，一个很重要的办法就是加强同其他国家的经济往来，通过积极融入世界经济体系去应对挑战，维护国家经济安全。在这一过程中，非公有制经济组织的作用自不待言。随着中国在对外开放方面的不断深化和扩大，特别是我国提出的“一带一路”倡议的实施过程中，非公有制经济在打通海外战略通道方面作出了越来越大的贡献，为中国在国际经济竞争事态中保持优势地位发挥着越来越大

---

① 《印象 2016：数据告诉你不一样的统战！》，http://www.zytzb.gov.cn/tzb2010/tzyw/201701/2ef93c3cbba14d33b3658c6a207dfa34.shtml。

的作用,为党长期执政奠定了一个很好的国际经济环境。在国内执政环境方面,2014年习近平总书记在党的群众路线教育实践活动总结大会上强调“执政环境越复杂,我们就越要增强忧患意识,越要从严治党”。① 执政环境可以分为经济环境、政治环境、社会环境、文化环境等四个方面。

就执政的经济环境来看,经济环境总体向着繁荣利好不断发展,但是我们也正面临从经济高速度增长向中高速增长的过渡。非公有制经济是影响经济环境的重要因子,非公有制经济组织数量增长,对于经济总量贡献越来越大,成为创业主体、创新主体,非公有制经济人士的影响力也不断增强。发展非公有制经济需要良好的社会经济环境,同样经济环境的总体提升也要以非公有制经济的持续进步为基础。经济环境的评价以经济制度、发展水平、劳动力状况、产业优化程度等为指标,这些都同非公有制经济有直接的关系,所以经济环境的优化与非公有制经济的发展是相辅相成,共同升级共同完善的。

就执政的政治环境来看,人民安居乐业,才能营造出经济发展的良好环境。社会矛盾尖锐,市场秩序混乱,就会影响经济发展和市场的稳定。这就必然要求更好的党风、政风以及社会风气的全面协调,要求更好的民主政治和更高的党内党外政治生活规范。现今一般用“政治生态”的概念来描绘政治环境问题,习近平总书记提出,加强党的建设,必须营造一个良好从政环境,也就是要有一个好的政治生态。非公有制经济的发展,既对优化从政环境提出更高的要求,同时也为优化政治环境提供了可能。他在全国政协的联组会上提到,应建立“亲”与“清”的政商关系。我们认为,非公有制经济人士多数以企业家为主,健康的政商关系直接影响甚至塑造党执政的政治环境。基层的同志反映说,处理好政商关系,既不能“勾肩搭背”,也不能“背靠背”,为此,政府和非公有制经济组织要良性互动,领导干部和非公有制经济人士之间的关系要互相沟通,加强对话,政府要更好地服务于非公有制经济发展。

就执政的社会环境来看,目前社会环境的多元化和分层化以及由此而导致的复杂化,是党执政必须面对的现实。我国的收入差距、地区差距正逐步扩大,对社会的稳定构成挑战。就业难、上学难、看病贵等诸多社会问题层出不穷,社

① 《在党的群众路线教育实践活动总结大会上的讲话》,见中共中央文献研究室:《习近平总书记重要讲话文章选编》,中央文献出版社、党建读物出版社2016年版,第169页。

会对于更好的公共服务与社会治理提出了更多的要求。社会自治力量的形成、社会秩序的稳定、社会关系的和谐,从而社会环境的优化,都需要非公有制经济的介入和助推,需要非公有制经济组织和非公有制经济人士承担更大的社会责任。总之,推动社会治理创新,需要非公有制经济发挥更多作用。为此,非公有制经济人士在这方面应更加增强自己的主体意识。

就执政的文化环境来看,习近平提出,要使中华民族最基本的文化基因与当代文化相适应、与现代社会相协调,以人们喜闻乐见、具有广泛参与性的方式推广开来,把跨越时空、超越国度、富有永恒魅力、具有当代价值的文化精神弘扬起来,把继承传统优秀文化又弘扬时代精神、立足本国又面向世界的当代中国文化创新成果传播出去。非公有制经济为文化建设注入活力和创造性,非公有制经济借助其市场的灵活性准确把握老百姓喜闻乐见的文化形式,通过将党的先进文化和优秀的传统文化融入丰富多样的文化形式中,不断满足群众日益增长的文化需求。

## 第二节　非公有制经济巩固统一战线的战略地位

非公有制经济的发展壮大与非公有制经济人士的崛起,在一定程度上增加了我们党统一战线资源整合的难度,对统战工作观念、工作能力、工作制度提出了新挑战,而我们党也通过克服这些困难,提高了统战工作的能力,巩固了统一战线的战略地位。

### 一、非公有制经济领域推进统一战线建设

统一战线是指"中国共产党领导的、以工农联盟为基础的,包括全体社会主义劳动者、社会主义事业建设者、拥护社会主义爱国者、拥护祖国统一和致力于中华民族伟大复兴爱国者的联盟"①,是我们党革命、建设、改革的重要法宝,是增强党的阶级基础、扩大党的群众基础、巩固党的执政地位的重要法宝,是全面

① 《中国共产党统一战线工作条例(试行)》,《人民日报》2015年9月23日。

建成小康社会、加快推进社会主义现代化、实现中华民族伟大复兴中国梦的重要法宝。我们党始终把统一战线摆在全党工作的重要位置,团结一切可以团结的力量,调动一切可以调动的积极因素,使之成为具有深刻历史印迹、铸就不朽历史功勋的"传家宝"。习近平总书记指出,统一战线是做人的工作,搞统一战线是为了壮大共同奋斗的力量。统一战线的本质是大团结大联合,解决的就是人心和力量问题。这是党中央立足大局、把握规律、直面问题做出的科学论断。

毛泽东同志在中华人民共和国成立之初,曾论述过民主党派人士统战工作问题。当时有人认为,民主党派是"一根头发的功劳",一根头发拔去不拔去都一样。毛泽东同志认为,从民主党派背后联系的人们看,就不是一根头发,而是一把头发,不可藐视。要团结他们,使他们进步,帮助他们解决问题,如民主党派的经费问题,民主人士的旅费问题。要给事做,尊重他们。当作自己的干部一样,手心手背都是肉,不能有厚薄①。可以说,不管是新民主主义革命、社会主义革命、社会主义建设,还是改革开放新时期,我们党领导人民进行的事业取得了一个又一个进步和胜利,一个很重要的原因,就是充分运用好了统一战线这个"传家宝"。历史表明,人心向背、力量对比是决定事业成败的关键。

巩固和壮大最广泛的统一战线,不仅是我们党不断取得胜利的一条基本经验,是党和国家工作全局中一个极为重要的方面,也是新的历史条件下治国理政必须正确处理的一个基本问题。早在2006年,中共中央颁发《关于巩固和壮大新世纪新阶段统一战线的意见》就指出,"新的社会阶层人士是统一战线工作新的着力点,要最大限度地把他们团结在党的周围,充分发挥他们的作用,不断为实现中华民族的伟大复兴凝聚新力量"。② 时任全国政协主席俞正声在全国新的社会阶层人士统战工作会议上指出,加强对新社会阶层人士的团结引导,增进政治认同,是新形势下我们党治国理政必须妥善解决的现实课题。

非公有制经济人士作为改革开放时期成长起来的新兴社会阶层,为我国国民经济的高速发展作出了重要贡献,是国民经济发展的生力军。巩固和扩大新世纪新阶段的统一战线,就必须加强对非公有制经济领域的统战工作。2015年

① 徐忠友:《毛泽东谈统战:有人说民主党派是一根头发功劳这不对》,《人民政协报》2015年5月23日。

② 《中共中央颁发〈关于巩固和壮大新世纪新阶段统一战线的意见〉》,《人民日报》2006年11月29日。

5月，在中央统战工作会议上，习近平指出："促进非公有制经济健康发展和非公有制经济人士健康成长，要坚持团结、服务、引导、教育的方针，一手抓鼓励支持，一手抓教育引导。"①习近平的重要讲话，进一步完善了我们党在非公有制经济领域统战工作的方针政策，明确了对非公有制经济人士统战工作的方式方法，为统战工作提供了重要遵循，同时也丰富发展了我们党的统战理论。

开展对非公有制经济人士的统战工作，是我们党加强对非公有制经济成员的引导与扶持的重要方式。一方面，统战工作可以使党的政策方针在非公有制经济领域得到有效传达与落实，有利于巩固党的阶级基础，扩大了党的群众基础；另一方面，通过对非公有制经济领域的统战，党统战工作能力也得到了极大提高。在实践中，我们党通过开展在非公有制经济领域的统战工作，丰富了统战对象的多样性，推进了统一战线的协商实践，也践行了统一战线的和谐理念。

## 二、非公有制经济提升统一战线的资源整合能力

非公有制经济的发展、非公有制经济人士的成长，有利于我们党提升统一战线在整合经济资源、政治资源与社会资源方面的能力。

### （一）非公有制经济人士提升统一战线整合经济资源的能力

非公有制经济人士都是各行各业的精英人物，这一群体对市场非常敏感，抗市场波动的能力较强。将他们纳入到统一战线中，有利于我们党把握市场走向、了解和探索市场经济发展的规律，提高驾驭市场经济、整合经济资源的各方面能力。

首先，在对非公有制经济领域的统战过程中，我们党形成了"大统战"的工作思路，建立起了"大统战"格局的机制体制。随着非公有制经济的蓬勃发展，我们党越来越重视这个领域的统战工作，可以说，非公有制经济扩展了统一战线的适用范围，也巩固并提高了统一战线的战略地位，而对非公有制经济领域的统战工作关乎民族复兴大业，这也使得这项工作立意更加深刻，我们党通过建立"大统战"的机制体制来更好地为非公有制经济发展提供服务。

---

① 《巩固发展最广泛的爱国统一战线为实现中国梦提供广泛力量支持》，《人民日报》2015年5月20日。

其次，在对非公有制经济领域的统战过程中，我们党的统战队伍得到了极大的锻炼。非公有制经济为我们党的统战工作提出了新的要求，统战部门要有效开展工作就必须进行主动性服务和针对性服务，加强对非公有制经济人士的关注，积极主动进行沟通联络，切实了解非公有制经济人士的关注点，提供政策支持并保证政策落实，增强政府的服务性，切实为非公有制经济成员排忧解难，在这个过程中，我们党的统战人员的工作能力得到了极大的提升，一支高效得力的统战队伍建立起来。

最后，在对非公有制经济领域的统战过程中，我们建立了多元化发展平台，拓展非公有制经济的发展空间。为了给非公有制经济人士提供更便捷的服务，统战部门建立起一系列的平台，包括高层次人才流动平台、产学研共赢的技术发展平台、商务信用融资平台、信息服务和预警平台、企业文化和企业家素质培训平台等，这些平台作为载体有效地帮助开展了非公有制经济人士的统战工作。另外，工商联作为党和政府联系非公有制经济人士的纽带，也在发挥着对非公有制经济，尤其是商会组织的指导、引导和服务功能。

总之，非公有制经济组织提升了统一战线对经济资源的整合能力，统一战线也推进了非公有制经济的健康发展，推动非公有制经济发展方式转变，二者形成了良好的互动。

### （二）非公有制经济人士提升了统一战线整合政治资源的能力

在非公有制经济领域开展统战工作，不仅带动了非公有制经济人士的政治参与，满足了他们的参与需求，而且在统战过程中，和谐的政商关系也逐渐建立起来。

首先，统战工作带动了非公有制经济人士的政治参与。统战工作在党政部门与非公有制经济人士之间架起了诸多沟通渠道，为非公有制经济人士的政治参与提供了便利。工商联作为非公有制经济人士政治参与的典型渠道，成为党和政府联系非公有制经济人士的桥梁和纽带，对非公有制经济人士的政治参与提供了服务与指导。通过统战工作带动非公有制经济人士的政治参与，有助于了解并满足非公有制经济群体的利益诉求，也有助于发现政府本身存在的一些弊病，从而为推进体制改革与完善提供参考。

其次，统战工作有助于将部分非公有制经济代表人士吸纳进体制中来。在统战过程中，不少非公有制经济代表人士被吸纳进体制中来，这也是一种政治参与,是自上而下的精英吸纳式的政治参与。这批代表人士作为非公有制经济群体中的精英,通过政治安排进入体制,往往是进入人大、政协或工商联等部门并在其中担任某种职位,他们凭自身的经验为政府部门出谋划策,同时也为非公有制经济群体提供更有效的服务,成为党政部门与非公有制经济群体沟通联络的重要桥梁。

最后,统战工作加强了党政部门与非公有制经济人士的交流,使党政部门可以深入了解到非公有制经济人士真正关心的问题,从而为政策制定提供了依据。党政部门通过政策供给改善非公有制经济人士政治参与面临的路径不畅、路径单一等问题,切实为非公有制经济人士排忧解难,在此过程中可以逐步建立起一种和谐的政商关系。

### (三) 非公有制经济人士提升统一战线整合社会资源的能力

在社会建设过程中,如何发挥社会组织和群众在社会治理和社会管理中的作用,一直是我们党和政府需要面对和解决的问题。而非公有制经济人士在社会组织、基层群众中有着较为广泛的影响力,是一支可以利用并且能够利用的宝贵力量。一方面,非公有制经济人士在拉动就业增长方面的作用较大。从某种意义上说,就业问题是最大的问题。就业问题解决不好,会引发一系列社会问题。非公有制经济使更多没有工作的或下岗人士实现了就业,对于这批群众来说,解决了就业问题,就是解决了生计问题,这在一定程度上消除了社会中的不稳定因素,为实现基层政府社会治理奠定了坚实的基础。

另一方面,非公有制经济人士积极参与社会治理,运用自己的优势资源协调处理基层矛盾、促进社会和谐。当基层社会出现诸多矛盾和纠纷时,非公有制经济人士会利用自己的各种优势资源,积极协调和解决,从而促进基层社会和谐、促进社会秩序稳定。非公有制经济人士在自己的企业里,通过积极妥善地处理与员工之间的关系,可以建立起和谐的劳资关系,推动社会稳定发展。另外,大批的非公有制经济人士还发扬企业家精神,回馈社会,积极投身公益慈善事业,热心帮助社会中的弱势群体,为弱势群体奉献爱心,也为构建和谐社会贡献力量。

## 三、非公有制经济成员丰富统战对象的多样性

非公有制经济群体成员具有多样性和复杂性,这给我们党的统战工作带来

了一定的难度,我们需要客观分析非公有制经济成员中的不同群体,根据群体特性制定统战策略,最终达到使全部非公有制经济成员团结在党的领导下,为实现民族复兴而奋斗的效果。

首先,我们必须确保做好"传统"意义上的非公有制经济成员的统战工作。党的十六大报告指出:"民营科技企业的创业人员和技术人员、受聘于外资企业的管理技术人员、个体户、私营企业主、中介组织的从业人员、自由职业人员等社会阶层,都是中国特色社会主义事业的建设者"。① 非公有制经济中的这些人员都是改革开放后逐渐兴起并壮大的,他们基本涵盖了非公有制经济从业人员,是非公有制经济发展的主要力量。统战工作首先应该关注这批人员的发展情况,包括他们的人员结构、利益诉求等,主动与这些人员,尤其是其中的代表人士建立联系,为他们提供服务。

其次,我们必须做好新兴的非公有制经济成员的统战工作。随着时间的推移和科技的不断发展,非公有制经济日新月异,非公有制经济群体的人员结构也随之改变,"传统"意义上的非公有制经济成员已经发生了巨大的变化。这里面主要出现了两个群体:其一是互联网络非公有制经济群体。在当下,互联网引发了一场具有深远意义的"革命"运动,各行各业都在接受互联网的冲击和改造。据中国互联网络信息中心数据显示,截至 2017 年 12 月,我国网民规模达 7.72 亿,普及率达到 55.8%,超过全球平均水平(51.7%)4.1 个百分点,超过亚洲平均水平(46.7%)9.1 个百分点。我国手机网民规模达 7.53 亿,网民中使用手机上网人群的占比由 2016 年的 95.1%提升至 97.5%。② 非公有制经济领域向来拥抱科技的最前沿,在互联网时代,传统的非公有制经济人员已经开始转变经济发展方式,互联网、大数据、云计算、移动终端、新媒体等手段开始被广泛应用,一批新兴的网络非公有制经济群体正在快速崛起,非公有制经济在互联网的推动下又实现了新的发展。然而,我们也必须审慎对待这种互联网狂热现象,因为目前我们国家在互联网方面还没有形成完善的法律法规体系,对互联网市场的监管也缺乏经验,这导致了许多不和谐的事件发生。因此,对于网络非公有制经济

---

① 《全面建设小康社会开创中国特色社会主义事业新局面》,《人民日报》2002 年 11 月 9 日。

② 第 41 次《中国互联网络发展状况统计报告》,http://www.cnnic.net.cn/hlwfzyj/hlwxzbg/hlwtjbg/201803/t20180305_70249.htm。

群体的统战工作，我们必须高度重视，审慎对待。

另一个值得关注的新兴非公有制经济群体，是非公有制经济中的年轻一代。非公有制经济年轻一代往往具有良好的教育背景，接受过大学教育甚至是海归人才，他们拥有专业的知识技术和先进理念，以及奋斗创业的勇气等成功所需的重要条件。习近平总书记十分关心非公有制经济年轻一代的发展，他强调，引导非公有制经济人士特别是年轻一代致富思源、富而思进，做到爱国、敬业、创新、守法、诚信、贡献。① 年轻一代是我国非公有制经济未来发展的中坚力量，对于他们进行统战，也是我们统战工作的重中之重。

非公有制经济成员结构的上述变化，不断丰富我们党统战对象的多样性，对于非公有制经济群体的统战工作，我们必须做到引导与服务并行。一方面，要对他们进行教育与引导，使他们树立正确健康的发展理念，意识到自身中国特色社会主义事业建设者的身份和推动民族复兴大业的使命；另一方面，也要为他们做好服务，切实为他们排忧解难，创造良好的发展环境，使他们推动经济发展的能力与潜力不断迸发。另外，还要挖掘发展我们党在这些群体中的代表人士，努力在非公有制经济成员中培养一支具有较强代表性的党外代表人士队伍。

## 四、非公有制经济人士扩展了统一战线的协商实践

协商民主是我国民主政治的重要形式。作为我国协商民主的基本场域和重要形式，统一战线具有空前的广泛性、巨大的包容性和鲜明的协商特性，体现出强大的民主功能，在推进我国协商民主发展中发挥着关键作用。非公有制经济人士是统一战线发挥协商功能的重要对象，在对非公有制经济人士的统战工作中，统一战线的协商功能得到充分的体现。

首先，非公有制经济人士丰富了统一战线的协商主体。随着我国市场经济的逐渐发展成型，非公有制经济人士不断壮大，包括民营企业工作人员、外企人员、个体户、私营企业主等方面的从业人员不断增加。另外还有一些新兴的非公有制经济人士，如网络非公有制经济人士、年轻一代的非公有制经济人士等，都

① 《习近平眼中的非公有制经济》，http://news.xinhuanet.com/politics/2016-03/06/c_128777046.htm。

是中国特色社会主义事业的建设者,也都是统一战线的重要协商对象。

其次,非公有制经济人士发展了统一战线的协商理念。改革开放以来,我国经济社会结构发生了巨大的变化,众多新兴社会阶层成长起来,非公有制经济人士作为其中一个重要的代表阶层,对我们的统战工作提出了许多新的要求,推动了"大统战"工作理念的形成,有利于增强统一战线的广泛性、包容性和整合性,"以更高更开阔的视角,争取人心、凝聚力量,充分发挥统战工作的'大团结''大联合'作用,为实现党和国家的宏伟目标而团结努力"。①

再次,非公有制经济人士拓宽了统一战线的协商渠道。为了能更好地引导、教育非公有制经济人士,为非公有制经济人士提供服务,我们党努力创新统一战线的工作方式,一系列新的协商渠道被建立起来,包括民情恳谈会、民主恳谈会、民主理财会、民情直通车、民主听(议)证会等,这些协商形式推动了统一战线的协商实践,为深入进行专题协商、界别协商、对口协商和提案办理协商提供了基础。

最后,非公有制经济人士发展了统一战线的协商制度。健全社会主义协商民主制度是推进协商实践的总目标。在对非公有制经济认识的统战过程中,人大、政协、工商联等发挥了重要作用,不仅为非公有制经济人士同政府的协商创造条件,甚至许多非公有制经济人士直接成为人大代表、人大专门委员会组成人员,或者在各级政协、工商联等担任职务,这极大地巩固并发展了这些基本协商制度。

对非公有制经济人士的统战工作拓展了统一战线的协商实践,有助于培养协商精神,形成一种公共理性,最终使协商成为解决各方关切问题的重要且有效的方式方法,极大地推动了我国协商民主事业的发展。

## 五、非公有制经济人士践行统一战线的和谐理念

作为中国特色社会主义事业的建设者,非公有制经济群体由不同的政党、民族、宗教、阶层成员、海内外同胞组成,通过对这批人士进行统战工作,可以践行

① 吴大兵:《大统战工作的含义及功能探微》,《福建省社会主义学院学报》2009年第6期。

统一战线的和谐理念,实现统战主体之间的和谐。

首先,非公有制经济人士的统战工作实现了政党关系的和谐。我国民主党派与非公有制经济联系密切,从新民主主义革命的历史来看,民主党派就作为民族资产阶级和城市小资产阶级的政治代表参与国家政权。改革开放以后,非公有制经济逐渐崛起,民主党派与非公有制经济人士的联系也越来越密切,不少非公有制经济精英人士加入了像民盟、九三学社、民主建国会等这样的民主党派。因此,对非公有制经济人士的统战工作,一定程度上也是中国共产党对民主党派的统战工作,这种工作使得不同党派之间的关系,包括中国共产党与民主党派,以及不同民主党派之间的关系日益密切与和谐,使得各民主党派可以团结在中国共产党的领导下,共同为实现民族复兴大业奋斗。

其次,非公有制经济人士的统战工作促进了民族、宗教关系的和谐。少数民族地区人士渴望通过发展非公有制经济来带动民族地区经济发展,大量的少数民族人员投身于非公有制经济,成了非公有制经济人士,甚至是其中的杰出代表。部分非公有制经济人士信奉天主教、佛教等。由于民族、宗教问题十分敏感,因此处理起来也更有难度。在对非公有制经济人士的统战过程中,必须审慎对待民族与宗教问题。而通过统一战线与非公有制经济人士,尤其是少数民族和有宗教信仰的非公有制经济人士建立良好关系的同时,我们也在一定程度上实现了民族与宗教关系的和谐。

再次,非公有制经济人士的统战工作推动了阶层关系的和谐。一方面,非公有制经济群体作为一个整体,需要处理与其他领域群体的关系。我们党通过开展非公有制经济人士的统战工作,不仅在非公有制经济人士与公务人员群体间建立起良好的关系,或者说形成了和谐的政商关系,而且我们党作为桥梁,也帮非公有制经济群体与其他领域群体建立联系,为在他们之间形成和谐关系创造了条件。另一方面,在非公有制经济人士内部,阶层关系也十分复杂,包括“民营科技企业的创业人员和技术人员、受聘于外资企业的管理技术人员、个体户、私营企业主、中介组织的从业人员、自由职业人员等社会阶层”。① 我们的统战工作也致力于在非公有制经济人士内部形成和谐的阶层关系。

① 《全面建设小康社会开创中国特色社会主义事业新局面》,《人民日报》2002 年 11 月 9 日。

最后,非公有制经济人士的统战工作推动并促进了海内外同胞关系的和谐。非公有制经济本身的发展会寻求国际合作,据统计,2015 年我国非公企业境外并购金额占当年境外并购金额的 75. 6%,非公有制经济占我们对外投资的 65. 3%,年末的存量非公有制经济占到 35. 6%。在数量和金额上均首次超过了公有经济的企业,①2016 年中国对外非金融类投资流量中,属非公有经济控股的境内投资者对外投资 1232. 4 亿美元,占 68%,公有经济控股 579. 9 亿美元,占 32%。② 非公有制经济类企业已经成为中国对外投资的一支重要力量。非公有制经济人士需要同海外人士建立联系,尤其是海外侨胞,以及港澳台地区的同胞。另外,在非公有制经济人士内部,也存在大量的海归人员,尤其是非公有制经济人士中的年轻一代,他们往往具有海外留学背景,同海外商界联系密切。我们党通过开展非公有制经济人士的统战工作,在一定程度上也加强了我们党同海外同胞的联系,有助于建立和谐的海内外同胞关系。

## 第三节　非公有制经济实现了社会主体的政治价值

改革开放以来,非公有制经济的自主性、能动性获得了显著提高,非公有制经济人士社会主体性日益凸显。

### 一、政治社会主体性的意识和力量日益增强

日益迅猛发展的非公有制经济已经在当代中国国民经济中占有相当大的比例,成为中国这个世界第二大经济体不断发展腾飞的重要力量。不管是从事非公有制经济的普通员工,还是管理、经营非公有制经济的民营企业家,都是作为中国特色社会主义的劳动者、中国特色社会主义事业的建设者的身份参与国家

---

① 《非公企业已经成为中国对外投资的重要力量》,http://news.xinhuanet.com/fortune/2016-09/22/c_129293963.htm。

② 《2016 年度中国对外直接投资统计公报》,http://img. project. fdi. gov. cn//21/1800000121/File/201710/201710091003427086429.pdf。

和社会各方面的建设。作为一种不可忽视的政治力量，其在国家治理的政治主体性日益增强。

### （一）非公有制经济人士成为中国特色社会主义事业的建设者

非公有制经济在我国经历了一个曲折的发展过程。中华人民共和国成立之初，贯彻第一届全国政协通过的共同纲领，我国在大力发展国营经济与合作经济的同时扶植私营工商业的正当经营，非公有制经济终于在战后获得了发展。在国民经济实现恢复与发展后，从 1953 年到 1956 年，我国开始进行三大改造，对非公有制经济进行了改造，在国内建立起以单一公有制、单一经营形式、高度集中的计划经济体制。后来我国由于长时间受“左”的思想影响，“一大二公”，盲目求纯，割“资本主义尾巴”，以至于非公有制经济几近绝迹。

改革开放后，我们对经济建设展开反思，邓小平指出，我们中国“处在社会主义的初级阶段，就是不发达的阶段。一切要从这个实际出发，根据这个实际来制定规划。”①由此制定了以经济建设为中心的基本国策，在国民经济领域，开始改变过去单一所有制结构的局面，恢复发展非公有制经济，尝试推行社会主义市场经济。1981 年党的十一届六中全会通过了《关于建国以来党的若干历史问题的决议》，明确指出“一定范围的劳动者个体经济是公有制经济的必要补充”，开始允许非公有制经济以补充的身份参与经济建设。② 2001 年，在建党八十周年之际，党中央正式肯定了非公有制经济人员“中国特色社会主义事业建设者”③的身份，以鼓励非公有制经济人员为中国特色社会主义伟大事业作出贡献。随着市场经济的逐渐发展，可以想见，非公有制经济所占比重还会逐渐增大，非公有制经济成员也会越来越受到认可。

非公有制经济已经成长为我国国民经济中的重要主体，为我国国民经济发展贡献重要力量。要进一步推进我国国民经济发展，就必须进一步明确并巩固非公有制经济人士中国特色社会主义事业建设者的身份，继续挖掘非公有制经济的潜力，使非公有制经济继续促进民间投资健康发展，在促增长、保就业和推进经济结构性改革特别是供给侧结构性改革方面贡献卓越力量。

---

① 《邓小平文选》第三卷，人民出版社 1993 年版，第 252 页。

② 《关于建国以来党的若干历史问题的决议》，人民出版社 1981 年版，第 40—47 页。

③ 江泽民：《在庆祝中国共产党成立八十周年大会上的讲话》，人民出版社 2001 年版，第 10 页。

### （二）参与非公有制经济的民众成为人民群众的主要群体

非公有制经济所包括的个体经济、私营经济和外资经济等一直是拉动我们就业增长的强力马车。截至 2015 年 9 月底，全国实有个体工商户 5285 万户，私营企业 1802 万户，吸纳就业 2.73 亿人，占全国就业人口的三分之一以上，城镇就业人口四成以上。① 仅仅是个体私营经济就已经在我国就业人口中占有如此大的比例，这说明我国非公有制经济在推动国民经济发展中的巨大贡献。更重要的是，这也意味着非公有制经济成员已经成为我国人口结构中重要组成部分，这个群体的利益诉求需要我们高度重视。

作为人民群众的主要群体，非公有制经济成员有多样的利益诉求，包括经济利益、政治权益、社会地位等。可以说，我国非公有制经济成员是迫切渴望参与政治、影响政治的，他们希望通过政治参与来维护他们正当的经济利益并追求更大的经济绩效，同时他们也希望获得一定的与他们的财富实力相匹配的社会地位。然而，非公有制经济成员的具体参与过程却仍然面临着许多障碍，诸如理念滞后、渠道狭窄、机制不健全等。克服这些障碍，保证我国非公有制经济成员的政治参与，使他们可以顺畅表达他们的利益诉求，不仅有利于推动我国的政治体制改革，推进民主事业发展，还有利于进一步激发非公有制经济成员的工作潜力，促进我国国民经济持续发展。

## 二、通过广泛参与获得越来越大的政治影响力

非公有制经济的发展，离不开非公有制经济成员和非公有制经济人士对政治的参与，可以说，非公有制经济的发展史某种意义上就是非公有制经济成员和非公有制经济人士的政治参与史。

### （一）非公有制经济成员（人士）有着强烈的政治参与冲动

中华人民共和国成立后，非公有制经济经历了一个曲折的发展时期，一度成为被打击、消灭的对象，直到改革开放以来，我国市场经济逐渐发展成型，非公有制经济成为公有制经济的“必要补充”，非公有制经济成员（人士）的身份也越来

---

① 《〈中国个体私营经济与就业关系研究报告〉显示 2.73 亿人在个私经济领域就业》，http://www.saic.gov.cn/zwgk/ndbg/201510/t20151030_163433.html。

越得到认可，成为“中国特色社会主义事业建设者”。改革开放的大环境鼓励非公有制经济成员进行政治参与，为非公有制经济成员的政治参与提供动力，并为非公有制经济成员的政治参与创造条件。

可以说，非公有制经济成员（人士）作为一个新兴的社会阶层，随着改革开放的发展而逐渐兴起，然而在体制机制逐步发展完善的过程中，非公有制经济成员在获益的同时也承受了发展带来的一系列苦楚，对一些不合理不公平的现象感到不满，他们渴望通过政治参与来反映相关问题。首先，寻求并扩大经济利益，是非公有制经济成员参与政治的重要目标，正如马克思所说：“人们奋斗所争取的一切，都同他们的利益有关。”①在一个尚不完善的市场秩序下，非公有制经济成员的发展面临诸多障碍，政治参与一方面可以帮助他们维护自身利益，另一方面也有利于推动市场秩序建设，为他们创收提供良好的环境。其次，非公有制经济成员（人士）积极参与政治，主要目标是提高社会政治地位，获得政治影响力。一般来说，由于受历史因素的影响，多数非公有制经济人士的社会地位不高，虽然他们掌握着巨大的社会财富，但是缺乏政治影响力，他们渴望得到社会认同，只有通过政治参与才能帮助他们提高社会政治地位，维护自身的合法权益。

### （二）非公有制经济成员（人士）政治参与的形式更加丰富

非公有制经济成员（人士）参与政治的形式与途径多种多样，非公有制经济成员的政治参与动因具有“鲜明的多样性、层次性、动态性”②。我们可以将非公有制经济成员的政治参与分为制度性政治参与和非制度性政治参与两种，前者指的是通过法律允许的正式的途径进行政治参与，后者指的是通过法律未提及的非正式、非制度性的方式和途径进行政治参与。从制度性政治参与的形式来看，徐军的一项研究表明，非公有制经济成员（人士）参与政治的途径主要有：(1)政治安排途径，即担任人大代表、政协委员等；政党途径，即加入中国共产党、民主党派；(2)社团途径，即加入工商联、行业协会（商会）等；(3)基层民主政

---

① 《马克思恩格斯选集》第1卷，人民出版社1995年版，第187页。

② 参见崔华前：《私营企业主政治参与动因的基本特征——基于对浙江省部分私营企业的调研》，《理论月刊》2015年第8期。

治途径,即参与基层选举等。①

与制度性政治参与相对应的,就是非制度性政治参与。一般来说,非制度性政治参与是在制度性政治参与无效的情况下,不得已而采取的方式,虽然这种参与方式没有法律上的依据,但是影响较大,成为众多非公有制经济人士的选择,也可以算是非正式制度性的政治参与。王晓燕的一项研究表明,非制度性的政治参与主要有以下几种:(1)吸收官员加入企业,获得政治资源与社会资源;(2)培育与政府官员的关系,积累政治资本;(3)与海外公司合作,影响政府政策;(4)与官员建立"共生关系",运用关系规避法律法规。②

不管是制度性政治参与,还是非制度性政治参与,都是非公有制经济成员(人士)为了获得或者维护自己的利益而做出的努力。为此,我们要认识到非公有制经济成员政治参与的重要性,积极鼓励非公有制经济群体参政议政。要通过与非公有制经济成员进行交流,了解非公有制经济成员真正关心的问题,制定切实可行的政策并保证落实到位,以此增强非公有制经济成员参与的积极性。

与此同时,应该从理念上、制度上为他们合法地、正当地政治参与提供便利条件。(1)要提高他们对制度性政治参与的认同度,提高他们政治参与的自觉性,要充分认识到,作为一个新兴的社会阶层,他们有权利通过政治参与来反映利益诉求。同时,也要宣传教育非公有制经济成员通过合法的、有序的途径进行政治参与,提高参与的有序性和有效性,并避免政治参与过程中带来的一些负面影响。(2)拓宽并规范参与渠道,是保障非公有制经济成员政治参与的关键举措。非公有制经济成员的政治参与面临路径不畅、路径单一的局面。要解决这个困难,首先,必须规范现有参与渠道,包括政党渠道、社团渠道和基层民主渠道等,使现有渠道畅通无阻;其次,要大力开拓新的参与渠道,比如新兴的网络渠道等,以满足非公有制经济成员不断增长和日益变化的参与需求。(3)要完善相关法律法规,通过科学立法、严格执法来保障非公有制经济群体的政治参与权利,使非公有制经济群体的参与可以有法可依。要健全参与机制,使非公有制经济群体的政治参与可以有序化、常态化,为非公有制经济群体政治参与创造条

① 徐军:《非公经济人士和自由择业知识分子政治参与的比较研究》,《学习与实践》2012年第6期。

② 王晓燕:《私营企业主非正式政治参与的途径与意义分析》,《南京师大学报》2006年第6期。

件。还要加强法律监督,保障法律制度健康运行,规范非公有制经济成员政治参与的行为。

## 三、非公有制经济成员(人士)政治参与的政治价值

非公有制经济成员(人士)作为一支重要的政治力量,这个群体的政治参与,已经成为推动我国政治发展的重要动力。

首先,非公有制经济成员的政治参与有利于增强政治系统合法性,巩固党的执政基础。多数学者认为,参与决策可以使参与者增强对政治体系的忠诚度,这种参与的经历会使得他们对政治体系更加满意。不管是非公有制经济成员,还是非公有制经济人士,经常性地顺畅地参与,进行充分的利益表达,表达自身诉求并得到政府部门的积极回应,可以加强非公有制经济成员(人士)对政治系统的归属感和认同感,增强政治系统合法性,巩固党的执政基础。

其次,随着非公有制经济的不断发展壮大,非公有制经济成员(人士)已经成长为一个重要的社会阶层,他们在发展过程中产生了一系列的政治诉求。非公有制经济成员(人士)顺畅的多渠道的政治参与,一方面,可以缓解我国非公有制经济发展势头强劲带来的诉求激增的现状;另一方面,也有助于在体制内理性有序的参与环境中,形成相对和谐的关系,维持社会稳定。

再次,非公有制经济成员的政治参与有利于推进法治发展,推动体制机制不断完善。在非公有制经济成员政治参与的过程中,传统体制下存在的一些问题,比如机制不完善,渠道不畅通等,会充分暴露出来,这有助于我们发现问题,不断推进体制机制健全、完善。另外,非公有制经济成员的政治参与必然需要法律提供保障,因此会产生立法需求,这有助于完善相关法律法规建设,推动我国法治发展。

最后,非公有制经济成员的政治参与有利于培育参与型的政治文化,营造良好的参与氛围。一个运转良好的民主政治,不仅需要在制度建设层面打好基础,更需要在文化层面进行塑造,使得政治体系的硬件与软件相适应。我们认为,参与型的政治文化对于民主政治的发展至关重要,非公有制经济成员参与政治,有助于改变我国公民政治参与滞后现状,有助于带动其他群体的政治参与,扩大我国公民的有序政治参与。

## 第四节 非公有制经济激发社会治理内在活力

非公有制经济的活力是社会活力的前提和基础,非公有制经济数量的增加扩大了社会治理主体的存量,非公企业自身成长同社会治理形成了优势互补与良性互动。非公有制经济的社会参与和社会责任促进社会治理多元化与和谐稳定,非公有制经济的企业民主管理构建了社会基层治理的治理基础。

### 一、增强企业社会责任感和社会参与度

全国政协委员刘汉元在2017年两会上提出,让尊重弘扬企业家精神成为社会共识。① 企业家精神表现为企业所具有的社会责任感的高低和进行社会参与的积极程度。

#### (一)非公有制经济的发展增强了企业的社会责任感

企业社会责任被认为是现代企业核心价值观和竞争力的重要部分。追逐经济利益,是经济组织的本性使然,但是不履行社会责任的企业很难在市场经济中走得更远。从某种意义上讲,企业在培养社会责任感的过程中既增强自身的内部团结,又回馈社会。研究表明,我国非公企业在社会责任方面努力保持着上升态势,在近几年中取得了很大的进步,同我国社会治理新局面的逐渐打开形成了相呼应的态势。根据2017年的《中国企业社会责任研究报告》数据显示(如图5-1),民企、外企的社会企业进步幅度非常明显。虽然同国有企业还存在一定差距,但是在成长速度方面并没有落后。

非公有制经济组织社会责任感的增强,将极大地推动社会力量的壮大,尤其是在非公有制经济组织总量上升的大趋势下,社会责任感的指数总量和上升空间将会有更大的进步可能。企业社会责任不仅仅是企业经营者的社会责任,而且也是企业全体员工的社会责任。非公有制经济企业的社会责任感的增强,不仅意味着非公企业出资人和管理者对社会承担义务和责任的意识增强,而且也

① 刘汉元:《让尊重和弘扬企业家精神成为社会共识》,《经济参考报》2017年3月7日。

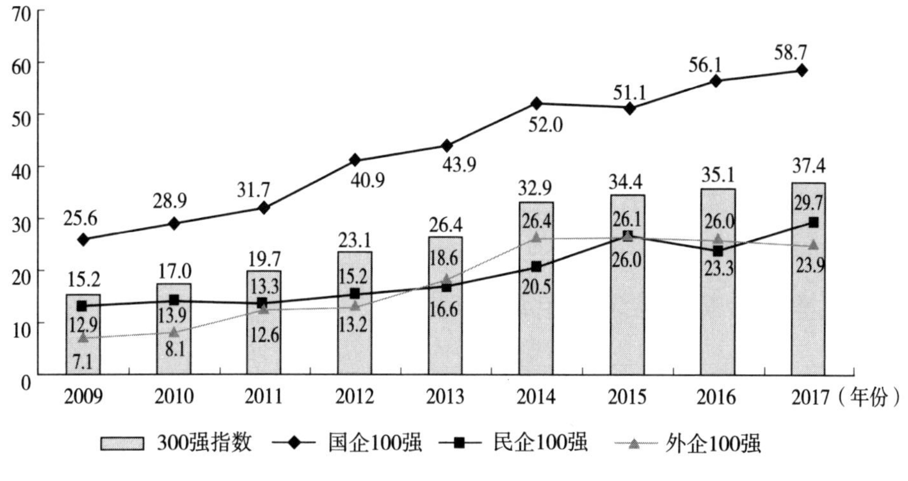


图 5-1　2009—2017 年企业社会责任发展指数年度变化

意味着企业员工和从业人员公共精神和公共责任的增强。

### （二）非公有制经济的发展促进社会参与形式的多元化

非公有制经济进行社会参与的形式和方式要走向更加多元，就要在尝试创新方面保持继续进取的姿态，在参与领域方面尝试更多的可能。《国务院办公厅关于进一步激发社会领域投资活力的意见》中提出“面对社会领域需求倒逼扩大有效供给的新形势，深化社会领域供给侧结构性改革，进一步激发医疗、养老、教育、文化、体育等社会领域投资活力，着力增加产品和服务供给，不断优化质量水平”。非公有制经济自身具有的优势将在社会领域方面有更大的作为。

1. 非公有制经济组织更加积极地参与公益活动。非公企业的优势在于可以更加灵活地利用市场规律把公益事业项目化，实现社会和企业共同得利的目标。第三方的身份避免了政府的过度介入，引导公众参与公益的方式更加灵活丰富。

2. 非公有制经济组织积极在精准扶贫中发挥作用。非公企业在市场机制下的经验、技术、资金等优势可以为精准扶贫工作形成新的助力。非公企业根据自身需要和当地特色进行对口帮扶，能避免资金和资源浪费。

3. 支持教育产业。非公有制经济组织的教育责任首先从自身角度来讲就是为自身培养人才。国有企业存在相对固定的人才输入渠道，而非公有制经济组织在人才获取上虽然方式灵活，但也存在人才流动过快、聚合力不稳定的弱势。非公有制经济的强竞争性必然引发对人才的渴求，重视人才培养，本身就是为自己培育后备力量的过程。

4. 扩大文体卫生产业开发。文化、体育、卫生产业的蓬勃发展离不开成熟的市场化运作，在这方面非公有制经济有着先天的优势条件，应该充分利用非公企业的灵活性和进取性让社会拥有更好的文化、体育和医疗产品，使人们的生活更加美好。

## 二、构建社会基层治理的治理基础

党的十八大提出要“在改善民生和创新管理中加强社会建设”。党的十八届三中全会指出，要“加快形成科学有效的社会治理体制，确保社会既充满活力又和谐有序。”党的十九大报告指出，要“提高保障和改善民生水平，加强和创新社会治理”。怎样提高社会基层治理的水平和科学化程度是各级政府工作的重点，实现社会治理的创新和活力需要非公有制经济的支持和全方位参与。

第一，基层社会是由企业、家庭、学校、医院等各种各样的单元构成的，每一个单元的和谐稳定，直接影响和决定着整个社会的和谐稳定。包括私营经济在内的各种非公有制经济体的和谐是构建基层社会和谐稳定的重要场域。我们认为，非公有制经济组织坚持“以人为本”，主动营造和谐的劳资关系，并以企业为支点，将这种和谐扩散辐射至社会的各个层面，有利于社会基层治理的有序性和稳定性。

第二，非公有制经济成员对企业民主管理的正确意识与社会治理的理念相互呼应。非公企业职工是否能正确认识自己的身份、在企业管理中发挥主人翁精神，是对社会治理理念是否传播到位的检验。职工把自己与企业的命运紧密相连、休戚与共，正是社会成员与社会构成命运共同体的生动写照。只有这样，才能将集体合力发挥到最高水平。

第三，非公有制经济民主管理的合法规范奠定社会治理的程序基础。企业民主管理的实现，可以通过签订合同、法律公证等现代契约制度手段进行保障，做到程序化和法制化。在这方面如果形成普遍规范，那么就会进一步夯实和巩固社会治理的合法程序基础。

第四，非公企业内部薪酬协商机制和福利待遇完善，符合社会治理的利益诉求内容。社会治理一项关键内容就是实现社会公平，解决利益诉求问题。非公有制经济组织内部不断完善工资和福利的协商机制，满足从业人员的合理要求，使人们充分享受发展红利，符合社会治理有关利益诉求方面的目标。

## 三、非公有制经济促进社会组织的发展

在欧美国家，企业通过资助社会组织而参与社会治理是比较普遍的做法，在我国尤其是非公企业通过这种方式为参与社会治理尚处于起步和摸索阶段。在我国现阶段，社会组织发展遇到的瓶颈主要是资源投入不够、人才短缺、内部管理不够科学等。以上海为例，一项研究表明，上海浦东新区社会组织培育情况良好，社会组织的数量也逐年递增，从 2002 年到 2013 年十年间数量增加超过六倍。但是从 2013 年统计的社会组织资金状况来看，该区大部分社会组织还是属于注册资金小于十万元的小型规模。该地区的社会组织发展仍面临资金渠道单一、人才流动性大、能力不足等共性问题。① 社会组织为了提高自身的生存系数，除争取政府方面的资源投入和政策扶持外，也会更加主动地向市场体制下的经济组织寻求支持。非公有制经济组织对社会组织发展的促进作用，可以通过以下四种方式得以实现：

第一，向社会组织购买服务，实现互利共赢。人们通常认为，政府是向社会组织购买服务的最大“客户”，但实际上，公有制企业和非公有制企业也是向社会组织购买服务的重要客户。非公有制经济涉及的领域越来越广泛，那么仅靠企业内的部门去进行社会调查、信息收集、专业知识解读显然是不够的。社会组织的涵盖范围涉及教育、卫生、科技、文化、劳动、民政、体育、中介服务和法律服务等多个方面。虽然社会组织以非营利性为特征，但也要适应市场需求而生存，从而社会组织利用自身的中介性特点，为非公有制经济组织提供更多服务，实现双方良性互动，使双方都能够更好在市场机制中锻炼成长。

第二，对社会组织给予直接的经济投入。帮助社会组织直接解决资金匮乏的问题，一直以来被认为是企业同社会组织相联系的主要方式。但是，这种经济投入必须保证是自愿行为，并且是在企业对所对接的社会组织有充分了解的情

① 参见庄大军、赵颖、韩巍：《上海浦东新区社会组织发展报告》，选自《民间组织蓝皮书》，社会科学文献出版社 2014 年版。

况下进行。企业在资助社会组织开展相关活动过程中,才能提高自身的社会责任,增强社会组织依法依规开展工作、提供服务的意识和能力。这也是扩大社会自治能力的真正体现。

第三,以自身先进管理水平为依托帮助社会组织内部管理优化。非公有制经济组织的很多管理理念都很务实,南方经济发达地区的一些企业在管理方面甚至优于国企,而社会组织在管理水平方面同非公企业相比无疑是有不小的差距。党的十八大明确提出要改革社会组织的管理制度,社会组织管理水平参差不齐,如果仅仅依靠政府的指导,面对社会组织庞大的数量,政府力量也是捉襟见肘。但如果非公有制经济组织采用帮扶的方式发挥积极作用,将自身的先进经验、制度模式向社会组织内部传输,无疑会大幅度减轻政府相关方面压力,社会组织也可以避免无序运行和盲目发展,实现社会组织管理制度真正创新。

第四,向社会组织进行专业人才输出或培养。经济组织和社会组织实现人才和知识的交流与整合,对于社会人才流动来讲无疑是一种更加积极的创新。很多社会组织由于规模和物质条件的限制,不具备吸收人才和培养人才的优势和能力。前面提到非公有制经济组织可以向社会组织输送先进管理经验、管理制度,那么完全可以通过提供先进管理人才的方式来实现这一目标。组织之间的人才交流并非是单方向的,社会组织也储备有专业人士,具备特定领域的经验和知识,同样可以向非公有制经济输出有益的文化资源和人力资源。

## 四、非公有制经济发展能够倒逼政府增强其回应性

非公有制经济的发展,一方面,表现为非公有制经济组织本身的发展,力量不断壮大,对社会的贡献增大;另一方面,也倒逼政府的能力不断提高,特别是对非公有制经济发展过程中提出来的利益需求进行及时的准确的回应。这种回应性的提高,也表明政府能力的提高、政府依法行政和为民服务的意识的增强。我们知道,非公有制经济中大部分是中小企业,可以说,对中小企业的扶持水平和服务态度,直接影响和决定着这些企业对政府所提供的公共服务的满意度。

根据国家统计网 2015 年发表的数据显示,中小企业数量逐年递增,在全部工业企业总数中占据极大比重(如图 5-2)。目前非公有制经济中的中小企业受到各方面因素影响面临着生存危机。虽然中小企业在繁荣经济、吸纳就业等方

面承担了越来越多的责任,但是其自身抵抗风险能力的脆弱性也是不言而喻的。如何增强非公有制经济在市场波动中的抗风险能力、增强其存活概率、增强其不断发展的可能性,就成为考验地方政府对市场需求和企业发展能否具有较强回应力的关键问题。一般来说,非公有制经济组织尤其是中小企业的诉求比较明确,一是要求平等的市场准入环境;二是合理的资源配置方式;三是适当的政策倾斜;四是保护企业的合法权益;五是更多的信息公开。政府如果能够在这五个方面满足非公有制经济的诉求,政府和企业之间就可形成相互信赖的互利合作关系,为非公有制经济提供更好的发展环境。

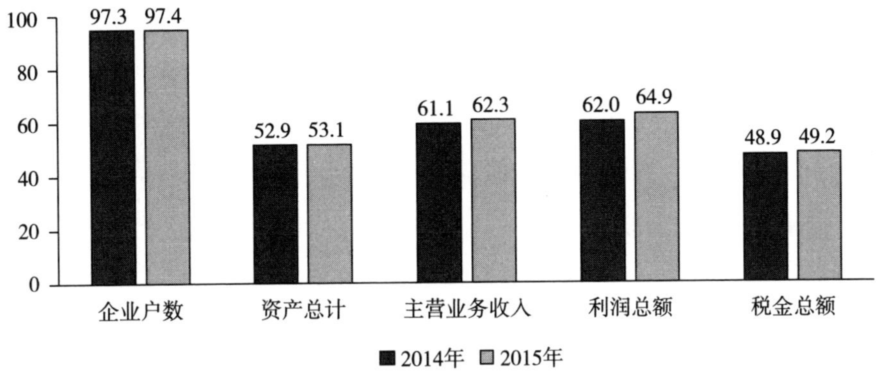


图 5-2　2014 年和 2015 年中小工业企业占全部工业企业的比重(%)

政府在社会治理中除了依法履行职责、加强管理之外,一个很重要的职能,就是提供服务,特别是为基层群众和企业提供精准的服务。在企业提出利益诉求、政府提供公共服务的互动过程中,政商关系进一步融洽,政府与企业、政府与市场的关系进一步和谐。之所以政府要对企业的诉求进行回应,直接的原因是地方政府和基层政府都有促进经济发展的压力,而推动经济发展的重要力量就是非公有制经济组织。换句话说,一个地方经济发展好不好,很多时候体现在该地区非公有制经济发展的水平上,而非公有制经济的发展水平又考验着地方政府的服务水平,政府服务能力又关系着该地区的整体社会治理状况。这是环环相扣、互相递进的逻辑关系。所以,非公有制经济的发展是整个国家建设重要的一环,大大小小的非公有制经济组织关乎国家和社会发展前途,考验着政府相关工作能力,也让各级政府在磨炼中不断成长。

## 第五节 非公有制经济的发展提高我国的国际影响力

2016年3月4日，习近平总书记在看望参加政协会议的民建、工商联界委员时，强调对非公有制经济的现实地位的“三个没有变”，即非公有制经济在我国经济社会发展中的地位和作用没有变，我们鼓励、支持、引导非公有制经济发展的方针政策没有变，我们致力于为非公有制经济发展营造良好环境和提供更多机会的方针政策没有变。① 非公有制经济在党和国家方针、政策的支持下获得飞速发展，其影响力早已跃出国门，极大地提升了我国国际影响力。

### 一、提高中国的国际竞争力

非公有制经济是我国参与经济全球化的重要力量，在“引进来”和“走出去”两方面为我国经济发展和密切与世界各国的联系作出了巨大贡献。非公有制经济具有很强的灵活性、广泛性，随着企业科技水平、管理水平、参与经济全球化的能力不断提高，中国非公有制经济的实力不断壮大，有利于提高我国的国际竞争力和国际影响力。

非公有制经济对外投资有以下几个特点：第一，投资地区分布非常广泛，境外企业的数量占80%。第二，投资领域比较广泛，投资并购十分活跃。第三，投资的影响力不断加大。如万达集团、华为技术公司、海航集团、泛海控股、福耀玻璃、万向集团、三一重工、吉利控股等都是中国对外直接投资存量排前一百的企业，一系列中国品牌正逐渐在全球为人熟知，许多非公企业凭借实力，在国际产业链中不断升级，跃入世界强手之林。新时期，在党中央和国务院统一部署下，以“政府引导、企业决策、市场运作”为原则，中国非公企业在开展境外经贸合作区建设中取得积极进展。如华立集团参与投资的“泰中罗勇工业园”；红豆集团

① 《习近平眼中的非公有制经济》，http://news.xinhuanet.com/politics/2016-03/06/c_128777046.htm。

等四家无锡企业在柬埔寨共同投资建设的“西哈努克港经济特区”等。随着我国非公有制经济参与经济全球化的水平不断提高，在区域经济乃至世界经济中逐渐占有一席之地，这将大大有利于提升我国综合国力和国际竞争力。

“走出去”和“引进来”战略在实施过程中，非公有制经济的影响力越来越大。一方面，非公有制经济“走出去”取得了引人注目的成果；另一方面，非公有制经济“引进来”对我国综合竞争力也发挥着重要作用。首先，“引进来”和“走出去”是相辅相成的，片面追求“走出去”对国内市场和就业机会造成不利影响，“走出去”的同时应注重把国外先进的技术、管理和产业“引进来”。近年来，众多非公企业抓住金融危机和全球经济不景气的时机，通过一系列国外并购，在较短时间内取得了技术、信息、品牌等资源优势，如联想收购 IBM 的个人电脑(PC)业务、吉利并购沃尔沃轿车公司等，对企业在国际、国内的长足发展起到至关重要的作用。非公有制经济在“引进来”过程中，为实现产业升级，淘汰落后产能，提供新的就业岗位，实现可持续发展作出了重大贡献。这对中国经济综合竞争力水平是一个质的提高，有利于我国经济健康、快速、可持续发展。就国际方面来讲，在今天经济全球化、多极化、信息化的时代，中国非公企业树立双向国际化思维，“走出去”的同时积极探索“引进来”，有利于打破地区界限，促进资本和技术流动，成了全球经济发展“破冰”的重要手段。

## 二、彰显中国的文化软实力

非公企业也是一张国家名片。目前，非公有制经济“走出去”直接参与并影响国际政治、经济、文化生活，在这个过程中每一个非公有制经济成员都是中国文化的传播者和中国形象的塑造者。2013 年 12 月 30 日，习近平在中共中央政治局第十二次集体学习时强调：“要注重塑造我国的国家形象”。① 非公有制经济“走出去”在讲好中国故事、传播好中国声音、阐释好中国特色，增强中国文化的创造力、感召力、公信力方面发挥着至关重要的作用。

中国非公企业“出海”，每一个非公企业成员就像蒲公英的种子一样传播着

① 《习近平谈国家文化软实力：增强做中国人的骨气和底气》，http://cpc.people.com.cn/xuexi/n/2015/0625/c385474-27204268.html。

中国的文化因子。随着非公有制经济对外投资的影响力不断加大,从南美的亚马逊雨林到非洲的撒哈拉沙漠,从新西兰的牧场到冰岛的海港……,非公企业在全球一百多个国家和地区留下辛勤劳作的足迹,带去中国的商品、劳务、技术和资本,也带去了中国文化和中国精神。非公有制经济人士及其广大从业人员在海外工作中表现出来的吃苦耐劳、独立自强、开拓创新、诚实守信、互帮互助和中国独特的企业文化,向各国人民展现了中华文明的深厚底蕴和无限光辉。中国非公有制经济在海外的活动塑造了良好的国家形象,即便最挑剔的西方观察家也不得不为他们的“勤奋”“开拓”“务实”而深深折服。习近平总书记讲:“每个时代都有每个时代的精神,每个时代都有每个时代的价值观念。”①非公企业作为一个整体,在国际活动中能够代表一个时代的国家形象。彰显中国精神、中国魅力,不仅是每一个非公企业的骄傲,更是每一个非公企业的责任。

当然,提高中国文化软实力,要依靠一定的物质载体和各行业从业人员的共同努力。非公有制经济在海外投资领域十分广泛,涉及科技、教育、影视、通讯等,一方面为中华文化的传播提供了传播途径和物质载体,另一方面也对所在国家作出了相当的贡献,为企业赢得了好评,为国家赢得了赞誉。但是,也存在一些非公企业做出许多项目(比如,修学校、建医院等)、提供了很好的产品,但得不到当地的认可。分析其原因从企业自身来看,就是企业的软实力与硬实力不相匹配。在信息化时代,酒香也怕巷子深,对有些非公企业来说,在对外投资中要学会主动交流,保证与当地沟通顺畅、信息清楚,着力加深与当地的历史传统、社会风俗、文化理念的深度融合,以便提高品牌认可度、管理亲和度和文化美誉度。如红豆集团在柬埔寨西港特区建设中,坚持践行八方共赢理念,实现与股东、员工、顾客、供方、合作伙伴、政府、环境、社会(社区)八方和谐共赢,把园区发展扎根于当地人民之中,以造福人民福祉为根本,通过医院和学校等服务设施的建设,服务当地群众,夯实园区发展之基。红豆集团在“走出去”过程中始终以当好“中柬友谊”的桥梁和使者为使命,彰显了中国文化的开放性、包容性和亲和力。展望未来,“走出去”的非公企业将以更高的水平和更高的层次参与国际经济合作与竞争,在这个过程中非公企业应更加注重把企业形象和国家形象

① 《习近平在北京大学师生座谈会上的讲话(全文)》,http://news.china.com/domestic/945/20140505/18482577_1.html。

紧密联系，积极践行国家“亲、清、惠、容”的理念，努力把国家形象塑造得更高、更强、更美。

## 三、传递中国的和平发展理念

和平发展是当今时代的主题。实现和平发展，是中国人民的真诚愿望和不懈追求。中国与世界是牢固的命运共同体，中国和平发展的道路，是一条勇于参与经济全球化而又坚持广泛合作、互利共赢的发展道路。中国非公有制经济在对外投资、贸易等交往中发挥着越来越重要的作用，在对世界经济发展作出贡献的同时，也向世界传递了我国和平发展的理念。

和平与和谐的国际关系需要各国共同努力，也符合每个国家的利益。当今世界仍然存在“南北差距”“剪刀差”等不公平现象，一家独大搞垄断的行为严重扰乱国际市场平等原则和交易秩序，极易激发民族间的仇恨心理。20 世纪 60 年代末 70 年代初，拉美等第三世界国家的学者提出依附理论，认为西方国家的发达正是导致第三世界国家不发达的原因。这种说法不无道理，西方发达国家凭借先发优势占据垄断地位，常常诱发发展中国家的不满，对世界和谐构成隐患。中国的非公有制经济在国际市场迅速发展，在资本、技术、劳务、管理方面都取得较大突破，对打破西方发达国家长期垄断局面有一定的促进作用。中国非公有制经济在近 180 个国家都有投资和贸易关系，使各国和各地区间的资本、资源、科技实现优势互补，有利于技术和信息的全球共享，有利于提高国际合作的质量，促进各国经济的合作与发展，推动全球经济增长。事实上，中国作为世界上最大的发展中国家，非公有制经济在国外的发展不仅有利于扩大与发达国家的交流合作，而且中国非公有制经济在国际上的发展也有利于打破垄断，营造公平和合理的国际市场规则。

非公企业“走出去”为发达国家和发展中国家创造了大量的就业机会，贡献丰厚的财政收入，带动了相关国家的经济发展，帮助改善了一些国家的基础设施，积极履行企业的社会责任。不仅如此，大量企业提供的产品如服装、家电、日用品等价格低廉也有利于提高国外普通民众的生活水平。非公有制经济积极参与经济全球化进程，不仅符合中国发展的利益，而且也符合相关国家的利益，是国与国之间的双赢。众所周知，经济发展需要和平稳定的国际环境，战火中不可能存在经济繁荣。因此，中国非公有制经济发展需要和平稳定的国际环境，这不仅是非公有制经济人士对和平的渴望，更符合全球各国人民对和平的向往。习近平总书记指出："中国愿意为周边国家提供共同发展的机遇和空间，欢迎大家搭乘中国发展的列车，搭快车也好，搭便车也好，我们都欢迎。"①中国非公有制经济在国际市场的发展，体现了中国人民愿意同世界上一切爱好和平与自由的人民一道，共同推进世界和平与发展的崇高事业。

## 四、新时期非公有制经济助推"一带一路"建设

总的来说，非公有制经济在国际社会中的影响力取决于两方面，一方面，非公有制经济"引进来"和"走出去"需要党和国家的鼓励、支持、引导；另一方面，非公有制经济主体需要主动把握历史机遇，积极响应时代要求，从而不仅实现非公企业的发展壮大，同时为提高国家在国际社会中的影响力作出应有贡献。

2017 年 5 月 14 日至 15 日，"一带一路"国际合作高峰论坛在北京成功举办。高峰论坛前夕及期间，各国政府、地方、企业等达成一系列合作共识、重要举措及务实成果，主要涵盖政策沟通、设施联通、贸易畅通、资金融通、民心相通 5 大类，共 76 大项、270 多项具体成果。② "一带一路"受到沿线各国和世界其他国家的热烈欢迎和一致好评，各国企业渴望抓住这一历史机遇踊跃参与"一带一路"建设。新时期，党和国家鼓励、支持、引导非公有制经济企业参与"一带一路"这一世纪工程，努力在制度、政策、服务等方面为非公有制经济"走出去"提供支持和便利，做好非公有制经济走向国际市场的主心骨。

党和国家不仅为企业发展提供了平台，而且国家给企业提供强有力的后盾支持。那么，非公有制经济如何把握机会融入并推进"一带一路"建设成为新的课题，这就要求非公有制经济人士要有能力、有眼力、有担当、有规划。(1)加强自身建设，提高企业实力。"一带一路"沿线覆盖地区大多数属于发展中国家。我国非公企业在"走出去"的过程中应当注重新技术的开发研究与应用，以形成对发展中经济体的持久比较优势，避免陷入与东道主所在国企业相同或类似技

① 《习近平在蒙古国国家大呼拉尔发表重要演讲》，http://politics.people.com.cn/n/2014/0823/c1024-25522723.html。

② 《"一带一路"国际合作高峰论坛成果清单》，http://www.beltandroadforum.org/n100/2017/0516/c24-422.html。

术的低水平竞争。与此同时，把企业交给那些有丰富管理经验、掌握现代管理知识和技能的职业经理人，实行现代企业管理制度。除此之外，企业还应注重培育发展自身品牌，提升企业的综合竞争力。（2）非公有制经济人士要有眼力，应看到“一带一路”的政治、经济、文化、社会价值，主动把握历史发展的机遇，积极参与“一带一路”建设，在提升企业发展水平的同时为提高我国国际影响力方面作出更大的贡献。（3）非公企业“走出去”过程中，其形象与国家形象紧密相连，因此，在“走出去”过程中要注重塑造企业形象、主动承担社会责任、与当地民众和谐共处、珍惜每一声称赞、培育每一份国际友谊，这些不仅有利于提升我国国家形象，而且是对中国优秀文化的传递和对我国和平发展理念的传播。（4）非公有制经济走向国际市场过程中，要注重有规划地进行保障企业决策的科学性，根据企业实力、行业发展情况、投资国情况、发展前景等因素，作出综合计划按步骤实施，盲目投资的行为应该杜绝。只有这样才能奠定我国非公企业在国际市场上的地位，同时发挥非公企业在国际市场上的竞争力和影响力。

## 第六节　非公有制经济发展提出了党建工作新要求

习近平强调：“非公有制企业的数量和作用决定了非公有制企业党建工作在整个党建工作中越来越重要，必须以更大的工作力度扎扎实实抓好。”近几年来，非公有制经济实力不断增强，已成为稳定我国经济的重要基础。在这种形势下，全面推进非公有制经济党建工作，抓好“两个覆盖”、筑牢非公有制经济党建基础是当前首要任务。就理论而言，非公有制党建领域仍存在一些争论，主要体现在以下三个方面。

第一，非公有制经济要不要搞党建的问题。非公有制经济党建工作是非公企业与党建工作的双向选择。《党章》第三十三条规定非公有制经济组织中党的基层组织，贯彻党的方针政策，引导和监督企业遵守国家的法律法规，领导工会、共青团等群众组织，团结凝聚职工群众，维护各方的合法权益，促进企业健康发展。《公司法》第十九条规定在公司中，根据中国共产党章程的规定，设立中国共产党的组织，开展党的活动。公司应当为党组织的活动提供必要条件。因此，非公有制经济党建工作是在法律保障下开展的。不仅如此，党组织履行职责完全符合企业发展利益，党组织功能的充分发挥，有利于企业主把握正确的政治方向，提高企业主和员工的整体素质，构建企业内部团结与和谐，塑造积极向上的企业精神，引领企业文化建设，发挥党员先进模范作用，促进生产经营。

第二，非公有制经济党建工作的一般性与特殊性问题。非公有制经济党建工作可以通过规范的模块化实现一般性和特殊性的统一。非公企业具有数量多、变动大、中小企业占主体、发展不平衡（区域、城乡、产业、企业间）等特点，面对巨大的差异，难免有人认为非公有制经济无法开展党建。显然，这样的理解是不对的，必须认识到非公有制经济党建工作不仅要有规范指导，而且要通过具体问题具体分析使党建工作更好地发挥作用。针对非公有制经济发展的一系列特征，做到因地制宜、因时制宜，对民营、外资等不同规模、不同类型企业要注意分类指导，对尚不具备条件和尚未建立党组织的非公企业，可通过选派党建工作指导员、确定党建工作联络员，建立工会和共青团组织等方式，积极开展党的工作，推动企业建立党组织，增强工作的针对性和实效性，全面开创新时期非公企业党的建设新局面。同时，要结合实际提高党建工作的创新性和适应性，可采用“独立、联合、挂靠、派入、统建”等多种形式。

第三，非公有制经济党建中经济逻辑与政治逻辑矛盾问题。我们认为，非公有制经济党建工作是经济逻辑和政治逻辑的统一。毛泽东曾指出，提高劳动生产率，一靠物质技术，二靠文化教育，三靠政治思想工作。① 企业作为一个经济组织，首先要追求经济利益，一部分企业主认为，党组织活动不仅无法带来直接利益，还会占用人力、物力、时间，还要提供活动场所和一定的经费，因此，他们对非公有制经济建党工作表现消极。这种把党建的政治逻辑与企业的经济逻辑对立起来是错误的。党组织是党在企业中的战斗堡垒，发挥着“两个作用”，即在企业职工群众中发挥政治核心作用，在企业发展中发挥政治引领作用，对企业不仅具有政治价值，同样具有经济价值。有研究表明，非公有制经济成员对党建工作的认同度与党员、党组织发挥作用的大小直接相关，即作用越大，认同度越高。党组织通过带领党员，团结职工群众，协助企业主为企业科学发展、结构升级出谋划策；引导员工把个人利益与企业利益结合起来，助力企业健康发展；通过政

① 《毛泽东文集》第八卷，人民出版社 1999 年版，第 124—125 页。

策服务、生产服务、管理服务等方式，协助企业谋发展思路、破经营难题。

在明晰非公有制经济党建理论问题后，接下来，着重探讨非公有制经济党建工作过程中遇到的新问题，也即非公有制经济的发展对党建工作提出的新要求。总的来看，非公有制经济党建工作过程中遇到的问题集中体现在两个方面，一方面是企业内部问题，如非公有制经济成员党员数量偏少、党员流动性大、党性观念淡化、主人翁意识不强、企业主重视不够等问题；非公有制经济党组织存在自身定位不准、经费短缺、工作能力不强、工作方式落后、平台建设不足等问题；非公有制经济企业存在发展不平衡、稳定运行压力大、对外依存度上升等问题；三者之间的互动机制存在党组织与员工和企业主沟通不足、企业对党组织工作支持不够等问题。另一方面是企业外部问题，主要体现在政策供给、法律保障、制度完善、体制优化以及相关执行、考核与反馈等方面。新形势下，笔者主要针对当前党建工作中出现的新问题进行分析，这些问题主要集中于以下五个方面。

## 一、正确引导新生代对非公有制经济党建的政治认同

新时期，加强非公有制经济党建工作，一个很重要的着力点，就是要引导新生代对党建工作的认同。

新时期，非公有制经济成员构成情况发生重大变化。首先，青年成为非公有制经济组织的主要劳动力。一份对珠三角劳动力市场的调查报告显示，在非公有制经济领域，18—35 岁的青年从业者占到 92%，而且企业老板普遍认为青年员工文化程度较高，掌握技能快，反应灵活，能够成为企业生产的骨干。其次，青年是非公有制经济组织的主要技术力量。一份对上海非公有制企业科技工作者状况调查显示，科技工作者中 35 岁以下的年轻人占三分之二以上。再次，随着一代创业者年龄增大，二代继承者正成为新的企业掌舵人。未来 5—10 年，近 80% 的私营企业主将逐步进入考虑子女接班的年龄阶段，到了非公企业代际传承的关键期。最后，青年成为创业主体。据统计，在非公有制经济中，青年创业人士主要年龄段集中在 30—35 岁之间和 36—45 岁之间。①

① 钟慧容、汤志华：《非公经济青年创业人士政治认同——基于广西桂林的调查》，《社会科学家》2016 年第 6 期。

新生代在非公有制经济领域的逐渐崛起是非公有制经济党建工作必须应对的新问题。引导新生代对非公有制经济党建的认同,就要把握这一青年群体的特征,讲究“因材施教”。首先,新生代劳动自主性需求不断增强。二代企业主强烈要求地方政府、有关部门减少对企业的随意支配、横加干涉;从业者希望企业更多地实行民主管理,充分发挥劳动者的创造性和积极性。新生代对党建工作认同的关键,在于调和这一群体要求的自主性与党建工作要求的组织性矛盾。因此,党建工作必须摒弃一味的意识形态说教,应注重优化非公有制经济企业发展环境,以利益认同引导政治认同。马克思指出“思想一旦离开利益,就一定会使自己出丑。”①事实上,只要让新生代实实在在地感受到党建工作与他们息息相关,那么对党建的政治认同也自然会不断强化。因此,党组织工作应围绕新生代所思所想、所忧所虑为其排忧解难,让新生代在党建工作中有获得感。其次,新生代要求平等尊重。有调查反映,青年在创办、经营、管理或劳动过程中,经济收入和经济地位不断提高,但是其社会地位、政治地位却没有得到很好的改善。不管是企业主还是从业者普遍渴望得到平等的发展机会,得到政府和社会各阶层的尊重。因此,面对新生代的呼吁和需求,党建工作应着力拓宽参政议政路径,打通政治参与渠道。在工作中注重吸收优秀青年加入中国共产党;推选青年非公有制经济代表人士进入各级人大、政协参政议政;扩大企业党组织与工商联、工会、共青团、妇联等的联系,推动企业优秀青年在其中任职。最后,新生代寻求心理归属感。人心就像一块田,不种良苗就会长满杂草。面对新生代的“空心化”,党建工作必须做好教育引导,以价值认同巩固对党建工作的政治认同。因此,在企业党建工作中要遵循习近平总书记提出的“十二字方针”,引导新生代做到“爱国、敬业、创新、守法、诚信、贡献”,在宣传和实践过程中,注重把这“十二字方针”融入到党建活动中。

## 二、主动顺应党员流动性不断加快的新趋势

中共党员是非公有制经济领域党建工作的核心要素。随着市场经济的快速发展,非公有制经济领域党员的流动性不断加快,推进非公有制经济企业党的建

---

① 《马克思恩格斯文集》第1卷,人民出版社2009年版,第286页。

设必须顺应党员流动性不断加快的新趋势。从各地实践的情况来看，非公有制经济中党员的状况非常复杂，党员流动性不断加快是各种因素综合影响的结果。就社会环境而言，在市场经济和工业化的大背景下，“大工业的本性决定了劳动的变换、职能的更动和工人的全面流动性”。① 一方面，随着知识经济的到来，社会分工进一步细化；另一方面，由于地区发展、产业发展、城乡发展的不平衡。就流动的可能性而言，不断开放的户籍管理政策和灵活的就业政策为人员流动提供了便利；众多服务于广大人民群众的就业政策为跨区域、跨行业谋求发展提供了可能；网络的普及、通讯系统的完善、交通的迅速发展为人员流动提供更大可能性。就党员自身而言，在市场经济中为追求更高的收入、更好的成长环境、更优的前景及其他因素，流动性加快也在情理之中。对此有些人认为在市场经济中，党员的政治兴趣、热情普遍走向冷淡，部分党员几乎不在意自己的政治身份和组织关系；但更多人认为，造成这一现象的原因，并非党员自身素质降低，而是因为党员管理机制无法适应不断加速的社会流动性。

党员流动性的加快给非公有制经济企业党建工作提出挑战。首先，非公有制经济领域党员的流动性加快，使很大一部分党员长期处于与党组织的“脱离”关系，无法纳入日常的管理，这些人名义上是党员，事实上却没有发挥党员作用，难以团结在党组织周围开展工作，这不仅对党的整体战斗力是一种削弱，而且对党章的权威也是一种挑战。若任由这种情况发展，长此以往，党建工作就会出现很大的盲区。因此，非公有制经济党员流动性的问题必须引起各方面的重视。就政府来讲，要敢于担当，不能推脱对非公有制经济党建的责任；就企业内党组织而言，不能抱着多一事不如少一事的敷衍态度，而应想方设法让党组织真正在非公有制经济企业中发挥作用；就企业主而言，应摒弃落后的观念，充分认识党员是企业的重要资源，应充分挖掘，发挥其榜样作用、带头作用；就流动党员自身而言，要遵守党章、秉持党性，不能将党组织和党员身份抛到九霄云外。

其次，非公有制经济领域中的党员由于是在市场双向选择和灵活的用工制度下形成的“雇佣”关系，必然造成党员的“朝增暮减”。这种“雇佣”关系常导致党员的“非主人意识”，往往导致党员不愿迁入组织关系，成为“口袋党员”，进而先锋意识弱化、自由性增强，党组织作用的依托不稳定，党组织的教育管理也

---

① 《马克思恩格斯全集》第5卷，人民出版社2009年版，第560页。

会在“党员的流动性”中难以发挥稳定和长效的作用。因此,在非公有制经济党建工作中不仅要抓党组织的“覆盖率”,更要注重发挥党组织的实质性作用;既要抓党员的先锋带头作用,增强企业管理层和职工群众对党组织的信赖和依靠,又要善于利用党组织的政治优势,围绕企业发展,建立以精神激励、物质激励、目标激励、创新激励为主要内容的动力机制,全面提升党组织作用。

最后,党员管理体制如何适应非公有制经济不断加快的党员流动性成为当下迫切需要解决的问题。一方面,对非公有制经济中的党员管理缺乏有效的理论支撑,由于缺少理论指导,就容易产生生搬硬套,造成盲目照搬公有制企业党组织对党员的管理办法。另一方面,对非公有制经济中的党员管理缺乏统一的管理机制。如对党员流入地和党员流出地的党组织关系没有简单、方便的协调机制,致使非公有制经济党组织地位确定和作用发挥仍然存在模糊。面对这些困境,理论界应对非公有制经济领域党员流动性予以更多的关注,为非公有制经济领域党建工作提供更多更好的组织模式、管理模式和互动模式。就机制问题来讲,需要探索和创新党组织管理办法,加强上级党组织的宏观指导,对党员流动所涉及的地区、单位、部门党组织间的通力合作,进一步加强党中央和各级党委的“总揽全局、协调各方”的能力和水平。仅靠一两个城市社区党组织单打独斗,无法应付党员流动性不断加大的问题。

## 三、积极应对信息化对非公有制经济党建工作方式的挑战

信息化的深入发展,要求非公有制经济党建工作把握时代大局,与时俱进,顺势而为,及时转变工作方式。但在实际工作中,一些企业党组织从观念到运行机制上都还未能完全顺应信息化发展的时代潮流,在工作方式上出现了一系列“不适应”现象。首先,保守封闭的工作方式与信息化积极开放的要求不适应。有些企业党组织关起门来搞党建,不加区分地把党的理论宣传、发展党员、党员组织教育等看作党内私事甚至秘密,导致企业内部党务信息覆盖面小、内容匮乏、渠道单一,这种情况造成企业内部党组织无法有效发挥作用,甚至有些员工竟不知企业内部有党组织。这种“金字塔式”的工作方式与信息化时代扁平化的社会结构是严重不符的。尤其企业中的年轻一代对这种自上而下、自说自话的党建方式不仅不习惯甚至有抵触心理。其次,刻板教条的工作方式与信息化

时代多元复杂的要求不适应。传统党建工作的基本方式就是开会，在对党的理论和政策宣传过程中侧重理性思维、理论阐述。然而，信息化时代下，微博、微信等新媒体的出现使信息传播呈现即时性、多元化和互动性的特征。传统的党建方式已经难以满足青年占绝对多数的非公有制经济企业党员和普通员工的需求。更糟糕的是，有的宣传报道对一些社会问题的分析说服力不强，明显与党员干部在实际生活中的感受不符，不但难以引起群众情感共鸣，没能达到预期宣传效果，反而遭到群众“习惯性”质疑，起了较大反作用。① 最后，信息化时代导致两种畸形的非公有制经济党建工作方式。一方面，有些企业片面认为应对信息化挑战就是加强党务工作信息化建设，把搭建内部党务工作网、添置几套信息设备、突击搞几项网络工程视为应对信息化的主要举措。然而在实际运行中却不加利用和维护，造成网站信息量不足、更新滞后、功能不全、运行缓慢等问题。另一方面，有些企业采用手机客户端或公众号等新形式搞党建，却不注重内容筛选将党建工作娱乐化、庸俗化。没有认识到信息化并不意味着完全放弃优良传统，召开座谈会、深入职工群众等方式仍然需要坚持。

在新形势下，党组织要善于运用信息化的资源，拉近与非公有制经济成员的关系。首先，非公有制经济企业党建工作过程中要注重培养适应信息化要求的网络党建人才。通过以点带面推动企业内部党建信息化水平，从而提高企业成员的整体素质。其次，上级党组织或中央一级党组织应注重统筹推进党建信息化建设，提高基层党建的信息化水平。一方面，要合理借鉴国外政党网络党建的经验，利用网络和新媒体“人散党聚”的功能拓展党建工作范围，通过建立“党员网上交流平台”“网上支部”等新形式，提高活动对党员的吸引力。争取使信息系统使用者成为党的积极分子，争取使信息系统的管理者成为优秀党建工作者。最后，推进非公有制经济党建信息化需要中央整体规划，构建“党建网络”大格局，从可持续发展考虑，避免重复建设。由党中央牵头制定网络党建的“中长期发展规划”，建立自上而下，从中央到地方，紧密衔接、条块配合的全国性党建网络系统。同时，各企事业单位根据党组织在不同领域特点，建设具有自身特点网站，如中国共产党宣传网、组织工作网、党的对外工作网、政法工作网等，注重信息的及时更新，增加信息供应量。

① 刘利琼：《信息化时代党建工作面临的挑战和对策》，《党政研究》2014 年第 1 期。

## 四、高度关注新经济组织党建工作的特殊性

2012年，在全国非公有制企业党建工作会议上，习近平强调，非公有制企业面广量大、类型多样，各级党委要切实加强领导、落实责任，健全机构、配强力量，对民营、外资等不同规模、不同类型企业要注重分类指导，增强工作的针对性和实效性。① 一方面，新经济组织的数量和作用决定了非公有制经济领域党建工作的重要性，另一方面，新经济组织的特征也决定了其党建工作的特殊性。因此，必须高度关注非公有制经济组织党建的独特性，以更大的工作力度扎扎实实抓好。

首先，新经济组织党建工作是非公有制经济条件下的党建。新经济组织党建工作是一个崭新的领域，与体制内相当成熟的党建工作相比，还处于建设阶段。非公有制条件下的党建具有特殊性，新的领域和新生力量正考验着中国共产党的党建工作能力。新时期，做好新经济组织党建工作，要抓好"两个覆盖"，发挥好党组织"两个作用"，加强"两支队伍"的建设。

其次，新经济组织党建工作对象复杂多样。新经济组织存在数量多、涉及范围广、从业人员众多、企业间差距大、经营类型多样、生成机制复杂、发展不平衡等特征。相对于国有企业成建制的党建工作，新经济组织党建面临着资源不足、政策支持不够、平台建设落后、党建人才缺乏、重视不够等问题，可想而知，党建难度非常大。这就要求我们明确目标要求，不能贪多求快，首先努力实现职工50人以上的非公有制经济企业有党员；对于具备建立党组织条件的企业，加大党组织建设进度；对于条件暂时不具备建立党组织的企业，首先通过企业党建工作联络员保持与党组织联系，实现党的工作全覆盖。

最后，新经济组织党建工作是一种多向互动机制。至少包括以下几个方面：第一，党组织与职工群众的互动。要求按照企业需要、党员欢迎、职工赞成的原则，注意取得非公有制企业出资人理解和支持，把党组织活动与企业生产经营管理紧密结合起来，实现目标同向、互促共进。第二，党组织与企业主的互动。要

---

① 《全国非公有制企业党建工作会议在京召开》，http://www.chinadaily.com.cn/hqgj/jryw/2012-03-21/content_5481420.html。

求建立党组织与企业管理层共同学习制度，熟悉党和国家政策法规、沟通企业生产经营情况，探索建立党组织书记参加或列席企业管理层重要会议制度、党组织与企业管理层沟通协商和恳谈制度。第三，党组织书记与党员的互动。要求认真落实党的组织生活制度，督促指导非公有制企业党组织按期换届。创新党组织活动方式，推动企业党组织与其他单位党组织开展结对共建活动，提倡开设网上党建园地、网上党校、党建微博、网上论坛等，增强党组织活动的吸引力和影响力。

## 五、着重加大对非公有制经济党建的政策供给

非公有制经济企业党组织职责的充分履行和作用的有效发挥，是加强非公企业党建工作的出发点和落脚点。由于非公有制经济组织存在很强的差异性、非公有制经济从业人员有自身的特殊性、非公有制经济中的党员和党组织也有不同于公有制企业的特征等许多需要具体分析的因素，因此，非公有制经济党建工作需要加大政策供给，充分保障“非公有制企业党组织在职工群众中发挥政治核心作用，在企业发展中发挥政治引领作用”①。

近几年来，非公有制经济党建工作取得很大成绩，然而，非公企业仍属于党建工作新领域，新情况新问题多，工作基础薄弱。首先，非公企业普遍存在党员数量偏少且流动性大，党员的先锋模范带头作用难以形成合力。其次，非公企业党组织作用发挥不明显，工作空白点较多，党组织活动开展不规范，不组织党员进行学习，不严格落实上级的文件精神，不能结合企业实际开展党的活动，甚至形同虚设。再次，非公企业复杂性和差异性大，部分出资人对党建工作的认识不到位，致使党的工作普遍流于形式。最后，非公企业党建工作缺经费、少人才、无场所的问题仍然比较突出。

这些问题迫切需要党和政府从实际出发，精准把握非公企业党建工作规律和特点，加强对非公企业党建的政策供给，促进非公企业党建工作迈上新台阶。

首先，要积极推进建立非公企业党建的顶层设计和中长期发展规划。第一，

① 《关于加强和改进非公有制企业党的建设工作的意见（试行）》，http://news.xinhuanet.com/politics/2012-05/24/c_112030742_2.htm。

要清除思想上不重视的问题,至今仍有人从实用主义角度认为非公党建无关紧要。由于公有制经济和非公有制经济在发展经济、促进就业等方面的比重不断变化,非公党建已成为一个重大课题,因此党的各级领导和干部必须摒弃这种错误思想。第二,中央的顶层设计和中长期发展规划应注重从宏观上指导非公有制经济党建工作,通过搭建和完善制度框架,明确职责、确立总规矩,避免令出多门、互相扯皮、重复建设、资源浪费、不可持续等一系列问题。

其次,加强具体政策供给和工作机制的协调。就政策而言,应注重为非公党建工作排忧解难。比如,加强经费保障,探索纳入企业管理费用、企业赞助、党费拨返、政府补偿等方式,多渠道解决经费问题;比如,加强场所建设,按照有场所、有设施、有标志、有党旗、有书报、有制度的“六有”标准,加强非公有制企业党组织活动场所规范化建设。就工作机制而言,建立双向互动工作机制,党组织要邀请企业出资人、经营管理人员参加相关活动,注重发挥企业管理层中党员的作用,做好党的工作。

再次,注重提高政策执行能力。由于政策的执行力是逐级递减的,所以要加强组织领导和工作指导使每一级都成为非公党建工作的加油站。在实际工作中,地方各级党委要把非公有制企业党建工作纳入本地区党的建设总体布局,并作为市、县委书记履行基层党建工作责任制专项述职和相关部门领导班子考核评价的重要内容,建立健全目标管理、定期研究、情况通报、领导干部联系点等制度。党委组织部门要加强统筹协调和工作指导,纪检机关和统战、工商联等部门和单位要结合各自职能,协同做好有关工作。区别不同类型企业,加强分类指导,不断研究新情况,探索解决新问题。采取多种形式,大力宣传非公有制企业党建工作典型,定期评选表彰先进,形成全社会关注、支持非公有制企业党建工作的良好氛围。

最后,着手建立一套非公有制经济党建工作的评估标准和评估系统。建立目标量化考核制度,细化考核内容,并通过成立督导检查组、通报考核成绩等多种形式确保工作落到实处。一方面通过考核来激励企业党建工作的发展,另一方面对考核结果进行导向型的奖惩。这不仅为非公企业党建工作明确了努力方向,而且通过考核对非公企业中党组织的工作效果进行评估,摆脱了以往非公企业党建工作的形式主义和缺乏动力的局面。

目前,在非公有制经济不断发展壮大、社会结构变化、新的社会阶层产生、利益关系日益复杂化的背景下，推进非公有制经济党建工作的“两个覆盖”，发挥非公有制经济党组织的“两个作用”具有时代必然性。总的来说，新时期非公有制经济的发展提出了党建工作的新要求，对这些要求的满足不仅有利于增强非公有制经济人士(成员)对党建工作的认同，而且有利于充分发挥非公企业中党组织贯彻党的方针政策，引导和监督企业遵守国家的法律法规，领导工会、共青团等群众组织，团结凝聚职工群众，维护各方的合法权益，促进企业健康发展的使命。除此之外，不仅要继续探索非公企业党建工作如何适应党建要求和企业发展的双重期望，还要深入探讨非公有制经济党建工作的政治价值。非公党建同样是保障非公有制经济成员政治参与的有效方式。非公党建渠道对于非公有制经济成员来说是“一个门槛相对较低的政治参与方式”。① 在非公企业建立党组织，一方面，可以发挥党组织的统战优势，发挥党员的先锋模范作用，调动非公有制经济成员的积极性，进行政治参与并发展非公有制经济成员中的优秀分子成为党员；另一方面，非公有制经济党组织本身也可以与其他领域的党组织建立联系，为非公有制经济成员创造更便捷的参与条件。作为一个简单、便捷、高效的政治参与渠道，非公有制经济党建工作方便广大职工群众表达诉求和意愿，这对我国社会主义民主政治建设具有推动作用。

① 陈诚平：《论社会转型时期的私营企业主政治参与》，《云南社会科学》2007年第4期。

# 第 六 章

# 新时代、新思想、新发展

中国共产党第十九次全国代表大会明确宣布:“经过长期努力,中国特色社会主义进入了新时代,这是我国发展新的历史方位。”①党的十九大还明确确定,习近平新时代中国特色社会主义思想是我党我国长期坚持的指导思想。新时代,为我国非公有制经济新的大发展提供了更加广阔的空间和机遇,新思想,将为我国非公有制经济发展提供更加科学、更加符合时代发展要求的理论指导,提供更加强有力的方略引领和政策环境。在新时代推动下,在新思想引领下,非公有制经济必将迎来新的更加兴旺的发展。

## 第一节　非公有制经济发展进入中国特色社会主义新时代

我国非公有制经济的发展也是与时俱进的,与整个国家一道,进入中国特色社会主义新时代。在新时代,解决新的社会主要矛盾,非公有制经济将更加大有作为。

我国进入中国特色社会主义新时代,一个基本的规定性,就是社会主要矛盾的转化,习近平总书记对此做出了科学而准确的分析和判断。

党的十九大报告指出:“中国特色社会主义进入新时代,我国社会主要矛盾

① 《中国共产党第十九次全国代表大会文件汇编》,人民出版社 2017 年版,第 8 页。

已经转化为人民日益增长的美好生活需要和不平衡不充分的发展之间的矛盾。”①报告对这一社会主要矛盾的转化，做出了深入具体的分析和论证：“我国稳定解决了十几亿人的温饱问题，总体上实现小康，不久将全面建成小康社会，人民美好生活需要日益广泛，不仅对物质文化生活提出了更高要求，而且在民主、法治、公平、正义、安全、环境等方面的要求日益增长。同时，我国社会生产力水平总体上显著提高，社会生产能力在很多方面进入世界前列，更加突出的问题是发展不平衡不充分，这已经成为满足人民日益增长的美好生活需要的主要制约因素。”②

作为人民群众的有机组成部分，非公有制经济群体，既是提出美好生活要求的社会主体之一，同时也是创造和满足人民美好生活要求的主体之一。

## 一、非公有制经济群体是人民美好生活需要的主体之一

党的十九大报告指出：“必须坚持和完善我国社会主义基本经济制度和分配制度，毫不动摇巩固和发展公有制经济，毫不动摇鼓励、支持、引导非公有制经济发展。”③2016年3月4日，习近平总书记在全国“两会”期间，还用“六个重要”来评价非公有制经济的重要地位和作用：非公有制经济在稳定增长、促进创新、增加就业、改善民生等方面发挥了重要作用，是稳定经济的重要基础，是国家税收的重要来源，是技术创新的重要主体，是金融发展的重要依托，是经济持续健康发展的重要力量。

从上述重要论述中我们可以看到，无论从社会主义基本经济制度和分配制度的构成来看，还是从国民经济发展中的重要地位和作用来看，非公有制经济都是中国特色社会主义的基本经济和社会力量，非公有制经济群体是人民的有机组成部分，从而也是人民美好生活需要的主体之一。

以习近平同志为核心的党中央坚持以人民为中心的发展思想，将其作为党和国家一切工作的根本宗旨：“我们的人民热爱生活，期盼有更好的教育、更稳

---

① 《中国共产党第十九次全国代表大会文件汇编》，人民出版社2017年版，第9页。
② 《中国共产党第十九次全国代表大会文件汇编》，人民出版社2017年版，第9页。
③ 《中国共产党第十九次全国代表大会文件汇编》，人民出版社2017年版，第17页。

定的工作、更满意的收入、更可靠的社会保障、更高水平的医疗卫生服务、更舒适的居住条件、更优美的环境,期盼孩子们能成长得更好、工作得更好、生活得更好。人民对美好生活的向往,就是我们的奋斗目标。"①人民群众的根本利益诉求就是希望收入水平、生活水平的不断提高,就是能够更好地分享改革发展的成果,就是能够有更多的获得感。习近平总书记把人民群众的这一要求提高到社会主义本质要求的高度来认识:"检验我们一切工作的成效,最终都要看人民是否真正得到了实惠,人民生活是否真正得到了改善,这是坚持立党为公、执政为民的本质要求,是党和人民事业不断发展的重要保证。"②

非公有制经济所涉及的从业和就业人员,在我国人口中所占的比重是比较大的,是我国人民组成的主体部分之一。作为人民的有机组成部分,他们也有着对美好生活的向往与需要,也是我国的经济发展与社会进步所需要不断满足的对象。非公有制经济(仅以私营企业和个体工商户为限,不包括外商、合资、混合所有制企业中的非公有制经济成分及从业人员)所占人口比重,尤其是就业人口比重,由下面的数据和统计就可以窥见一斑。

首先来看私营企业,根据全国工商联提供的数据:截至 2014 年年底,全国私营企业从业人员 1.44 亿人,比上年同期增加 0.19 亿人(即新增就业 1900 万人),增长 15.2%。其中投资者人数 2963.08 万人,增加 477.34 万人,增长 19.2%;雇工人数 1.14 亿人,增加 1391.5 万人,增长 13.87%。还有一个值得注意的数据就是,私营企业的比重逐年上升。2010 年以来,私营企业数量和资本所占企业总体的比重不断上升,截至 2014 年年底,全国实有私营企业数量占企业总体的比重为 85.00%,资本总额占比为 47.91%。③

再看个体工商户的情况。截至 2014 年年底,全国实有个体工商户 4984.06 万户,比上年同期增加 547.77 万户,增长 12.35%,高于 2013 年 9.29%的增速。资金总额 2.93 万亿元,比上年同期增长 20.58%。全国个体工商户的从业人员,

① 《习近平关于社会主义经济建设论述摘编》,中央文献出版社 2017 年版,第 19 页。

② 《习近平关于社会主义经济建设论述摘编》,中央文献出版社 2017 年版,第 19 页。

③ 中华全国工商业联合会编:《中国民营经济发展报告(2014—2015)》,中华工商联合出版社 2016 年版,第 142 页。

截至 2014 年年底为 10584. 56 万人。①

私营企业和个体工商户相加，截至 2014 年年底，吸纳的从业人员总数达到近 2. 5 亿人。

还有一个非常值得注意的现象，非公有制经济是分布在城乡普遍发展的。

**表 6-1　截至 2014 年年底全国城乡私营企业发展情况**

| | 城镇实有私营企业 | 农村私营企业 |
|---|---|---|
| 企业户数（万户） | 1128. 93 | 417. 44 |
| 同比增长（%） | 25. 54 | 17. 72 |
| 全国私企占比（%） | 73. 01 | 26. 99 |
| 投资者人数（万人） | 2229. 94 | 733. 14 |
| 同比增长（%） | 22. 07 | 111. 26 |
| 雇工人数（万人） | 7627. 41 | 3799. 91 |
| 同比增长（%） | 18. 89 | 4. 96 |
| 注册资本（万亿元） | 46. 28 | 12. 93 |
| 同比增长（%） | 56. 56 | 20. 58 |

数字来源：中华全国工商业联合会编：《中国民营经济发展报告（2014—2015）》，中华工商联合出版社 2016 年版，第 144—145 页。

从个体工商户的情况看，截至 2014 年年底，全国城镇个体工商户从业人员 7009. 31 万人，同比增长 14. 12%，占全国个体工商户从业人员的 66. 22%；农村个体工商户从业人员 3575. 25 万人，同比增长 11. 96%，占全国个体工商户从业人员的 33. 78%。②

以上还只是到 2014 年的统计数字。党的十八大以来，在党中央国务院大力推动创新发展，大力推动“大众创业、万众创新”、鼓励更多社会主体投入创新创业的政策引领下，非公有制经济及其就业从业人员更是有了迅猛的发展。

党的十九大报告所指出的人民对美好生活需要的内涵和外延，同样也涵盖和反映着非公有制经济的诉求，即人民美好生活需要日益广泛，不仅对物质文化生活提出了更高要求，而且在民主、法治、公平、正义、安全、环境等方面的要求日

① 中华全国工商业联合会编：《中国民营经济发展报告（2014—2015）》，中华工商联合出版社 2016 年版，第 145、147 页。

② 中华全国工商业联合会编：《中国民营经济发展报告（2014—2015）》，中华工商联合出版社 2016 年版，第 147 页。

益增长。非公有制经济的需要突出集中在发展要求上面，尤其是对良好发展环境和发展空间机遇的需要更加殷切。

对此，党中央国务院有着明确的回应，在制度安排和政策供给上有着非常明确而坚定的导向和措施。“支持民营企业发展。坚持‘两个毫不动摇’，坚持权利平等、机会平等、规则平等，全面落实支持非公有制经济发展的政策措施，认真解决民营企业反映的突出问题，坚决破除各种隐性壁垒。构建亲清新型政商关系，健全企业家参与涉企政策制定机制。激发和保护企业家精神，壮大企业家队伍，增强企业家信心，让民营企业在市场经济浪潮中尽显身手。”①

## 二、非公有制经济是创造和满足人民美好生活需要的主体之一

非公有制经济不仅仅是提出美好生活需要的主体之一，同时也是创造和满足人民美好生活需要的主体之一。作为为社会提供大量商品和服务的市场微观主体，非公有制经济的发展与人民生活富裕、社会生产发展息息相关。充分调动非公有制经济发展生产、保障生活的积极性，是满足人民美好生活需要的题中应有之意。

改革开放以来，非公有制经济的发展，前期起步就是以直接与人民生活相关的生活资料产业为主，其中多以轻纺工业、日用工业、传统服务业等为主。非公有制经济在这些产业中的兴起，很好地弥补了计划经济时期遗留的人民生活需要长期满足不了的历史欠账，对稳定人民群众生活，保障市场供给起到了不可替代的重要作用。非公有制经济以私营企业、个体工商户为代表的非公有制经济行业分布非常广泛，其中多数直接与人民生活息息相关。因而，在满足人民美好生活需要方面，非公有制经济的作用十分重要。②

① 李克强：《政府工作报告》，人民出版社 2018 年版，第 4 页。

② 以下资料参见李子彬、李迎秋主编：《中国中小企业 2016 蓝皮书》，中国发展出版社 2016 年版。

**表 6-2 2015 年我国私营企业实有户数行业分布** 单位:户

| 行业 | 户数 |
| --- | --- |
| 批发和零售业 | 6976748 |
| 制造业 | 2891217 |
| 租赁和商务服务业 | 2498024 |
| 科学研究和技术服务业 | 1309674 |
| 建筑业 | 1129965 |
| 农、林、牧、渔业 | 784308 |
| 信息传输、软件和信息技术服务业 | 763567 |
| 房地产业 | 574644 |
| 居民服务、修理和其他服务业 | 517035 |
| 交通运输、仓储和邮政业 | 508441 |
| 文化、体育和娱乐业 | 333199 |
| 住宿和餐饮业 | 307962 |
| 金融业 | 170876 |
| 采矿业 | 75732 |
| 水利、环境和公共设施管理业 | 75001 |
| 电力、热力、燃气及水生产和供应业 | 64756 |
| 农、林、牧、渔服务业 | 52708 |
| 教育 | 37024 |
| 其他 | 36460 |
| 卫生和社会工作 | 27634 |
| 金属制品、机械和设备修理业 | 17727 |
| 开采辅助活动 | 2904 |

资料来源:国家工商行政管理总局《工商行政管理统计汇编 2015》。

**表 6-3 2015 年我国个体工商户实有户数行业分布** 单位:万户

| 行业 | 户数 |
| --- | --- |
| 批发和零售业 | 3592.68 |
| 居民服务、修理和其他服务业 | 525.00 |
| 住宿和餐饮业 | 523.51 |
| 制造业 | 356.23 |

续表

| 行业 | 户数 |
| --- | --- |
| 交通运输、仓储和邮政业 | 148.08 |
| 农、林、牧、渔业 | 145.54 |
| 租赁和商务服务业 | 75.90 |
| 信息传输、软件和信息技术服务业 | 29.48 |
| 文化、体育和娱乐业 | 27.09 |
| 科学研究和技术服务业 | 17.19 |
| 建筑业 | 14.80 |
| 其他 | 13.24 |
| 卫生和社会工作 | 12.67 |
| 农、林、牧、渔服务业 | 10.56 |
| 房地产业 | 6.80 |
| 金属制品、机械和设备修理业 | 3.76 |
| 采矿业 | 3.41 |
| 教育 | 2.87 |
| 电力、热力、燃气及水生产和供应业 | 1.66 |
| 水利、环境和公共设施管理业 | 1.42 |
| 金融业 | 0.36 |
| 开采辅助活动 | 0.13 |

资料来源：国家工商行政管理总局《工商行政管理统计汇编 2015》。

从上述材料我们可以看到，首先，非公有制经济的发展历程与人民生活水平改善和提高息息相关。其次，非公有制经济是传统产业的不可替代的主体，也是新兴产业极为活跃的主体。同时，非公有制经济推动我国社会分工蓬勃发展，将更好地创造和满足人民美好生活需要。

新技术、新产品、新业态、新商业模式等往往与新兴非公有制经济企业和产业直接相关。这些新技术、新产品、新业态、新商业模式，极大地方便和改善了人民群众的生活，成为人民对美好生活需要的标志性代表。这也充分说明，非公有制经济在解决新的社会主要矛盾、满足人民美好生活需要方面大有可为。

## 第二节 习近平新时代中国特色社会主义思想指引非公有制经济发展

党的十九大指出:“习近平新时代中国特色社会主义思想,是对马克思列宁主义、毛泽东思想、邓小平理论、‘三个代表’重要思想、科学发展观的继承和发展,是马克思主义中国化最新成果,是党和人民实践经验和集体智慧的结晶,是中国特色社会主义理论体系的重要组成部分,是全党全国人民为实现中华民族伟大复兴而奋斗的行动指南,必须长期坚持并不断发展。”①习近平新时代中国特色社会主义思想同样是指引非公有制经济发展的指导思想和行动指南。

### 一、坚持和加强党对非公有制经济发展的领导

党的十九大报告强调,要坚持党对一切工作的领导。“党政军民学,东西南北中,党是领导一切的”,要“完善坚持党的领导的体制机制,坚持稳中求进工作总基调,统筹推进‘五位一体’总体布局,协调推进‘四个全面’战略布局,提高党把方向、谋大局、定政策、促改革的能力和定力,确保党始终总揽全局、协调各方”。② 党的领导首先是根本方向的保证,保证我国沿着中国特色社会主义道路前进,不走停滞僵化老路和改旗易帜邪路。这一条也是保证和引领了我国非公有制经济沿着中国特色社会主义道路前进和发展。

#### (一) 坚持党对非公有制经济发展的领导

坚持加强党对经济工作的集中统一领导,是保证我国经济始终沿着正确方向发展的需要。这是“中国共产党的领导是中国特色社会主义最本质特征和最大优势”这一质的规定性在经济工作中的具体要求和体现。党对非公有制经济发展的领导,突出体现在引领正确方向、提供制度供给和政策措施、完善非公有制经济党的组织建设、不断优化非公有制经济发展的社会环境等方面,引导和激

① 《中国共产党第十九次全国代表大会文件汇编》,人民出版社 2017 年版,第 60 页。

② 《中国共产党第十九次全国代表大会文件汇编》,人民出版社 2017 年版,第 16—17 页。

励非公有制经济成为中国特色社会主义事业的积极有生力量,成为中国共产党的有力的执政基础。

党对非公有制经济的领导,体现在宏观、全局和微观、企业两个层面上。

宏观、全局的领导主要体现在党对非公有制经济发展的领导,突出体现在引领正确方向,提供制度供给和政策措施,构建亲清新型政商关系,不断优化非公有制经济发展的经济、法治、社会环境等方面。特别突出的就是坚持社会主义基本经济制度和分配制度毫不动摇;坚持社会主义市场经济的改革方向毫不动摇;坚持权利平等、机会平等、规则平等,全面落实支持非公有制经济发展的政策措施毫不动摇。同时,在制度供给和政策措施上,更加充分地调动社会主体积极投身创新创业,更加充分地激发和保护非公有制经济的积极性、主动性、创造性,并将之引领到按照新发展理念科学发展、积极投入供给侧结构性改革、实现高质量发展方面来。

在微观和企业层面上,突出强调非公有制经济同样是中国共产党的执政基础,强调党向非公有制经济人士打开大门,不断推进非公有制经济党的队伍建设、组织建设、工作展开。在非公有制经济党的工作展开和组织建设方面,江西省提供了很好的案例。

2016 年被江西省委确定为非公有制经济组织和社会组织(简称“两新”组织)党的组织和工作覆盖(以下简称“两个覆盖”)攻坚年。在省委坚强领导和中组部的指导下,全省上下以“起步就是冲刺,开局就是决战”的决心和勇气,齐心协力,攻坚克难,“两新”组织党建工作取得了显著成效。省委强调要求各地各级党委:面对非公企业和社会组织党建的薄弱环节,要创新工作思路,强力推进“两个覆盖”攻坚计划,在全国率先实现党的组织和党的工作全覆盖,打造了“两个覆盖”的江西样板。经过努力,江西省在“两新”组织党的建设“两个覆盖”方面,取得了四个方面的成绩。

第一,建立了协调有力的工作体系,为进一步推进“两新”组织“两个覆盖”提供有力支撑。为加强领导,江西省委批准成立了省委非公有制经济组织与社会组织工委,工委设在省委组织部,作为省委派出机构,主要职责是:统一领导和协调全省“两新”组织党的建设工作,促进中央、省委各项决策部署在“两新”组织的贯彻落实,及时向省委提出加强“两新”组织党的建设工作的意见建议,研究制定政策和规划,组织指导有关部门和单位抓好“两新”组织基层党组织建设、党员教育培训和管理服务、发展党员工作。江西省下属11个设区市也紧紧跟进，相继成立了非公有制经济组织与社会组织工委。目前60%以上的县（市、区）成立了工作机构，全省100个省级以上园区有85个园区成立了综合党委，初步形成了“党委统一领导、组织部门牵头抓总、党工委具体负责、有关部门协调配合”的领导体制。同时，根据“两新”组织党建工作实际，分别建立起“园区属地管理，乡镇、村和街道、社区兜底管理、部门分类管理”的“两新”组织党建工作管理体系和“分级负责、条块整合、区域兜底”的社会组织党建工作管理体系，使非公有制经济组织党建工作始终处于各级党组织强有力的领导和指导之下。

第二，拿出了改革创新的勇气和决心，为进一步推进“两新”组织“两个覆盖”提供强劲动力。针对江西省“两新”组织党建工作基础薄弱的实际状况，为切实扩大“两个覆盖”，2016年5月和9月，各地按照“一个组织一张表”要求，采取上门采集信息、比较验对、逐个排查的方式，开展了“两新”组织全面调查摸底工作，剔除有名无实的“空壳”组织、久不运转的“僵尸”组织和多重注册的“影子”组织，将剩余的非公有制经济组织和社会组织作为党建工作基数，分级分类建立了工作台账，基本做到了底数清、情况明。这相当于做了一次彻底普查。

在此基础上，厘清思路，找准方法，采取“三派三改”的办法，创造性推进党组织组建工作。

“三派”，即从园区和机关党员干部中选派党组织书记、选派党建工作指导员、选派骨干党员，帮助“两新”组织达到党员人数要求组建党组织。

“三改”，即改变以往联合党组织建在企业的做法，明确联合党组织一律统建在园区（部门、乡镇和村、街道和社区）；改变以往一个联合党支部覆盖几十家甚至上百家“两新”组织的做法，划小组建单元，原则上采取“一管五”的方式抓组建（每个联合党组织覆盖的组织数量在5家左右）；改变以往成立党组织仅有“一张纸批复”的做法，按照园区、乡镇（街道）、村（社区）、部门有整体组织构架，上级党组织有文件批复，每个新成立党组织有党组织书记、有活动场所、有适当经费的标准，推进建立党组织。

根据以上要求，江西各地在实践中探索创造了许多生动新鲜的好经验，比如，南昌市青云谱区“七步工作法”组建党组织，上饶市信州区明确新建党组织要达到“六有”标准，鹰潭市余江县“两新”组织党建工作“五个一”工作法等，起到了很好的效果。

第三，构建了简明务实的制度框架，为进一步推进“两新”组织“两个覆盖”提供有效保障。根据中央有关文件要求，在深入调研的基础上，江西省学习借鉴全国其他地方好的经验做法，制定下发了《关于实施非公有制经济组织和社会组织“两个覆盖”攻坚计划的通知》《关于进一步加强和改进非公有制经济组织党的建设工作的几点意见》《关于进一步加强社会组织党的建设工作的意见》等工作指导性文件。同时还制定了定期联系指导、定期调度通报、党建工作巡查、奖惩激励等一系列制度。比如定期联系指导制度，在全省遴选确定了15家园区、30家非公企业、30家社会组织作为党建工作直接联系点，以点带面，解剖麻雀，掌握实情。又比如定期调度通报制度，坚持每半月一调度、每月一通报，在《全省基层组织建设工作情况通报》设立“两新”专刊，编印有益经验做法供各地学习借鉴。

第四，实行了严督实查的倒逼机制，为进一步推进“两新”组织“两个覆盖”传导工作压力。为切实解决过去一些基层党组织在推进“两个覆盖”工作中不会、不愿、不实的问题，江西省通过召开视频会议，“一竿子插到底”，同时对全省2万多名干部进行了业务培训，既统一了思想认识，又教了工作方法。各地按照2016年年底实现全面覆盖的要求，制定了“时间表”，明确了“路线图”，倒排时间全面推进“两个覆盖”各项工作。江西省委组织部、省委“两新”工委成立调研组督导组，对各地工作开展情况进行指导和实地督查，对督查中发现思想认识不清、责任落实不严、工作进展迟缓的，及时约谈有关党组织负责人，直接指出问题，进一步明确要求，防止工作走形变样。江西省委还将“两个覆盖”攻坚计划实施情况作为2016年度市县乡党委书记抓基层党建工作述职考核评议的必述内容，列入责任清单，层层传导了工作压力。通过严格督导和实地检查，有效地促进了各级认真与上级要求对标，做到思想上同心、行动上同向、节奏上同频，形成了抓“两新”组织党建工作的强大合力，有力地推进了江西省“两新”组织党的组织和党的工作全面覆盖。

### （二）在党的领导下实现非公有制经济健康发展

加强非公有制经济党的建设，是坚持和完善党对非公有制经济组织及社会组织（“两新”组织）发展领导的具体体现，是在党的领导下实现非公有制经济健康发展的必要保证。对此，必须认识到位，措施落地。

第一，我们需要深刻认识到，加强非公有制经济党建工作就是巩固党的执政基础，是实现党对非公有制经济发展领导的具体体现。

非公有制经济组织是稳定经济的重要基础、税收的重要来源、技术创新的重要主体、金融发展的重要依托，更是经济持续健康发展的重要力量。社会组织是党和政府的“智囊团”、全面深化改革的“助推器”、促进社会和谐的“黏合剂”。社会组织随着经济社会发展会越来越多，涵盖的社会领域越来越广，在推进国家治理体系和治理能力现代化中的作用会越来越大。可以说，“两新”组织是党团结带领人民推进中国特色社会主义伟大事业的重要力量。

同时，“两新”组织从业人员多、新社会阶层人数多，既聚集了大量的大中专毕业生和新生代农民工，也聚集了一大批社会精英、高知群体。利益主体多元，各种文化相互交融，各种思想相互激荡，这些都对我们党的执政基础产生重要影响。我们党作为执政党，要保持长期执政，执得牢、执得稳，必须深深植根于人民群众，厚植执政基础。在“两新”组织中建强党的组织，开展好党的工作，就是要团结凝聚好广大职工群众，教育引导他们听党话、跟党走，牢牢占领这两块阵地，不断夯实党的执政基础。

第二，我们需要深刻认识到，加强包括非公有制经济在内的“两新”组织党建工作就是全面落实从严治党的要求。

党的十八大以来，以习近平同志为核心的党中央鲜明提出协调推进“四个全面”战略布局，其中，全面从严治党既是重要的战略举措，又是各项工作顺利推进、各项目标顺利实现的根本保证。全面从严治党，核心是加强党的领导，基础在全面，关键在严，要害在治。

“两新”组织党建工作是基层党建的重要方面，也是推进全面从严治党向基层延伸的重要领域，中央历来高度重视，习近平总书记多次作出重要指示。

在非公有制经济组织党建工作方面，习近平总书记指出，非公企业党建工作在整个党建工作中越来越重要，必须以更大的工作力度把非公企业党建工作扎扎实实抓好；要注重分类指导，坚持“一把钥匙开一把锁”，增强工作的针对性和实效性；要加强领导、明确责任、健全机制、配强力量，为非公企业党建工作积极创造条件。

在社会组织党建工作方面，习近平总书记多次强调，社会组织量大面广，加强社会组织党的建设十分重要；要进一步扩大组织覆盖和工作覆盖，理顺社会组织党建工作管理体制，积极探索党组织发挥作用的有效途径；要把加强行业党建与推进行业发展紧密结合，在阵地建设、教育培训、开展活动等方面提供必要的经费支持；要认真落实党建工作责任制，把社会组织党建工作纳入基层党建工作考核评价的重要内容，不断提高社会组织党建工作制度化、规范化、科学化水平。

第三，我们需要深刻认识到，加强“两新”组织党建工作是保障“两新”组织健康发展的必要举措。

以江西省为例，在 2016 年，江西省非公有制经济实现增加值 10745.31 亿元，同比增长 9.6%，占全省 GDP 的 58.5%；完成固定资产投资 15095.02 亿元，同比增长 15.8%，占全省的 77.9%；上缴税收 1729.9 亿元，占税收总额的 66.7%。从中可以看出，江西省的非公有制经济总量大、增长快，对经济增长贡献率高，在拉动投资、缴纳税收上所占比重大，可以说非公有制经济已经成为江西省经济发展的主动力。

从江西省社会组织发展来看，截至 2016 年年底，江西全省仅在民政部门登记的社会组织就有 2.2 万个，而 2013 年年底仅有 1.3 万个，3 年时间增长了 63.6%，呈现出发展快、种类多、领域广等特征。数量众多的社会组织，在推动我省经济发展、维护社会和谐稳定中发挥着重要作用。

中国共产党作为执政党，是中国特色社会主义事业的领导核心，党的建设历来都是为党的事业服务的。对于“两新”组织而言，就是要通过加强党的建设，把党的政治优势、组织优势、群众工作优势转化为“两新”组织的管理优势，竞争优势和发展优势，保证党的方针、政策和决策部署在“两新”组织的贯彻执行，从而引导“两新”组织沿着有利于建设中国特色社会主义事业的方向健康发展。

第四，我们需要深刻认识到，加强“两新”组织党建工作就是要增加基层的获得感。

只有基层有获得感，党的建设才能得到基层更广泛的支持，才能发挥应有的作用，才能实现强核心、聚民心与促发展的良性循环。抓“两新”组织党建工作同样也要使不同的群体有所得、有实惠，这样才会使得党的工作更好坚持下去，更加富有生命力。对于“两新”组织“业主”而言，要通过加强党建促进“两新”组织健康发展，使他们从事业发展、财富增值中增加获得感。要通过加强党建，进一步做好业主的团结、教育、服务工作，使他们“致富思源、致富思进”，在提升素质境界、实现个人价值、得到社会认可上增加获得感，真正让“业主”认识到“两新”组织党建工作与“两新”组织发展是同向同利的。对职工群众而言，在

“两新”组织中开展党建工作，要充分发挥党组织的服务功能，积极为职工群众排忧解难，努力维护职工群众的正当利益和合法权益，让职工群众能感受到党的温暖，切实有获得感。对“两新”组织广大党员而言，既要让党员讲义务，也要让党员有权利，既要让党员讲奉献，也要让党员有获得感。在“两新”组织中开展党建工作，搭建党员持久发挥作用的实践平台，把优秀经营管理者和骨干培养成党员、把优秀党员培养成经营管理者和骨干，使关键岗位有党员、困难面前有党员、突击攻关有党员，让他们感受到“党员有党员的样，与普通群众不一样”。同时，也要通过建立健全党内关怀激励机制，从政治上关怀、思想上关心、生活上关爱，经常倾听他们的诉求，帮助解决实际困难，让每个党员都能感受到党组织的温暖，增强归属感和荣誉感。

## 二、坚持和贯彻新发展理念推动非公有制经济科学发展

新发展理念是习近平新时代中国特色社会主义思想的重要组成部分。党的十九大报告中强调指出：“发展是解决我国一切问题的基础和关键，发展必须是科学发展，必须坚定不移贯彻创新、协调、绿色、开放、共享的发展理念。”①报告还指出：“我国经济已由高速增长阶段转向高质量发展阶段，正处在转变发展方式、优化经济结构、转换增长动力的攻关期，建设现代化经济体系是跨越关口的迫切要求和我国发展的战略目标。”②这些论述集中说明了两个基本思想，一是在新时代，要以新发展理念来引领和谋划发展，贯彻新发展理念实现科学发展，是转变经济发展方式的核心内容。二是在实现高质量发展过程中，建设现代化经济体系至关重要。

### （一）新发展理念“新”在哪里

习近平总书记在谈到以新发展理念来指导“十三五”规划制定时指出：“首先要把应该树立什么样的发展理念搞清楚，发展理念是战略性、纲领性、引领性的东西，是发展思路、发展方向、发展着力点的集中体现。发展理念搞对了，目标任务就好定了，政策举措跟着也就好定了。《建议》提出要坚持创新、协调、绿

① 《中国共产党第十九次全国代表大会文件汇编》，人民出版社2017年版，第17页。
② 《中国共产党第十九次全国代表大会文件汇编》，人民出版社2017年版，第24页。

色、开放、共享的发展理念。这五大发展理念不是凭空得来的,是我们在深刻总结国内外发展经验教训的基础上形成的,也是在深刻分析国内外发展大势的基础上形成的,集中反映了我们党对经济社会发展规律认识的深化,也是针对我国发展中的突出矛盾和问题提出来的。”①

1. 新时代——经济新常态、新战略安排下新的发展要求

改革开放以来,我们党坚持以发展为工作重心的指导思想是一以贯之的。邓小平同志振聋发聩地强调“发展是硬道理”,江泽民同志强调“发展是执政兴国的第一要务”,胡锦涛同志提出科学发展观,习近平同志提出新发展理念,都是对党的基本路线坚持和发展。从党的发展指导思想来说,有一个继承和发展的历史进程。新发展理念是习近平新时代中国特色社会主义思想的有机组成部分,其“新”首先就在于针对新时代发展所面临的新情况新问题,提出了新的科学回答。

我国经济发展进入新常态,决胜全面建成小康社会,“两个一百年”奋斗目标的新战略安排,新发展理念规划了科学清晰的发展路线图,来推动、引领、谋划新时代的发展。新发展理念在强调坚持发展的同时,强调了科学发展;新发展理念还进一步明确了科学发展的具体要求和具体指向;在经济发展方面,新发展理念在规定发展要求时,在强调经济增长的质量、效益、可持续性的同时,还强调了构建保证实现科学发展、有效贯彻新发展理念的现代化经济体系,强调了经济发展的能力和体系的现代化。

新发展理念的提出,建立在对我国经济发展新常态深刻分析及清醒认识的基础上。按照十九大报告所提出的新时代的战略安排,从发展来说,就是要跨越两个“关口”:一是要跨越“中等收入陷阱”,二是要完成由发展中国家向发达国家的转型。要跨越这两个“关口”,核心的问题是要实现发展方式的根本转变。提倡新发展理念,强调要建设现代化经济体系,其要义都是指向这种发展方式的根本转变。

发展中国家发展方式与发达国家的发展方式对比,其突出的区别在于,发展中国家发展方式的基本特征是主要利用后发优势,引进型发展,模仿式、追赶型发展;而发达国家则突出于主要利用先发优势,引领型发展,创新驱动型发展。

① 《习近平谈治国理政》第二卷,外文出版社2017年版,第197页。

坚持和贯彻新发展理念，首要的就是要实现我国发展方式的根本转变，即塑造更多依靠创新驱动、更多发挥先发优势的引领型发展。

只有依靠创新驱动，我们才能不断提升我国社会生产力的质量和水平，才能形成驱动发展的新动能，推动结构调整、优化、升级，以及新的经济增长空间和机遇的开拓。这样就需要我们大力鼓励创新和创业，并以此来推动各个方面的体制改革和政策调整。由此激发新的供给，新的供给创造新的需求，新供给、新需求推动新的经济增长。因而，新发展理念突出强调，今后我国发展的核心问题是品质提升和结构调整，以此来创造和满足新的有效需求，进而拓展经济增长新的总量空间。

2. 新思想——社会主要矛盾变化所带来的发展要求、任务的变化

新发展理念是习近平新时代中国特色社会主义思想的有机组成部分。在思想上回答了我们如何解决发展所带来的问题，如何解决科学发展的问题。

新发展理念首先就是认识和回答我国社会主要矛盾变化所带来的发展新要求。如何更好地满足人民对美好生活的需要，如何有效地解决发展不平衡不充分的问题，因而，创新、协调、绿色、开放、共享，都是围绕社会主要矛盾的变化，而去推动、引领、谋划发展。

新发展理念的思想内涵是非常丰富的。它涉及发展理论，发展指导思想，发展趋势判断，发展战略安排及相应的发展任务规定性，发展方式的转变，新发展动能的塑造，等等。这些思想突出反映了党的发展思想的创新，其中重要的体现是：第一，坚持以人民为中心的发展思想；第二，高度重视解决发展带来的问题，实现科学发展；第三，强调发展的价值性、针对性、全面性。

新发展理念不仅仅是提出新的发展思想认识、观点、要求，与此同时还非常强调方法。新发展理念强调目标模式与操作模式的有机统一。五大理念既是目标，也是问题；既是方向，也是任务；既是全局战略，也是具体工作。它注重了把握好方向性和可操作性之间的关系，虚实结合。各个行业、各个部门、各个方面的工作，包括推动非公有制经济更好发展，都可以把新发展理念的普遍要求与自己的具体工作、具体发展要求结合起来，实现既符合新发展理念精神和要求，又有自己特色的发展。

### （二）坚持和贯彻新发展理念推动非公有制经济科学发展

以创新、协调、绿色、开放、共享为核心内容的新发展理念，是党中央对在新

时代引领谋划中国经济和社会发展的核心指导思想。非公有制经济在新时代的发展,也要坚持和贯彻新发展理念,实现科学发展。

1. 突出创新发展,为非公有制经济发展提供强有力的制度安排和政策导向

非公有制经济发展要按照新发展理念的要求,积极把握新时代创新的重要地位和科学内涵。其核心是让创新成为第一动力,围绕创新推动非公有制经济结构优化升级,推动非公有制经济获得新的更大的发展。

习近平总书记特别强调指出:“创新发展注重的是解决发展动力问题。我国创新能力不强,科技发展总体水平不高,科技对经济社会发展的支撑能力不足,科技对经济增长的贡献率远低于发达国家水平,这是我国这个经济大个头的‘阿喀琉斯之踵’。”①这就明确指出了我国发展方式转变的关键所在。

非公有制经济要实现创新发展,首先需要充分释放自身的活力和创造力,充分发挥自身独有的自主创新创业活力强、能力强的优势。

要使非公有制经济更加积极地投入到创新发展之中,还需要进一步改进和完善相应的制度供给和政策引导。

企业家精神的核心就是创新精神,企业、企业家,是实现创新发展的社会主体。因而,要实现创新发展,就需要充分发挥企业、企业家的主体作用。党中央、国务院大力提倡和推动“大众创业、万众创新”,其根本要义就在于培育和激发社会的企业家精神,发挥企业、企业家在推动经济转型中的主体作用。这就是在激发和培育社会新动能。正因为如此,在十九大召开的前一个月,2017 年 9 月 8 日,中央专门发布了《中共中央国务院关于营造企业家健康成长环境 弘扬优秀企业家精神更好发挥企业家作用的意见》(以下简称《意见》),为保护和激发企业家精神,鼓励更多社会主体投身创新创业,提出了一系列的制度安排和政策引导的指导意见和工作思路。

其中在制度安排上,就特别强调了三点:

一是营造依法保护企业家合法权益的法制环境。《意见》强调,要依法保护企业家财产权;要依法保护企业家创新权益;要依法保护企业家自主经营权。为此《意见》还提出了一系列具体的制度和组织安排设想,如,在保护企业家财产权方面,提出要研究建立因政府规划调整、政策变化造成企业合法权益受损的依

① 《习近平谈治国理政》第二卷,外文出版社 2017 年版,第 198 页。

法依规补偿救济机制;研究制定商业模式、文化创意等创新成果的知识产权保护办法;研究设立全国统一的企业维权服务平台,等等。

二是营造企业家公平竞争诚信经营的市场环境。《意见》强调,要强化企业家公平竞争的权益保障;健全企业家诚信经营的激励约束机制;持续提高监管的公平性、规范性和简约性。

三是营造尊重和激励企业家干事创业的社会氛围。《意见》强调,要构建"亲""清"新型政商关系,畅通政企沟通渠道,规范政商交往行为;要树立对企业家的正向激励导向,营造鼓励创新、宽容失败的文化和社会氛围;要营造积极向上的舆论氛围,营造尊重企业家价值、鼓励企业家创新、发挥企业家作用的舆论氛围。

另外,在营造公平竞争环境、进一步开放市场准入、改革投融资体制、改进政府服务和管理、加快实施负面清单管理等方面也提出了一系列的制度安排和政策导向的指导意见。①

为推动创新发展,增强民间投资动力,激发市场新活力,培育发展新动能,针对政策落实不到位、营商环境待改善,以及融资难、融资贵等问题,国务院办公厅专门印发了《关于进一步激发民间有效投资活力促进经济持续健康发展的指导意见》,提出了十个方面的政策措施,包括深入推进"放管服"改革;开展民间投资项目报建审批情况清理核查;推动产业转型升级;鼓励民间资本参与政府和社会资本合作(PPP)项目;降低企业经营成本;努力破解融资难题;加强政务诚信建设;加强政策统筹协调;构建"亲""清"新型政商关系,建立健全政府与民营企业常态化沟通机制;狠抓各项政策措施落地见效,增强民营企业获得感。②

2. 注重协调发展,实现非公有制经济持续健康发展

习近平总书记明确指出:"协调发展注重的是解决发展不平衡问题。"③"新

① 《中共中央国务院关于营造企业家健康成长环境弘扬优秀企业家精神更好发挥企业家作用的意见》,2017 年 9 月 8 日,中国政府网,http://www.gov.cn/zhengce/2017-09/25/content_5227473.htm。

② 参见国务院办公厅:《关于进一步激发民间有效投资活力促进经济持续健康发展的指导意见》,中国政府网,http://www.gov.cn/zhengce/content/2017-09/15/content_5225395.htm。

③ 习近平:《以新的发展理念引领发展》,载《习近平谈治国理政》第二卷,外文出版社 2017 年版,第 198 页。

形势下，协调发展具有一些新特点。比如，协调既是发展手段又是发展目标，同时还是评价发展的标准和尺度。再比如，协调是发展两点论和重点论的统一，一个国家、一个地区乃至一个行业在其特定发展时期既有发展优势、也存在制约因素，在发展思路上既要着力破解难题、补齐短板，又要考虑和厚植原有优势，两方面相辅相成、相得益彰，才能实现高水平发展。又比如，协调是发展平衡和不平衡的统一，由平衡到不平衡再到新的平衡是事物发展的基本规律。平衡是相对的，不平衡是绝对的。强调协调发展不是搞平均主义，而是更注重发展机会公平、更注重资源配置均衡。”由此可见，新发展理念强调协调发展，着眼点在于解决发展不平衡问题，其中既包括解决发展中的短板、劣势、薄弱环节等问题，也包括实现“五位一体”（经济、政治、文化、社会、生态文明建设五位一体）、“四化同步”（新型工业化、信息化、城镇化、农业现代化四化同步）等社会主义现代化建设目标的要求，也包括科学认识合理解决社会经济发展不平衡所引发的各方面矛盾的方式方法，等等。

从非公有制经济的发展现状来看，发展不协调不平衡问题还是比较突出的。因而，要实现非公有制经济的持续健康发展，协调发展是特别具有针对性的。

3. 实现绿色发展，更好满足人民对美好生活需要

习近平总书记指出：“绿色发展注重的是人与自然和谐问题。绿色循环低碳发展，是当今时代科技革命和产业变革的方向，是最有前途的发展领域，我国在这方面的潜力相当大，可以形成很多新的经济增长点。我国资源约束趋紧、环境污染严重、生态系统退化的问题十分严峻，人民群众对清新空气、干净饮水、安全食品、优美环境的要求越来越强烈。为此，我们必须坚持节约资源和保护环境的基本国策，坚定走生产发展、生活富裕、生态良好的文明发展道路，加快建设资源节约型、环境友好型社会，推进美丽中国建设，为全球生态安全作出新贡献。”①

4. 积极开放发展，是非公有制经济繁荣发展的必由之路

习近平总书记指出：“现在的问题不是要不要对外开放，而是如何提高对外开放的质量和发展的内外联动性。我国对外开放水平总体上还不够高，用好国际国内两个市场、两种资源的能力还不够强，应对国际经贸摩擦、争取国际经济

① 《习近平谈治国理政》第二卷，外文出版社2017年版，第198—199页。

话语权的能力还比较弱，运用国际经贸规则的本领也不够强，需要加快弥补。为此，我们必须坚持对外开放的基本国策，奉行互利共赢的开放战略，深化人文交流，完善对外开放区域布局、对外贸易布局、投资布局，形成对外开放新体制，发展更高层次的开放型经济，以扩大开放带动创新、推动改革、促进发展。”①

《建议》指出：“开放是国家繁荣发展的必由之路。必须顺应我国经济深度融入世界经济的趋势，奉行互利共赢的开放战略，坚持内外需协调进出口平衡、引进来和走出去并重、引资和引技引智并举，发展更高层次的开放型经济，积极参与全球经济治理和公共产品供给，提高我国在全球经济治理中的制度性话语权，构建广泛的利益共同体。”

在新时代继续强调开放，是有其新的时代内涵的。第一，开放上要有新的作为，要把开放提升到更高的水平、更大的规模和新的层次。第二，开放上要有新意识，正如习近平总书记所说的，我们现在推进对外开放，要有大国意识、大国作为、强国目标，这符合我国进入“强起来”新时代的要求。

5. 推动共享发展，体现非公有制经济的中国特色社会主义属性

习近平总书记指出：“让广大人民群众分享改革发展成果，是社会主义的本质要求，是社会主义制度优越性的集中体现，是我们党坚持全心全意为人民服务根本宗旨的重要体现。这方面问题解决好了，全体人民推动发展的积极性、主动性、创造性就能充分调动起来，国家发展也才能具有最深厚的伟力。”②

共享是强调以人民为中心的发展思想，强调共同富裕的诉求。这是社会主义的本质要求，即发展不是以剥削阶级或统治阶级为中心。《建议》指出：“必须坚持发展为了人民、发展依靠人民、发展成果由人民共享，做出更有效的制度安排，使全体人民在共建共享发展中有更多获得感，增强发展动力，增进人民团结，朝着共同富裕方向稳步前进。”

首先，指导思想要明确。党的十九大报告强调坚持以人民为中心的发展思想。共享就是这一发展思想的具体体现。共享不仅强调了发展为了人民、发展成果为人民共享的发展宗旨，也强调了发展依靠人民的思想，人民是发展的根本伟力所在，人民是发展的主体，是发展最根本的动力源泉所在。因此，十九大报

① 《习近平谈治国理政》第二卷，外文出版社 2017 年版，第 199 页。

② 《习近平谈治国理政》第二卷，外文出版社 2017 年版，第 199—200 页。

告中强调指出："人民是历史的创造者，是决定党和国家前途命运的根本力量。必须坚持人民的主体地位，坚持立党为公、执政为民，践行全心全意为人民服务的根本宗旨，把党的群众路线贯彻到治国理政全部活动之中，把人民对美好生活的向往作为奋斗目标，依靠人民创造历史伟业。"

其次，要为实现共享发展做出更有效的制度安排。一方面，不能对贫富差别听之任之；另一方面，也要避免重蹈欧洲"福利国家病"的覆辙。合理的制度安排是要把发展为了人民和发展依靠人民有机结合，激励、约束、保障合理配置，既能让社会成员充满创造力和活力，又能够得到有效保障和分享。

## 三、坚持供给侧结构性改革机遇推动非公有制经济创新创业

党的十八大以来，我国经济发展进入新常态后，面临着速度变化、结构优化、动力转化，经济升级转型的任务非常艰巨。与此同时，经济增长下行的压力也在增强。在这种情况下，以习近平同志为核心的党中央审时度势，科学判断和决策，确立了以供给侧结构性改革为主线，推动经济转型、稳定经济增长的行动路线图。习近平总书记指出："当前和今后一个时期，我国经济发展面临的问题，供给和需求两侧都有，但矛盾的主要方面在供给侧。"①"事实证明，我国不是需求不足，或没有需求，而是需求变了，供给的产品却没有变，质量、服务跟不上。有效供给能力不足带来大量'需求外溢'，消费能力严重外流。解决这些结构性问题，必须推进供给侧改革。"②可以说，推动供给侧结构性改革，十分有利于发挥非公有制经济创新创业的先天优势，为非公有制经济在新时代的大发展提供了更加广阔的机遇和舞台。

### （一）供给侧结构性改革首先是新常态下的生产力变革

按照马克思主义政治经济学的观点，经济发展的推动力量来自于生产力的进步、变革和生产关系的调整、变革。改革开放以来，我国通过所有制结构、收入分配结构的调整，如农村的联产承包责任制、多种经济成分的共同发展、公有制实现形式的多样性、要素参与分配等，来寻求经济发展的动力源。这主要是通过

① 《习近平谈治国理政》第二卷，外文出版社2017年版，第253页。

② 《习近平谈治国理政》第二卷，外文出版社2017年版，第253—254页。

生产关系的变革来适应生产力,解放生产力。这些应该属于生产关系调整变革所激发的动力。而强调供给侧结构性改革,强调创新、强调产业结构优化升级,这些内容更加侧重于生产力方面的变革,强调通过生产力方面的变革为我国的经济发展注入新的动力和活力。从这个意义上说,供给侧结构性改革,可以说是新常态下的生产力变革。

改革开放以来,我国社会生产关系发生了巨大而深刻的变革。多种经济成分的迅猛发展,一方面给予生产力发展巨大的利益推动力,同时也形成了社会多样化的收入来源。中国迅速摆脱贫穷面貌,形成了数亿人规模的中等收入群体及千万计的高收入群体。随着中国跨入中等收入国家行列,市场需求也有了巨大的增长。同时为维持高速经济增长,国家也长期采取了需求导向的宏观经济政策。可以说,在以往的经济增长中,激发社会需求和满足社会需求,成为我们推动经济高速增长所抓住的主要矛盾或矛盾的主要方面。

现在中国经济进入新常态后,主要的矛盾或矛盾的主要方面正在转向供给侧一端,转向生产力方面。其突出表现就是现在的供给明显与变化了的需求不匹配,社会有效供给不足。同时,还需要大力推动新兴生产力的形成和成长,使之尽快成为我国今后经济发展的核心推动力量。

首先,我国的供给要从满足中低端需求为主向满足中高端需求为主转变。

我国目前中低端供给的产能普遍过剩,这是造成目前我国经济下行压力及企业经营困难的直接原因。而这种中低端产能过剩,与以往我国产业供给主要满足中低端消费需求是息息相关的。我国改革开放以来,社会需求主要处于由温饱向小康的发展阶段。这时的需求主要是中低端的基本生活必需品需求,而且这种中低端需求又主要表现为量的要求,是一个从无到有、从少到多的过程。在参与经济全球化过程中,发达国家主要把中低端产业向我国转移,同时又大量从我国进口这些中低端产品来满足其国内民众的基本生活需求。这样的需求市场造就了我国中低端供给的长期快速扩张。而现在,一方面,我国国内民众需求进入了向中高端消费转变的换档期,人们的需求从以数量为主转向以品质为主,以从众化消费为主转向个性化消费为主。另一方面,随着我国制造业成本的普遍抬升,国际资本包括我国国内资本开始寻求更低成本的国家和地区来生产中低端产品。由此,我国制造业就面临着一个困难的窘境:一方面中低端的产能过剩,有效需求不足;另一方面,中高端的消费又满足不了,有效供给不足。国内传统市场困难重重，新兴市场还未掌握，国际市场也需要重新定位，这就是我国制造业乃至整个产业面临的突出问题。为此，从供给侧进行结构性改革，加快产业走向中高端的步伐，就成为必然的选择。

其次，从深层次的生产力发展规律来看，我国的生产力发展已经进入需要积累新的动能及实现质的突破的阶段，供给侧结构性改革，就是着力于大力推进生产力变革。

生产力的发展需要有一个从动能积累到动能释放的过程。我国改革开放30多年来，主要依靠计划经济时期积累的生产力、引进外资积累的生产力、民营资本的中低端生产力。发展到今天，上述生产力所蕴含的动能已经得到了充分的释放。现在迫切需要支撑下一步我国经济可持续发展的新的生产力动能。新常态下所需要的动力转化，不仅仅包含利益关系方面的动力，更包含生产力方面的动力，而且生产力方面的动力是更为根本的动力。我国目前传统制造业普遍陷入困境，与其缺乏新的生产力发展动能有直接关系。而以“互联网+”为代表的新技术、新产品、新业态、新商业模式发展迅猛，增速加快，则与其所依赖和代表的新生产力动能直接相关。我国在旧的生产力动能已经充分得到释放，难以再继续作为主力推动和支撑下一步经济发展的情况下，迫切需要积累新的生产力动能，形成新的生产力动力。因此，供给侧结构性改革的重心应当放在生产力变革上。

最后，生产力的发展还要区分出以质的提升和突破为主的阶段与以量的规模扩张为主的阶段。

习近平总书记指出：“从国际经验看，一个国家发展从根本上要靠供给侧推动。一次次科技和产业革命，带来一次次生产力提升，创造着难以想象的供给能力。当今时代，社会化大生产的突出特点，就是供给侧一旦实现了成功的颠覆性创新，市场就会以波澜壮阔的交易生成进行回应。”“推进供给侧改革，必须牢固树立创新发展理念，推动新技术、新产业、新业态蓬勃发展，为经济持续健康发展提供源源不断的内生动力。”①

我国前一阶段的经济高速增长，就是生产力量的扩张为主的阶段。而进入新常态后，我国的生产力发展则进入了以质的提升和突破为主的阶段。这时生

① 《习近平谈治国理政》第二卷，外文出版社2017年版，第255—256页。

产力的发展主要不是看量的增速，而是要看质的创新，尤其是要看能否获得突破性、颠覆性的创新。从改革上来讲，如果说，过去的改革侧重于解放被束缚和被压抑的生产力，是以量的扩张为主，那么现在的改革就是要推动新的生产力的创造和形成，以质的突破为主，以推动生产力变革为主。

正如习近平总书记所深刻指出的，当前的经济下行状况，不是由于有效需求不足而引发的总量性周期性现象，而是由于有效供给不足导致的结构性问题。要从根本上摆脱经济下行压力，需要从供给侧发动结构性改革为主，要依靠生产力的变革为主。因此，供给侧结构性改革，并不简单是宏观经济政策从以需求管理为主转向供给管理为主的一个调整，而是一场深刻而巨大的、影响长远的生产力变革。供给侧结构性改革是我们党认识新常态、把握新常态、引领新常态的聚焦发力点，是我们党深刻认识生产力发展规律，引领我国今后经济发展的重大决策。

### （二）非公有制经济要积极投入供给侧结构性改革

供给侧结构性改革，根本目的是要寻求中国从依靠后发优势发展向依靠先发优势发展的历史性转变，要实现从“引进”为主到“引领”为主的转变。在这场以供给侧结构性改革为主线的中国经济大转型中，非公有制经济大有可为。

1. 非公有制经济发展非常需要积极投入供给侧结构性改革

西方发达国家是世界工业化进程的先发国，长期拥有着先发优势。中国是工业化的后起国，迄今为止，以传统制造业为主体的中国工业体系，从技术内涵来讲，总体上是以引进或模仿为主构建起来的，生产力的发展主要依靠的是后发优势。

鸦片战争后，中国陷入了“落后就要挨打”的痛苦境地。究其原因，从生产力上讲，就是因为西方国家爆发了产业革命，率先迈入工业化社会，而中国却停滞于传统农耕社会，生产力长期未能获得突破性革命。生产力的落后是最为根本的落后，也是落后挨打的最为基本的原因。

鸦片战争以后的中国历史进程，一个核心的演变脉络，就是全民族前仆后继致力于彻底改变这种生产力落后局面。从魏源提出的“师夷长技以制夷”，张之洞的“中学为体，西学为用”，张謇、康有为等提出实业救国论及推动的洋务运动，“五四”运动宣扬科学、民主的旗帜，孙中山先生的“三民主义”，等等，都包含着力图探索中国生产力革命和振兴之路的强烈诉求。中华人民共和国成立后，在中国共产党领导下，先是通过计划经济体制，大力发展国有经济、国有企业，集中有限国力，快速建立起相对独立完整的国家工业体系，奠定了国家工业化的强有力基础。改革开放后，邓小平同志提出著名的“发展是硬道理”“三个有利于”判断标准等论断，在市场经济体制和经济全球化推动下，我国步入全面快速推进工业化的轨道，经济总量跃居世界第二位，中国制造走向全球，生产力发展获得了举世瞩目的巨大成就。

回顾历史，在世界工业化的进程中，中国以往扮演的主要是一个苦苦追赶者的角色。在近现代历史上，西方国家一直是历次产业革命的发动者，同时也是历次产业革命的最大受益者。西方国家利用发动产业革命来掌握世界工业化进程的先机，形成并长期保持着对工业化落后的发展中国家的领先优势，主导着国际经济体系和经济秩序，引领着世界的发展，使得发展中国家长期面对着来自发达国家的科技、产业、经济、政治、文化、军事等的压力和压制。中国作为世界上最大的发展中国家，面临的是与其他发展中国家同样的境地。我国的工业化进程，总体上讲，都是依靠引进或模仿发达国家产业革命的成果，再结合自己的后发优势（如廉价劳动力所带来的低成本优势），形成生产力上的追赶型、跟进型发展模式。

我国非公有制经济发展是这方面的典型，多数非公有制经济的企业和产业，都是利用我国以“人口红利”为标志、以“引进”为主线的后发优势，实现了低成本的发展扩张，但也往往伴随着粗放式、低质量、低效率的发展弱点。大多数非公有制经济的企业和产业处于国内国际产业链、产业价值链的中低端。从非公有制经济发展的现状及面临的困难来看，非公有制经济其实更需要供给侧结构性改革，更应当积极投入供给侧结构性改革。

随着中国工业化水平的长足进步，中国作为发展中国家的后发优势则随之逐渐失去，但是发达国家的先发优势我们则还没有真正获得。因此，新常态下的“三化”（速度变化、结构优化、动力转化），从生产力发展的角度来说，实质上是反映着我国寻求和构建新发展优势的根本性的客观诉求。从依靠后发优势为主到依靠先发优势为主，这样的转变，形象地说，就是从“引进”为主向“引领”为主转变。实现这种转变的契机，从世界工业化的历史及西方发达国家的经验来看，就是激发新的产业革命。

2. 非公有制经济要跟上新产业革命的步伐

2008 年国际金融危机爆发后，世界经济进入了深度调整期。发达国家力图早日摆脱金融危机的困难局面，推动深度调整尽快完成。其所祭出的法宝，仍然是发动新的产业革命。这一轮新的产业革命号称“第四次工业革命”，或直接称之为“新产业革命”。其核心内容就是智能化制造，把信息经济和现代服务业的成果嫁接到制造业中，改造传统制造业，使得西方国家在更高的层次上重新获得制造业的竞争优势。美国前总统奥巴马在上任伊始，就强调要“重新振兴美国的制造业，重新塑造美国的中产阶级”。其执政至今，一直念念在兹的就是要把中国制造重新夺回为美国制造，要用美国制造战胜中国制造。其信心的来源，就是美国正在发生且势头迅猛的新产业革命。

我国要完成发展动力转换，实现引领式发展，也要着力于激发自己的产业革命，这是推进供给侧结构性改革的根本指向。

我国的产业发展，现在也在积累和酝酿着全局性的重大革命性突破。

首先，我国的产业链条相当完整，技术体系完备，系统性开发和创新能力强，拥有从基础性制造业到信息产业、现代服务业的基本要素和资源。这些为我国激发全局性新产业革命提供了强有力的物质和技术底蕴。

其次，我国的社会主流群体拥有了创新创业的积极性和实力。与改革开放之初主要是体制外的社会边缘群体创业不同，现在进入创新创业行列的是社会主流群体，尤其是中等收入群体，在校或毕业学生、科技人员、企事业单位和机关工作人员、城市居民、外出打工或返乡农民、企业家或企业高管等。2014 年、2015 年平均每天新登记的企业都达到 1 万家以上，这充分显示了我国社会所蕴藏的创新创业的厚度和广度。

再次，我国改革开放后高速增长所积累的资金、技术、人力资源等创新所必需的要素，社会所积累的市场需求空间和市场容量，巨大的经济总量及国内国际市场，从供需两端为新产业革命提供了必备的条件。还有，世界科技进步和产业变革的方向基本明确，我国也基本站在了这一新产业革命的前沿，以“中国制造2025”为代表，以“互联网+”及新兴战略性产业为龙头，新的产业革命的势头已开始显现。

推动供给侧结构性改革，就是要把这些有利条件都充分调动起来，真正激发中国自己的新产业革命。这将是第一次在中国本土由我们自己发动和推进的产业革命。

供给侧结构性改革，新产业革命，创新驱动发展，将会带来一系列的新产品、新技术、新产业、新业态。这些都是非公有制经济的优势潜能所在。从国务院力推“大众创业、万众创新”以来,非公有制经济发展更为迅猛,尤其是创新型非公有制经济发展势头强劲,动能充足。从几年的实践来看,供给侧结构性改革,甚至可以说成了非公有制经济发展的新天地、主战场。我们可以得出结论,非公有制经济应当积极投入供给侧结构性改革,也已经积极投入到供给侧结构性改革之中。

### (三)非公有制经济要以供给侧结构性改革为主线升级提档

党的十九大报告在对我国今后经济发展做出科学分析的基础上,强调指出我国今后的经济工作必须以供给侧结构性改革为主线:“必须坚持质量第一、效益优先,以供给侧结构性改革为主线,推动经济发展质量变革、效率变革、动力变革,提高全要素生产率,着力加快建设实体经济、科技创新、现代金融、人力资源协同发展的产业体系,着力构建市场机制有效、微观主体有活力、宏观调控有度的经济体制,不断增强我国经济创新力和竞争力。”①非公有制经济在投入供给侧结构性改革时,要特别注意把重心集中于转变发展方式、优化经济结构、推动新旧动能转换方面,集中到升级提档上面。

1. 把发展着力点放在实体经济上。

强调把发展实体经济作为结构调整的着力点,首先就是要强调不能搞“泡沫经济”。从国际比较来说,诸如日本等国家,在国民经济发展进入大的结构调整时期后,由于选择了错误的调整战略,日本提出从“产品立国”转变为“资本立国”,实际上是把资本炒作作为结构调整的导向,结果导致“泡沫经济”,“泡沫经济”首先带来虚假的经济繁荣,虚增的经济增长,而“泡沫经济”破灭则导致经济长期停滞。从我国经济增长的现实来说,以房地产价格虚高为代表的炒作式经济及由此而来的“灰犀牛”式金融风险,过于依赖货币刺激政策而相对忽略金融体系本身风险的经济增长方式等,都是我们需要防范、控制和解决的。因而,强调把发展着力点放在实体经济上,首先就是要解决经济“脱虚向实”问题。更重要的是实体经济的发展才能真正带来就业的增加,社会实际财富的增长,人民群众真正得到实惠,社会生产力真正得到发展。

2. 大力塑造和充分发挥非公有制经济人力资源的竞争优势。

新的发展方式的重心、新的发展动能的重心在哪里,到哪里去寻找,关键就

① 《中国共产党第十九次全国代表大会文件汇编》,人民出版社2017年版,第24页。

是要充分发挥我国人力资源的竞争优势，改变过去主要依靠大量投入廉价劳动力和大规模投资拉动经济增长的做法。发挥人力资源的竞争优势，要突出抓住两大重点，一是“激发和保护企业家精神，鼓励更多社会主体投身创新创业”。二是“建设知识型、技能型、创新型劳动者大军，弘扬劳模精神和工匠精神”。富有企业家精神，注重自谋职业和自主创业，是非公有制经济的长处和优势所在；注重优良工艺、注重历史传承、注重独家技艺、注重特色产品，也是许多非公有制经济的突出特色。因而，非公有制经济更有条件形成和发挥人力资源的竞争优势，在供给侧结构性改革中打开一片新天地。

3. 以结构调整为主带动非公有制经济总量扩张。

根据当前及今后一段时期我国经济增长矛盾的变化，非公有制经济需要改变以往主要依靠需求扩张拉动增长的做法，更多地转变为以结构调整促总量扩张，以有效供给创造拉动有效需求，以结构变革拓展新的增长和发展空间。其中要特别注意准确合理把握产业走向中高端的内涵和诉求，着眼于产业体系的全方位的现代化改造升级，着眼于产业链的完整性、协调性，着眼于企业和产业核心竞争力的提升和加强，着眼于为社会提供更为优质的有效供给，着眼于走向国内国际产业价值链的中高端。

## 第三节　大力发展非公有制经济，巩固中国特色社会主义经济基础

习近平总书记关于社会主义经济建设的思想，其核心内涵之一，就是强调要不断地巩固和发展中国特色社会主义的经济基础。经济基础是历史唯物主义的核心范畴，是马克思主义特有的经济社会范畴，是马克思主义认识和改造社会的核心理论概念。恩格斯指出：“直接的物质的生活资料的生产，从而一个民族或一个时代的一定的经济发展阶段，便构成基础，人们的国家设施、法的观点、艺术以至宗教观念，就是从这个基础上发展起来的，因而，也必须由这个基础来解释，而不是像过去那样做得相反。”①马克思主义这一关于经济基础在人类社会生存

① 《马克思恩格斯文集》第3卷，人民出版社2009年版，第601页。

和发展中的重要性的认识,恩格斯将其称之为马克思一生中的两个伟大发现之一。习近平总书记关于社会主义经济建设的重要论述,结合中国特色社会主义的伟大实践,坚持和发展了马克思主义的经济基础的思想,同时也为我国非公有制经济的发展,赋予了强有力的思想理论指导和依据。

## 一、坚持以经济建设为中心就是不断巩固发展中国特色社会主义经济基础

习近平总书记强调指出:“以经济建设为中心是兴国之要,发展仍是解决我国所有问题的关键。只有推动经济持续健康发展,才能筑牢国家繁荣富强、人民幸福安康、社会和谐稳定的物质基础。”①习近平总书记在这里提出了一个重要思想:坚持以经济建设为中心,就是要不断巩固发展中国特色社会主义的经济基础。这一思想,是对我党基本路线核心内涵的更为清晰深刻的阐述和更进一步的发展。

按照马克思历史唯物主义的观点,无论什么社会形态,经济基础都是一个社会的根本。经济基础同样是中国特色社会主义这一当代中国社会形态的根本。坚持以经济建设为中心,不仅仅是我国发展某一阶段或某一时期的任务,而是社会主义的核心任务。因为只有坚持以经济建设为中心,才能持续不断地巩固和发展中国特色社会主义的经济基础。习近平总书记对此有着坚定明确的认识:“从根本上说,没有扎扎实实的发展成果,没有人民生活不断改善,空谈理想信念,空谈党的领导,空谈社会主义优越性,空谈思想道德建设,最终意识形态工作也难以取得好的成效。只要国内外大势没有发生根本变化,坚持以经济建设为中心就不能也不应该改变。这是坚持党的基本路线一百年不动摇的根本要求,也是解决当代中国一切问题的根本要求。”②由此可见,是否坚持以经济建设为中心,是否扎扎实实发展中国特色社会主义的经济基础,在当代中国,可以成为区分科学社会主义和空想社会主义的一个分水岭。

我国非公有制经济的大发展,是坚持党的基本路线的重要成果,是改革开放

① 《习近平关于社会主义经济建设论述摘编》,中央文献出版社 2017 年版,第 3 页。
② 《习近平关于社会主义经济建设论述摘编》,中央文献出版社 2017 年版,第 5 页。

的重要成果，是改革开放以来积累起来的中国特色社会主义经济基础的重要组成部分之一。因此，毫不动摇鼓励、支持、引导非公有制经济发展，是巩固和完善中国特色社会主义经济基础的题中应有之义。

习近平总书记坚持历史唯物主义的立场观点方法，对社会上一些认识误区做出了鲜明的纠正："社会上有一些人说，目前贫富差距是主要矛盾，因此'分好蛋糕比做大蛋糕更重要'，主张分配优先于发展。这种说法不符合党对社会主义初级阶段和我国社会主要矛盾的判断。党的十八大提出准备进行具有许多新的历史特点的伟大斗争，是为了毫不动摇坚持和发展中国特色社会主义，不是不要发展了，也不是要搞杀富济贫式的再分配。我们提出'五位一体'总体布局和'四个全面'战略布局，就是为了更好推动经济社会发展，为人民群众生活改善不断打下更为雄厚的基础。"①以习近平同志为核心的党中央领导我们进行新的伟大斗争，是在中国经济进入新常态、进入更高层次发展阶段后，在如何更好推动中国发展上要有新思想、新理念、新战略、新格局、新举措，是为中华民族的伟大复兴奠定更加雄厚的基础，尤其是经济基础。这也就是习近平总书记一直强调的，一切工作要向全面建成小康社会聚焦。这是新的伟大斗争的焦点所在。正如习近平总书记在出席2014年亚太经合组织（APEC）领导人同工商咨询理事会代表对话会时所强调的："对中国而言，'中等收入陷阱'过是肯定要过去的，关键是什么时候迈过去、迈过去以后如何更好向前发展。"②

因此，新时代伟大斗争的主题是推动更好的发展，是追求和实现高质量的发展。在这一新时代的发展中，非公有制经济也必将获得更好的、更高质量的发展，也必将在新时代的发展中发挥更好的作用，为巩固和完善中国特色社会主义经济基础作出新的贡献。

## 二、坚持以人民为中心发展思想是社会主义经济基础的本质规定性

在不同的社会形态和不同的历史时代，经济基础的社会属性和历史属性也

① 《习近平关于社会主义经济建设论述摘编》，中央文献出版社2017年版，第12页。

② 《习近平关于社会主义经济建设论述摘编》，中央文献出版社2017年版，第7页。

是有着本质不同的。在中国特色社会主义这一社会形态下，其经济基础的本质规定性，就是习近平总书记始终强调的："坚持以人民为中心的发展思想。发展为了人民，这是马克思主义政治经济学的根本立场。""党的十八届五中全会鲜明提出要坚持以人民为中心的发展思想，把增进人民福祉、促进人的全面发展、朝着共同富裕方向稳步前进作为经济发展的出发点和落脚点。这一点，我们任何时候都不能忘记，部署经济工作、制定经济政策、推动经济发展都要牢牢坚持这个根本立场。"①

习近平新时代中国特色社会主义思想更要把以人民为中心的思想上升到根本指导思想和基本方略的高度："坚持以人民为中心。人民是历史的创造者，是决定党和国家前途命运的根本力量。必须坚持人民主体地位，坚持立党为公、执政为民，践行全心全意为人民服务的根本宗旨，把党的群众路线贯彻到治国理政全部活动之中，把人民对美好生活的向往作为奋斗目标，依靠人民创造历史伟业。"②

以人民为中心，是社会主义社会与以往的奴隶社会、封建社会、资本主义社会的本质区别所在。这是中国特色社会主义的本质属性，也是社会主义经济基础的本质属性。这一本质属性，客观上是由社会主义社会的主要矛盾决定的。习近平总书记对此作出了科学的阐释："中国特色社会主义是全面发展的社会主义。我国发展虽然取得了巨大成效，但我国仍处于并将长期处于社会主义初级阶段的基本国情没有变，……这就决定了我们必须坚持以经济建设为中心，坚持以人民为中心的发展思想，聚精会神抓好发展这个党执政兴国的第一要务，实现更高质量、更有效率、更加公平、更可持续的发展。"③

坚持以人民为中心的发展思想，落实到社会主义建设的实践上，首要的就是要不断巩固和发展中国特色社会主义的经济基础。以人民为中心发展与不断强化社会主义的经济基础，这两者之间是相辅相成的。人民群众是社会生产力发展的主体，也是社会主义生产关系的主体，同时也就是社会主义经济基础的主体。最充分地调动人民群众发展社会生产力的积极性，最充分地尊重和满足人民群众的根本利益诉求，这既是社会主义经济基础的本质属性所在，也是社会主

① 《习近平关于社会主义经济建设论述摘编》，中央文献出版社 2017 年版，第 19 页。
② 《中国共产党第十九次全国代表大会文件汇编》，人民出版社 2017 年版，第 17 页。
③ 《习近平关于社会主义经济建设论述摘编》，中央文献出版社 2017 年版，第 11 页。

义经济基础不断巩固发展的最根本的动力源泉。社会主义经济基础的不断巩固发展，会不断满足人民群众日益增长的物质文化需要，物质利益的不断满足又会更大程度地激发人民群众建设社会主义的积极性，使得社会主义的经济基础更加雄厚，使得社会财富的源泉更加充分的涌流。正如党的十八届三中全会《决定》所强调的："全面深化改革的总目标是完善和发展中国特色社会主义制度，推进国家治理体系和治理能力现代化。必须更加注重改革的系统性、整体性、协同性，加快发展社会主义市场经济、民主政治、先进文化、和谐社会、生态文明，让一切劳动、知识、技术、管理、资本的活力竞相迸发，让一切创造社会财富的源泉充分涌流，让发展成果更多更公平惠及全体人民。"①

非公有制经济是中国特色社会主义经济基础的有机组成部分，数亿非公有制经济从业人员是我国人民的有机组成部分。非公有制经济社会分布面非常广泛，经济地位重要，非公有制经济从业人员多元化程度高，社会界别广，是我国经济社会发展不可或缺，也非常富有活力的积极力量。坚持以人民为中心的发展思想，也包括大力调动非公有制经济的积极性，把非公有制经济作为中国特色社会主义事业发展的积极依靠力量。非公有制经济的从业人员从人数上来说，占据我国人口很大的比重，也享有人民享有的一切权利，应充分分享我国改革发展的成果，在积极参与推动我国经济发展、社会进步的同时，也会拥有更大的获得感、幸福感、安全感。

非公有制经济的从业人员，拥有着广泛的、多元化的要素，包括劳动、知识、技术、管理、资本等，尤其是企业家要素，是我国经济发展重要的要素资源拥有者，是社会财富源泉的重要资产部分。因而，让非公有制经济所拥有的要素资源的积极性充分调动起来，让其作为社会财富的源泉之一得到充分涌流，既有利于非公有制经济的进一步发展，更有利于我国整个经济社会的进一步发展，有利于我国社会经济发展更加富有创造力和活力。

## 三、全面巩固发展中国特色社会主义的经济基础

一个社会的经济基础是一个复杂的系统结构，全面巩固和发展中国特色社

① 《中共中央关于全面深化改革若干重大问题的决定》，人民出版社2013年版，第3页。

会主义的经济基础，其面临的任务也是多层次多方面的。

### （一）必须把大力解放和发展社会生产力放在首位

解放和发展社会生产力，是一个社会生存和发展的根本，也是中国特色社会主义存在和发展的物质基础。习近平总书记深刻指出："我们讲要坚定道路自信、理论自信、制度自信，要有坚如磐石的精神和信仰力量，也要有支撑这种精神和信仰的强大物质力量。这就要靠不断改革创新，使中国特色社会主义在解放和发展社会生产力、解放和增强社会活力、促进人的全面发展上比资本主义制度更有效率，更能激发全体人民积极性、主动性、创造性，更能为社会发展提供有利条件，更能在竞争中赢得比较优势，把中国特色社会主义制度的优越性充分体现出来。"①

人民群众是社会生产力的主体。解放和发展社会生产力，归根到底是为了不断增加人民群众的福祉。同时，人民群众积极性的调动和发挥，又是社会生产力发展的根本动力源泉。因此，解放和发展社会生产力，与坚持以人民为本的发展思想，在中国特色社会主义制度下，这两者是一致的，是相辅相成的。坚持以人民为本的发展思想，就必须把大力解放和发展社会生产力放在首位。人民群众的积极性、主动性、创造性充分调动起来了，社会生产力持续不断地得到解放和发展，中国特色社会主义的经济基础才能得到不断地巩固和发展，中国特色社会主义的制度、道路、事业，才能得到持续不断的、强大的物质力量的支撑。

非公有制经济作为我国社会生产力的重要组成部分，非公有制经济从业人员作为我国人民的重要组成部分，也是需要进一步释放积极性、释放创造力和活力的主体之一。我们必须充分认识和始终强调非公有制经济在我国社会生产力构成和发展中的重要地位和作用，在认识非公有制经济问题上坚持历史唯物主义的立场、观点、方法，这样才有助于更好地定位非公有制经济的发展，在解放和发展社会生产力中更好地发展非公有制经济。

以党的十八大以来的经济发展成就来看，我国社会生产力发展特别突出的一个特征就是"大众创业、万众创新"，以及社会生产力发展中的新旧动能转换。在这方面，在党和国家政策引导和激励下，非公有制经济发挥了特别活跃的作用，有着特别亮眼的表现。2018年政府工作报告对此作了很好的描述和总结。

① 《习近平关于全面深化改革论述摘编》，中央文献出版社2014年版，第18页。

“五年来，创新驱动发展成果丰硕。全社会研发投入年均增长 11%，规模跃居世界第二位。科技进步贡献率由 52.2%提高到 57.5%。载人航天、深海探测、量子通信、大飞机等重大创新成果不断涌现。高铁、电子商务、移动支付、共享经济等引领世界潮流。‘互联网+’广泛融入各行各业。大众创业、万众创新蓬勃发展，日均新设企业由 5 千多户增加到 1 万 6 千多户。快速崛起的新动能，正在重塑经济增长格局、深刻改变生产生活方式，成为中国创新发展的新标志。”① “深入开展大众创业、万众创新，实施普惠性支持政策，完善孵化体系。各类市场主体达到 9800 多万户，五年增加 70%以上。”②在创新驱动的发展中，非公有制经济在创新创业的主体作用十分突出，如以阿里巴巴、京东、腾讯为代表和带动的“互联网+”蓬勃发展，个体和私营工商户成为新登记工商企业的主力军，都反映了非公有制经济在我国社会生产力发展中的活跃程度。

### （二）坚持和完善中国特色社会主义的生产关系

社会生产关系是一个社会经济基础的另一个重要组成部分。坚持和发展什么样的社会生产关系，就标志着走什么样的道路。习近平总书记特别强调要科学、准确、坚定地把握好我们要走的道路：“我们的改革开放是有方向、有立场、有原则的。我们当然要高举改革旗帜，但我们的改革是在中国特色社会主义道路上不断前进的改革，既不走封闭僵化的老路，也不走改旗易帜的邪路。”③

在道路规定性上，我国改革开放的一个根本性的成就就是确立了中国特色社会主义的基本经济制度和分配制度。这一基本经济制度和分配制度也就是当代中国的基本的社会生产关系构成。这一社会生产关系的基本规定性，以习近平同志为核心的党中央作出了清晰准确的阐述：“坚持和完善基本经济制度必须坚持‘两个毫不动摇’。全会决定从多个层面提出鼓励、支持、引导非公有制经济发展，激发非公有制经济活力和创造力的改革举措。在功能定位上，明确公有制经济和非公有制经济都是社会主义市场经济的重要组成部分，都是我国经济社会发展的重要基础；在产权保护上，明确提出公有制经济财产权不可侵犯，非公有制经济财产权同样不可侵犯；在政策待遇上，强调坚持权利平等、机会平等、规则平等，实行统一的市场准入制度；鼓励非公有制企业参与国有企业改革，

---

① 李克强：《政府工作报告》，人民出版社 2018 年版。

② 李克强：《政府工作报告》，人民出版社 2018 年版。

③ 《习近平关于全面深化改革论述摘编》，中央文献出版社 2014 年版，第 14 页。

鼓励发展非公有资本控股的混合所有制企业，鼓励有条件的私营企业建立现代企业制度。”①这一阐述说明了中国特色社会主义条件下我国社会生产关系的基本构成，即是一种公有制经济和非公有制经济共同存在、共同发展的经济形态，是按劳分配和按要素分配共同构成的基本分配制度。这一社会生产关系形态成为中国特色社会主义经济基础的重要组成部分，也成为中国特色社会主义的基本制度特征之一。

公有制经济，尤其是国有经济，是我国国力的核心支柱；非公有制经济则是广大人民群众创业和就业、获得收入的主渠道。统计数据显示，2015 年我国非公有制经济占 GDP 的比重已超过 60%，对税收和就业的贡献率分别超过 50%和 80%，为经济发展和社会稳定作出重要贡献。国有经济代表着我国经济的核心实力，非公有制经济则代表着我国经济的深厚群众基础。这两者统一于邓小平同志提出的“三个有利于”的标准，代表着中国特色社会主义经济基础的高度、深度和广度。因此，我们要不断巩固和发展中国特色社会主义的经济基础，就要坚持和完善社会主义基本经济制度，坚持和完善中国特色社会主义的生产关系。

### （三）坚持和完善社会主义市场经济体制

任何社会形态，在其社会生产力和社会生产关系基本规定性确定的同时，也要确定其具体的实现形式，即解决经济运行体制和机制问题。马克思在其巨著《资本论》中，就是通过对资本主义生产再生产过程，即资本运行过程的分析（资本生产过程、资本流通过程、资本分配过程），来揭示其生产力和生产关系的内在矛盾和运动规律，来阐明资本主义社会生产力发展要求、生产关系利益要求是如何通过具体的企业和市场运行过程来实现的。同样的道路，中国特色社会主义的生产力发展要求和生产关系利益要求，也需要通过适当的经济运行体制和机制来体现和实现。改革开放的实践使得我们找到了这一体制和机制，即社会主义市场经济体制和机制。

习近平总书记对社会主义市场经济这一改革开放的成果给予高度评价：“坚持社会主义市场经济改革方向。提出建立社会主义市场经济体制的改革目标，这是我们党在建设中国特色社会主义进程中的一个重大理论和实践创新，解

---

① 《习近平关于全面深化改革论述摘编》，中央文献出版社 2014 年版，第 58—59 页。

决了世界上其他社会主义国家长期没有解决的一个重大问题。”①这一重大问题，就是社会主义条件下社会生产力和社会生产关系发展的具体实现途径和实现形式问题。社会主义市场经济体制，成为中国特色社会主义在经济上的一个极为突出、也极为成功的特征。当代中国生产力的发展、生产关系的发展和完善，都需要通过社会主义市场经济体制来实现。因而，坚持和完善社会主义市场经济体制，也就成为不断巩固和发展中国特色社会主义经济基础的内容之一，任务之一。

党的十九大报告更是把坚持社会主义市场经济改革方向提高到一个新的更加伟大的高度来认识：“实现‘两个一百年’奋斗目标、实现中华民族伟大复兴的中国梦，不断提高人民生活水平，必须坚定不移把发展作为执政兴国的第一要务，坚持解放和发展生产力，坚持社会主义市场经济改革方向，推动经济持续健康发展。”②

作为中国特色社会主义经济基础的重要组成部分，坚持和完善社会主义市场经济体制，不仅有助于进一步解放和发展社会生产力，发展和完善社会主义生产关系，也会对各个领域的改革，尤其是对上层建筑的改革发挥积极的牵引作用。这是习近平总书记全面深化改革思想中特别强调的：“全会决定用‘六个紧紧围绕’描绘了全面深化改革的路线图，突出强调以经济体制改革为重点发挥经济体制改革牵引作用。”③在《求是》发表的一篇文章中，习近平总书记对此作了更为深入和明确的阐述：“坚持社会主义市场经济改革方向，不仅是经济体制改革的基本遵循，也是全面深化改革的重要依托。使市场在资源配置中发挥决定性作用，主要涉及经济体制改革，但必然会影响到政治、文化、社会、生态文明和党的建设等各个领域。要使各方面体制改革朝着建立完善的社会主义市场经济体制这一方向协同推进，同时也使各方面更好适应社会主义市场经济发展提出的新要求。”④

非公有制经济是社会主义市场经济中分布作为广泛、行为最为活跃的主体。中国特色社会主义市场经济体制，其两条最为突出的特征：一是公有制经济与市

① 《习近平关于全面深化改革论述摘编》，中央文献出版社2014年版，第62页。
② 《中国共产党第十九次全国代表大会文件汇编》，人民出版社2017年版，第24页。
③ 《习近平关于全面深化改革论述摘编》，中央文献出版社2014年版，第60页。
④ 《习近平关于全面深化改革论述摘编》，中央文献出版社2014年版，第62—63页。

场经济体制的有机结合；二是非公有制经济成为中国特色社会主义发展的积极力量和经济基础。这两个突出特征使得中国特色社会主义市场经济体制，与资本主义市场经济体制明显区别开来。一是市场经济体制成为了公有制经济发展的舞台和路径，二是非公有制经济成为了中国特色社会主义发展的积极力量。公有制经济和非公有制经济，共同构成了社会主义市场经济体制的基本组织实体，共同推动了社会主义市场经济机制的运行及发挥调节作用。

我国社会主义基本经济制度和分配制度，通过社会主义市场经济体制，得到具体的展开和实现。首先，公有制经济和非公有制经济同为市场经济体制下的平等竞争主体，借助于市场经济体制得到发展的机会和空间。这样，“两个毫不动摇”的要求，在社会主义市场经济体制下得到了具体的实现路径和实现方式。其次，公有制经济和非公有制经济所掌握的各种要素，通过社会主义市场经济体制得到调节和配置，可以自由流动，可以组合重组（如中央提倡的大力发展混合所有制经济）。在积极投入市场竞争的过程中，公有制经济和非公有制经济所掌握的各种要素，一方面接受市场机制的调节，力争实现优化配置；另一方面，又在不断明晰和实现要素产权获得要素收益，从而也就在不断体现和实现着社会主义基本分配制度。

正因为社会主义市场经济体制的不断完善，也意味着中国特色社会主义基本经济制度分配制度的不断展开和实现，因此，这也就意味着非公有制经济发展得到了更为广阔的机遇和空间。可以说，社会主义市场经济体制越完善，就越有利于非公有制经济的发展。

党的十九大报告明确规定了下一步社会主义市场经济体制完善的重点和要点：“经济体制改革必须以完善产权制度和要素市场化配置为重点，实现产权有效激励、要素自由流动、价格反应灵活、竞争公平有序、企业优胜劣汰。”①这些要求为非公有制经济更好地参与市场竞争，在市场竞争中获得更好的发展机会，提供了根本的体制保障，是特别符合非公有制经济发展要求的有效的改革举措。非公有制经济要像积极参与我国经济发展那样，积极参与到加快完善社会主义市场经济体制的改革中来，推动产权制度完善和要素市场化配置。

---

① 《中国共产党第十九次全国代表大会文件汇编》，人民出版社 2017 年版，第 27 页。

作为党的十九大精神的具体落实举措，2018 年政府工作报告进一步明确和细化了市场化改革的任务和要求，尤其是具体回答了非公有制经济发展特别关切的问题，作出了进一步的制度安排和政策导向。

首先，特别强调要支持民营企业发展：“坚持‘两个毫不动摇’，坚持权利平等、机会平等、规则平等，全面落实支持非公有制经济发展的政策措施，认真解决民营企业反映的突出问题，坚决破除各种隐性壁垒。构建‘亲’‘清’新型政商关系，健全企业家参与涉企政策制定机制。激发和保护企业家精神，壮大企业家队伍，增强企业家信心，让民营企业在市场经济浪潮中尽显身手。”①

其次，具体强调如何有效完善产权制度和推进要素市场化配置机制：“产权制度是社会主义市场经济的基石。要以保护产权、维护契约、统一市场、平等交换、公平竞争为基本导向，完善相关法律法规。对各种侵权行为要依法严肃处理，对产权纠纷申诉案件要依法甄别纠正。强化知识产权保护，实行侵权惩罚性赔偿制度。加快技术、土地等要素价格市场化改革，深化资源类产品和公共服务价格改革，打破行政垄断，防止市场垄断。要用有力的产权保护、顺畅的要素流动，让市场活力和社会创造力竞相迸发。”②

党的十九大报告和 2018 年政府工作报告，在习近平新时代中国特色社会主义思想指引下，更加明确和毫不动摇地把非公有制经济的发展纳入新时代中国特色社会主义发展的总体布局之中，纳入社会生产力发展和中国特色社会主义经济基础巩固发展的轨道之中，为非公有制经济的发展提出了进一步的、更为有效合理的制度安排和政策导向，必将推动我国非公有制经济在新时代的新发展。

---

① 李克强：《政府工作报告》，人民出版社 2018 年版。

② 李克强：《政府工作报告》，人民出版社 2018 年版。

# 结 束 语

## 非公有制经济助圆“中国梦”

习近平总书记在十九大报告中阐明这次党的代表大会的主题是：“不忘初心，牢记使命，高举中国特色社会主义伟大旗帜，决胜全面建成小康社会，夺取新时代中国特色社会主义伟大胜利，为实现中华民族伟大复兴的中国梦不懈奋斗。”①“中国梦”是以习近平同志为核心的党中央集中了党和人民的集体智慧而提出的重大理论概念，更是新一届中央领导集体向全体中国人民发出的实现中华民族伟大复兴的动员令。2012 年 11 月 29 日，习近平总书记在参观《复兴之路》展览时指出：“我以为，实现中华民族伟大复兴，就是中华民族近代以来最伟大的梦想。这个梦想，凝聚了几代中国人的夙愿，体现了中华民族和中国人民的整体利益，是每一个中华儿女的共同期盼。历史告诉我们，每个人的前途命运都与国家和民族的前途和命运紧密相连。国家好，民族好，大家才会好。实现中华民族伟大复兴是一项光荣而艰巨的事业，需要一代又一代中国人共同为之努力。”②

“天下兴亡，匹夫有责”。作为基本经济制度重要组成部分和重要市场主体的非公有制经济，不仅是实现中华民族伟大复兴“中国梦”的重要经济基础，而且是实现中华民族伟大复兴“中国梦”的最能动、最有活力的主体力量。实现“中国梦”，既需要非公有制经济的广泛参与和积极作为，把自身的发展自觉融

---

① 习近平：《决胜全面建成小康社会 夺取新时代中国特色社会主义伟大胜利——在中国共产党第十九次全国代表大会上的报告》，人民出版社 2017 年版。

② 习近平：《承前启后继往开来继续朝着中华民族伟大复兴目标奋勇前进》，《人民日报》2012 年 11 月 30 日。

入中华民族伟大复兴的历史进程，在人民富裕、国家强大、民族复兴“圆梦”征程中实现自身价值，又需要全社会高度重视发展非公有制经济，正视非公有制经济的历史贡献及其在实现“中国梦”进程中的不可替代的重要作用，继续为非公有制经济大发展创造宽松良好的社会环境。

## 一、非公有制经济是实现中华民族伟大复兴“中国梦”的重要经济基础

习近平总书记指出，实行公有制为主体、多种所有制经济共同发展的基本经济制度，是中国共产党确立的一项大政方针，必须毫不动摇巩固和发展公有制经济，毫不动摇鼓励、支持、引导非公有制经济发展。“一个大政方针”，“两个毫不动摇”，不仅道出了我们始终坚持走中国特色社会主义道路的“基本经济制度”内涵，而且鲜明地指出了实现中华民族伟大复兴“中国梦”的“制度路径”。

首先，实现中华民族伟大复兴的“中国梦”，最根本的出路和举措是解放和发展社会生产力，最大限度地创造社会财富。要解放和发展社会生产力，最大限度地创造社会财富，离不开发展非公有制经济。改革开放以来中国经济高速发展的历史表明，公有制经济和非公有制经济共同发展的基本经济制度，是不断解放和发展社会生产力的根本制度前提。这样一个多元包容、混合一体的所有制结构，不仅继续彰显了“公有制”适应和促进“社会化大生产发展”需要的优越性，而且充分发挥了个体、私营经济等“非公有制”满足“社会生产力发展不平衡、多层次”和市场需求“多样化”需要的优越性。尤其是“公有制经济”与“非公有制经济”之间在社会分工和市场竞争中客观存在的“互补性”和“替代性”，由此产生出传统“一大二公”的所有制结构和资本主义私有制条件下都不可能发生的“分工互补效应”、“竞争替代效应”和“合作共生效应”。

“分工互补效应”是发生在公有制经济与非公有制经济之间，在社会化大生产和非社会化大生产、公共产品与非公共产品供给“功能性分工和协作”过程中，所产生的“各种所有制资本取长补短、相互促进、共同发展”效应。一方面，通过“国有资本加大对公益性企业的投入，在提供公共服务方面作出更大贡献”，进而为非公有制经济发展提供公益性支撑和保障。另一方面，通过国有企业“公益类”和“商业类”分类改革，进一步降低商业类企业的国有资本再投入，

为非公有制经济充分发展拓展空间。

“竞争替代效应”是发生在公有制经济和非公有制经济同时作为市场主体，由于“公有制经济和非公有制经济都是社会主义市场经济的重要组成部分，都是我国经济社会发展的重要基础”和“坚持权利平等、机会平等、规则平等”而产生的“相互竞争、相互约束、相互学习”效应。

“合作共生效应”是发生在积极发展“国有资本、集体资本、非公有资本等交叉持股、相互融合的混合所有制经济”的过程中。由于“允许更多国有经济和其他所有制经济发展成为混合所有制经济，国有资本投资项目允许非国有资本参股”和“鼓励非公有制企业参与国有企业改革，鼓励发展非公有资本控股的混合所有制企业”，尤其是“允许混合所有制经济实行企业员工持股，形成资本所有者和劳动者利益共同体”，从而形成的“公私共生”和“劳资融合”效应。

正是由于基本经济制度所产生的这“三重效应”，所以习近平总书记强调：“社会主义基本制度和市场经济有机结合、公有制经济和非公有制经济共同发展，是我们党推动解放和发展社会生产力的伟大创举。目前，非公有制经济组织数量已经占到市场主体的百分之九十左右，创造的国内生产总值超过百分之六十。事实表明，只要坚持中国共产党领导，只要坚持公有制为主体、多种所有制经济共同发展，社会主义制度的优越性不但不会削弱，而且会不断增强，我们党执政的基础不但不会动摇，而且会更加稳固。”①

其次，实现中华民族伟大复兴的“中国梦”，最根本的条件是社会和谐稳定和公平正义，最大限度地充分就业。要实现社会和谐稳定和公平正义，实现充分就业，离不开发展非公有制经济。社会和谐稳定和公平正义，既是中国特色社会主义的本质要求，又是实现中华民族伟大复兴“中国梦”的根本条件。古今中外的历史经验表明，两极分化、社会动荡是阻碍经济发展和国家强大的根本障碍。创业机会少和就业不充分是导致社会动荡和社会不公的重要诱因。摒弃所有制歧视，大力发展非公有制经济，不仅成为改革开放以来中国成功解决十三亿人口大国发展转型过程中就业难题的根本途径，而且成为新时期“大众创业、万众创新”的基本制度平台。据权威部门统计，每年80%—90%的新增就业岗位是由

---

① 中共中央文献研究室编：《习近平关于社会主义经济建设论述摘编》，中央文献出版社2017年版，第62—63页。

非公有制经济创造的。非公有制经济的不断发展壮大，不仅直接为社会和谐稳定创造大量的新增就业机会，而且为由于国有经济结构调整和国有企业改革导致的大量下岗职工提供新的就业岗位，进而为解决国有企业改革中出现的“失业难题”作出积极贡献。尤其是非公有制经济由于具有门槛低、机制活、限制少等制度优势，自然成为普通百姓创业的首选平台和企业形式，进而成为普通百姓获得发展机会、展示创新能力并实现自身价值的“公平途径”。同样据权威机构统计，几乎100%的百姓创业都是以个体和私营经济形式登记注册的。尤其是各类非公有制经济主体作为我国高收入人群和中等收入人群中的重要组成部分，由于其“乐业思安”的内在需求强烈，以及其在各自企业或经济组织中的影响力巨大，进而成为实现“中国梦”征程中社会稳定的重要“压舱石”。

## 二、民营企业家是实现中华民族伟大复兴“中国梦”的重要人力资本支撑

“中国梦”是国家和民族的梦，也是百姓自己的梦。要实现“中国梦”，离不开中国共产党的坚强领导，离不开人民群众的艰苦奋斗，当然也离不开敢于冒险、勇于担当、长于创新和善于组织及配置各种生产要素的各种“企业家们”。改革开放以来，一大批优秀民营企业家在中国经济社会发展进步中扮演了重要角色，企业家精神在推动经济发展中发挥了重要作用。从现实来看，我国的全面深化改革特别是供给侧结构性改革正在向纵深推进，急需改造提升传统产业、培育发展新动能，促进经济社会可持续发展。因此，中国仍然是全球投资机会最好的国家，非公有制经济发展、非公有制经济人士施展才华的空间更加广阔、机遇更加充分、前景更加美好。激发企业家精神，增强民营企业内在活力和创造力，既能促进民营企业更好发展，又能推动中国经济的健康发展。

着眼未来，随着中国实现全面建成小康社会的“第一个百年”奋斗目标，实现中华民族伟大复兴“中国梦”的“第二个一百年”奋斗目标的社会主义现代化国家建设新征程将全面展开。

改革开放大潮中锤炼形成的个体私营企业主和民营企业家队伍，就自然成为实现中华民族伟大复兴“中国梦”不可多得的坚强力量和人力资本支撑。经过艰苦卓绝的伟大斗争，中华民族在经过了“站起来”“富起来”两个重要阶段

后,已开始进入“强起来”建设中国特色社会主义现代化国家的“圆梦”新征程。然而,我们必须看到,这一“强起来”的过程不可能风调雨顺,太平安宁,必将充满来自自然的、社会的、国际和国内的各种难以预测的风险和挑战。

来自自然环境和自然资源对中国经济未来发展以及实现“中国梦”的风险和挑战,是不难理解的。因为在“中国梦”的“圆梦”路上,作为一个十几亿的人口大国,无论是中国经济的“体量”进一步增大,还是中国经济发展和人民生活水平的不断提高,都将对我国有限的自然资源和自然环境带来巨大的需求压力。尽管我们尽可能多地利用国际市场和国际资源来弥补不足,但资源和环境的“有限性”与我们经济总量不断增大和人民物质文化需求不断增加之间的矛盾激化是不可完全避免的,由此带来的风险和挑战是躲不过、绕不开的。

来自社会方面的风险和挑战,主要是缘于不断扩大的市场化、国际化、经济多元化而导致的社会阶层分化和价值多元化而有可能产生阶层对立和价值冲突。尤其是互联网、物联网、云计算等急剧“裂变”而加速发展的信息化,不仅将继续改变着社会生产方式,而且更将改变着人们的生活方式、工作方式乃至社会关系,由此,将给国家治理和社会安全带来许多前所未有的不确定及难题。

来自国际上的竞争和挑战更将是多维度、多层次的。首先,是与西方发达资本主义国家的“垂直竞争”会更加激烈,因为意识形态差异和冷战思维将长期存在,一个高举中国特色社会主义旗帜的大国崛起,必将遭遇到某些西方资本主义国家的围堵,“再工业化”、贸易保护、科技、国防、人才等多领域的国际竞争都将“白热化”;其次,是来自世界主要发展中国家的“水平竞争”会更加激烈。虽然我们始终重视与发展中国家、尤其是周边国家之间的“外交友好”,并试图通过“一带一路”建设来让更多的发展中国家、尤其是周边国家能够搭上中国经济快速发展的“顺风车”,然而,一些国家出于自身的某些利益和狭隘认识,不领情、不配合,甚至对着干的情况仍时有发生。加上同是发展中国家的生产力水平和经济结构“趋同”,由此在国际市场、吸引资本、技术引进以及资源环境等多领域的竞争也将“白热化”。再次,是来自为数不多的几个传统社会主义国家之间的“朋友竞争”也将更加凸显。对此种种,我们不可掉以轻心。

应对如此复杂多变的内外部环境,“老黄历”念不得了,老方法使不得了。然而,越是环境险恶、前景难料,越需要创新,需要技术创新、理论创新、制度创新和政策创新,越需要企业家,越需要企业家精神。正如习近平总书记所说:“企业家是推动创新的重要动力。世界上一些很著名的企业家并不是发明家,但他们是创新的组织者、推动者。企业家有十分敏锐的市场感觉,富于冒险精神,有执着顽强的作风,在把握创新方向、凝聚创新人才、筹措创新投入、创造新组织等方面可以起到重要作用。"①因此,要应对实现中华民族伟大复兴"中国梦"过程中可能出现的各种风险和挑战,我们必须高度重视在改革开放大潮中磨炼成长起来的个体私营企业主和民营企业家这支不可多得的人才队伍,充分发挥他们在技术创新、产品创新、标准创新、制度创新等方面的特长,以"创新"这一不变的法宝去应对外部环境"千变万化"带来的风险和挑战。

## 三、营造非公有制经济发展良好环境是实现中华民族伟大复兴"中国梦"的必要条件

正因为实现中华民族伟大复兴"中国梦"离不开非公有制经济这一经济基础和民营企业家的"人力资本"支撑,所以全社会都要重视营造有利于非公有制经济发展的新型政商关系、法治环境、市场环境和社会环境。

首先,要加快建立新型政商关系。民无商不活,国无商不兴。无论是百姓安居乐业,地方经济发展,还是国家强盛和民族复兴,都离不开"商"。自然,政商交往也就必不可少,建立良好政商关系的重要性不言而喻。政府与企业、官员与企业家,犹如竞技场上的"裁判员"和"运动员",建立良好的政商关系,需要双方厘清边界、各司其职和相向而行的鼎力协作。习近平总书记提出的"亲""清"二字,形象道出了两者相处"亲密"而不失"分寸"的良好状态。

一方面,掌握着行政权力和社会资源的各级党政官员,在构建"亲""清"新型政商关系上要主动作为。要像习近平总书记要求的那样:既"要坦荡真诚同民营企业接触交往,特别是在民营企业遇到困难和问题的情况下更要积极作为、靠前服务,对非公有制经济人士多关注、多谈心、多引导,帮助解决实际困难",又能做到"同民营企业家的关系要清白、纯洁,不能有贪心私心,不能以权谋私,不能搞权钱交易"。因此,各级政府及党政官员要积极推动政府职能转变和政

---

① 习近平:《在中央财经领导小组第七次会议上的讲话》(2014 年 8 月 18 日),载《习近平关于社会主义经济建设的论述摘编》,中央文献出版社 2017 年版,第 139 页。

务服务体系建设,要"无私"地掏真心、用真力、谋真招为非公有制经济破解发展排忧解难,让企业充分享有市场经营的自主权和获得感。

另一方面,各类非公有制经济及民营企业家也要按照习近平总书记的要求办事,不仅要"积极主动同各级党委和政府及部门多沟通,多交流,讲真话,说实情,建诤言,满腔热情支持地方发展",而且"要洁身自好、走正道,做到遵纪守法办企业、光明正大搞经营"。① 既要彻底根除过去一段时间存在的勾肩搭背、过从甚密的官商不分,又要防止谈商色变、为官不为。"清而不亲"的过犹不及,做到有交集不搞交换、有交往不搞交易,携手共建交往有道、公私分明,廉洁互信、相敬如宾,各尽其责、共谋发展的良好政商关系,以推动我国非公有制经济的持续健康发展,进一步夯实实现中华民族伟大复兴的"中国梦"的经济基础。

其次,要积极营造依法保护非公有制经济及民营企业家合法权益的法治环境。党的十八届五中全会指出,要激发企业家精神,依法保护企业家财产权和创新收益。2016 年 11 月发布的《中共中央国务院关于完善产权保护制度依法保护产权的意见》指出:健全以公平为核心原则的产权保护制度,公有制经济财产权不可侵犯,非公有制经济财产权同样不可侵犯;保护产权不仅包括保护物权、债权、股权,也包括保护知识产权及其他各种无形财产权。这无疑给非公有制经济及民营企业家吃了定心丸。但关键在于加快落实。政府不仅要自觉依法保护企业的物权、债权、股权等各种财产权以及创新收益,而且要坚决铲除乱收费、乱摊派、乱评比、乱作为现象,进而为非公有制经济长远发展提供稳定的"长期预期"。

再次,积极营造促进非公有制经济公平竞争、诚信经营的市场环境。政府要进一步加大简政放权力度,减少对微观经济的干预,营造各类非公有制经济与国有企业"权利平等、机会平等、规则平等"的市场环境,废除对非公有制经济各种形式的不合理规定,消除各种隐性壁垒,保证各种所有制经济依法平等使用生产要素、公平参与市场竞争、同等受到法律保护、共同履行社会责任。

最后,要积极营造尊重和激励非公有制经济及民营企业家干事创业的社会环境。应构建有利于各类非公有制经济及民营企业家干事创业的机制,对民营

① 习近平:《参加全国政协十二届四次会议的民建、工商联委员联组会时的讲话》,新华网,2016 年 3 月 5 日。

企业家给予更多包容和鼓励。要健全非公有制经济及民营企业家的容错机制和帮扶机制，完善支持企业家专注品质、创新发展的政策体系，通过税收优惠等措施对初创期的民营科技企业给予支持，对再次创业的民营企业家也要给予一定帮扶，营造鼓励创新、宽容失败的政策环境和社会氛围。要加强对非公有制经济及民营企业家的正面宣传，对优秀民营企业家给予适当的社会荣誉激励。要加快构建诚信制度体系，培育尊重合法致富的商业文化和价值观念。尤其是要深入开展社会主义核心价值观和守法诚信教育，引导非公有制经济主体及民营企业家爱国敬业、遵纪守法、创业创新、回报社会，在实现中华民族伟大复兴“中国梦”的征程中实现非公有制经济及民营企业家“实业报国”的价值追求。

# 后　记

2017年金秋十月，党的十九大胜利召开，昭示中国进入中国特色社会主义的新时代，确立习近平新时代中国特色社会主义思想作为党的指导思想。2018年，是改革开放四十周年，是贯彻党的十九大精神的开局之年，是决胜全面建成小康社会、实施"十三五"规划承上启下的关键一年。值此重大的历史时刻，作为课题组集体努力成果的《新中国非公有制经济论》成稿出版，谨以此书向改革开放四十周年献礼。

从事非公有制经济工作二十年，我深刻感悟中国特色社会主义道路、理论、制度、文化的伟大，深刻感悟中国非公有制经济伴随着中国特色社会主义理论、制度的成长，深刻感悟中国共产党对中国市场经济的不断探索、丰富和发展，深刻感悟中国非公有制经济对中国社会的重大贡献。

长期的工作实践和理论学习思考使我产生了对中国特色社会主义关于非公有制经济的理论出一本专著的想法。原来思考的书名为《新中国非公有制经济史论》，构思从谈实践发展到理论政策，再对从理论政策到实践循序渐进来写，但思考起草提纲过程中一直难以把握，所以长时间未形成书稿。

来中央党校学习，给了我一个思考的机会。通过学习马克思列宁主义、毛泽东思想、邓小平理论、"三个代表"重要思想、科学发展观和习近平新时代中国特色社会主义思想，这本理论专著的轮廓越来越清晰。在学习过程中，我写下了《非公经济实践认识论》《基本经济制度和非公经济》《中国特色社会主义的形成与发展》《对马克思主义世界观和方法论的几点认识》《正确理解和认识毛泽东思想的科学体系和历史地位》《坚持"四个全面"战略布局》《新常态的机遇和挑战》《努力破解混合所有制改革难题》等十多篇论文，为《新中国非公有制经济论》提供了创作蓝本。由于本人学理水平有限,因此把这些观点和想法通过课余时间广泛与党校老师交流,得到了党校老师和专家学者的认同。

经过几番集体研究,确定了将史和论分开来写的思路之后,就形成了《新中国非公有制经济论》和《新中国非公有制经济史》两本书的创作大纲以及创作的原则、观点、路径和方法,并商定与党校专家学者共同完成该书的创作。《新中国非公有制经济论》一书论述了中国特色社会主义政治经济学在非公有制经济领域的分支理论,对我国建国几十年来、尤其是改革开放以来非公有制经济理论体系进行梳理、归集、固化,力争与时俱进且有理论创新,借以填补非公有制经济领域理论系统化的空白。同时对新中国非公有制经济发展形成,用现代的理论符号来阐释这一辉煌的历史。

《新中国非公有制经济论》的创作是中央党校雷元江、韩保江、谢鲁江、张开、张慧君、邹一南、肖立辉、李悦田八位老师倾注大量的心血合作完成。各个章节的作者分别是:前言,雷元江;绪论、第一章,张开;第二章,谢鲁江;第三章,张慧君;第四章,邹一南;第五章,肖立辉,李悦田;第六章,谢鲁江;结束语,韩保江。雷元江、韩保江提出了全书的构想,领导课题组并推进了课题组的研究工作。雷元江、谢鲁江统筹了全书的写作。

课题组成员的主体是中央党校的教师,在本书写作期间,仅集体讨论就讨论了 8 次,从全书写作提纲、整体框架、基本观点、学理支撑等多个方面,反复研讨,反复修改。他们对党的忠诚,对学术的严谨的情怀是我学习的榜样,他们对我的帮助使我终生难忘。

《新中国非公有制经济论》《新中国非公有制经济史》这两本书较全面地反映了中华人民共和国成立以来非公有制经济发展的全过程,同读两本书不仅能了解非公有制经济发展的实践和理论,读后更能增强对党的忠诚,对国家的忠诚,更加坚定中国特色社会主义道路自信、理论自信、制度自信、文化自信。党的十九大确立了习近平新时代中国特色社会主义思想,开启了全面建设社会主义现代化强国的新征程。我深信在十九大精神的指引下,中华大地必将迎来新的伟大创举。

责任编辑:曹　春　李琳娜

**图书在版编目(CIP)数据**

新中国非公有制经济论/雷元江 等著. —北京:人民出版社,2018.8
ISBN 978－7－01－019530－8

Ⅰ.①新…　Ⅱ.①雷…②谢…　Ⅲ.①非公有制经济-研究-中国
Ⅳ.①F121.23

中国版本图书馆 CIP 数据核字(2018)第 153152 号

**新中国非公有制经济论**

XINZHONGGUO FEIGONGYOUZHI JINGJI LUN

雷元江　谢鲁江　等著

人民出版社 出版发行
(100706　北京市东城区隆福寺街 99 号)

北京汇林印务有限公司印刷　新华书店经销

2018 年 7 月第 1 版　2018 年 8 月北京第 2 次印刷
开本:710 毫米×1000 毫米 1/16　印张:20.5
字数:336 千字

ISBN 978－7－01－019530－8　定价:78.00 元

邮购地址 100706　北京市东城区隆福寺街 99 号
人民东方图书销售中心　电话 (010)65250042　65289539